王世襄集

王世襄 著

王世襄自选集

锦灰堆（合编本）叁卷

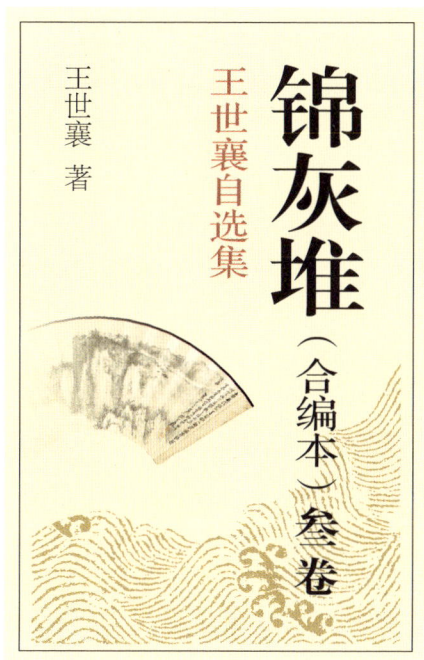

生活·讀書·新知 三联书店

叁卷目录

憶往

回忆抗战胜利后平津地区
文物清理工作

一 引导我搞文物清理工作的三位前辈

在叙述抗战胜利后我参与文物清理工作之前，有必要介绍一下我和马衡、梁思成、朱启钤三位前辈的关系，不经过他们的引导我是不可能有搞文物清理工作这一段经历的。

马衡，号叔平，自 20 世纪 30 年代起直到 1952 年止任故宫博物院院长。我父王继曾（号述勤，早年留学法国，自清末至民国前期在外交界工作，曾任驻墨西哥、古巴公使）和马衡先生中学时在南洋公学同学，交谊较深。记得我从小就知道有一位马老伯。他也曾几次对我说："我是看你长大的。"故宫有外宾参观时，我父亲常被邀陪同接待；遇有外文函件，也曾代译并拟复。故宫古物南迁之前，马衡在北京期间，我父亲受聘为该院顾问。

梁思成，他的父亲梁启超是我伯祖王仁堪（光绪丁丑状元）的门生，因此启超先生和我父亲是平辈。我长兄王世富和思成先生是清华学校同学，同时留美。思成先生长妹梁思娴（周国贤夫人。

周也在外交界工作，与我父较熟）是我母亲（金章，号陶陶，画家，工花卉鱼藻）的好友。思成先生的外甥女周念慈、外甥周同轼是我在燕京大学的同学。同轼还和我住过一间宿舍。因此在中国营造学社南迁之前，我虽和思成先生只见过几面，但后来在重庆相遇，彼此一见如故。思成先生长我十几岁，论世交是平辈，论学古建筑则是我的启蒙老师。

朱启钤，号桂辛，民国初年曾任交通总长及内务总长。政务虽忙，对祖国文化却十分重视，有提倡建树之功。在他的主张筹划下，清廷存在热河行宫的大批文物得以运回北京，成立古物陈列所，成为我国最早的艺术博物馆。我的大舅金城（字拱北，号北楼，名画家，民国时期北方画家多出其门下）当时是桂老的下属，曾参与筹备、布置古物陈列所工作。解放前，研究古代建筑的惟一机构中国营造学社，开始是桂老自己出资创办的，后来才得到英国庚子赔款委员会的资助，古建筑专家梁思成、刘敦桢等都出桂老门下。桂老对髹漆、丝绣等也有收藏和著述。他因对古代文化许多学科都有贡献，受到中外人士的推崇。我父亲的年龄、辈分都晚于桂老，但仍有来往。1960年前后有一天，我去桂老家，他对我说："找出了一把画金鱼的团扇，是你母亲给我内人画的，现在还给你去保存吧。"看一看画扇的年月我还在上小学呢。桂老于1964年逝世，享年93岁。

二 我是怎样成为清理战时文物损失委员会平津区助理代表的

1941年6月我在燕京大学研究院毕业，写的论文是《中国画论研究》明以前部分。此后又用了约两年时间在家中写完明、清部分，请了一位暂时休学的中学生周士庄（前天津大港火力发电厂副厂长，现任顾问）为我抄录稿件。

1943年11月我离开北京，穿过皖北界首日军封锁线前往重庆找工作，12月到达。我首先去看的是马衡先生。他那时任故宫博物院院长，办公地点在重庆南岸海棠溪。我向他表示对文物、博物馆事业十分热爱，愿以它为终身工作。他说青年人有此志愿的不多，值得欢迎，如愿在故宫工作，可让我任秘书。当我问到具体工作时，他说抗战期间，主要任务是保管，此外有些日常的行政工作。至于我所希望的文物整理研究工作，目前无法进行。我觉得行政工作没有什么意思，所以对马先生说，请容许我考虑一下再决定。等过了几天，我已决定去中国营造学社工作，又去看马先生，告诉他准备先到梁思成先生那里学些古代建筑，待今后故宫可以开展研究工作时，希望给我一个工作机会。马先生说："那也好。将来故宫复原，肯定要增加人，那时你可参加。现在先去学学古建筑，今后在故宫工作也是用得上的。"

我想去工作的第二个机构是中央研究院历史语言研究所，地点在长江上游离宜宾不远的李庄，许多学术机关如中央博物院、同济大学、营造学社、社会科学研究所等都在那里，是学者、图书资料最集中的地方。为此，我须到重庆聚贤新村中央研究院办事处去见历史语言研究所所长傅斯年。我和他素不相识，恰好在办事处遇见梁思成先生。我介绍了自己的情况并说明愿望后，请他带我去见傅斯年。傅的回答直截了当："燕京大学出来的人根本不配进我们的史语所！"这时梁先生却对我说，你的志愿是搞美术史，如对古建筑有兴趣，可以到中国营造学社边学习边工作，职位是助理研究员。我当时就高兴地接受了，一是认为学习建筑史总比去故宫搞行政工作好，二是李庄学者专家多，可以就近求教。

1944年1月我和梁思成先生同乘江轮从重庆到李庄，开始在营造学社工作。当时社内的人员有林徽因（思成先生夫人）、刘致平（现任建筑科学研究院研究员）、莫宗江（现任清华大学建筑系教授）、卢绳（南开大学建筑系教授，已故）、罗哲文（现任国家文物局高级工程师）等人。

同年，教育部在重庆成立了一个"清理战时文物损失委员会"（以下简称"清损会"），次长杭立武是主任委员，马衡、梁思成、李济等任副主任委员。从该年下半年起，思成先生为了清损会的事常去重庆，在那里的工作是开列沦陷区内重要文物名单，主要是古建筑和石窟等，印成手册，并在地图上标明方位，准确以后反攻日寇时注意保护，避免炮击或轰炸。清损会还计划进军时配备文物工作人员，随行保护。思成先生还问我如派你参加这一类工作，你是否愿去。我说愿去，最好是去北方，因为北方尤其是北京一带我比较熟悉，同时也希望借此机会能回家。

1945年8月日寇投降，林徽因先生告诉我：梁先生来信说，由于局势急转直下，清损会工作马上要全面展开，正在选派人手去各地工作。我认为这时如果去重庆，可能有机会参加清损会工作，比在李庄坐等好。所以我立即给马、梁两先生写了信，整理行装，数日后即向林先生和社中同人告别，离开李庄去重庆。

9月我到达重庆，由马、梁两先生带我去见杭立武。我虽和他素不相识，由于两位副主任委员的推荐，杭同意派我到清损会平津区办公处去工作。

三 1945年9月到1946年10月京津地区的文物清理工作

在我到达重庆前，教育部已派沈兼士任教育部特派员，兼任清损会平津区代表。沈曾任故宫博物院文献馆馆长，与马衡同时兼任北京大学教授，他们关系较深。马衡先生带我去见沈先生一次，他随即飞往北京。我则须等待有交通工具才能成行。当时飞机很紧张，一般工作人员即使坐轮船到武汉或上海再转往北京，也要登记等候，时日难定。

9月间清损会在重庆教育部开了一次会，出席的人有杭立武、马衡、梁思成、郭志嵩（清损会秘书）等。会上商定派往京沪、平津、武汉、广州等区的工作人员到达后如何开展工作，大致如下：（一）到达后立即成立该地区的办公处。（二）去藏有文物、图书的机构查询沦陷期间文物损失情况，要求开列清单上报。（三）各地区办公处在报上刊登通告，不论机关或个人，文物损失均应列目上报，登记备案，清损会将据此进行追查索偿工作。（四）了解调查日寇及德国纳粹分子匿藏的文物，查获后予以没收。在这次会后公布了两位平津区副代表，唐兰和傅振伦（现任中国历史博物馆研究员）。我的名义是平津区助理代表。

正在这个时候，美国纽约大都会美术馆副馆长翟荫（Horace Jayne，1949年去"美国之音"工作，十余年前故去）来到重庆。他持有联合国文物保护组织函件，声称受委托来华观察调查战后中国的文物损失及保护情况。他向杭立武提出行程，希望能到成都、西安、北京三地看一看然后回美，并盼能有一个懂英文的人随行。杭说当前最大的困难是交通工具。翟说搭乘飞机不成问题，他可与美军联系，搭便机去各处，不必由中国政府安排。这时杭和马、梁两位都认为派我和翟同行比较合适，一则因我正待北上工作，二则我娴熟英语，又知文物，可任译员。这样，翟荫的到来，提前了我离开重庆的日期。行前，马衡先生特别嘱咐，对翟荫必须密切注意，防范他借观察调查文物之名，行盗窃搜购文物之实。如有此等事发生，应立即阻止并报告清损会。

我和翟荫的行程是10月6日离开重庆，两小时后到成都，6日到13日在成都，13日到20日在西安，20日到27日在上海，27日由上海到北京。此行比原计划多了一处上海，这是由于当时从西安去北京的美军飞机极少，取道上海就不必在西安为候机而耽搁时日。11月9日翟荫离开北京经上海返美，一路之上我和翟形影不离，只是到北京后，把翟荫安置在六国饭店居住，我须到沈兼士处报到并筹备成立清损会平津区办公处，又要回家与家人团聚，因而没有能和翟荫每天在一起。

到北京的次日我即去东厂胡同教育部特派员办公处见沈兼士，向他汇报清损会会议商定事项及与翟荫同来经过。沈嘱咐一切按商定事项办理。关于办公地点，沈介绍我去故宫博物院找总务处处长张庭济（号柱中）面洽。关于工作人手，沈说如你有合适的人，可以找一两个人帮忙，按月付酬。如没有或不够，不妨请故宫派人支援。沈还说他工作极忙，清损会具体事务无法兼顾。但如对外洽办事项，需要教育部特派员办公处具名出面时，可来找他，将由他的秘书费致德（前听郝葆元说费致德现在北京，工作地点待查）为我办理。

根据沈的谈话，我找到周士庄请他帮我工作。办公地点由于沈的介绍，又因马衡院长已有信到故宫，一切顺利。张庭济将北海团城上的两间房借给平津区办公处使用，并借调贾玉田（现在故宫博物院保管总部工作）暂时协助工作。贾玉田在团城主要管收发文件。因为办公处成立后不久即在《华北日报》刊登通告，有关战时文物损失的机关及个人的函件及报表，都一律寄到团城来。

从机关及个人的报表不久即发现可用作追偿文物依据的材料甚少。重要的文物单位如故宫，只有室外的清代消防用贮水铜缸若干个，被日寇劫去销毁用铜（后又在日寇仓库中查获部分未毁者）。北京图书馆图书未遭劫夺。个人报来的损失以一般版本的大部图书为多，如《古今图书集成》《二十四史》《四

《华北日报》1945年12月17日二版

部丛刊》之类。这样就使人感到只有把力量放在清查日人、德人隐匿文物上才能有所收获。这种想法在得到沈兼士的同意后，广泛走访了北京市的古玩商，有些重要线索就是他们提供的。后来还于1946年2月25日在中山公园董事会设宴招待北京比较知名的古玩商四五十人，请他们进一步提供情报。事后又分别进行访问，打消他们的顾虑。立功者还予以一定的物质奖励。

从1945年11月起到1946年9月止，约在一年的时间内，我在京、津经手清理的文物有以下六项（由唐兰先生经手主办的不在此列）。

四 没收德人杨宁史青铜器二百四十件

经古玩商陈耀先、陈鉴堂、张彬

青等人提供情况，沦陷时期河南等地出土的重要青铜器多数被德国人杨宁史（Werner Jannings）买去。杨是禅臣洋行经理，洋行及住宅的地点在东城干面胡同中间路北。天津也有洋行和住宅。1945年11月上旬的一天，我跑到干面胡同禅臣洋行去查看，恰好看见一个外籍女秘书在打字，文件内容就是一份青铜器目录。我将目录拿到手中，声明就是为此而来。女秘书说，目录是罗越先生（Max Loehr，德国人，那时他住在东城芳嘉园一号，我家的东隔壁，1943年我去重庆前即认识他。约于1947年前后他离华去美，入美国籍，后任哈佛大学福格美术馆馆长。1972年曾来华访问，中文名改为洛尔。现已退休。著有《有年款的宋画》、《宋以后的绘画》、《中国的大画家》、《故宫博物馆藏杨宁史的青铜时代的兵器》、《温塞洛普所藏古玉图考》等书）交给她打的，如需用这份目录，请找罗越索取。我找到罗越，他承认目录是他编的，而器物为杨宁史所有。杨此时在天津，因日本投降后，限制日、德两国人自由行动，故杨不能到北京来。为了使杨承认有这批铜器，只有把罗越带去天津，持目录和杨对质。罗越离京去津的许可是经教育部特派员沈兼士备文去北平市警察局批准签发的。我同时还去敌伪产业处理局（负责人孙越崎、钱昌照）北平办公处联系，盼将此事告知该局的在津办公处，会同调查处理。另外还去行政院临时驻平办公处（负责人谭伯羽、曾昭六），也要求他们支持这一工作。

我和罗越于11月14日去津，20日返京。在津期间，会同敌伪产业处理局天津办公处人员找到杨宁史。经罗越对质，杨承认有这批铜器。但他说现在全部铜器封存在天津住宅内，而住宅已被九十四军占用，军长为牟廷芳。你们如要接收这批文物，请与九十四军洽办，本人无能为力云云。此次因有罗越同行，住旅馆诸多不便，所以在我表兄金孔彰家借住几日，我和罗都睡在他家的沙发上。20日回京后，立即同罗越去警察局注销去津许可并将罗送回家中。这是我为杨铜事第一次去天津。

11月26日我拿着教育部特派员办公处的公函第二次去天津。函中说明杨铜是一批重要文物，盼大力支援，请同意进入杨的住宅查看，将铜器清点封存，将来由敌伪产业处理局接收，拨交有关单位保管。同时也致函敌伪产业处理局天津办公处，请他们也派人同去九十四军办事处洽办此事。谁知我将公函送到九十四军办事处，收文的人爱理不理地说："放在这里吧，你回北平吧，等收到我们的回信再来吧。"隔了一天我又去该军办事处，不料看见前天送去的公函还在桌上放着。管收发的人说："这几天太忙，到时候我们会往上送，你还是回北平等着吧。"我看再去催促也无用，只好回京，这次往返共三日。

回京后，我向沈兼士汇报去津洽办经过，告诉他九十四军根本不买账，沈也无可奈何。

进入12月的一天，沈兼士找我去东厂胡同见他。他说教育部部长朱家骅现在天津，你可拿我的介绍信去见他，请他就近管一管杨铜的事，可能会有些效果。

这时朱在天津一家外商的饭店中召集许多人开会。我从上午等到傍晚休会朱才见我。他看了一下沈的信知是为文物的事，转脸对他的秘书说，你来接待他吧,有何要求,你给他办办。说完他就走了。这次由朱的秘书备文,部长出名,再次向九十四军提出关于杨铜的事。我将文送去后,出来了一个人见了一下,还是老话,公函放在这里吧,回北平等着吧。最后还饶上了几句,大意是什么教育部不教育部,管不着我们九十四军这一段。第二天我将送文去的情况面告朱的秘书,他也无可奈何,只好说等等再说吧。这时秘书问我何时回北平。我说买到车票就走。他说部长今日去北平,你可搭专车走,不必再买票了。火车到达丰台,铁轨出了故障,停了一个多小时,改由西直门站下车。朱家骅等下车,沈兼士等迎上前来,拥簇登上汽车,飞驰而去。待我从车站走到西直门,太阳刚落山,城门却已紧闭。后来只有打电话给费致德,好容易才找到他,几番联系,十点多才得入城,到家已经午夜了。这是为杨铜第三次去天津。

此后九十四军并无复信,沈兼士等也想不出什么办法来,直到年底在朱桂老家见到宋子文后,杨铜才得与另一批文物郭觯斋藏瓷同时得到解决。下面将与收购郭瓷的事一并叙述。

五　收购郭觯斋藏瓷

郭葆昌,字世五,号觯斋,西城羊市大街古玩铺学徒出身,为人精明干练,后为袁世凯管总务,因而致富。他对瓷器鉴定有一定的实际经验,又曾在景德镇管理窑务,为袁世凯烧制洪宪瓷,后又大量购买古瓷,编有藏瓷图谱《觯斋瓷乘》二十册,民国时成为陶瓷专家,以精鉴别、富收藏闻名中外,故宫古物南迁前聘为专门委员。郭约于1935年前后逝世,藏瓷为其子女郭昭俊等数人所有,长期存放在北京中南银行仓库中。

我在1945年9月将离重庆前,马衡先生对我说,郭瓷是一批重要文物,其中宋瓷有的很精,清官窑古铜彩牺耳尊连故宫都没有。你到北京要注意这一批瓷器,向郭家的人恳切地谈一谈,最好不要让它散掉,将来完整地归公家收藏才好。但通过什么途径使其化私为公,马先生没有说,因为这不是敌产,除收购外别无他法,而收购需要一大笔款项,非请专款不成。马先生心里明白,当时请专款不仅不会批准,即使是提案也会遭到物议。

由于马先生对郭瓷的重视,并对我特别嘱咐,到京后不久,我就找到了郭昭俊。他说家中瓷器已分成几股,但并未散失,也未出售。如公家收购,是求之不得的事。我将郭的意思写信报告马先生,并向沈兼士汇报。他们都说知道了,惟因牵涉价购的事,都提不出具体的办法,也未叫我去进一步和郭联系。

朱桂辛先生和我家虽夙有交往,不过为了某一事项我特意去看他或他特意找我去,则是从1945年11月才开始的。中国营造学社是桂老创办的,抗战后学社南迁,桂老一直对它十分关注。离重庆前,梁思成先生嘱咐我的事是去看桂老并报告学社在李庄的情况。因此我到京后没有几天就到东裱褙胡同去看桂老。他对学社的情况、人员及工作询问得非常详细,去谈一次还嫌不够,找去谈了几次,并谈到关于学社复原和重要古建筑修缮保护的一些想法等等。对我们参与的清理文物工作,他也表示了极大的关怀和兴趣。

12月间,我正在为办理杨铜、郭瓷的事无法开展而感到苦闷,想到应当去向桂老请教请教今后如何进行才好。我是12月28日上午去看他的。桂老说你今天来得正好，下午宋子文将来看我。你中午不要回家，在我这里吃饭，赶快把洽办杨铜、郭瓷的经过及当前存在的问题简要地写成两个"节略"，等宋到来时，我当面交给他。

我按照桂老的吩咐办理。下午宋子文果然来了。我在一旁听桂老和宋谈话。桂老先谈到他过去所藏的一批古代丝绣，现在长春，务请查明情况，注意保护。接着谈到郭葆昌及其藏瓷，最后讲到杨宁史的铜器。这时桂老把两个节略交给了宋，并指着我说："他是专门派来清理战后文物的，我说得不清楚的地方，他可以补充。"宋把节略看了一下，向桂老表示这两件事马上就去办。这时

桂老说："郭家的情况，中南银行经理张重威最熟悉，我准备找张重威和郭昭俊面谈一次，再请张到中南海去见你好不好？"宋表示同意，随即走了。

当晚桂老找张重威和郭昭俊到裱褙胡同，嘱咐郭立即准备一个呈文，由张送给宋子文。随后郭将《觯斋瓷乘》二十册送到桂老处。过了两天，桂老又叫我把《瓷乘》运回我家，组织故宫工作人员，将《瓷乘》抄成清册，并要我草拟一个接收郭瓷的办法。周士庄也参加了这一工作。

29日，桂老找张重威、张庭济和我到他家面谈一次，并与宋电约，次日上午我们三人将去中南海见他。

30日上午，我们三人到中南海居仁堂见到宋子文。张重威向宋汇报与郭昭俊洽谈瓷器的经过，并面交郭的呈文。随后我们就走了。

到了1946年1月18日，沈兼士和故宫博物院都接到行政院临时驻平办公处及敌伪产业处理局北平办公处的通知，准备接收杨宁史的铜器。后来听两处的人说，宋子文去津，找到了杨宁史，以后由孙越崎去办理，和杨讲好，名义上算是他"呈献"，不叫没收；还同意杨提出的请求：为他辟陈列室；准许两个德国人罗越和康斯顿（女，E.Von E.Consten，曾写过关于中国美术、中国园林、青铜器等的书及文章）完成尚在编写的青铜兵器的彝器图录。因此故宫接收杨铜之后，罗、康二人还曾去故宫若干次，直到把图录编完。

1月22日由行政院驻平办公处派车，故宫博物院派工作人员，我和周士庄均参加，到台基厂外商运输公司百利洋行去装运杨铜，直运故宫御花园绛雪

《华北日报》1946年1月25日二版

轩清点交接。原来杨宁史早已将铜器送到托运公司，企图伺机外运，过去所谓的封存在天津被九十四军占用的住宅内纯属谎言，意在制造假象，增加我们的困难。

那天点交的一方为杨宁史、罗越和康斯顿，点收的一方有曾昭六、沈兼士、张庭济、赵席慈、唐兰、于省吾、邓以蛰、故宫工作人员及我和周士庄。铜器逐件清点造册，共二百四十余件，随即送存延禧宫库房。中午行政院办公处在绛雪轩设宴招待了杨宁史等人，并在御花园摄影留念。

杨铜中有极为重要的器物，如艺术价值极高经唐兰先生定名为宴乐渔猎攻战纹的战国铜壶，商饕餮纹大钺及鼎、卣、爵杯、玉柄钺等。

郭瓷的交接，由郭昭俊和张重威到故宫博物院面告张庭济，声称全部藏瓷已由政府收购，请指定日期去锡拉胡同郭家清点接收。

点收的日期是 2 月 20 日到 23 日，共进行了四天。点交一方为郭昭俊，点收一方为故宫工作人员、我和周士庄。行政院办公处也派人参加。接收的办法是逐箱逐件与《觯斋瓷乘》的照片及注明的尺寸核对，点完装回原箱，加贴故宫封条。24 日从郭家将瓷器运到故宫，存入延禧宫库房。记得惟有一具清代乌木罗汉床和紫檀天然灵芝形几是过了些天从郭葆昌之婿何敦仁家运往故宫的。床上原镶瓷片，所以床算是瓷器的附件。瓷片另有囊匣，早已和其他瓷器同时点交了。宋子文收购郭瓷据闻付给十万美元，名义上为"捐献"，并给郭昭俊在中央银行安插了一个工作。

马衡先生于 1946 年 7 月 3 日从南京来到北京，到后立即去库房观看杨铜、郭瓷这两批新入藏的文物。7 月 10 日故宫公布我任古物馆科长，从这时起我常到故宫去工作，但我的正式名义仍为清损会平津区助理代表，在故宫不领工资。同年 10 月，我会同故宫古物馆人员在景阳宫后院御书房布置了杨宁史铜器、郭觯斋捐献瓷器陈列室。解放后这两个陈列室均撤销，但全部文物现仍在故宫博物院。

六　追还美军德士嘉定少尉非法接受日人瓷器

1946 年初，天津正在分批遣送日人回国，当时有规定，文物一律上交，不准携带出境。3 月 15 日成古斋古玩铺孙成章向我报告，天津同业李文治，知悉日本人原田、税田有相当精美的宋元瓷器，应调查追回。孙愿陪我去津，找到李文治后，再由李带我们去找原田、税田。我向孙表示感谢，请他在墨蝶林吃饭，约定于 3 月 21 日同去天津。恰好此时行政院临时驻平办事处张之奇、李尔康要我去天津某银行看一批没收日本人的文物，因此这次去津同时办理这两件事。

到津后，由敌伪产业处理局驻津办事处派人同去看已经没收的日人物品，但多为近年制造的仿古石刻等，并无文物价值。于是集中力量去追查原田、税田的藏瓷。

我和李文治先到敌伪产业处理局驻津办事处及天津市警察局说明来意，两处均派人同去找原田、税田。他二人承认有宋元瓷器，但说因遣返时不能带走，故已将瓷器转移给美军少尉德士嘉定（Lt. Paul J. R. Desjardins）。经追问，

少尉就住在日本人的楼上。我们带日本人去对质，德无法抵赖，承认接受瓷器，并已于日前用军邮寄回美国。我们指出日人及少尉均违反法令规定，故令日人具结开明品名及件数，少尉写下邮件的地点、日期、收执号、美国收件人姓名等；并建议天津警察局待此案了结后再遣送两个日本人回国。

次日我持德士嘉定所开的寄件日期及收执号等去天津美国军邮处核对，查明所开属实，然后回京。此行往返五日，于 25 日回到北京。

回京后向行政院驻平办事处、敌伪产业处理局汇报了此行的经过，并向南京清损会作了书面报告。随即由教育部特派员办公处备函致美军驻平司令迈尔斯中将（Lieut. Gen. Myles），通知他德士嘉定少尉的违法行为和所取得的证件，包括原田、税田具结抄件及军邮收执号码等，要求他追查此案并作处理。

此案后因我工作变动，去日赴美，未再查询。直到解放后和王振铎（当时任文物局处长，现任中国历史博物馆研究员）谈起文物清理工作，他说 1947 年他在南京中央博物院时，曾接收由外

交部转来若干件宋元瓷器，是由美国驻华大使馆送到南京外交部的。据说是美国军人非法接受天津日侨的瓷器寄回美国，经追回而交还给中国的。故知此案美方已作处理。

七　存素堂丝绣

民国前期，桂老搜集了一批缂丝、刺绣，时代自宋至清，约二百件，一一著录，撰成《存素堂丝绣录》。据闻后来售与张学良，价 20 万元，一直存在东北边业银行内。这是因桂老需款项创办中国营造学社，影刻宋版《营造法式》，编印明岐阳王世家文物图册，才忍痛割爱的。日寇侵占东北，伪满洲国将这批丝绣定为"国宝"，在日本印成巨册图录，名曰《纂组英华》，成为世界闻名的文物。日寇投降时，丝绣存在长春。由于这批丝绣经桂老亲自购藏及著录，故对它十分关心。1945 年我从重庆回京后，见到桂老，他几次都提到这批丝绣。那次宋子文去看桂老，他也首先讲到丝绣，要宋查明情况，设法保护，勿令损坏。

1946 年 5 月，长春已被解放大军包围，形成孤岛。一日傍晚，桂老忽打电话叫我去看他。他对我说："现长春围困，危在旦夕，如遭轰炸或发生巷战，丝绣极可能被毁，所以最好是抢运出来，放到一个安全的地方才好。现在宋美龄已到北平，将去东北，你赶快用清损会平津区办公处及你个人的名义，写一个呈文，就说长春危急，这批丝绣十分重要，建议将它空运到安全地点。写好呈文交给我，一切就不用你管了。"我照桂老的吩咐办了，第二天上午送去。桂老略作修改，叫我重抄誊清，留在他处。此后呈文经谁送去，送到哪里，我都不详。

过了约一个月，我接到清损会秘书郭志嵩从南京寄来一信，写道："杭主任委员特告：丝绣上文一事，殊欠斟酌，今后切记，不得越级陈事，望加注意！"我阅信付之一笑，既未写信向杭解释此乃遵桂老之嘱，也未告诉桂老我为此事而受申斥。

过了些时，听桂老说丝绣已从长春空运到京，存在中央银行保险库。1947年3月我从日本回到故宫工作，听说这批丝绣已拨交给故宫博物院，存在延禧宫库房。大约在1951年听说辽宁省博物馆通过文化部要求将丝绣拨还给该馆，因为它来自东北而且最早也是用东北的款项买的。东北方面也搜集到若干册溥仪从故宫携出的善本书，准备还给故宫博物院。这样，两馆之间作了一次文物交换。

八　接收溥仪存在天津张园保险柜中的一批文物

1946年7月10日前后，沈兼士找我去见他，告我北京美国驻军葛利上校（Colonel Gally）来联系，声称天津张园原为溥仪寓所，现借美军使用。屋内有两具保险柜，一具美军进入之前已打开，空无一物；一具铁柜锁住，不知中有何物。为此请派人会同美军将保险柜打开，如有物品，请予接收云云。现此事派你去办，你立即去告知敌伪产业处理局办公处，再到东交民巷去看葛利，商议去津日期等事宜。我见到葛利后，他派一人名克利夫斯（Francis Cleaves，他专修汉学，战时随军来华，担任联络员，同去平津。1949年我去哈佛大学参观，在那里见到他。后来他成为洪煨莲师的助手，研究中国历史。1980年4月我随文物局代表团去美，特意到坎布里奇去看望洪煨莲师，但没有见到克利夫斯。1981年接费正清夫人费慰梅来信，告我克利夫斯已退休。克曾托她转告我深以上次我去美未能晤面为憾）。

7月16日早八时，我和克利夫斯同乘火车去津。我们先到敌伪产业处理局

《华北日报》1946年7月20日三版

驻津办公处请派人参加,再去美军驻津办公处。地点就在离解放路不远的红砖洋楼(解放后天津图书馆设在此处)内。美军办事处又派了一人同去张园。到达那里,看见保险柜时已是下午五点多钟了。为了打开柜门,找来专门修配铁柜钥匙的匠师。他们试用各种方法都未能打开柜门,最后只好用加氧气的喷火器将柜门烧开。柜中发现小型手提的保险匣二十一具。此时已入夜逾十时,要等次日才有火车去北京。当时经三方(敌伪产业处理局、美军、清损会)商定将保险匣贴上由三方会签的封条,用汽车押运到美军办事处一间屋内,除将门窗加锁,贴上会签的封条外,美军还派士兵值勤看守。当夜三方用电话向上级汇报。我与沈兼士、马衡都接通电话,定于次日中午搭快车押运物品回京,请派车到车站来接。

18日上午,三方面会同将存放保险匣的房门打开,验看封条无误,美军用汽车送三方人员携带二十一匣文物上火车,并派了七八个士兵随行。到京后处理局、故宫、沈兼士及葛利均派人及汽车来接,直送故宫御花园绛雪轩。沈兼士、马衡、葛利等都已在那里等候。故宫派了十来个人员开匣清点造册。这批物品属于细软性质,件头小,数量多而价值高,总数记得有一千几百件之多。待清点造册完毕,送入延禧宫库房已逾午夜了。

这批物品中,现在还能记得的珍品有古玉数百件之多。近年编入《故宫博物院藏工艺品选》的商代鹰攫人头玉佩无上精品,即是其中之一。解放后故宫发现乾隆时为古玉特制的分屉匣,屉中依每件玉形挖槽制囊,玉形都可与槽形

对上。当时溥仪出走,弃匣取玉,遂致玉、匣分离。宋元人手卷有四件,都高不及尺,它们是:宋马和之《赤壁赋图卷》、元邓文原《章草卷》、元赵孟𫖯设色《秋郊饮马图卷》及《老子像道德经书卷》。此外有古月轩珐琅烟壶、痕都斯坦嵌宝石玉碗、嵌珠宝珐琅怀表等。至于黄杨绿翡翠扳指等,更是价值连城,使同批物品中的金银器显得黯然无色。有的物品为故宫后来开辟的珍宝馆增添了光彩。

7月21日我陪同马衡院长去拜访葛利,对他的协助表示感谢,后来还曾设宴招待葛利及克利夫斯。《华北日报》也刊登过接收这一批文物的消息。

九　接收海关移交德孚洋行的一批物品

1946年9月10日接到敌伪产业处理局北平办事处的通知,德商德孚洋行有十几箱物品,经海关扣留,现存东城本司胡同某处,盼故宫博物院接收。13日我和周士庄及故宫工作人员会同海关到本司胡同将箱只运往故宫御花园。海关移交人姓陶,名器或契(当时周士庄和我因此名与"淘气"谐音,为之忍俊不禁,所以现在还能记得)。这批物品原为德国的一个研究民俗学的机构或博物馆所搜集,其中有木佛,件头较大,故未送进绛雪轩,而在轩北的一个亭子中清点登记。其中也不尽是文物,有的是近代工艺品,如晚清的服装、年画、皮影戏人、剪纸、日用铜器、锡器等。清点完毕,当时认为不能算是珍贵文物,所以没有送入库房而存在御花园堆秀山东的小楼下。1979年故宫曾通过组织向我了解此批物品的来源,因而得知它们可能现在仍在故宫博物院。

以上我经办的六批文物，除德士嘉定的瓷器在南京交接，存素堂丝绣我未参加外，其余四批我和周士庄均参加了。但清损会平津区办公处及其人员所处的地位相当于联络员，具体的接收单位为故宫博物院。故宫方面几次参加接收工作的有：汤有恩、滑瀛仙、杨宗荣、李鸿庆（以上四人已故）、张法孟、白增崇等人。接收采用"出组"方式，填写组单。组单上写明时间、地点、事项及工作记录等。参与人员均在组单上签名。组单照例存入故宫档案。故宫由交的一方收到文物后，即存入库房或其他指定地点，清损会平津区办公处及人员不承担接收、保管或移交文物的责任。每批接收完毕，清损会平津区办公处会同故宫博物院写成报告，寄南京清损会备案。此种报告，故宫也留副本，存入档案。

1946年秋冬之际，沈兼士突然中风逝世，清损会平津区办公处由马衡先生兼管，惟此后清理文物工作已无事可做，我把时间主要用在计划故宫文物分类、藏品登记及卡片设计、修缮房屋、开辟库房、清理院落及设计、制造储藏柜架等工作上。不久周士庄也到故宫博物院工作。

十　1946年11月参加南京文物展览及日本之行

1946年春清损会秘书郭志嵩函告，为了今后向日本交涉赔偿文物，要我在北京编一本在日本的中国重要文物目录，注明名称、尺寸、藏处、藏者、材料来源等等。我只得从《现在日本支那名画目录》及《泉屋清赏》、《爽籁馆藏画》等书中去辑录。圈出应抄录的文物，由临时工作人员刘荫荣去抄写。同时郭还提到正在酝酿今后派人赴日交涉赔偿文物事宜。

约在同年8、9月间，马衡院长有一天对我说，接到南京清损会来信，准备派人去日本，交涉赔偿文物。原计划派博学精鉴的老专家徐森玉先生去，但考虑到他年老体弱，加上不懂外文，必须另带翻译，这样便须加大编制。因此打算派我去，问我意如何。我说如去日本，真能弄些文物回来，我是愿意去的。但这里故宫的工作正待展开，许多属于基本建设工作如分类编目、建立库房等等，都刚刚开始，这些工作我也不愿扔下。马衡说：我也有同样的想法，去日本工作是否顺利，现在毫无把握，我看去那里如有可为则多待些时，否则不如早些回来搞故宫的工作。我说我正是这样想的。赴日之行就这样决定了。

在此后不久，马衡又接到清损会来信，说教育部决定于11月初在南京举办一个所谓"胜利后第一届文物展览"，要故宫选新入藏的文物若干件参加展出。马衡和故宫人员及唐兰先生等商量了一下，决定从杨铜陈列室中选些精品送去展览。参加展览的人员首先指定我，因为我将赴日，反正要先到南京。马衡又感到必须多派一个人去才行，因我由南京即去日本，要有人将展品押运回来才妥当；而且去两个人，对展览工作也有帮助。于是故宫就派周士庄和我同行。

10月中旬马衡为故宫的事去南京。

10月下旬，从杨铜陈列室中选了几十件铜器，装好了箱，我和周士庄搭中央航空公司客机由北京押运到南京。我们将铜器箱只存在朝天宫故宫库房内，住宿则请他们安排在中山门中央博物院的宿舍内，因那里距展览场所地质博物馆较近，而且熟人较多，王振铎、曾昭燏等先生是在李庄时常见面的。

故宫的展品与中央博物院的展品同在一室，该院负责展览的人是曾昭燏，他们的展品不多，但为重器，赫赫有名的毛公鼎就是其中之一。

展览为时约一周，闭幕后，铜器用原箱装好，仍存朝天宫库房。几天之后，周士庄乘飞机押运箱只回京。展览期间，傅斯年、李济（中央博物院筹备处主任）等来参观，盛赞杨铜中的宴乐渔猎壶，认为花纹真实地反映了战国时的生活，是其他青铜器所没有的。他们提出将这批铜器暂留南京，把花纹器形拓完一份后再送回北京。恰好马衡先生在场，当面婉言谢绝。他说这些铜器是从新辟的杨铜专室中提出来的。因精品已去，北京的陈列室只得暂时关闭。如留在此处传拓，陈列室开放延期，观众会有意见。他马上叫我把带去的几份拓片，包括铜壶的花纹展开图送给李济，以免他们再提出要求。事后马先生对我说，铜器留在此处，夜长梦多，说不定他们要打什么主意，还是早运回去为妙。

展览闭幕后，杭立武召开了一次清损会的会议，我也参加了。那次出席的有二十多人，现能记得的有马衡、梁思成、李济、傅斯年、徐鸿宝（即徐森玉）、蒋复璁、曾昭燏等。开会的内容有：①京沪、武汉、广州、平津各区代表或工作人员汇报一年来清理文物的情况及收获。②讨论去日本开展清理文物工作的步骤与方法，涉及以下几方面：

（一）南京中央图书馆在抗战时期曾将一批善本书运到香港，在那里编目造册，加盖馆章，然后送去美国，寄存国会图书馆。1941年底，日寇侵占香港，将这批善本书全部劫往日本。日寇投降后，无法抵赖劫夺这批书的罪责，经中国驻日代表团清点接收，原箱封好。除十箱存在代表团的库房外，余一百零七箱责成日本文部省负责保管，暂存东京上野公园内。需要运回时代表团可随时通知文部省提取起运。

（二）各地公家及个人上报的文物损失材料，寄到清损会后，正在整理，准备陆续寄往驻日代表团，根据材料，向日本政府要求追查赔偿。

（三）与日本政府进一步交涉，以期达到"以类赔偿"。所谓"以类赔偿"就是日本政府无法用原件偿还中国时（原件或已毁坏，或长期查不到下落），中国方面将指定日方用同类或等价的文物赔偿。

这次会议通过我的名义是清损会派往日本的专员，在中国驻日代表第四组（文化教育组）工作，受代表团的领导。

过了几天，杭立武和郭志嵩交给我美钞两千元，说明此款包括旅差费、治装津贴、文物回国运费等。我的月薪为一百元，也暂从此款支取。今后款用完或有特殊用途时，可再申请。他接着说教育部准备和驻日代表团联系，将我改为该团的正式工作人员，到那时，名义和薪金将由该团另定。这时我将一年多来经手的平津区办公处的账目、单据、文件等也向杭、郭两人作了交代。我任平津区助理代表的职务至此便告结束。

我从南京外交部领到赴日护照后前往上海，到驻日代表团驻沪办事处联系。办理检查身体、签证、订购飞机票等事项，于12月中旬的一个午夜起飞，黎明前到达羽田机场，代表团派一个青年人李汉援来接。

我到代表团报到后在第四组工作，组长是张凤举，团长是朱世明。我在代表团仅两个月，到1947年2月即回国。当时同在代表团的有吴文藻先生（曾任燕京大学教授，中央民族学院教授，已故，当时是代表团某组组长）、谢冰心先生（吴文藻夫人，燕京大学教授，我的老师，曾在燕京上过她的语体文课）、徐敦璋（1950年后回国，曾任政法学院教授）、吴半农（经济学家）等。

在日本我进行了两个月的清理文物工作。

到东京不久，有两架中央航空公司专机送代表团的人员及家属到东京来，回程无可装载。经我提议并经代表团批准把存在代表团的十箱善本书运回上海。事后杭立武来信责怪我这样做。理由是为此教育部要承担部分回航费用。其次是怕飞机失事，空运善本书不安全。

两个月间，为了交涉赔偿文物，先后经历了以下过程：

首先是准备根据国内整理出来的文物材料向日本政府提出，交涉偿还。这时已有一部分材料从南京清损会寄到代表团第四组。不过等看到联合国关于要求赔偿文物的条款规定时，不禁大为失望。规定写明要求偿还的文物必须确实经证明是抗战期间被日寇劫夺或盗窃的。损失了的文物要求能列举其名称、年代、形状、尺寸、重量等，最好附有照片；对劫夺的情况要求能开列：原有人、原在何处、何时被劫夺等。如被日寇军队劫夺，要求能说出番号等。这样才算材料完整，联合国才能督促日本政府去追查文物下落。至于材料完整是否就能查到追还，可能性也很小。如查不到，有材料也是枉然。我们查阅了国内寄来的材料，可以说没有一份够得上材料完整的。因为中国的文物损失多在日寇的侵略战争中，城市村镇，或遭轰炸，或遭洗劫，在国破家亡之际，又有谁能留下文物损失的完整材料呢？要求写明日军番号，更是不可能的事，因为番号向来都是保密的。我们当时对联合国规定的条款如此苛刻，十分气愤，它只对日本有利，对中国不利，而且已经到了偏袒庇护的程度，实际上它为追查偿还中国文物损失设下了一道障碍。我们认为从一开始就不应该同意联合国规定这样的条款，当时没有据理力争，致使此后的追偿工作，无法进行。这时只好一方面通知国内，寄来的材料越详细越完整越好；一方面即使材料不够所谓的完整，还是向日本政府提出。当然日本政府可以借口不完整而声称无从查找，以致毫无结果。

根据国内寄来的材料，要求日本政府赔偿，看来已不会有什么结果，下一步是与日本政府交涉"以类赔偿"。不料这个提议首先遭到组长张凤举的反对。他说据他所知，联合国根本没有"以类赔偿"这样的办法，因此提也白提，交涉不出一个结果来。我告诉张"以类赔偿"是清损会讨论决定的，我们有充分理由提出这样的要求，因此建议由第四组上一个签呈给团部，由团部出面向日本政府提出以类赔偿。张凤举又不同意，他说不能冒冒失失地就由第四组上签呈，至少要先口头请示一下，如团长同意这样办才能上签呈。数日后，张说已经请示过，不出他所料，团长不同意提出这样的要求。因为团部认为这牵涉联合国所规定的赔偿原则问题，它不可能在中国驻日代表团和日本政府之间获得解决，而必须由教育部提出呈请中国政府，在联合国会议上提出，才有可能讨论这个问题。这时我只得将进行以类赔偿的经过报告清损会，请清损会按照上述的途径，设法在联合国会议上争取到以类赔偿的办法。这时张凤举又说，他可以断言，我即使打报告，中国政府也不会在联合国会议上提此提案，即使提出，也不可能通过。现在政府有求于联合国的事正多，怎么可能在追还文物这个问题上斤斤计较呢？！张觉得我在这些问题上是十分幼稚可笑的。

以类赔偿看来已无法办通，下一步我只有试试自己去闯，看是否能从美国设在日本的管理调查文物的机构，了解到一些中国文物的线索。也就是想从调查文物下落入手，待有所知，再提出要求偿还。

美国管理日本文物的机构设在东京某街（街名已忘记）的一座楼内。一天下午，我去该处，接见我的是一个低级的工作人员，姓名现已忘记。他说这里的负责人有两位，一名霍利斯（H.C.Hollis，曾在克利夫兰美术馆东方部工作多年，写过一些关于中国瓷器玉器等短篇文章。1948年我去美，听说此人离职后，改业为古玩商，往来于日美之间），一名李雪曼（Sherman E. Lee，离日后任克利夫兰美术馆馆长。此馆现以收藏中国文物著称，李也成为著名的中国美术史专家之一，现已退休），恰好他们都外出。我对接待我的人说，咱们是盟国战友，又都是搞文物的，希望了解一些你们搜集到的关于日本所藏文物的情况。此人十分热情，带我去看他们编好的卡片，有十几个抽屉，惟内容以古建筑、古迹遗址为主，不是流动文

物的登记卡片。当然某一寺院如藏有重要文物，卡片上也有反映。我翻阅了几个抽屉，因到下班时间，只好约定第二天再去。

不料第二天清晨，接待过我的那个人慌慌张张地跑到代表团来找我，他说昨天他犯了错误，受到霍、李两位上级的责备，说他不该擅自带我去看他们的卡片。他怕我还要去找他，所以特意清早跑来通知我。他还说今后如再想去他们那里，必须经过正式的约定手续，即由中国驻日代表团通知美国驻日代表团，和管文物的机构约定时间后才能去，否则将不接待。在此之后，我只得由第四组通过代表团去约定时间。但美国代表团几次都回答说，管文物的人员目前太忙，无法安排时间，待今后有时间时再通知你们。实际上就是拒绝接待，防止中国方面打听到有关中国文物的线索。至此，霍利斯等人深恐中国在抗战中损失的文物归回原主，其用心已昭然若揭。当时我尚不能完全理解其所以然。直至1948年到美国听说霍利斯已成为古玩商始恍然大悟，如果文物归还了中国，他的生意岂不就没得可做了！

到日本来清理追偿文物工作至此已感到处处碰壁，寸步难行，待在此处，空耗时日，不由地想起故宫的工作来。故宫博物院从成立之日起到抗战胜利虽已有二三十年，但频年战乱，没有也不可能做多少工作。有些宫殿院落，文物与非文物混杂在一起，甚或覆盖在尘土之下，使我产生我自己被压在尘土下的感觉。至于分类编目和妥善保管，就更谈不到了。因此回到故宫去做些踏踏实实的基本工作，要比待在日本有意义得多。为此，我一方面写信给马衡，报告

在日本的工作情况，亟望能早日回故宫工作，并请他写信给杭立武。另一方面我直接写信给杭立武，详陈在日工作无法进展，请准予回国。过了些天，接到郭志嵩回信，说杭次长认为派一个人去日本并不容易，既来之，则安之，工作一时不顺手，可徐图之。除非有特殊任务，不要急于回国。几时回来，须得到代表团的许可。

这时我感到回国一事只有经过团里批准了。我想通过张凤举，说不定会别生枝节，还不如自己去见团长朱世明为好。不过一般工作人员要见朱世明很难。我到代表团一个多月，他只在新年团拜会上露面一次。如我独自要求去见他，很可能他不见。这时我想到吴文藻、谢冰心两先生。他们是我的师长，在燕京上学时就比较熟，到日本后，在团里每天见面，下班后我因不通日语，无处可去，常去吴家做客，他们仍把我当作他们的学生。因此请他们带我去见朱世明，二位是乐于帮助我的。过了几天，我在吴、谢二位的陪同下，见到了朱世明。我把追偿文物的种种困难阻碍陈述了一下，并向他提出希望回到故宫博物院去工作，同时也把郭志嵩的来信给他看了。朱世明说，既然国内来信说没有任务不要回去，那么如果你一定要回去，只有把那批善本书押运回国。要运必须用船运，空运太贵而不安全。事后我把见朱世明的经过告诉了张凤举。此后我就集中力量用在运回善本书这一工作上。

押运善本书经过了解才知道也并不简单，而且必须认真对待才行，如有疏忽，很可能出事故。情况是这样的：

（一）善本书存在东京上野公园内，船码头则在横滨，坐汽车要走一个多小时。运书上船至少前一天要通知文部省，第二天才能提书。书共一百零七箱，需用卡车五六辆，也须前一天联系好才能有车。

（二）船公司在横滨。船在进港前几天，经常和船公司有联系。要装运书必须在货船入港前向船公司查明以下几点：1.来船是否去上海；2.船上有无空吨位，可以承担一百零七箱图书的运输任务；3.在横滨停留多久，是否在三天以上。停留时间十分重要，因为如只停一天，来不及通知文部省及准备卡车。两天也太仓促，至少要三天才行。问题是横滨没有保险仓库可以存书，只有一般货仓，无人能保证安全。所以只能船到后再起运书，运来直接入船舱，当天办理完毕才妥，绝不能将书先运到码头再等船来。如这样做，在候船期间出了差错，负不起这个责任。在一般情况下，货船不靠码头，不能算最终到达，因入港时可能因种种原因而有变动。还有货船到码头停靠多久，要看上下货多少而定。有时原定上的货不上了，或原定下的货不下了，停靠时间临时又会有变动。假如为了装货者的需要而船多停些时，则停船的费用由装货者承担，每二十四小时就是几千美元，故绝不能这样做。惟一的妥当办法是到码头上来，看到货船停靠后，从公司查明，与货船核实，确知其在横滨停靠三天以上，才敢动手去运书。

在运书前的十几天中，我每天上午都去横滨，坐在船运公司内，随时打听来船的情况，下午才回东京。这时张凤举看我每天都来往于东京、横滨的高架火车上，他又以嘲讽的口气对我说：真没有见过你这样的人。你现在有清理文物的职务，正可借机会去日本各处观光观光，给你时间，给你旅差费，何乐而不为？为什么偏要冒风险急急忙忙去运这批善本书呢？现在国内的人挤破头想到代表团来，而你却忙着要回去，真是不可理解！我当时也振振有词地答复他：故宫有许多事情要做，不能在这里耗费时日。

经过十多天的查询，确知有艘美国货船（船名现已忘记）将在横滨停靠三天后去上海，船上有空吨位。待我看到该船靠码头后，又向船长核实了情况。于是赶回东京，报告代表团并通知文部省，定于次日去上野公园提取善本书。卡车是由代表团向美国代表团的汽车队借的。

次日中午去上野公园用卡车装书，下午美国宪兵骑摩托车为开路，七八辆卡车浩浩荡荡，将书箱送到横滨码头，量好书箱尺寸，计算吨位，办完运输手续，交了约八百美元的运费后，立即上船入舱，看船员吊放妥当，锁好舱门，当天办理完毕。傍晚我又回东京，次日携带个人的行李上船。该船在横滨还多停了一日，四天后才启航。

船到上海，到码头来接书的是郑振铎先生派来的谢辰生（现任国家文物局顾问）、孙家晋（现在上海译文出版社工作）。我将书箱数目点清无误，即由他们二位运走。解放后郑先生到文物局任局长，我曾问起这批书。他说全国解放前夕，国民党政府从京沪撤退时，又被他们运往台湾了。

我随即从上海去南京办交待。见到杭立武，把朱世明的决定和押运点交善本书的经过汇报了一遍。杭还是对我急于回国颇为不满。他说再派人去不容易，清损会的计划和部署被我打乱了，给他增添了麻烦。我把用剩的数百美元连同账目、单据交给了他和郭志嵩，护照也一并交还。至此，我和清理战时文物损失委员会的关系全告结束。交待完毕，当天即折回上海，在南京未作停留。

从上海我搭招商局的一艘客轮（轮船名未能想起）到天津，再乘火车回北京，时间是1947年3月初。从此时起我仍回故宫博物院古物馆任科长，到1948年5月因美国洛克菲勒基金会赠给故宫一个去美国及加拿大考察博物馆一年的名额，马衡派我去而离京赴美。到1949年8月，新中国成立前夕，我从香港搭第一艘北上的船回国，仍到故宫工作。马衡之所以派我去，和我们之间的社会渊源及日寇投降后我参与的工作都有关联，但还有更现实的原因：我是当时故宫职员中惟一在外语上没有困难的人。

北京将要解放，国民党政府派飞机在东单广场降落，接载文化界知名人士，有人走了，马先生则躲了起来使他们扑了个空。他为人有正义感，热爱祖国文物，对工作一丝不苟，在古文字学、古器物学方面造诣甚深，无愧于主管我国最重要的一个博物馆的重任。这虽是题外之言，信笔至此，不书还是不能自已的。

原载《文物天地》1986年第5、6期，
1987年第1期

附录甲

在抗日期间，祖国的文物遭受了很大损失，一些落入敌伪分子手中的文物急需查询收回，有的已被他们转到外人手中，并被伺机带出海关；清逊帝溥仪从清宫内携带或窃出的文物大部分散失于各地；还有一些私人收藏家手中的、闻名于世的珍贵文物面临不测。故宫博物院的文物工作者曾参与了查处、没收敌伪分子匿藏文物的工作，并经过努力查找和大量工作，征集、收购了郭葆昌的藏瓷、存素堂的丝绣和部分清宫散失的文物。在上述接收、没收的文物中，要以溥仪留存于张园的文物最为精粹，总数约为一千八百件，数量多而价值高，如商代的鹰攫人首玉佩、古月轩烟壶、痕都斯坦嵌宝石玉碗等，以及元人书画四件。这些文物大多形制特小，便于携带，但价值连城。经故宫博物院工作人员的努力，得以完璧，确实为院藏文物增添了光彩。此外，在征集、收购的文物中，郭葆昌的藏瓷较多，不但有许多精美的宋瓷，还有像清官窑的古铜乳钉牺耳尊，连故宫藏品中也很少见到。为了征集到这批名瓷，故宫的工作人员不仅动员其家属，并到处奔走筹集款项，最后才如愿以偿。其他像存素堂的丝绣品，也曾几费周折，才成为院藏珍品。这些珍贵文物都是当年故宫博物院工作人员为保护祖国文化遗产所立功绩的物证。

录自保管部：《认真做好百万件文物藏品保管工作》，《故宫博物院建院六十周年纪念特刊》，《故宫博物院院刊》1985 年第 3 期，页 24

读了附录甲，从故宫博物院保管部署名撰写《认真做好百万件文物藏品保管工作》一文中录出的一段文字，本人不得不在这里讲清楚以下事实。

1945 年 10 月到 1946 年 7 月，没收德人杨宁史的青铜器 240 件，取回溥仪留存在天津张园旧宅保险柜中的国宝文物、稀世之珍近 1800 件，收购郭葆昌的著名藏瓷数百件，都是本人任清理战时文物损失委员会平津区助理代表时，在沈兼士代表的领导下，经过奔走调查，侦破取证，交涉斗争，取得胜利，待对方拱手交出文物时，或通过特殊关系筹得巨款，藏家家属同意出售时，才请故宫博物院派古物馆人员接收。手续是由清理文物损失委员会平津区办事处会同故宫博物院缮写清册，一式两份。一份上报清理文物损失委员会，一份交故宫博物院存档。至今故宫博物院档案室仍有案可查。以上情况均已翔实地写入本人所著《回忆抗战胜利后平津地区文物清理工作》一文。令人惊异的是故宫保管部撰写的这段文字，只字未提当年调查、交涉等事均由清委会平津区办事处出面办理，故宫人员并未参加；也未提到沈兼士和本人，而把一切功绩都写在1950 年以后才成立的保管部的账上。该文开宗明义便说目的在"回顾保管工作所经的历程"。看来如此回顾，其动机姑置勿论，至少是不真实的，有欠缺的。

本人现在提出当年真实情况，绝不是为了争功。国宝文物，追还就好，何人出力为之，无关宏旨，这是我一贯的认识。但有一点，必须明确，即追还国宝是功，不是罪。如果是罪，保管部不会将它写在功劳簿上。但是具体到我的身上，不仅无功，而是"罪莫大焉"。何以见得，请看后果。

由于我有追还大量国宝的特殊经历，"三反"运动中成了重点审查对象，被定为"大老虎"。在东岳庙集中学习后，又被北京市公安局看守所拘留审查十个月，多次被戴上手铐脚镣，还染上了肺结核，"文革"中曾复发，至今肺与两胁粘连，成为终身痼疾。审查结果，没有贪污盗窃问题，释放回家。但同时接到文物局、故宫博物院通知，我被解雇，开除公职，令去劳动局登记，自谋出路。这岂不是把追还大量国宝，认为是严重罪行。否则怎会如此处理！就这样我在家养病一年后，勉强地接受民族音乐研究所李元庆、杨荫浏所长要我参加工作的邀请。失去了视为第二生命的文物工作，离开了曾以终身相许的故宫博物院。

1957年，我为响应党的号召，帮助党整风，提出"三反"中不该没有确凿证据便长期拘押我；不应违反党的禁令，采用"逼供信"。更不该查明没有问题，而是曾追还大量国宝，实为有功无罪，反将我开除公职。不料竟因提出这些正确意见，而把我划成"右派"。从此又多年被歧视，受到不公正待遇。

我衷心感谢伟大的小平同志拨乱反正，在十一届三中全会后，查明本人为错划，得到平反改正。我也欣喜地看到近年"人大"通过的司法条款对保护人权有改进，证明过去的做法是错误的。祖国在江泽民主席的正确领导下正一步步迈向光明。

我今年85岁，已届垂老之年。过去的一切，我都不计较，但只计较一点，即要求得到正确、公正的理解。为此我不得不在我写的有关清理文物的回忆录后面，讲清楚过去所发生的真实情况。

1999年5月王世襄记

附录乙

抗战初期，江浙藏书世家为生计所迫，同时亦怕被人趁乱劫掠，纷纷出售先代珍藏古籍，致使大批善本珍籍流入上海旧书摊。……当时江浙和广东一带著名藏书楼，如吴兴张氏适园、刘氏嘉业堂，金陵邓氏群碧楼，番禺沈氏等旧藏珍籍精品万册，均为中央图书馆购得。其他如常熟瞿氏铁琴铜剑楼、聊城杨氏海源阁、吴县潘氏滂喜斋、江安傅氏双鉴楼所散出图书也搜罗不少。这次收购工作延续至抗战结束，共购四五万册。

上海所购图书运至香港，少部分空运至重庆。因费用太大，只运一次便停止。随后准备寄存美国国会图书馆。装箱前，在书上加钤"国立中央图书馆考藏"朱文方印，费时三个月，误了两班船期，竟遇香港沦陷。一百多箱善本书尽被日本海军掠去，不知去向。1946年，经过中国驻日军事代表团查访，这批书终于被顾毓琇在东京市郊的帝国图书馆地下室及伊势原乡下发现。经与美国占领军协商后，全部运回南京，并查明没有损失。

录自许廷长：《民国时期的中央图书馆》，载国家教委主办编印的《中国典籍与文化》1995年第3期

附录乙使我欣慰的是，1947年2月我从日本运回上海的善本书"查明没有损失"。这批书当时由郑振铎派员接收，随即交南京中央图书馆。国民党从大陆撤退时运往台湾。我相信两岸终有一天统一。善本书未被日寇抢走而永为炎黄子孙所有，幸甚。

1999年5月王世襄记

1947年3月至1949年8月回忆录

在"文革"期间，文物博物馆研究所的牛棚设在沙滩红楼地下室。白天准许到办公室，惟一的任务是写交代材料；夜晚则回到地下室牛棚水泥地上睡觉。造反派勒令我写的材料是从 1941 年 6 月燕京大学研究院毕业，到 1949 年 8 月从美国经香港回到北京，继续在故宫工作的一些情况。当时无片纸文字可查，全凭记忆写出。材料写了两个多月，约七八万字。

1983 年我把交代材料的前半部分稍加整理，题名《回忆抗战胜利后平津地区文物清理工作》，先后在《文史资料选辑》（第九十六辑，有较大删节）《文物天地》（1986 年第 5、6 期，1987 年第 1 期）、《故宫博物院七十年论文选》刊出，并收入自选集《锦灰堆》。

现在整理发表的是当年交代材料的后半部分，分为两节：甲、1947 年 3 月到 1948 年 5 月在故宫博物院的工作。乙、1948 年 6 月到 1949 年 8 月赴美国、加拿大参观博物馆及返回北京。

我自左目失明，右目白内障又日益严重，回忆录均由荃猷代劳据原稿抄录，只去掉了一些"大革命"语言。读

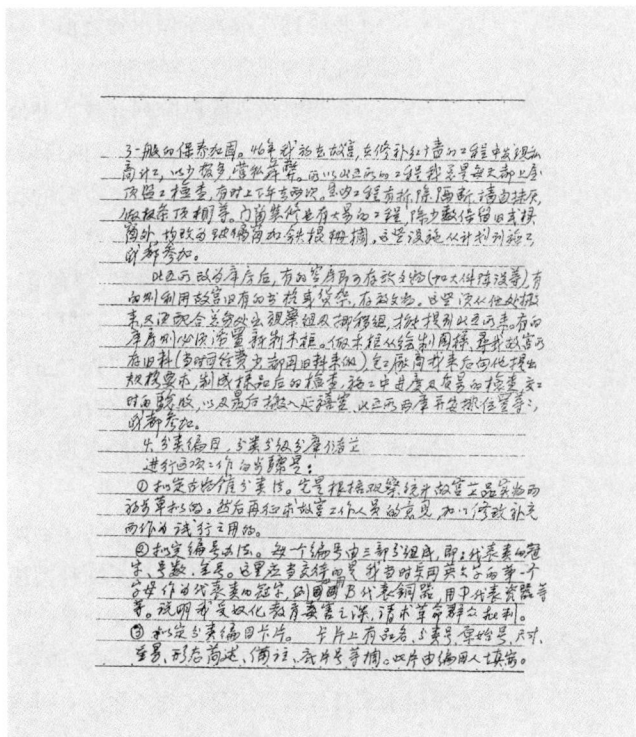

"文革"中王世襄所写交待材料原稿的一页

者倘有暇过目，对"三反"冤狱后，文物局、故宫博物院无端将我开除，我何以会有失去第二生命之痛，或许有进一步的理解。

2002 年 2 月世襄识

甲　1947 年 3 月到 1948 年 5 月在故宫博物院的工作

1947 年 2 月我把被日寇劫夺的一○七箱善本书从横滨押运到上海。郑振铎先生派谢辰生、孙家晋两位到码头迎接，点交完毕，我即去南京见杭立武，交还用剩的数百美元以及账目、单据、护照等。至此我与清理战时文物损失委员会的关系全告结束。3 月初我回到北京去故宫博物院报到，成为故宫的正式工作人员，职务是古物馆科长。

在我陈述在故宫所做工作之前，有必要先介绍一下当时故宫的情况：

一、当时故宫除已陈列开放或办公使用的地方外，不少宫殿房屋长期封锁，尚处在当年清室善后委员会点查时的状态，或近似点查时的状态。有些地方室内的文物已按其性质经古物馆、文献馆、图书馆（当时故宫设此三馆）分别提去，有些地方则尚未提完或根本未提，室内文物往往与一般日用物品混杂在一起。有些地方则纯属非文物，未经整理，占据着房屋。

二、三馆所属文物，文献与图书两馆都很明确，只有古物馆的文物种类最杂，数量也最多，有的物品又介乎文物与非文物之间，如纸绢、成扇、如意、粗木家具等等，不易区分。在没有明确规定如何区分之前，只得由古物馆包下来，列入该馆的文物范围之内。

三、古物馆当时只有延禧宫一处库房，是在火焚的宫殿旧址上修建的新式建筑，三面楼房，上下两层，当然无法容纳古物馆的全部文物。就是专放精品，也是不够。而且当时延库大半面积是空的，连柜子或架子也没有。

四、古物馆当时没有分类法，更未分类编目，文物上系着的还是当年清室善后委员会用千字文编排的号签。如问某一类文物有多少件，说不出具体数字。在储藏保管上，未分类存放，更没有依文物的等级，区别对待。

总的说来，当时我认为古物馆在保管工作方面应做的工作，可以归纳为"弄清家底，加强保管"八个字。为了逐步实现这八个字，需要做以下几项工作：

一、提集，即将文物集中到古物馆来。

二、开辟库房。

三、修缮房屋，添置储藏设备。

四、分类编目。

五、拟定与保管工作有关的几种工作程序，也就是几种规章制度。

以上几项工作，我当时认为是故宫博物院的基本建设工作。这些工作做好之后，陈列、研究、出版等工作就会有坚实的基础，因而我认为这几项工作应列为古物馆的重点工作。1946 年我到故宫帮忙时，就提出过这样的看法，得到马衡院长的同意和支持，并开始做了一些工作。此外，还有六七项其他的工作。合在一起，就是 1947 年到 1948 年我在故宫所做的工作项目。分述如下：

一　提集

提集是古物馆的工作人员配合总务处的工作人员一起进行的。到一处后，总务处的人员拿着清室善后委员会的原始册子，去找登载在册子上的物品。找到后，如此物属于古物馆的范围，即由古物馆提走，原始册子上将此物注销，表明此物不再由总务处经管，而归古物馆保管。从 1946 年起，古物馆建立总登记簿，是一种流水账式的账册。凡新提到古物馆来的文物，不问属于何类，一律按提集日期的先后，在总登记簿上登记，填写：品名、原始号、件数、提集日期、经手人、备注、分类号等项；然后将该物送到古物馆库房，由库房的负责人签收。提集的目的有时是为集中文物而去提集的，有时则主要是因需用房屋，结合腾挪而去提集的。因为要使用某一处房屋，必须先将该处的文物提完，所剩下的非文物，或搬移他处，或归并存放，便可由总务处自行办理了。提集之前，一般要先出视察组，即先去该处看一看情况：如了解文物数量多少，房屋的情况如何，剩下的非文物可往何处移，或有无空隙可以容纳从他处移来的物品，使他处得以腾空，以便利用等等。

二 开辟库房

为了逐步走向分类、分级、分库储藏，古物馆必须开辟大量的库房。当时根据具体条件，先选定北五所作为古物馆次一级的文物库，延禧宫为一级文物库。北五所位在故宫东北部，一排五所房屋，每所三层院落，故可分为十五个区，至少可以放十五类文物。再在一区之内，东、西、正房分放不同的类，则可以容纳更多的类。这项工作从1946年即开始。当时院内积土盈尺，草树丛生，小房倒塌，大房渗漏，所以有大量的清除整理工作。将北五所内的东西移走，腾空作为库房，更有大量的提集和挪移工作。当时时常是这样的，为了将某所某一排房内的东西挪至甲处，必须先腾空甲处，而为了腾空甲处，又必须先腾空乙处，才能将甲处的东西搬过去。

往往须先经过几次这样的挪移，才能将北五所某排内的东西搬走。所以又要出许多视察组，看好挪移的步骤，才能开始行动。辟为库房后又要根据建筑条件、出入路线，来计划存放哪一类文物。入口出口方便的地方放大件文物，不方便的地方放小件文物。当时绘制了北五所的平面图，制订了几个方案，经多次调动安排，才初步确定下来。

三 修缮房屋，添置储藏设备

故宫当时每年有少量的修缮费，多用在修整开放路线。为了开辟库房，争取了一部分款项用于修理北五所。又因其面积较大，在1946年、1947年两年内才勉强修完。北五所的工程，除拆去坍塌的小房外，大房全部瓦面残破渗漏。个别严重的地方，椽檩断折，塌陷透天，工程超出了一般的保养加固。1946年我初去故宫，在修补红墙的工程中发现私商计工，以少报多，营私舞弊。所以北五所的工程我总是每天都上屋顶监工检查，有时上下午去两次。室内工程有拆除隔断、墙面抹灰，做板条灰顶棚等。门窗装修也有大量的工程，除少数保留旧式棂窗外，均改为玻璃窗加铁棍栅栏。这些设施从计划到施工，我都参加。

北五所改为库房后，有的空房即可存放文物，如大件陈设等。有的则利用故宫旧有的书格或货架，存放文物。这些须从他处搬来，又须配合总务处出视察组及挪移组，才能提到北五所来。有的库房则必须添置新制木柜。做木柜从绘制图样、寻找故宫所存旧料（当时因经费少，都用旧料来做），包工厂商找来后，向他提出规格要求，制成样品后的检查，施工中进度及质量的检查，交工时的验收，以及最后搬入延禧宫、北五所两库并安排位置等等，我都参加。

四 分类编目，分类分级分库储藏

进行这项工作的步骤是：

1. 拟定古物馆分类法。它是根据观察统计故宫藏品实物而初步草拟，然后再征求故宫工作人员的意见，加以修改补充而作为试行之用的。

2. 拟定编号办法。每一个编号由三部分组成，即：代表类的冠字、号数、年号。我当时采用英文的第一个字母作为代表类的冠字，例如 B 代表铜器、P 代表瓷器等。

3. 拟定分类编目卡片。卡片上有品名、分类号、原始号、尺寸、重量、形态简述、备注、底片号等栏。此片由编目人填写。

4. 制定编目号签。粘贴或系在文物上，由编目人粘系。

5. 拟定文物分类簿。每类文物登载一册，依编目号次序登录。内容与分类编目卡片相似而较简略。

6. 拟定分类分级分库储藏办法。同类同级的文物储藏在同一库房内，除特殊情况外如特大件者，均依照分类编目次序存放，以便寻找。

7. 设置藏品指引卡。如某柜分四格，某格储藏某类文物由某号到某号。用卡片写明每格的起讫号，插在柜门上。这样不用开柜，便知某件在某格。

我参加了上述各项的拟定工作，并在试行编目的时候，用较长的时间参加具体工作，通过实践，摸索经验，进行修改。

当时的设想是：已提到古物馆的文物要分类编目，未提来的，待提来后也要分类编目，直到全部文物提完、编完，

1947 年王世襄为故宫博物院试拟的文稿分类表

摸清家底，得出每一类文物的具体数字为止。要做到看分类编目卡片便知某件文物大概情况，并在较短的时间内就能在库房中找到它。

五 拟定各种工作程序

这些工作程序是工作时应履行的步骤和手续，也可以说是一种规章制度。当时拟定的有以下几种：

1. 关于提集文物的工作程序。着重在从总务处提来，交到古物馆库房后，如何使手续完备，责任分明。

2. 分类编目的工作程序。

3. 库间调拨的工作程序。例如延禧宫有次级文物应调北五所，两库工作人员有哪些手续必须履行，使两库的账目卡片等一增一减，责任分明。

4. 由库房提往陈列及撤陈后送回库房的工作程序。

5. 由库房或陈列室提往修复，及修复完毕送回库房或陈列室的工作程序。

6. 由库房或陈列室提往传拓，及传拓完毕送回库房或陈列室的工作程序。

7. 由库房或陈列室提往拍照，及拍照完毕送回库房或陈列室的工作程序。

六 陈列工作

1946年、1947年时，在我的思想中没有将陈列列为工作的重点。1946年因新收进了两批文物，布置了"杨宁史呈献铜器及兵器陈列室"、"郭觯斋捐献瓷器陈列室"。其他陈列，少有变动。1947年重新布置而改动较大的有御书房前院的陶瓷陈列室，由李鸿庆负责。景仁宫的铜器陈列室，由唐兰负责。我除参加了以上陈列的部分工作外，还将钟粹宫的书画陈列室改换了展品，并补充了一些新收集、新收购的书画。在西路布置了匏器陈列室。当时的陈列完全是专题陈列。

七 文物修复

1947年时，古物馆设在慈宁宫后的三所院落内，文物修复工作室也在这里。当时修复的项目不多，只有书画装裱（技工姓名已忘记。只裱一些裱心贴落、匾额对联等，不裱重要书画）、钟表（徐芳洲）、木器及家具陈设（高春秀）等几项有专门技工。此外还有摄影（童积荣、童积华）及传拓（马子云。以前还有一人，姓名已忘记）。

当时修复工作一般是配合陈列，即需用陈列的文物尽量先修。也有少数因文物本身亟待修复，以免继续残破散失而送去修复的。我因对修复工作极感兴趣，每周总要抽时间去各工作室两三次。有时利用中午在古物馆吃饭的时间和技工们交谈，了解修复的情况。在修复方法及要求上，我参加意见较多的是家具。钟表等因我完全不懂，只能听技工介绍情况。

在传拓及摄影方面，我曾协助技工们建立拓片及照片底片账册。因故宫历年来积累了一些拓片及底片，建立新账后，较前便于管理及查找。

八 收购东北散出的书画

溥仪在故宫时，曾以赏其弟溥杰为名，将书画一两千件偷偷转移出宫，匿为私有。故宫博物院成立后，发现了这批书画的目录，印成《故宫已佚书画目》。1945年日寇投降，这批书画在长春散出，北京的古玩商纷纷去东北，将书画贩到北京、上海等地出售，牟取暴利。由于这些书画本来是故宫旧藏的文物，马衡认为应由故宫收购。为此，故宫在1946年、1947年时曾向南京行政院请款，作收购东北书画之用。当时的办法是一方面与北京古玩商联系，要求他们收到东北书画后，尽先送到故宫博物院来。一方面邀集一些专家审查书画，评议价格。所以在1946年及1947年时，故宫有收购东北书画这样一项业务。

不过这两年中，收购东北书画，收效甚微，只买到了少量不甚重要的书画。原因是向南京行政院请款，马衡虽费尽力气，只请到少量的款项。以当时的行情价格来说，其总数连一件重要的书画也买不到。加以当时故宫收购书画的办法是要求古玩商先将书画送到故宫来，评议价格后，由故宫暂时封存，再请款。等请到款项后，书画便算成交；请不到款项，则将书画退还古玩商。古玩商知道故宫的收购办法后，好的书画根本不送到故宫来，而只送一些不甚重要的书画来敷衍塞责。他们知道故宫的钱不多，又恐请款费时间，法币贬值要吃亏。一些重要的书画眼看着被张大千、张伯驹、惠孝同等人买去，故宫连看也没有看到。这些重要书画，直到解放后，才从私人手中出来，归故宫博物院所有。

收购东北书画，我担任的工作是：古玩商送书画到故宫来时，我和他们接洽联系，查送来书画的著录记载，整理抄录有关书画的文献资料，供审查评价时作参考之用。开评议会时，我做审查记录等事务性和资料性的工作。

九 图书资料工作

古物馆原来只有少量图书，没有图书资料室，也没有资料工作。1946年、1947年时，因收购东北书画，常常要翻阅《故宫已佚书画目》。但它是一本流水账，漫无次序，检阅不便。我提议将该目重编，依书画家的姓名笔画多少的次序重新编排，以便检查。这项资料编辑工作在我的协助下由古物馆的冯大光担任。

1947年5月，福开森的女儿福梅龄将其父的图书捐赠给故宫，约有二十箱，主要是书画书。于是连同古物馆原有的书开辟专室存放，由馆中一人经管，开始成立了古物馆图书资料室，成为当时收藏书画书最多的一个图书室。

我和福开森的关系及他的一批书到故宫的经过是这样的：

福开森在清代末年即来中国，曾任南洋公学校长。马衡和我父亲都是南洋公学的学生，与福有师生关系。

1920年左右，福开森找人替他编一部查检古代绘画著录记载的工具书，而署他自己的名，掠夺别人的劳动成果。此书名叫《历代著录画目》，经金陵大学排印出版。为了这个目的，他搜集了一大批书画书。1940年我在燕京大学编写中国画论，为了参考借阅福开森的书画书，我父亲曾带我去见他。从1940年到1942年，我曾数次到他那里去查书。福开森也曾要我为他查找有关书画的材料，并曾将他编写有关中国美术的书及画谱等赠送给我。

太平洋战事爆发后，福开森自知有一天可能被日寇集中起来，或遣返美国，所以他在1942年找我去将他的书画书整理一下，编一本目录，寄存出去，以待日后处理。那时周士庄正每天到我家帮我抄写我的论文《中国画论研究》，所以我请周一起去福开森家整理图书。前后去了三四次，将那批书编目完毕。后来听说准备将书送到北京图书馆代存。又过了一些时日，大约是1942年秋或1943年春，福开森被遣返回国。福的女儿福梅龄在协和医院工作，此时也返回美国。日本投降后，福梅龄又来北京，仍在协和医院工作。此时福开森已经死去。

1947年，故宫因收购东北书画，常常要查阅书画著录书。我知道福开森有这样一批书，对故宫十分有用，曾对马衡说，遇机向福梅龄建议，将她父亲的书捐给故宫，是否可以进行。马衡十分赞同，叫我便中进行。后来我见到福梅龄，向她提到此事。她未作正面答复，只说待考虑考虑再说。

1948年5月我去美国的船期已定，将去南京办护照，当时认为领到护照后即可从上海搭船去美。这时，我又为这批书的事去找福梅龄，再次建议她将书捐给故宫。这次她说：其父与南京金陵大学关系较为密切，有一批文物就归了金陵大学，所以她认为这批书似乎也应当归金陵大学为妥。我对她说，金陵大学是一个综合性大学，不是专门研究古代艺术的机构，书画书对它不见得比对故宫有用。再说金陵大学有规模较大的图书馆，有些书他们那里可能已经有了。福梅龄说那就这样吧，你不是要去南京吗？你不妨到金陵大学图书馆去看一看，如果这些书他们已经有了，请你写信告诉我，我就将书捐给故宫。

我到南京后，去金陵大学图书馆看了一下，有一部分书图书馆确实已经有了。这时我恰好为了签证的事，仍须折回北京，在北京办好签证手续，才能出国。就在回北京办签证的几天中，我又去福梅龄处，告诉她金陵大学图书馆我已去看过了，有些书那里已经有了。这时福梅龄同意将这批书捐给故宫博物院。

福梅龄捐书事我向马衡作了汇报，一两天后我即搭飞机去上海。待故宫派人去福梅龄处取书时，我已离开北京，没有能亲自参加取书。

以上是福开森的书到故宫的经过。

十 招待参观

1947年，马衡有时派我担任招待参观工作。当时来故宫参观的，现在能回忆起来的有柯克和陈诚。

柯克是美国海军的将军。我曾陪同他参观故宫的东路陈列室，包括钟表陈列室。

陈诚在参观后到绛雪轩休息，备茶水招待。他问起故宫有没有什么不容易解决的问题。当时因北五所辟为库房，限于经费，碎砖烂瓦，堆在院中，未能清除出去。陈诚说：这不成问题，可以派军队来劳动，将院落弄干净。你们什么时候需要，可以来联系。事后我将此事报告马衡，马衡说我太不懂事，怎么能让军队进入库房的院落。如果军队不守纪律，出了差错，怎么办？马衡提醒我不要只顾建立库房，而疏忽了其他应注意的方面。

十一 接收古物陈列所

古物陈列所是朱启钤先生创办的，和故宫博物院原是两个机构。大约是1947年，南京行政院命令故宫接收古物陈列所，合并成为一个机构。从1948年春开始到该年初夏，故宫集中人力，用了两三个月的时间，将古物陈列所接收过来。接收的办法是将故宫及古物陈列所的工作人员混合编成几个组（可能是六个组），将古物陈列所的全部文物，包括库房及陈列室，按账册清点一遍。我未编入组内做具体的清点工作，而去记录统计各组的进度，帮助各组总结及交流经验，使各组能齐头并进。接收古物陈列所，是故宫在1948年投入人力较多、用时较长的一项临时性的工作。

十二　出组情况

1947年时，古物馆有二十余人，包括摄影、传拓及修复技工等，每天出五组或六组，每组一般是三个人。当时经常有的组是延禧宫库房两组，北五所库房两组或三组，均以分类编目及整理库房为主。提集或视察组一组，古物馆出一人或两人，与总务处配合出组。不经常有的是陈列组，布置陈列或清除、打扫柜内尘土。

当时具体人手分配，大致如下：常去延禧宫库房出组的有李鸿庆（现在广西壮族自治州博物馆）、杨宗荣（现在中国历史博物馆）、朱家溍、纪中锐（现均在故宫博物院）、汤有恩（已退休）。常去北五所库房出组的有李庭倩（现在北京市文化局文物处）、白增崇（已退休，此人在"三反"运动中发现有重大盗窃文物问题）、张宗良（已死，此人有重大盗窃文物问题）、滑仙洲（已死）。常去延、北两库专管编目的有金毓鋆、马世杰（均已死）。常参加提集组的有张法孟（后去鲁艺工作，现在何处不详），登记文物总登记簿的是黄纪英（现在故宫），有时出组，有时在古物馆整理资料的是冯大光（已退休），管理图书室的是包坤睿（后调文化部，现在何处不详）。此外还有周士庄及冯先铭等也经

常出组工作。周士庄在1947年辞去故宫的工作，原因是他感到个人的兴趣在科技方面，故宫的工作对他不合适，所以他在报考了一个电力训练班（可能我记错了，而是其他的科技学习班）后离开了故宫。解放后他到水利电力部工作，直到现在，在该部政治部工作。住在东四七条皇姑院四号。

我当时每天的工作情况是除有特殊的原因，须专门参加一个组的工作外，一般是五六个组每天都要去看一下。再加上房屋修缮工程，文物修复工作，也去看看，所以显得头绪纷杂，十分繁忙，在办公室的时间是极少的。在这段时间内，我没有写过任何文章。

十三　其他事务性工作

除以上工作外，我有时须参加一些会议，如关于经费预算的会议，关于经费分配的会议等。我还曾担任过故宫博物院宿舍分配委员会的工作。

乙　1948年6月到1949年8月赴美国、加拿大参观博物馆及返回北京

1947年夏，美国洛克菲勒基金会派两个人到北京来，对一些研究所、学校、图书馆、博物馆进行访问，并声称如有要求资助的项目，可以提出申请。

该会派来的两个人，一个可能名叫艾文斯，另一个名字已经忘记。他们到故宫博物院来参观，由马衡及北京图书馆馆长袁同礼出面接待，此外故宫还有五六人参加，我也在场。马衡等陪同他们参观了故宫的陈列室，及一些没有开放的、需要修缮的院落。当时马衡有一个想法是打算将故宫某些地方的修缮工程列为申请资助的项目。他当时的另一

个想法是要求该会提供一套印刷出版文物美术品的设备，建立故宫印刷厂，使文物得以影印流传。

洛氏基金会的人走后，马衡和袁同礼及故宫的一些人商量了一下，认为印刷厂对故宫更为需要，决定以此作为申请资助的项目。后来由袁同礼代故宫博物院写了一封英文信，并拟了一份要求提供印刷设备的申请书，一并寄给美国该会。

约在1947年秋冬之际，洛氏基金会的复信来了。信中说鉴于目前的中国形势，他们不准备为故宫提供印刷设备。但故宫如愿派一人出国参观博物馆，该会可以负担其来美国及加拿大的往返旅费及其在国外一年的生活费用。故宫准备派何人前来，请填写附寄的申请书及履历表寄来。一俟会中同意，即可办理出国手续云云。申请书和履历表都是印好的。申请书要求申请人声明愿意接受洛氏基金会的资助，出国参观学习一年。履历表要填写申请人姓名、性别、年龄、学历、资历、外文程度、健康情况等等。

此信收到后，马衡认为派我去较为合适。一则因为我懂外文，在语言文字上没有困难。如派别人去，还须先学一段时期的英文才行。二则因为我比较年轻。马衡把准备派我去的想法和我谈了。我当时的思想活动一方面是十分兴奋，因为从上大学时起就一直想找机会出国学习，而现在可以实现了。但一方面我感到故宫的工作扔不下，文物的提集保管、分类编目等都开始不久，未见多少成效。我把我的想法和马衡谈了。他说出国参观博物馆，开开眼界，总能学到不少东西。离开故宫一年，少做些工作，正是为了今后能为故宫做更多的工作。

这次机会难得，我看去还是值得的。这样我就决定出国了。

我将申请书及履历表填好，由故宫博物院寄给该会。大约在1948年年初，复信来了，同意我接受该会的资助。信中并告知一个拟好了的学习参观计划，即去美国甘泽兹城（堪萨斯市）的纳氏博物馆及加拿大多伦多博物馆学习参观各半年。信后还开列了1948年春、夏两季由上海开往美国的船名及航期，准备搭何船前往，去信通知该会，船票可由该会代购。

根据故宫当时的工作情况及办出国手续所需时间，我决定乘6月1日从上海开的威尔逊号去美。3、4月间，我即在北京检查身体。约在5月初我坐火车去天津，由天津乘船去上海（当时津浦路火车不通）。准备从上海去南京办护照，领到护照后返回上海，即从上海出国。当时携带的行李除手提箱外，有铁皮箱两只，内放衣服及一般版本的参考书，有石印本的《佩文斋书画谱》、《画家人名大辞典》、《中国美术史年表》、商务印书馆出版的《营造法式》、德人艾克编的《中国花梨家具图考》等。另外还有两部《故宫书画集》，是故宫博物院交给我分别赠送给我将要去的两个博物馆的。我未带任何文物，只带朱致远制的七弦琴一张。此琴于1949年返国时又带回来，现在文博所。到上海后我住在叔父王彦通家（上海复兴中路一二九五弄六三号）。几天之后，我即去南京办护照。

我到南京后，持故宫博物院的公函去教育部，由教育部备函致外交部请发护照。这时我曾去看杭立武，告诉他我将去美国及加拿大参观博物馆一年，办护照事请他帮忙。他答应了我的要求，并称外交部方面，他也将托人关照。这是我最后一次见到杭立武。

我去外交部领到了护照，所发的是学生护照而不是官员护照。返回上海，我即去美国领事馆去办签证。不料该馆的人说你在北京工作，又在北京居住，应当由当地的美国领事馆签证，上海不能代为办理。此时距威尔逊号的航期已不过十多天，来不及再乘船去天津，所以我搭飞机由上海去北京。到京后即去美国领事馆办签证。原来美国政府对去美的中国人有一条规定，要他向当地的警察局索取一个证明，保证此人未犯过罪，未判过刑，领事馆才肯签证。我从北京警察局领到了这样的证明，办好了签证。几天之后，我又乘飞机去上海了。

到上海后，我去轮船公司取了洛氏基金会代购的船票，凭船票及护照将铁皮箱两只送海关检查后交船托运。手提箱及七弦琴则随人上船。海关人员认为七弦琴是古物，对我进行查问。经解释这是我自己弹奏用的乐器，而且回国时还要带回来，才许可携带。6月1日我乘威尔逊号离开上海，前往美国旧金山。

在威尔逊号上和我同住一个船舱的姓金，名字记不很清了，仿佛是金□祚，他父亲过去在上海中华书局工作，可能是经理。金在解放后回国，前几年在北京的一个工艺美术展览会上曾见一面，但不知他现在何处工作。同船的还有外交部派往美国、加拿大等地领事馆工作的三对夫妇，现在只记得其中一个人的姓名，他叫朱光庭，将去美国芝加哥领事馆工作。1948年10月间我去芝加哥曾在他家借住。

到日本横滨，停靠一天，很多乘客去东京游玩。我则去东京买美术考古书及看看几个认识的人。我见到了吴文藻和谢冰心二位，还有李汉援。李知我将去美，要求我帮忙，替他找一个免费上大学或有补助金的读书机会。李的未婚妻姓苗，在美国波士顿上学，所以他也想去美上学。我则托李在日本代我买书，开了一个书单给他，买到后请他寄往纽约，交我内兄袁恒猷代收。下午，我去神田旧书店买了《西域考古记》《乐浪》、《王光墓》等几种书，带到船上。

船离横滨后，直驶旧金山。到达那天，记得大概是6月14日。我去洛氏基金会旧金山办事处领取了由旧金山去甘泽兹城的火车费及途中的用费。生活费则由到甘泽兹城之日起算，每月一百七十五美元。

我在旧金山住了三四天，参观了旧金山博物馆。此馆不甚出名，中国文物也不多，有几件雕刻，只记得有一只约一尺高的石雕佛手，不知是从我国哪个石窟盗凿去的。馆长叫海尔，带我参观了陈列室，请我在他家吃了一次饭。我用了两个半天的时间乘旧金山市的游展汽车，按照安排好的路线，参观了市内及近郊的公园、教堂、大桥等。我还曾去伯克利大学区参观了一下。

旧金山在美国西岸，甘泽兹城在美中部，火车要走两天。我于6月20日前后到达甘泽兹城。

甘城纳氏博物馆是规模较大、修建较晚（当时陈列室尚未完全布置完毕）的一个博物馆。按原定计划我准备在那里学习参观半年。馆长名加顿纳，负责西方文物。副馆长兼东方部主任叫史克门，史的母亲曾在北京美国学校任教，是我的老师，所以史可算是我的师兄。

1945 年我和翟荫经过上海时曾见到过史克门。他在哈佛大学毕业后，1930 年前后曾住北京，为纳氏博物馆搜括中国文物，盗劫去大量的重要文物。1955 年我在《文物参考资料》第 7 期上发表的《记美帝搜括我国文物的七大中心》，其中之一就有纳氏博物馆。

我在去美之前和去美途中，曾考虑参观博物馆要做两项工作：一项是选择若干有特点的博物馆，做比较详细的参观访问记录。一项是注意看流落在美、加两地的中国文物，而以中国绘画为重点，准备为重要的绘画做笔记，并搜集其照片。在美、加一年，我主要就是做了这两项工作。一共写了七个博物馆的参观访问记录，记了约二百件绘画的读画笔记。参观访问记录我分馆用纸袋装起，现已全部上交文博所。读画笔记稿件也分馆分袋装起，也已全部上交文博所。书画照片数百张，装一纸箱，我在"三反"运动中交给故宫博物院。但运动结束后，这批照片全部失踪，不知被谁拿走。后因举办反对美帝掠夺我国文物展览，需用这批材料，文物局及故宫再度查找，仍未发现，至今下落不明。访美归来，本准备编写一本《流美法书名画考》，也因照片丢失而计划落空。

我在纳馆待了约三个月，于 9 月中旬离开。在此期间，我做了以下几件事：

1. 在纳馆，我用了二十多天观看了全馆，并访问了它的业务、行政各部门，编写了参观访问记录，依内容分节，它们是：历史沿革、建筑及平面、陈列室巡视（包括陈列内容，陈列设备如柜、架、台座等，采光、通风等）、库房（包括管理、设备、防虫、防火、防潮、防盗等等）、修复工作、社会教育工作、编目登记、清洁管理等项。此后各馆的参观访问记录，大体上也都按照上述的项目编写。

2. 我用了一个多月的时间观看了该馆的中国文物，而着重在记录该馆的三四十件中国绘画，记录其名称、作者、质地、尺寸、款识、题跋、印章、收藏印章、所见著录等等，并注明一些从照片上不能看清楚的东西，如色彩、修补痕迹等。1950 年我在《文物参考资料》第 11 期上发表的《记美帝攫取的中国名画》一文，就是根据我的读画笔记的部分材料写成的。

当我在纳馆做读画笔记的时候，史克门在旁时常提出问题，要我将题跋文字及印章篆文等解释给他听，他随手作了笔记。

3. 我用了一个多星期的时间在纳馆修复室观看了技工罗斯修复了一件中国壁画，并进行见习。还听他介绍了他在加拿大多伦多博物馆及哈佛大学福格博物馆修复研究室时修理壁画所取得的经验。我在 1956 年《文物参考资料》上发表的《记壁画的脱胎换骨法》，其中一部分材料是从罗斯那里得来的。

4. 根据故宫所藏的一些著名的墨竹画、明清的木刻墨竹谱及纳馆的一幅元李衎的墨竹卷，我用英文写了一篇关于中国墨竹画发展的文章。史克门在文字上为我作了修饰，刊登在 1949 年美国出版的《中国美术杂志》上。这时我已回国，所以没有这本杂志，但在文物研究所资料室有这一期杂志。

做以上几件事，我一共用了两个多月。至此，我感到再待下去已没有多少事情可做。史克门也感到是如此。他说据他所知，加拿大多伦多博物馆可看的东西还不如纳馆多，更用不着在那里待甘澤滋城奈爾遜氏藝術館（William Rockhill Nelson Gallery of Art Kansas City, Missouri）

前言

奈氏藝術館成立迄今不過十五六年，在美國博物館中也算是比較年淺的。因為他成立得晚，所以一切設備非常之新，據稱全美博物館中通風濾塵冷熱防潮完全用機器控制，而且以種二方法利用電光來代替天然光者，除華盛頓的中央藝術館外（National Gallery of Art Washington DC）沒有可以與此館比擬的了。

奈氏藝術館搜羅物品的目標著重在藝術家最高的成就，所以重質而不重量。陳列的方法注重在如何能將某一藝術品的美點完全呈現出來，是以系統方面往二不能顧他的宗旨，可以說是純藝術的，而不是文化史的。假如有人問美國的博物館中以那一廈最具有近代科學設備，而其宗旨又是純藝術的，奈爾遜氏藝術館可以當之而無愧。

署史

甘澤滋城明星報（Kansas City Star）創辦人奈爾遜氏因從事新聞事業而致富。他在遺囑中寫明將其所辦的報紙及一大部分的財產劃作基金，而以每年所生的利息作收購藝術品三用。他不願意這椿事受政治或地方人事的影響，所以他規定以甘澤滋（Kansas）

米蘇里

1948 年至 1949 年王世襄赴美国、加拿大参观访问博物馆所写的调查报告——《记甘泽兹城奈尔逊氏艺术馆》

上半年。因此，史克门写了一封信给纽约洛氏基金会总办事处，建议修改原定的我的学习参观计划。即将在纳、多两馆的时间缩短，而将时间用在参观几个原计划中所没有的博物馆上。而新增的馆，以适合做读画笔记及博物馆参观访问记录为标准。这个建议经洛氏基金会复信同意，并由其写信给各馆，通知他们我准备去的时间，以便安排和接待。我以下的行程，基本上就是按照修改后的计划进行的。

我在甘城三个月，初到时因学校放暑假，我住在甘城大学的学生宿舍内。学校开学后，恰好史克门的朋友鲍尔温有事离开甘城，我住在鲍尔温的房子内。鲍回来后，我搬到甘城青年会去住。住在鲍处不交费，其他两处也只交少量租金，比一般的房租少得多。我每日吃饭极少去饭馆，而在宿舍内吃冷餐。所以每月生活费一百七十五美元，我用不了一半就够了。

我的下一段行程是从甘城经过底特律去芝加哥。在芝停留约三个星期，然后去加拿大多伦多。洛氏基金会汇来了由甘城到多伦多的火车费，按卧铺票价付给。我则买了坐席票。这样，我在旅费上又能节省下一半。此后我在美国的全部旅行都照此办理。

我在底特律停留一日，早到晚行，主要是去看底特律博物馆中一幅传为元钱选画的《草虫卷》。此画虽不真，但是一件名作。

芝加哥博物馆是美国比较闻名的大博物馆，中国文物相当多，尤其是青铜器。我也将它列为搜括我国文物七大中心之一。该馆的东方部主任叫凯莱，我参观该馆由他陪同的时候较多。

芝馆是我做参观访问记录的第二个馆。读画笔记则因该馆的重要绘画并不多，只记了几件。

有一天凯莱和我谈起克利夫兰博物馆的情况。我说那里的负责人名李雪曼，在日本我领教过，他不准我看他们编制的日本文物卡片。甚至我去看他，他都推托不见。还有关于要求日本赔偿中国的文物损失，联合国也处处用刁难的手段来对付。凯莱不同意我的说法，认为这不是刁难，而是一切应当按照手续办事。我说所谓手续，就是为刁难而设的，是故意制造出来的。我们争执了起来，弄得不欢而散。

我在芝加哥待了二十多天，到10月中旬前往加拿大。在此期间，约用了一半时间写参观访问记录及读画笔记，其余一半时间用于参观芝加哥的几个其他的博物馆。它们是：菲尔德自然博物馆，是美国最大的自然博物馆之一；芝加哥大学东方博物馆，其中有许多从埃及、叙利亚及中亚细亚其他地方掠夺来的文物；芝加哥科学教育馆；芝加哥水族馆；西班牙中古文化博物馆。钱币博物馆记得也在芝加哥，我去参观了半天，见到了在那里工作的王毓铨、胡先晋夫妇。此二人已回国，王原在历史博物馆工作，后听说调科学院历史所，胡在民族学院文物陈列室工作。但此二人均已多年未见面。凯莱曾陪我去芝加哥近郊看一个叫邵音香（音）收藏的中国玉器及去芝加哥市内一家旅馆看布伦戴奇的中国铜器。布是这家旅馆的老板。近几年从报上才知道布原来就是把持奥林匹克运动会的那个极端反动的帝国主义分子。

我于10月中旬离开芝加哥，前往加拿大多伦多。按原来计划，我要在多

王世襄访美时所写的《中国墨竹画》一文，发表在《美国中华艺术学会会刊》第三期上

馆参观学习半年，而实际上只待了二十多天。该馆的负责人是天主教传教士怀德，他有个中文名字，可能是怀履光，是一个在河南住了多年的文化特务。1948年时，他已退休，不常到馆，我只见到他一次。他的态度极为傲慢，十分狂妄，看不起中国人，说什么多馆是世界上惟一有系统地按照中国历史文化发展来陈列的博物馆。我和他刚谈了几分钟，已无法忍耐，再也听不下去，托故辞出。原来准备将《故宫书画集》送给多馆，也因此而不送了。此书后来在美售出，以书款为故宫买了一架录音机。回国后我将录音机交给了故宫博物院。

多馆的中国文物陈列约占十间陈列室，是按时代顺序摆出来的，其中河南、陕西出土的陶俑较多，都是怀德在中国传教时盗劫去的。从山西盗去的约与永乐宫壁画同时的大幅壁画，嵌在一面墙上，怀德有专书讲到它。其他文物则真伪杂处，所谓按中国历史文化发展的有系统陈列，只不过是大体上分朝代的古玩铺而已。多馆是我做了参观访问记录的第三个博物馆。

除怀德外，多馆我接触到的人还有：费纳尔，女，美国人，五十多岁，曾在美国费城大学博物馆工作过；汤姆森，女，加拿大人，一个毕业不久的研究生。

该馆要我作一次有关中国美术的报告，我因没有材料，所以将在纳馆写的那篇关于墨竹画的文章，读了一遍。

多伦多离美、加交界处的大瀑布不远，我曾去游玩一天。

我的下一段行程是由加入美境，经

过勃弗洛（布法罗）到纽约，在那里待约十天，稍稍看一下，前往华盛顿。而准备在1949年春夏间再到纽约时，再多待一些时间，仔细看那里的博物馆和中国文物。

我在勃弗洛只停留了一天，博物馆不大，是一个兼有艺术和自然科学两个部分的博物馆。当夜我又上火车，于次日清晨到达纽约。时间约在1948年11月初。

到纽约我住在内兄袁桓猷家中。他于1939年燕京大学毕业后去美读书，后与一个华侨商人的女儿结婚，在纽约经营中国手工艺品入口，主要是做花边台布生意。袁桓猷一直未回国。我从1949年回国后，未和他通过信。

在这十来天中，我在纽约做了以下几件事：

1. 洛氏基金会总办事处在纽约，我去该处，见到1947年到故宫博物院来的艾文斯。他邀我吃了一次饭，问起我在美、加参观学习博物馆的情况。我将在各馆所做的两项主要工作，即参观访问记录及读画笔记向他谈了。他问我去各处参观有无不便之处，有无其他要求。我说无不便之处，亦无其他要求，准备按修订后的计划继续参观下去。

2. 1945年经我陪同由重庆到北京的纽约市博物馆副馆长翟荫，我在去美之前曾两次写信给他，但他未回信。我到甘城后，从史克门那里知道翟荫已离开纽约博物馆。这次到纽约，从该馆的收发室查询到翟的住址。他家住在纽约近郊，但平日住在离纽约博物馆不远的一间公寓内。我找到了他，他说："真糟糕，你来参观纽约博物馆，真没有比现在让我更无能为力的了，因为我已离开了博物馆界，而去搞广播工作，在'美国之音'任职。纽约博物馆我只能介绍一两个过去的同事，请他们给你一些帮助。"我问他为什么不回我的信，他竟矢口否认曾经接到过我的信。他约我去附近的饭馆吃了一顿午饭，我就走了。我看他满嘴扯谎，又好像惟恐我有求于他，所以此后我未再去找他，从此也未再通过信。到1960年我才知道，就是这个美帝强盗翟荫，在1955年曾叫嚷要将国民党反动派劫往台湾的祖国文物，以"长期出借"的方式运往美国，企图借此来达到掠夺霸占的目的。

3. 由于史克门的介绍，我到纽约博物馆见到了该馆的东方部主任普爱伦。他就是和奸商岳彬签订合同、盗凿龙门宾阳洞礼佛图的那个文物盗窃犯。但当时我并不知道，而只知纳馆和此馆各有一面礼佛图。普与岳彬的勾结，我是后来看到《文物参考资料》才知道的。纽约博物馆经普爱伦之手掠夺了很多中国文物，我在反对美帝搜括中国文物的文章中将它列为七大中心之一。该馆是美国最大的一个博物馆，我用了两天的时间巡视了一下。

4. 我用了三四天时间，将纽约的几个比较出名的博物馆走马观花地看了一下。其中有美国自然博物馆，是全美最大的一个自然博物馆；纽约市历史博物馆，专门陈列与该市有关的文物，着重表现该市的发展历史；现代艺术馆，专门陈列腐朽没落、奇形怪状的资本主义的造型作品。

5. 也是经史克门的介绍，我到纽约57街去看最大的一个中国古玩商卢芹斋。他年约七十岁，在法国多年，后来到纽约来开设古玩店。经他的手不知有多少重要中国文物流落到国外去。美国博物馆，凡是有中国文物的，几乎都是他的主顾。当时他有一批比较重要的中国绘画，我主要是为看这批画去找他的。我向他说明要将在美的重要绘画写成读画笔记，但这次来不及细看，待明年来纽约再细看。卢答应了，并供给照片。他请我吃了一次饭，同席的还有普爱伦及卢的店员等人。

约在11月中旬我离开纽约，来到华盛顿。到1949年2月初我离开，待了两个多月。在华盛顿我先在一家租房并包伙食的人家住了两天，因感到不方便而搬走。后来租了一间楼顶居住，冬天很冷，但房租很便宜。

我在华盛顿主要参观弗利亚（弗利尔）博物馆和美国国立艺术博物馆，又名曼伦艺术博物馆。前者很小，只有十来间陈列室，但它主要搜集东方文物，尤其是中国文物，而且很精。铜器在全美占第一位，雕刻、绘画也占第一或第二位，所以我将它列为搜括我国文物的七大中心之一。后者规模较大，在当时是美国最晚建成的一个馆，号称设备最新，采光、冷暖、通风等完全电气化。但实际上往往带来不便。遇到停电，馆内的人竟无法出来，时间长了还有窒息而死的危险。该馆所藏文物以西方文物为主。此二馆是我做参观访问记录的第四、第五两个馆。

在华盛顿期间，我大部分时间用在弗利亚博物馆。馆里有绘画一千几百件，我看了全部绘画的照片，并选看了其中的实物三四百件，又选择其中比较重要的数十件做了读画笔记。该馆的馆长叫文莱，副馆长叫波波，号称中国陶瓷"专家"，就是1945年我在上海见到、后来经翟荫带到我家吃过一次饭的那个人。我在做读画笔记的时候，文莱曾问过我一些题跋字句的意义及印章文字的释读。我作了解答。

除上述两馆外，我参观了莎士比亚纪念馆，专收莎士比亚著作的不同版本及一切和莎翁有关的文物或物品。我还参观了美国最大的一个图书馆——国会图书馆。那里有不少从中国掠夺去的线装书，其中有许多与我国国防、经济有关的地方志。音乐书也不少，并经编成专门目录。国民党从北京图书馆运走的善本书就存在这个馆，其中也有很重要的音乐书。我曾写抗议美帝掠夺我国音乐文物的文章，刊在1956年第2期的《人民音乐》上。在该馆我见到中文图书的负责人赫默尔，买了几部明代古琴谱的缩微胶片带回来，后来送给中国音乐研究所使用。

一　在华盛顿期间曾有以下经历

1. 我接到我父亲来信，他说驻美大使顾维钧是他的老上司，我既到华盛顿，应替他去看望一下，代他向顾致候。我照办了。有一个下午，我到华盛顿中国驻美大使馆，我向使馆人员自报是某某人之子，在故宫博物院工作，现在来华盛顿参观博物馆，遵父之嘱，来向顾致候。顾维钧出来见我，问起我父亲的身体情况，要我写信回家时代他向我父亲致候。顾还问我在美参观学习的情况，我回答了。这时有人要找顾谈话，我即离去。此后我未再去驻美使馆，也未再见到顾。

2. 美国有一个"中国美术研究会"，会员有几十人，由博物馆工作者、中国文物收藏或爱好者、艺术院校的中国美术史教师及中国古玩商等组成，他们大多数住在纽约。我在华盛顿时，接到该会来信，要我去纽约（与华盛顿相去约四小时火车）一次，给他们介绍一次故宫博物院的概况，并称此事已得到洛氏基金会的同意（该会有一条规定，凡是接受资助的人，如再接受任何有报酬的工作，应事先得到该会的同意）。我为此去纽约一次，往返三日。听讲的有三四十人。我主要从清故宫的角度来介绍故宫博物院，说明它的特点，从历史、建筑、文物等方面来说明它和世界上任何一个博物馆都不同，因为它是一组宫殿建筑，而且是中国式的宫殿建筑。它的面积要比纽约博物馆大多少倍，需用人员也要多几倍，文物积累了几百年，更是世界上任何博物馆无法比拟的。使这些人知道，他们认为美国最大的博物馆——纽约博物馆，比起故宫博物院来就很渺小了。事后该会致酬四十美元。那次我去纽约仍是住在我内兄处。

3.我在弗利亚馆做读画笔记快结束的时候，文莱向我表示，馆内的中国绘画相当多，需要整理，并想编印一本中国画图录，问我愿否在参观博物馆一年期满后，在弗利亚馆担任一段时期的研究员工作，协助整理绘画，并编写成书。我当时对文莱说，我将于一年期满后回国。

我离开华盛顿去波士顿，中途在费城停留两天，参观费城大学博物馆和费城博物馆。记得1949年的春节是在费城度过的。

费城大学博物馆的重要文物是北朝和唐代的雕刻。从陕西盗去的著名的唐昭陵六骏中的两骏，就在那里。我将它列为美国搜括我国文物的七大中心之一。该馆只有一幅重要绘画——《宫中图》，我将它写入读画笔记。费城博物馆的规模较大，也有不少中国文物，但重要的中国绘画不多。我见到负责东方文物的人，姓李，女，美国人。参观该馆用了一天的时间。

1949年2月上旬，我到达波士顿，到4月间离开。我在一个学校附近的居民家中租了一间房子居住。

在波士顿主要参观波士顿博物馆及福格博物馆。前者是美国创办最早、历史最久的一个博物馆，中国绘画占全美第一位，青铜器、雕刻也占第一或第二位。所藏的日本及埃及文物也占全美第一位。福格是哈佛大学的附属博物馆，却搜括了大量的重要中国文物，其中有：从敦煌盗揭去的壁画及偷运去的泥塑菩萨，从天龙山盗凿去的唐代最精的石刻，从洛阳金村盗去的最有代表性的战国玉器，在中国传世多年或后来出土的宋钧窑瓷器等等。所以我将此二馆都列为搜括我国文物的七大中心之一。而波馆又是我做参观访问记录的第六个馆。

我用了一个多月看了波馆的一千多件中国绘画的照片或实物，选了其中的几十件做了读画笔记。该馆东方部主任是一个日本人，叫托米他，汉字写法大概是冈仑，副主任叫裴恩，美国人。我和托米他接触较多，看画提取和送回，都由他经手。

福格馆也有十几件比较重要的绘画，我都作了笔记。此馆以它的文物修复工作室闻名，美国各馆的修复技师，几乎都是从这里培养出来，或在这里实习过的。我用了几天时间对修复工作室进行了参观访问，了解他们研究实验过的修复项目。我代故宫购买了该室编印的文物修复杂志，从创刊号起共有十几卷，现在故宫博物院资料室。我有一个堂弟王世仪，当时在美国西部某大学学化学，他曾写信给我，托我在美国东部替他找工作或进修的机会。这时我写信给他，劝他到福格来研究文物修复，将来回国，好为这门学科做出贡献。福格方面，我已代他询问，可以接受新的研究生。但他回信对我婉言谢绝。他至今未回国。据我叔父说，世仪已是名教授，有重大研究成果。

福格的前负责人叫华纳，已退休，该馆人员曾带我去华纳家见面一次。我后来才知道他就是去敦煌盗窃壁画和塑像的那个盗窃犯。

哈佛大学有博物馆系，课程都在福格博物馆讲授。美国博物馆许多以盗窃文物"起家"，成了馆长或主任的人，都是这里"培养"出来的，如翟荫、普爱伦、史克门等，所以福格又以此而闻名。博物馆系理论课教授萨克斯，1949年也已退休，馆里人员也曾带我去他家见面一次。我向他要博物馆学的讲义，他竟托故不给。后来我向福格馆中上过这门课的人那里借到这份讲义，并摘抄了一部分。原来其中有专章教给学生如何与本国及外国的古玩商勾结去盗窃其他国家的文物，所以难怪他讳莫如深了。对于这一点，我在《记美帝搜括我国文物七大中心》一文中及与王俊铭合写的《揭露美帝一贯掠夺我国文物的罪行》（收入 1960 年文物出版社出版的《抗议美帝掠夺我国文物》一书中），对萨克斯的罪行曾进行揭露和谴责。

二　在波士顿期间，曾有以下经历

1. 波士顿馆托米他知道我随身带着一张七弦琴，他要我弹一两曲给馆内的人听听。我在该馆的接待室中弹了《良宵引》和《平沙落雁》两曲，听众约有二十人。

2. 福格博物馆离哈佛大学历史系及哈佛燕京学社很近，我曾去历史系一次，见到洪煨莲。他是福建人，曾任燕京大学历史系主任，我上过他的课。这时他在哈佛大学历史系工作。后来他约我到他家吃过一次饭。在历史系我还见到克利夫斯，就是 1945 年为收回天津张园溥仪文物的事曾经接触到的那个美国人。当时他在哈佛历史系工作。在波士顿参观时，我遇到在那里上学的常沙娜，她是常书鸿的女儿，已回国，现在中央工艺美术学院工作。

我的下一段行程是从波士顿去纽约，在纽约待一个多月，待一年期满回国。从波去纽途中，在两个地方停留了一下，一个是耶鲁大学，一个是曼利顿。

耶鲁大学也有一个附属博物馆，美帝国主义分子盗窃犯柯克思从长沙骗去的许多战国文物存在那里。我到该馆只见到一些战国漆器在那里展出。长沙出土的重要文物"缯书"未能见到。这时，恰好耶鲁大学在开一个所谓"东方学报告会"，分历史、美术、文学等组，报告人在会上读论文。我听了美术组的一次报告，内容是关于清代丝织品，报告人的姓名忘记了。我在耶鲁大学停留三天即去曼利顿。

曼利顿是一个小城市，但那里有一家比较出名的美术印刷厂，许多博物馆的图录、书刊都是那家厂子印的。我去的目的是为参观该厂，因为当时我觉得故宫博物院迟早会自己有一个印刷厂，而在美术印刷方面有些知识，对将来的工作是有用处的。我在该厂两天，参观访问了每一个车间，并将他们的珂罗版印刷过程记录了一遍。

我到纽约约在4月中旬。这次因住的时间较长，我内兄家中地方狭窄，不甚方便，所以我在市内河边道的一家居民的楼上租了一间房子住。

约在一个半月的时间内，我主要看纽约博物馆的中国文物，并写该馆的参观访问记录。它是我所记的第七个馆，也是最后的一个馆。纽约博物馆的重要中国绘画只有三五件，但古玩商卢芹斋有十多件，我都作了读画笔记。这次在纽约博物馆接触到的人除普爱伦外，还有：李比，一个德国贵族，新任东方部副主任；肯尼迪，女，葛莱，女，都是东方部的一般工作人员。此外我又去参观纽约市的几个其他的博物馆：美国自然博物馆、勃洛克伦（布鲁克林）博物馆、现代美术博物馆、纽约市历史博物馆、费力克纪念博物馆等等。其中有的是上次未去看的，有的是因上次看得太匆忙而再度去参观的。在勃洛克伦博物馆我见到该馆的东方部主任寇慈。

三　在纽约期间值得一记的有以下几件事

1. 燕京同学刘子健当时在匹兹堡大学教书，我在纽约接到他的信，他说匹兹堡大学想请人讲授中国美术史，从1949年下半年开始，名义是教授助理。我如愿担任，他可以向校方推荐。我回信告诉他，我已决定在6月间回国。

2. 约在5月底，我去洛氏基金总会办事处，托其订购6月中从洛杉矶开往香港的克利夫兰号船票，而由纽约去洛杉矶将取道圣路易斯、甘泽兹城、大峡

谷等地。办事处人员发给我由纽约去洛杉矶的旅费及在船上的用费，并告诉我到洛杉矶后可到轮船公司领船票。到香港后，可去一家旅行社领在香港的生活费。我又对办事处的人说，到香港后，我将乘船去天津回北京。他说：你来时从北京起身，你回北京的路费也将由我们承担。到港后，去天津的船票也可由旅行社代购，由津去京的火车费也将由旅行社付给。这时，他装出一副"公正"的面貌说：你是决定去共产党中国的了，那很好，我们是一贯尊重本人的意志的。回国以后，过了几年，我从报刊上看到并听人说起中国在美的科学家，尤其是搞国防尖端科学的，返回祖国时，竟受到美帝的百般阻挠和刁难，可见他对我这番话是虚伪而不真实的。

3. 当我4月间到纽约，李汉援在日本代我买的日本美术考古书已寄到我内兄处，有《东洋美术大观》精装本十五册、《唐宋元明名画大观》四册等。我将他代垫的书款汇还给他。

4. 我因不久将回国，就把带来的一些参考书商务版《营造法式》、石印本《佩文斋书画谱》、排印本《画家大辞典》等，在纽约卖给书店或博物馆。因为这些书，回国后都不难买到。

5. 在纽约我遇到燕京同学瞿同祖、赵曾玖夫妇，我曾去他们家吃饭，并在他家遇到老舍。赵回国已十多年，瞿则在1965年或1966年初才回国，我在华侨大厦曾见过他们一面。但他们现在何处我不详。

我约于6月初离开纽约，经过圣路易斯。该处的博物馆不大，中国文物也不多。我主要是去看那里的一幅宋刘寀的画鱼卷。我上午到达，下午就上车去

甘泽兹城了。

甘城纳馆在我离开的十来个月中，楼上的一翼新陈列室刚刚布置完毕，其中有两间专门陈列中国明清家具的陈列室，我是为看这一部分陈列而特意经过甘城的。我在甘城停留了三四天，住在鲍尔温的家中。在这里遇到多伦多馆的汤姆森，她是为了参观美国博物馆而来甘城的。

李汉援代我在日本买的书，我随身携带。史克门看到其中的《东洋美术大观》，他说美国书店目录有此书名，但没有书，希望我让给纳馆。我因回国时仍将经过日本，可能还有机会买到，所以同意了。他按书目上的价格给了我五百美元。我在美国、加拿大一年，每月生活费的节余、旅费的节余，以及卖书所得，共计约积累了两千数百美元。这笔钱在我回国后的几年中，几乎全部用来买了文物、家具和图书。

从甘城到西岸洛杉矶要走两天多，中途在风景区大峡谷游览了一天。

我到洛杉矶约在6月初旬的末尾，在那待了约一个星期，于6月17日搭克利夫兰号回国。

我参观了洛杉矶博物馆，那里有一些中国文物，负责东方文物的人叫吐鲁本纳，曾陪同我参观陈列室，还看了一个纪念达·芬奇的临时展览。我用了两个半天的时间，游览了洛杉矶市的风景名胜，其中包括好莱坞，参观了几个电影拍摄场及广播室等。

上船后我见到燕京同学李肇特，和他同船到香港。李在美国学组织解剖学，他现在北京医学院工作。

船到香港前经过马尼拉及横滨。在马尼拉停一天多，我曾上岸游玩，观看市容。到横滨停一天多，我又去东京看望吴文藻及谢冰心。这次他二人对我说：你去美国一年都回来了，我们也准备要回北京。下午我去神田买书，居然又买到了一部平装本的《东洋美术大观》，还有《敦煌壁画的研究》、《纂组英华》等书，带回国内。

船到香港在7月上旬。我住在九龙一家旅馆内。我去旅行社领取在港的用费并托买去天津的船票。这时港津之间的轮船停开，据说是因国民党在渤海湾一带骚扰，须等待一个时期才能通航。我和李肇特为打听船期，几乎每天都在几家轮船公司碰见。后来听说要到8月间才有可能通航。这时广州尚未解放，从九龙去广州很方便，我因未到过广州，想借此候船的机会去广州看看。我听说广州一家保险公司的职员杨新伦有十几张很好的七弦琴，我想去看看他的藏琴。

到广州后，我住在爱群大厦。我找到杨新伦，看到了他的藏琴，并听到他的演奏。前些年，杨将他的部分七弦琴捐赠给中国音乐研究所。

我在燕京大学时，上过容庚先生的课，这时他在岭南大学教书，我去学校看他，并看了一些他到广东后收集到的书画和有关书画图籍。我还用了一天看广州的文物店。我在广州待了三四天，返回九龙。

在港期间，我见到住在那里的一些亲戚，有三舅母及表弟金尊五、表叔沈崑三、姑夫汉奸赵尊岳（伪上海市长）及姑母王季淑等。在肃反运动中，关于这些社会关系我曾作书面交代。王季淑因其姊王季馨在北京患病，故与我于8月上旬同搭汉阳号轮船由港来津，于8

月14日到达。她曾在我家住了一个时期，后于1950年去上海，又回香港。此事我于1950年曾向故宫博物院人事部门作书面交代。

回到北京后，我即去故宫博物院报到，由马衡院长陪同我去见王冶秋。在故宫我仍任古物馆科长。

我以上所提到的，在美国和加拿大曾接触到的外国人，在我回国以后，没有和其中的任何人有过任何联系。

李庄琐忆

一 元宵舞龙

我记不清是 1944 年 1 月尾还是 2 月初，正月初五刚过，随梁思成先生搭乘从重庆去宜宾的江轮，在李庄上岸。同行者还有童第周先生。

到李庄才几天便是元宵节，新春舞龙最后一夜，也是全年最热闹最欢腾的一夜。营造学社除了梁先生需要在家陪伴夫人外，长幼倾巢而出，参加盛会。

李庄镇东端有一块比较平坦的广场，通称坝子，是年年舞龙的地方。黄昏时分，几乎全镇的人都已集中到这里。二三十个大红灯笼悬挂在坝子周围，五条龙色彩绚丽，须能颤动，眼会滚转，形象生动。竹箍为骨，外糊纱绢，各长五六丈，分列场边。一队队小伙子，挨着各自的龙，有的解开衣襟，有的光着膀子，准备上场。坝子毕竟小了些，几条龙不能同时共舞。

刹那间，点燃鞭炮一齐掷入场中，火花乱溅，震耳欲聋。这时，高举龙头的两队，进入场内。小伙子们手举着龙身下的木棒用力挥动，时左时右，忽高忽低，夭矫翻滚，两条龙眼看要相撞，又迅速地避开，满场喝彩声大作。另外两条龙已进入场内，换下舞了好一阵子的双龙。就这样轮流舞了几个小时，小伙子们已大汗淋漓，却丝毫不显劳累，一直舞到东方发白，才肯收场。所有的人好像都不惜付出全身精力，欢送去岁的吉祥如意，迎接来年的国泰民安。

我记得到李庄后第一封写给荃猷的信就是观看元宵舞龙的盛况。一直在城市生活，从未见过乡村小镇新年伊始真情奔放、尽兴欢腾、朴实却又毫不吝惜花费的场面。当年看后就写，自然比现在追忆要翔实得多，生动得多。可惜此信在"文革"中被抄走，否则既不须重写，而且更有纪念意义。

二 火把照明的学问

元宵看舞龙，归来已逾午夜。从李庄东头的坝子回到西头月亮田的学社，是两位学社工友，一前一后，打着火把送我们回来的，边聊边走，很顺利就到家了。

当地人夜出，不用灯笼或油灯，更没有手电，只用火把。川江上水行船，用篾条编成纤绳牵引。日久老化，将它剁成两尺多长的段，便是火把，真是一个废物利用的好办法。

我只知火把照明很方便，不知道须学会打火把的技术。一次我很冒失，傍晚想去镇上买些椒盐花生沙胡豆，返回时天色已晚，买了两根火把，快出街巷时，借人家灶火点燃一根。哪知刚出镇子，火苗越来越小，半路上竟已熄灭，用火柴怎么也点不燃它，只好试探着往前迈步，弄不清是路还是田埂，一脚踩空，跌入沟中，衣履尽湿，买的食物也丢了，爬出来极狼狈地回到学社。到此时才知道打火把并不容易，要知道如何才能防止熄灭，不仅须了解原理，还须学技术才行，所以并不简单。

原来打火把必须学会辨明风向，要求火把尖端直对风向，篾条才能均匀燃烧。倘侧面受风，篾条燃烧不均，火苗便越来越小，终致熄灭。倘遇微风，也须根据篾条火苗情况，随时转动火把。总之，保持篾条根根均匀燃烧，是使它不熄的关键。

天下许多小事物看似简单，其实也蕴藏着道理和技巧。我从当时只花几分钱便可买到的火把，经过照明失败，悟出了平时不可因事物微小而轻视它的道理。

三 卖煤油，买竹纸，石印先慈遗稿

先慈金氏讳章，自幼习画，擅花卉翎毛，尤工鱼藻。有遗稿《濠梁知乐集》一册四卷。1943年离京南下，遗稿藏行箧中，以防散失，且盼幸遇机缘，刊印传世。

在学社工作，或谓李庄有一家可以石印。曾疑川南小镇，恐难有印刷厂。走访场上，居然有一石印车间。斗室不过五六平方米，主人之外，铁支架、厚石板、铁皮、滚轴、磨石各一，此外更无他物。石印之法，由主人提供药纸、药墨，书写后送还车间，将纸反铺石板上，盖好铁皮，滚轴往返滚压，直至纸上墨迹已过到石板上。揭纸刷墨，以字迹已尽受墨为度。上铺白纸，盖铁皮，再滚滚轴两三次，去铁皮揭纸，一张已经印成。依上法再印，可印一二百张。改印他页，须将石板上字迹磨去，依上述程序再印第二张。原来车间不印图书报刊，只印售货包装纸，红色方形，盖在货包上，用细绳捆扎好，起招牌广告作用。经访问知石印遗稿已有着落，下一步当考虑使用何种纸张问题了。

邻县夹江县产竹纸，洁白而韧性较差，须去宜宾方能买到。恰好此时学社发给每人煤油一桶，工作室有灯可就读，故不甚需要。于是择日提油桶搭李庄当日往返宜宾小火轮，易得竹纸两刀及深色封面纸而归。

遗稿约七十页，每周日可印五六页，三个月一百册全部印成。折页期间，上书恳请马叔平、沈尹默前辈赐题书签及扉页均已寄到，补印后开始线装。装工虽拙劣，亦完成近五十册，分赠图书馆及友好。待装者于1945年秋携回北京始陆续装成。

1989年冬香港翰墨轩精印《金章》画册，有彩色书画五十余幅，后附遗稿，即据当年李庄手写本影印。当年虽用极简陋之石印印成，亦尚清晰可读，实出意外。

学社在李庄编印《汇刊》第七期一、二两册，梁先生面告社员："谁写的文章，谁负责抄写和石印，并参加装订工作。"襄有文稿两篇，遵照指示完成。已驾轻就熟，得益于先慈手稿之石印。但插图乃出莫宗江、罗哲文两先生之手，深感惭愧。

濠梁知樂集卷三

吳興陶陶女史金章撰輯

總論

文賀既審，往史亦究，然應物象形，宜循軌則，隨類賦彩，信有常規，不明畫法，將何以狀在藻依蒲之態，而窮游深泳廣之情乎，故漫次以作法。

昔易元吉於所居舍後開圃鑿池，閒以亂石叢篁，梅菊葭葦，多馴養水禽山獸，以伺其動靜游息之態，以資於畫筆之思致，故寫動物之狀，一時無出其右。欲工魚藻，正當師法自然。庭除花木旁，宜安魚盆兩三器，於暘谷初昇及金烏欲墜時，移步其閒，默觀其涵泳嚼唼之趣，一一存之於神想，則舒紙揮毫之際，將不覺流露於腕下矣。觀魚不宜驟臨之，又魚雖馴狎，辟窺人影，必自驚逸，當靜觀潛賞，始可得其無人之態也。

魚不宜多蓄，佳種脆弱，飼養之事綦繁，多蓄則人為魚役，屏營終日，何有於魚，習繪事者，圖與好事家所尚之音異也。

畫中蓄魚，人自上俯視之，多見脊背，無由窺其旁側，宜備大琉璃缸，或以四扇玻璃砌成長方器，不使滲水，置之明窗靜几閒，則魚之轉側俯仰進退昇降諸態，無不畢現，但三五日即當還置瓦盆，否則易死。

畫金魚寧失諸肥而毋瘦，畫鯉鯽白鰱寧失諸瘦而毋肥，金魚瘦則無富貴華麗氣象，他魚肥徒使饒狦生涎耳。

畫金魚設色穠艷，最易坐喧熾浮躁之病，一墮習氣，無復可觀，袪防之法，全在守神專一，切不可輕心挑之，慢心忽之，必須畫一筆有起有訖，筆筆送到，渲染籠罩時，尤宜細心，候其乾濕濃淡之度，從容從事，而後有成，畫時心境靜，畫面自然靜，試觀宋元花鳥名蹟，無一幅不設色穠艷，而無一幅不靜穆凝重，蓋古人居易簡重，能用志不分，乃凝於神故也。

石印金章《濠梁知樂集》四卷之两叶

四 过江捡卵石

李庄位于长江南岸，对岸看不见人家，有大片卵石滩和迂回成湾的浅水区，游泳十分安全。周日三五人结伴，请江边木船主人渡我们过江，得半日之清闲。我不谙水性，只好背竹筐捡石子了。

说也奇怪，当时真觉得有不少值得捡的，那块圆得可爱；这块颜色不一般；一脚踢出一个扁形的，上面仿佛有山峦花纹；一块白得有些透明，心想如泡在水里，说不定该有多么好看呢！大半个石滩走下来，竹筐显得沉重，腰有些不好受，只好卸下竹筐看同伴游泳了。

回到学社，地面放个大木盆，盛上多半桶水，把捡来的卵石一块一块地放进去，没想到反而不及捡时好看。于是一块一块再淘汰，丢在院中大樟树的后面。到最后，竟扔得一块都不剩了。

过江捡卵石去过三四次，最后只留下两块，北返时放在衣兜里带回北京，至今仍在我案头。一块小而黄，有黑色横斑；一块深绿，呈不规则三角形，下部圆而润，有纵横丝缕及茸然圆斑，颇合前人"蛛网添丝屋角晴"诗意，遂以名之。卵石只不过是李庄的梦痕，倘与诸家奇石谱相比，便有小巫见大巫之感了。

作者案头的两块李庄卵石

五 步行去宜宾

北京朝阳门到通州，都知道是四十华里。我曾步行去过两次，吃小楼的锅烧鲇鱼，买大顺斋的糖火烧。到了李庄，当地人都说去宜宾是六十里。有人认为南方人比北方人矮，以步计里程，四川的六十里和北方的四十里可能差不了多少。

一个假日，清晨出发，沿着江边道路西行，想验证一下上面说法是否可信。十时许，宜宾已在望了。计算一下，加上过江路程，似乎比朝阳门到通州远不了多少。宜宾位于岷江、金沙江汇合处的高原上，或谓长江应从这里算起。但岷江水清，金沙江水浊，要流出几里外，才浑然一色。所谓"泾渭分明"就指尚未合流的现象。

我看时间尚早，没有走向江边的渡口，而被南岸的一条山涧吸引住了。几处落差较大，湍流颇急，两旁大块石头上，坐着儿童，手持有柄网兜，与捉蜻蜓的相似。等候游鱼逆水上游，腾空一跃，儿童伸臂相迎，正好落在网里。再看他吊在水中的竹篓，已有三四条半尺来长的鱼了。我看得高兴，一时唤回了童心，真想几时来此网鱼，待上一天。

渡船送我过江。因曾来买竹纸，已逛过宜宾几条街巷，下午便乘小火轮返回李庄。

六 留芬饭馆

我曾去过四川中等城市如白沙、宜宾，饭馆大都采用同一规格。进门中间是通道，左侧从房顶吊悬一根木杠，有许多铁钩，挂着各色鸡、鸭、鱼、肉，好让顾客一进门便知道店中准备了什么

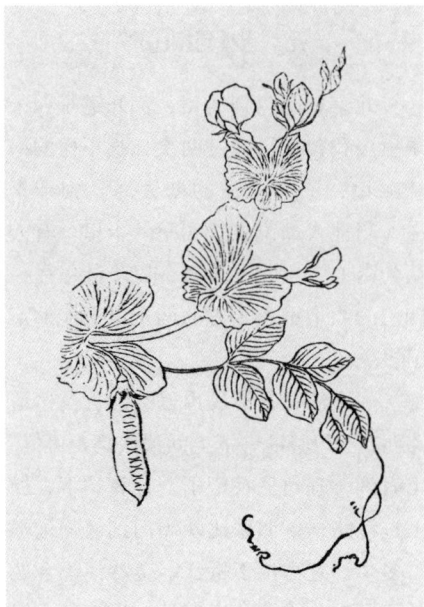

豆苗（清吴其濬著《植物名实图考》页39）

原料。因当年没有冷冻设备，挂起来通风总比堆放着好，当然也先让苍蝇吃个饱。左边是炉灶，锅碗瓢勺摆满一案子，厨师如何颠炒，加什么调料，可以看个一清二楚。我进去要一个菜就等于上一次烹饪课。走过通道才有供客人坐下来吃饭的桌凳。

留芬饭馆在李庄首屈一指。到了禹王宫的短短街，向左一拐，坐北朝南便是。但小得可怜，门面只有一间屋，东侧也有一根挂原料的木杠，室中只能摆一张方桌。炉灶必须设在后边一间了。往后走的通道里好像还有一张小桌，可供两人进餐。

在李庄的两年中，我和同事们凑在一起，因个个阮囊羞涩，只去过两三次。吃过的菜有："大转弯"，就是红烧鸡翅、鸡腿，因形状弯曲而得名；夹沙肉，以猪肉夹豆沙，蒸得极烂，肥多于瘦，十分解馋；炒猪肝，用青蒜和醪糟作配料，十分鲜嫩；鱼香肉丝，觉得特别好吃，因抗战前北京饭馆似乎还没有这道菜，日

寇投降后曾在四川住过的人大量返回家乡，鱼香肉丝才开始在各地流行。北京每个饭馆都有，不过吃起来，总觉得不如在留芬吃的那样，有说不出的特殊风味。可能不仅是所用调味原料有别，应该还有对半个世纪前的李庄生活的一丝眷念。

七 "豆尖儿"

我从小就爱吃豌豆苗，当时家庭、饭馆都用它作配料。一碗高汤馄饨、榨菜肉丝汤或一盘滑溜里脊，汤面飘上几根，清香嫩绿，确实增色不少。我也曾想倘掐地里种的豌豆棵嫩尖，用作主料，清油素炒，一定也很好吃。只是北京无此习惯，菜农舍不得掐，怕妨碍豆荚生产，没有卖的。

到了李庄，在饭摊上第一次尝到此味，名曰"豆尖儿"，清香肥嫩，供我大嚼，不亦快哉！太简单了，眼看着老板娘从摊后地里掐回来，转眼就炒成了。

20世纪80年代末，应邀去香港主持家具展览开幕式，在筵席上吃到"炒豆苗"，也很鲜嫩，只是其本味——豆苗的清香，不及李庄饭摊的"豆尖儿"。原来香港已有用仪表控制温湿度的暖房，专门培植各种蔬菜供宴会之需。不用问，两地同一道菜的价格有天渊之别。

近年北京餐馆食谱也有了"炒豆苗"这道菜，但高级餐馆和一般饭馆所用原料完全不同。前者把云南等地的豆棵嫩尖空运来京，后者则在大白铁盘中铺满豆种，长成密而细的苗后，大片割下，故被称为"砍头豆苗"。前者即使再加工一次，去掉一半，只要顶尖，也难留住原味。后者则有如吃草，不堪下箸了。

一味饭摊上的"豆尖儿"，有时使我想起李庄。

我在"三反"运动中的遭遇

一　从中国营造学社到清理战时文物损失委员会

1945年日寇投降，我在四川李庄中国营造学社任助理研究员。教育部成立清理战时文物损失委员会，副部长杭立武任主任委员，故宫博物院院长马衡、营造学社主任梁思成任副主任委员。我经二位推荐，任清损会平津区助理代表。自9月起在京津展开访问、侦查、追索工作，在清损会代表沈兼士先生领导、朱桂辛前辈（启钤）指导、策划下，一年之内收回文物六批。

马院长1946年夏由重庆回到北京，主持院务，当时故宫百废待兴，尚不具备一个博物院的初级规模。我在求学时期就很想到故宫工作，并愿尽心尽力，作为终身事业。马院长也希望我在平津区清理工作结束后，到故宫工作。但此时杭立武已决定派我加入中国驻日代表团，赴日本追查被掠夺文物。到达后发现美国人处处刁难限制，无法开展索赔文物工作，只能把已经找到的善本书一百零七箱从东京运回上海，由郑振铎先生派人接收。点交完毕，立即去南京向杭立武交还剩余的办公费，辞去清损会职务，返回北京。

二　到故宫博物院任职

1947年3月，我到故宫博物院报到，马院长任命我为古物馆科长。是年秋，美国洛克菲勒基金会派员参观故宫，并声称倘有急需项目，可提出申请，基金会愿予以资助。经院方考虑，建立一个能复制精印艺术品的印刷厂，以广流传，十分需要。待提出后，基金会未予同意，而只愿提供一个奖学金名额，到美国、加拿大，参观见习博物馆一年。马院长考虑到其他员工都不通英语，派我前往。我于1948年6月从上海乘轮船赴美，次年7月返回香港。在美期间有两家博物馆拟留我工作。燕大同学刘子健在匹兹堡大学任教授，介绍我去该校授中国美术史，我均未予考虑。堂弟王世仪，在美专攻化学，我劝他改学文物修复，国内博物馆十分需要，他没有接受。离美前海关竟谓中国已经变色，可申请留在美国并得到居留证和护照，我嗤之以鼻。

香港北上轮船此时停航，等候一月

有余才有船到天津。回到北京，时为8月中旬，正值新中国成立前夕。上班后，故宫公布我为陈列部主任，仍在古物馆上班。

三 从"三反"到"反右"

1950年送我到西苑华北革命大学改造一年。此后又命我参加广西南宁土改工作队，队长为田汉同志。约两个月后急电召回全体故宫人员。火车到站，有卡车等候，送故宫暂住一夜，不准回家。次晨全院人员分送东岳庙、白云观两处，开始"三反"运动学习。

我被送往东岳庙，名曰"学习"，实为逼供，纠集了一大批"打虎英雄"，勒令交代盗宝问题。我因家庭出身不好，曾在洋学校读书、国民党教育部清损会工作、收回大量被敌伪劫夺文物，并接受美国财团奖学金出国考察一年等诸多问题，自然成了重点之重点。单独监禁一室，"打虎英雄"却有十余人之多，工作方法简单而粗暴。他们大声恐吓喊叫，用力拍打桌子，勒令交代问题。交代不出来则夜以继日，轮班逼供，名曰"疲劳轰炸"。

我到东岳庙不久便犯了一个天真到极端愚蠢的错误。故宫同事名李连镗，工资有限，但喜欢收集丝织刺绣小品，如荷包、烟囊、扇套、经板等。类此之物并不值钱，古玩店不收，只有挂货铺、晓市和街头地摊才有。我有时遇见他买这些物品。运动中他被逼得无奈，只好把买的东西送呈队部，声称都是偷故宫的，立即受到表扬。我因受毛主席的教导，坚信事事必须"实事求是"，既然确知那些小件都是李连镗花钱买的，不是偷故宫的，就认为该实话实说，不能弄虚作假。何况"三反"是严肃的政治斗争，如人人以假乱真，真盗宝犯岂不反能蒙混过关。我认为说明真相实有必要，因此到队部说明此事。不料第二天停止一切活动，特别为我召开一个全体大会，大殿前神道正中摆一张桌子，设宣判者席，命我跪在神道正中方砖地上，两旁士兵持枪排列。宣布王世襄罪大恶极，不仅自己拒不交代，还破坏他人交代，罪不容诛。批斗时千人高喊口号，声震殿瓦。对这从未见过的阵势，未免有些恐慌。随即宣布已呈报上级，批示后，立即枪决。我不了解国家刑法，真以为末日已至。此时曾一度萌自杀之念，觉得被人枪毙还不如自己上吊。经过一夜的辗转反侧，想通了，绝对不可自杀。倘为了如实汇报而被处死，官方必将承担误判之罪，被批斗者自杀，不仅白死，还犯了"自绝于人民"之罪，故万万不可！在此之后，不论我受何冲击，甚至是无中生有的诬蔑，我坚决要求自己坚强更坚强。服从真理，不信邪，只要活得长，一定能笑到最后。

"打虎英雄"坚信我是一个大盗宝犯，一切根据是从他们的主观逻辑得出来的。有的说你是坐飞机来的接收大员，副代表都没有来（指唐兰和傅振伦两位），单独行动，四处调查。有这样难得的机会，你哪能不浑水摸鱼捞一把，我敢百分之百地断定你有严重盗宝行为。有的说你在短短两年内收回七批文物，不仅多次往返平津，还从东京运回善本书。如果你没有好处，岂肯如此日夜操劳，尽心尽力？！"英雄"们确是这样想的，已经不自觉地把小人之心度君子之腹暴露无遗。

有时也曾想过，我对故宫事业如此

热爱，爱到以身相许，全心全意做好工作，是有多种原因的，但一般人不可能理解，而需要向他解释。诸如我热爱文物、艺术，愿把故宫这世界宝库建成世界第一流博物院，这是伟大的事业；我出身几代清廉官宦家庭，尽管成分不好，但绝不做有辱门庭之事。做好博物院工作，追回重要文物，得到前辈朱桂老的指导和策划，深受感动，信心倍增。舅父金城（号北楼，名画家）就是在桂老的指导、命令下成立了古物陈列所——中国第一个古代艺术博物馆。我能继承文物事业，深感欣幸等等。但我刚向"打虎英雄"们说了几句，便被喝令停止，声色俱厉地大声训斥："你的花言巧语骗不了我们，只能增加你的罪行！"其中一位还说："朱桂老是什么人？你老提他，把他的名字写给我看看。"我写了"朱桂辛，名启钤"。他说："什么'桂'呀，'钤'呀（把'钤'读成'铃'），是个旦角演员吧？"我知道用不着再解释了，真是"秀才遇见兵，有理说不清"了。

我与"打虎英雄"们相处四个月，深感他们没有文化，缺乏知识，毫无修养。办案审查，岂能不调查研究，而只凭威胁恐吓。实际上由故宫人员接收的三批重要文物都有清单（参见本卷附录一至三），经参与各方负责人（行政院驻平办事处人员、伪产业处理局人员、清损会平津区代表沈兼士、故宫博物院留守人员）共同签署，立卷存故宫档案室，并录副本报南京教育部清损会、行政院驻京办事处、敌伪产业处理局等机构。只需到故宫档案室一查清单卷宗，便知点收及登记清点过程。而且三批文物虽由我奔走联系，都是我在文物运到故宫后（如杨铜及溥仪存津文物），或在物主家

中（如郭觯斋之子郭昭俊寓所），会同各方清点编目时我才见到实物。我怎能一手遮天，在未见到文物时便将其盗走？其他四批，有一批是非文物，由海关直接送交故宫。另外三批因没有拨给故宫，我根本未见到文物。（详情见《回忆抗战胜利后平津地区文物清理工作》一文。）

"打虎英雄"认为我是马院长的亲信，在追究院长的问题时，也企图以我为突破口得到院长的盗宝证据。他们先逼问马院长如何指使我为他盗宝并设法潜移院外。我说："绝对没有。"又追问马院长可曾指使我拿文物给他。我说这倒有过。他们一时兴奋起来，问："你给他拿的是什么文物？"我说："宋代名画。"他们更兴奋了，又问："随后又怎样？是否送到他家？"我说院长命我送往陈列室展出。他们恼羞成怒，说我没有端正态度，在开玩笑。我说："不是开玩笑，是事实，而且是你们要我讲的。"

在东岳庙学习了四个月，宣布解散。多数人员，包括有偷盗行为，但认为坦白得好可以留用的也回故宫。我则一件也交代不出来，预感到情况不妙，运动绝不会善罢甘休。

回家两天，派出所通知我去派出所问话。刚入门便铐上手铐，雇了三辆三轮车，把我押送到前门内路东朱红大门的公安局，开始在看守所过铁窗生涯。

我从未见过或进过监狱，心想现已全国解放，旧社会习俗想已被改革掉。惟牢房尽端尿桶，仍属旧制。入狱后，每人发号，我为38号。初到者铺盖只能放在尿桶旁地面上。再来新号，始得上移一位。一月有余，渐渐离开刺鼻的

臊味。进门后我手铐未除又被戴上脚镣，提审时，门外喊号，应声曰"有"，银铛出门，到另室受审。审问者年逾半百，统称"老班长"。每次都问一些问题，态度却比"打虎英雄"好得多。手铐脚镣往往被卸掉，数日后又戴上。未能理解常戴常卸的原因，可能是好意，戴久了会溃烂生疮。

季黄（朱家溍）因在白云观"学习"，久未见面，不知他现在何处。一日忽闻呼56号，应声颇似季黄而未敢肯定。此后几次听到应声，知道他也已到了看守所。释放后他告诉我："你是38号。"可见彼此会心不远。

狱中劳动为糊火柴盒，并不劳累。饭食早晚两餐，有窝头、馒头或米饭。菜食往往是熬白菜或腌雪里红，盛在面盆内，大家伸筷子去夹。疾病传染，自难避免。关押十个月，和东岳庙一样，我还是一件也交代不出来。一天上午，发给"取保释放"一纸通知。我夹铺盖回家，尚未走到公安局大门，已气喘吁吁，心想何致如此虚弱。数日后，去医院检查，始知已传染上结核性肋膜炎。

不久接到文物局通知，告知"已开除故宫公职，可去劳动局登记，自谋出路"。以上两个文件一直妥善保存，直到"文革"抄家，书稿、信件等全被掠走。后来发还，只有小小一包。"取保释放"、开除公职两个文件从此不知去向。

新中国成立后，政治运动频繁。"三反"后继以"审干"和"反右"。虽主题有别，但对我来说，"反右"是"三反"的继续。倘"三反"中我得到公正的处理，就不会在"反右"中发言。何况我的发言确实是响应党的号召，提建议，帮助整风，纠正偏差。因亘古以来，岂有为国家追回大量国宝文物，全心全意，严于律己，清白无辜，反受冤屈，被开除公职，天下宁有此理！"不平则鸣"，古有名言。只是宣布帮助整风是假，引蛇出洞是真，才会划为右派。这次别有用心的政治运动，无端使我处处受人歧视、蔑视，饱受不公正的遭遇长达二十多年，是又一个冤案。直到小平同志拨乱反正、改革开放，才重见天日。

咸宁琐记

一 菜花精神

"文革"期间，每月只发生活费。荃猷一人工资，难养五口之家，以致我营养不良。更因劳动繁重，经常蹬三轮从大郊亭运五袋水泥回沙滩红楼，往返三十余里，导致"三反"中在公安局看守所感染肺结核至 1969 年复发，且有空洞。医嘱卧床休养，而军宣队勒令必须于 10 月 1 日前随同文物局系统人员下放咸宁干校。

到干校后，最初分配看守菜地，随即参加开畦种菜。1970 年春，见田埂上一株油菜遭风雨袭击，根大半外露，茎亦已伤折，但金黄色菜花开得灿烂夺目，顶部竟已开始结子。受其激励，称之为"菜花精神"。决心顽强面对现实，不仅要生存下来，还誓必为人民、为国家勤奋工作，做贡献，出成果。有此精神支柱，居然在艰苦环境中，战胜病魔。至 1971 年每天已能从低洼水塘中挑一百多挑水浇灌菜园。

有一天，军宣队司令员站在一个高坡上对全校学员讲话。结尾说："你们死了心吧，别想回北京了，把老骨头扔在此地吧。"他自喜已完成了一项"伟大的革命工作"——为一大批首都来的"牛鬼蛇神"找到了葬身之地。没想到连我这个有肺空洞的病号也能康复，返回北京！

当然我是幸运者。仅咸宁一处，自定点到撤离，数年之间，死在干校者，也颇有人在。

二 黑"鸽"与白"鸽"

老伴袁荃猷的工作单位是中国音乐研究所，也属文化部系统，但干校不在咸宁而是由宝坻迁至天津团泊洼。1970 年 5 月，该校团部发来电报，告我"荃猷病危，速来"。因无一语言及病情，我猜测不是患了急症，就是发生意外，故焦虑万分。承蒙故宫博物院副院长唐兰先生和北京图书馆冀淑英研究员同情我的处境，倾囊借款，才凑够车票费用。但向军宣队请假，以尚未解放为由，坚决不批准。一周后收到荃猷的二姊来信，告我所患为精神分裂症，已住入安定医院，似无生命危险，我始少安。半年后荃猷清醒过来，重返干校。

1971 年，咸宁干校多人获准离校

探亲。我再次申请，仍不批准。

1972 年，因查明有一个曾参加过国民党的人，和我姓名相同，但与我无涉，系另一人，才宣布我被解放，并批准去团泊洼干校探亲。不料见到荃猷的次日，就收到三封加急电报，命立即返回咸宁。待我询问为何命令速返时，军宣队只说"需要"两字。过了两三个月，我连连长（由我所同事担任）透露，只因军宣队看到报上有美国官员黑格来华的消息，怕我和他联系上，所以命令速返。我不禁大笑。我说："军宣队实在太抬举我了，一个多年前曾被派出国参观学习博物馆的青年人，竟能结识现在当政的美国要员，岂非咄咄怪事！别说是黑'鸽'，就是白'鸽'我也不认识。"一时传为笑谈。

五十年前书画缘

1945 年 8 月，日寇投降。9 月，我从川西李庄来到重庆，随即由清理战时文物损失委员会主任委员杭立武，副主任委员马衡、梁思成派我任该会的平津区助理代表，北上开展工作。当时缺乏交通工具，不知何日始能成行。恰好此时美国纽约大都会美术馆副馆长翟荫，持联合国教科文总部函件来到重庆，声称委托来华了解战后文物损失与保护情况，希望获得批准访问成都、西安、北平等地，并盼有译员偕行。至于交通问题，美国空军不难解决云云。马、梁两先生建议由我任翻译，经杭立武同意，于 10 月初启程。

行前，我去沈尹默先生家请安辞行。由于沈老和舅父金北楼先生有乡谊，早年即订交，故 1943 年我初抵重庆即登门拜谒。次年在李庄，为求题先慈遗稿《濠梁知乐集》书签（图 1）及"俪松居"斋额❶，也曾几次上书。因此沈老亲切地视我为子侄辈。他详细询问将如何开展工作，追还被掠夺文物，并予指示鼓励。同时他已知道兼士先生将兼任平津区代表，我正好在兼老直接领导下工作。

那天在沈老案头见到手书词稿，我特别喜欢其中的两首踏莎行，请求赐书在扇面上。幸蒙沈老俯允，命次日领走。

下录两词及题识：

> 草草杯盘，寥寥笑语，闲愁知有安排处。高花自在倚春风，无心低逐江流去。蝶舞方酣，莺啼如故，青芜没尽门前路。此间信美不如归，为谁更向他乡住！

> 海国长风，山城苦雾，云情

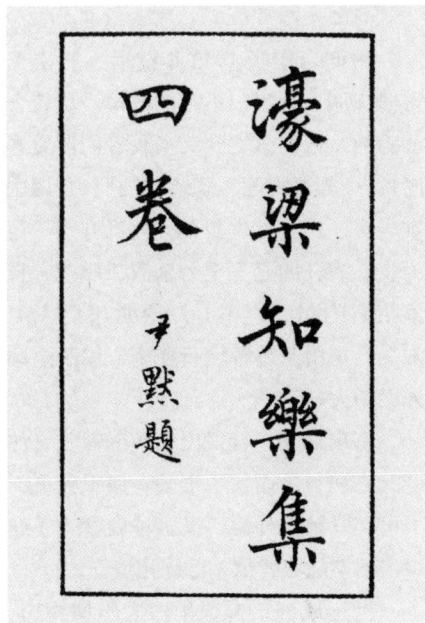

图 1 沈尹默先生题扉页

❶ 沈老书"俪松居"斋额，"文革"中连同紫檀镜框被抄，未归还。

915

图 2　沈尹默先生书扇

萦惹江头树。人间能有几多程？迢迢不断天涯路。花底闲行，樽前小住，匆匆燕子来还去。寻常事已不寻常，年华总被东风误！

右调踏莎行。邕安将北归，持扇索书，且欲得此二阕，即如其愿与之。乙酉秋日，尹默。（图2）

两词当作于1942年前后，写出了寄居山城，有家归不得的心情。尽管含蓄隐约，也能感觉到对当政者的愤慨和谴责。"蝶舞方酣，莺啼如故"，是说国难当头，还在醉生梦死，歌舞升平。更为丧心病狂的是不全力杀敌，反残害自家抗日力量，岂不是"寻常事已不寻常"！正由于种种倒行逆施，误了全国人民的大好年华。

书扇之笔，看得出已颖退锋秃，沈老又在病目。而信手书来，似乎无可无不可，既精光外溢，又真神内含。于此可悟何谓随心所欲，已臻化境。

抵达成都，参观华西大学博物馆、访问几位收藏家后，翟荫提出走访张大

千先生。我们驱车昭觉寺，在后院东北隅的画室里拜见这位大师。翟荫询问了不少关于敦煌的事，而大千先生感兴趣的却是文物清理工作，两个人说不到一起。直至1951年我读到陈万里先生的文章❶，才明白翟荫为什么对敦煌念念不忘。原来1925年美国华尔讷二次去莫高窟，企图大规模地盗揭壁画，翟荫就是此行的代理队长。因遭当地人民和陈先生的反对，才未能得逞。很可能大千先生了解翟荫的不光彩历史，只是未当面揭露，免使难堪而已。

我在大学读书时，和大千先生只在中国画学研究会上见过几面，他不可能还记得我。此次拜见，待知我将参加文物清理工作，立即另眼相看。这完全出于他对祖国文物的热爱。我取出随身携带的沈老书扇，他欣然即席挥毫，用砚凹余沸，霎时间把峨眉全景摄入尺幅之间。他题道：

五年前从渝州还成都，以寇警，飞机绕越峨眉三匝，得纵观三

❶ 陈万里：《美帝偷劫敦煌壁画的阴谋》，载《文物参考资料》1951年第1期。

916

图 3　张大千先生画扇

顶之盛。邕安先生将之北平，因写此以赠其行，并请法教。乙酉九月三日蜀郡张大千爰。（图 3）

大千先生的称呼实在使我这后生小子愧不敢当。只因我和他的关系不同于沈老，而他又格外谦抑的缘故。

扇中近景，只露山巅，上有桠杈丛树。迎面岭连成嶂，逦迤横开，有奔腾百里、上下千寻之势。山头林木间，三处露出屋宇，正是峨眉三顶。落笔简省，惜墨如金，却少许胜人多许，信是大千先生兴来之作。

法书宝绘，聚于一扇。因舍不得用，始终未上扇骨，只用绢帕包裹，存放箧中。幸而如此，十年浩劫，未随许多成扇，被人抄走。不然的话，也就不堪问了。

到今年 9、10 月，这段毕生难忘的书画缘将届整整五十个年头。哲人云逝，纸扇犹新，低回展读，对两位书画大师，不禁默然生深远的缅怀，肃然起崇高的敬意。

1995 年 7 月

文章信口雌黄易　思想交心坦白难

本文题目，用的是聂绀弩先生的一联名句。且不说对仗工整，浑成自然，用文章容易写来对比坦白实在难，真是千真万确，至理名言。

坦白难，我曾有两次情况不同的经历。第一次只因我在日寇投降后，为国家收回重要文物一两千件之多，由故宫博物院派员接收保管。这件事竟然使我在"三反"运动中被列为重点审查对象。在毫无证据的情况下，只凭怀疑、猜测，就在东岳庙集中学习时，对我组织围攻，日以继夜，疲劳轰炸。我既无问题，叫我如何坦白。此后又把我关入公安局看守所，虽手铐脚镣银铛在身，却不像东岳庙那样只是粗暴地恐吓，而开始提审询问，进行调查。经过十个月，查明确实没有问题，才把我释放。

另一次则是在释放之后，我自以为既然"三反"没问题，应有追回文物之功，故宫博物院理当恢复我的工作。不料竟收到文物局和故宫博物院来函，告知我已被除名，令去劳动局登记，自谋出路。当我知道已不可能在曾以身相许的故宫工作时，认为有必要为今生制定一条正确的道路走下去。"自珍"的

思想就是在此时萌始的。1957 年，我诚心诚意响应党的号召，提出"三反"关押、工作处理等问题，不料又成了出洞之蛇，被划为右派。此时我的心情反倒比较平静，而"自珍"思想也更加坚定。认为右派分子虽然受到社会的歧视、蔑视和贱视，自己却必须更加珍重自己，操守必须更加高洁，工作必须更加努力。写成文字也就是直到今年才出现在《自珍集序》中的一段话：

> 大凡受极不公正待遇者，可能自寻短见，可能铤而走险，罪名同为"自绝于人民"，故万万不可。我则与荃猷相濡以沫，共同决定坚守自珍。自珍者，更加严于律己，规规矩矩，堂堂正正做人。惟仅此虽可独善其身，却无补于世，终将虚度此生。故更当平心静气，不亢不卑，对一己作客观之剖析，以期发现有何对国家、对人民有益之工作而尚能胜任者，全力以赴，不辞十倍之艰苦、辛劳，达到妥善完成之目的。自信行之十年、二十年、三十年，当可得到世人公正、正确之理解与承认。

我是在中国音乐研究所工作时被划为右派的。所中派一位中层领导负责我的思想改造，指定每周或十天交一篇思想汇报。我曾一度想把"自珍"思想写入汇报，不过随即想起"三反"中李连镗同志上交若干荷包、囊袋、经板等丝绣小品，说是偷自故宫，受到表扬。但我确实知道那些都是他自己花钱买的。当时，我受党的教育，深信凡事都要实事求是、忠诚老实，故向上级汇报了此事的真相。不料第二天就在东岳庙中院为我开了一个审判大会，声讨我不仅自己不交待，还阻碍破坏别人交待，故罪不容诛，并宣布即将判刑，执行枪决。可见我当年天真到如此简单、如此愚蠢的地步。接受教训，此时决不能再一味天真了，遇事当三思而行。那时不论是党员还是群众对右派只有一个固定的看法，即右派就是反革命。谁也不会去想一想这右派是如何被划的，究竟划得对不对。倘敢如此，其自身也就难保了。所以只有认定右派就是反革命，并肯定右派只有坏思想，不可能有好思想，才显得自己进步。至于右派，则不论受了多大冤屈，也不许讲述一下被划的前因后果，或表白一下今后将如何好好做人。倘敢如此，立即会被扣上"美化自己"、"反攻倒算"、"右派翻天"等罪名而受到严厉的批判。我不把"自珍"思想写入汇报，责任不在我，而是当时的大气候、大形势警告我千万不能这样做。

不敢交待真思想，只好交待为应付汇报而编造的假思想。试编了一下，真是太难太难。首先不能把问题说得太严重了，那就成了现行反革命；又不能太一般，那又将受到避重就轻的批判。开始编一次、两次，已经搜索枯肠，惶惶不可终日。每次汇报都得编，不能重复，实在太难太难了。至此，我对聂老的名句就有了更深刻的感受。谁都明白，如此写汇报，如此改造人，对我起不了任何好作用。它只不过是一场荒唐的闹剧，而当时竟会一幕幕地演下去，真是咄咄怪事！

其实并不怪，只因为当时绝大多数干部群众的思想、认识、信念已完全一模一样，被牢牢地局限在一个框框之内，他们已丧失独立思考、辨别是非的能力。这不仅可悲，而且可怕。如果不是如此，怎么可能发生"文化大革命"，一呼亿诺，一下子就无法无天，遍及神州大地，而且愈演愈烈，把中国推向了崩溃的边缘。这个教训难道还不惨痛吗！

小平同志之伟大，正在扭转乾坤，拨乱反正，改革开放，否定"两个凡是"，要求社会回到真正的实事求是上来。也就是要求人们能够独立思考，明辨是非，绝不能盲目地把恣意破坏当作革命行动。

我自从被故宫博物院除名到1983年《髹饰录解说》正式出版，已经坚守自珍，默默地走过了三十个春秋。此时《解说》早已被学术界认为是研究漆器的必读书，各地漆器厂都把它作为教材。李一氓同志写了一篇介绍文章，刊登在1983年7月18日的《人民日报》上。以《一本好书》为题，评价是："要说马克思主义的话，这就是马克思主义。"当年我在音研所，扬州漆器厂厂长专程来京，希望见我一面，并想要一部油印本的《髹饰录解说》，竟遭到某些领导以该书为右派写的毒草为由，不准我接见和赠书。前后对比，相差真同天壤！

从1983年到今天，我又争取到

二十个春秋。欣逢明时，加倍努力，把数十年来积累的资料，一一写成专著，连同 1983 年以前之作，一共出版了中外文本三十多种。其中有关明式家具两书，已被世界公认为经典著作。其他各种，也无一不被认为是研究中国文化的有益之书。

我坚守自珍，身体力行了半个世纪。凡是相信"事实胜于雄辩"和"实践是检验真理的惟一标准"的人，就不能不承认五十年来我始终遵守誓言，一直在好好做人，刻苦工作。我毕生追求的目标只有一个，就是得到世人公正、正确的理解和承认。今如愿以偿，已死而无憾。

在"三反"、"反右"后，我被污辱的是人格，被剥夺的是人权。当年自以为进步，对我歧视、蔑视、贱视，并一心想改造我的各位，你们被凝固的是头脑，受桎梏的是思想。实质上你们和我一样，都是受害者。既然都是受害者，我对各位只有同情而没有怨恨。

生活就是艺术

本文为《中国书画》访谈录。《中国书画》四次采访，时间间隔较长，提问较为随意。我也失察此点，率意应对，信口开河，漫无边际。如照录音所记发表，定将贻笑大方。我保留了他们的题目而另写一遍如下。

2004 年 8 月 世襄

采访地点：北京·王世襄寓所

采访时间：2002 年 10 月 21 日晚，2003 年 8 月 20 日下午，2004 年 2 月 21 日上午，2004 年 3 月 13 日下午

采访人：曹鹏等

问：听说您出身书香门第，能不能介绍一下您的家庭背景？

答：我出生于书香门第，长在京城的官宦之家。明代，先祖从江西迁至福建，是福州的望族之一。进入清代，我的高祖、祖父、父亲均在朝中做官。高祖王庆云，《清史稿》有传，曾任陕西、山西巡抚和四川、两广总督及工部尚书等职，著有《石渠余记》一书，讲述清初至道光年间的财政，至今仍为研究清代经济的重要史料。祖父王仁东，曾任内阁中书、江宁道台，为官后举家从福州搬到北京。祖父的哥哥王仁堪，清光绪三年（1877 年）丁丑科状元，出任镇江、苏州知府，是有名的清官，曾上条陈劝阻慈禧太后修颐和园。清末著名维新派人士梁启超是他的门生。父亲王继曾，毕业于南洋公学，公元 1902 年随中国驻法公使孙宝琦赴法国进修，由此开始他的外交生涯。公元 1909 年，父亲一度担任军机大臣张之洞的秘书，旋即改任法国留学生监督，携夫人再度赴法国巴黎。民国初年，他回国后供职于北洋政府外交部。公元 1914 年，父亲买下了北京东城芳嘉园的一座四合院，就是我居住约八十年的京城老宅。公元 1920 年，父亲出任墨西哥使馆公使兼理古巴事务。两年后，他任满归国。随后，他曾经在孙宝琦执政的北洋政府担任过国务院秘书长。祖上三代，有进士出身、治理一方的重臣，有状元及第、直陈时弊的循吏，也有跻身洋务、从事外交的使节。他们的官宦生涯，尤其是在鸦片战争后内外交困的时局中养成的"通达时事"、兼备中西、注重实际的办事作风，无疑对我的成长和后来的治学产生潜移

默化的影响。

我父亲没有在国民党政府工作过。后来首都迁南京，北京日益萧条，他没有工作，有两所出租房租不出去，生活很窘迫。过去买的一些宋元瓷器和明青花都变卖了，藉以生活。母亲也从此时得了高血压，和生活窘迫有关，五十多岁就去世了。不然的话，还可以多活几年，多画一些画。

问：您母亲的家庭情况是否也可以让我们知道一些？

答：我母亲的家位于江浙两省交界处的南浔小镇。此镇不大，濒临太湖，住有不少大户人家。金氏家庭就是其中之一，很富有。外公一直住在南浔镇，发家立业的是他的父亲，做蚕丝生意。外公没有出过国，但很有西洋新派思想，办电灯厂，投资创办西医医院，把几个舅舅和我母亲一起送到英国留学。公元1900年，金家兄妹漂洋过海，前后历时五载。这在当时是少有的。公元1905年，他们学成归国后均各有成就。

问：您的大舅金北楼先生是非常有名的画家，您能介绍一些他的情况吗？

答：他功力很深，山水、花鸟、人物无一不能，而且古代名家之作他都临摹或意拟过，还创立了当时最重要的研习国画的组织"中国画学研究会"，学生很多，影响很大，还和日本交流画艺，是画界的领导人物。

问：可是到目前为止，对北楼先生好像一直都没有很系统的介绍。

答：说实在的，他太可惜了。他那么用功，他把古代各家都很系统地临摹学习了，可是死得太早——四十多岁，正是要形成自己风格面目的时候，从日本开展览归来，在上海去世的。

问：他和陈师曾很相似，都是英年早逝，他们关系也很好吧？

答：对。不过陈师曾没有他那么用功，我觉得北楼先生的花鸟已经开始有自己鲜明的面貌了。可是那些得意之作都留在家中，"文革"时全被人抄走了，到现在还没有露面。当时他是北方画坛的盟主，地位超过张大千，可是现在他的画的行市比较低，因为人们没有看到他的铭心之作。如果他活到八九十岁，一定有大成就。

问：您母亲也是一位有名的画家。

答：她确实是当时女画家中的杰出者。字也写得好，小楷完全是晋唐风韵。幼年时和舅舅们一起在家馆学习。一天她父亲对老师说：男孩子读书写字，请您多加管教；女孩子早晚出嫁，不必太认真。我母亲听了很生气，认为不应该重男轻女，所以读书、写字、作诗词等特别用功。后来除大舅外，几个舅舅都不如她。她以鱼藻闻名于世，但花鸟等也很好。还有讲画鱼的专著《濠梁知乐集》四卷，1943年经我手抄石印成书，近年编成《金章》专册，连同她的书画在香港翰墨轩影印出版。

问：据说金家一门都是艺术家，还有两位舅父是刻竹名家。

答：不错，我二舅金东溪、四舅金西厓都擅刻竹。尤其四舅搞了一辈子竹刻，被公认为近代第一家。他也有专著《刻竹小言》，香港竹刻收藏家叶义先生称："对竹雕作出最全面之研究者，可说是金西厓于1948年所写的《刻竹小言》。"最近中国人民大学出版社又为此书影印出版了我1976年的手写本，很受读者欢迎。

问：您在《北京鸽哨》一书的自序中，

一开头就说："我自幼及壮，从小学到大学，始终是玩物丧志，业荒于嬉。秋斗蟋蟀，冬怀鸣虫，讲鹰逐兔，挈狗捉獾，皆乐之不疲。而养鸽飞放，更是不受节令限制的常年癖好。"您能不能把这些玩过的经历及感受等说一说？

答：这说来话长，要从我童年说起。我有一个哥哥名王世容，比我大两岁。他聪明好学，又懂礼貌，亲朋都十分爱他。而我则顽皮淘气，不肯念书，到处惹祸，如上房、打狗、捅马蜂窝等，亲友都讨厌我。世容不幸十岁时病故，大家都说"可惜死了一个好的"。我母亲剩我一个，不免开始放纵溺爱。但有一个原则，凡对身体有益的都准许玩，有害身体的，则严加管教，绝对不许可。

我十岁时开始养鸽子，每天举大竿子撵鸽子，这对身体无害，可以准许我养。此后开始养养蛐蛐（蟋蟀），不仅花钱买，还结伴去郊外捕捉。出一身臭汗，晒得很黑，但步行多少里，也是个好锻炼，所以母亲也准许玩。此后又学武功，请老师教八卦和太极拳。我还拜清代遗老宫廷运动员学摔跤，他们都是有等级的"扑户"。从此身体特别好，在美国学校曾把美国同学手臂摔断过。母亲为我身体好，也同意我练武。"扑户"们都喜欢养鹰捉兔和用强壮的大笨狗捉獾，我又爱上了这两项非身体好不能玩的玩艺儿。

燕京大学附近我父亲有一个园子，被人称为"王家花园"，实际上只是种些蔬菜、栽些松树而已，只有几间平房和泥顶的花洞子。我大学四年除了上课，就在这儿度过，在那里养鸽、养鹰、养狗。还有两位爱鹰、爱狗如命的朋友，但已穷极潦倒，愿意和我一块儿玩，有粗茶淡饭就行，不要工资。他们都是老行家，教我如何驯鹰驯狗。程砚秋的叔叔荣三爷就是其中的一位。

关于我当年的各种玩好，到七十多岁时我都写成专著或文章。养蟋蟀我编了一本《蟋蟀谱集成》，收前人之作十七种，后有专文《秋虫六忆》。养鸽子我和赵传集先生合编《明代鸽经 清宫鸽谱》影印彩图二百多幅，还写了《鸽话》二十篇。养鹰有专文《大鹰篇》，养狗有专文《獾狗篇》。还有专讲葫芦和冬日鸣虫的中英双语本《说葫芦》。以上篇章有的已收入《锦灰堆》和《锦灰二堆》，不少读者可能已经看过。如未看过，不妨找书看看，我不愿也不可能再叙述一番。如再写一次刊登，未免有骗稿酬之嫌了。

问：照您上面所说，大好求学时代，真是全玩了。难道您父母对您的教育不重视吗？

答：绝对不是。不仅非常重视，而且给予了我最好最好的教育。我父亲曾出使墨西哥，回国后考虑到可能再派出国，所以把我送进美国学校，以便将来带我出国，可与外国学校接轨。这是一所专为美英侨民子女开办的中小学，学生全讲英语，只有少数中国学生。我在此从小学三年级上到高中毕业。英语不用学，听就听会了。1948年我去美国参观考察博物馆，人们都认为我是在美国长大的。可是英文我并未学好，英文好必须多看书，多写作，不用功不行，所以我的英文始终是低水平。每天下午回到家中，又请饱学的国学老师教我两个小时，直到1934年上大学才停止。老师十分认真，从国学基础课文字学、经史到诗词、骈文等都教。但除了诗词我比较喜欢，学到了一些以外，其他各门都没有用心去学，实在辜负了父母和老师，不过文言文还是勉强能写的。

问：您曾说"从小学到大学，始终是玩物丧志"，那么是否大学毕业以后就不玩了呢？

答：确实如此。1939年我母亲病逝，给我极大的震撼。深感玩了多少年，实在让父母伤心失望，绝不能再这样下去了。那年考上研究院国文系，仍住在园中，但所有的玩物都不要了，鸽子送朋友，狗成了看家狗，专心致志，上课读书，这是我一生中第一个大转变。由于受家庭影响，也由于狂妄无知，第二年上报《中国画论研究》作为硕士论文题目。这是我最早写又是最难写的一本书，也是未写完已觉得不满意并有羞愧感的一本书。在园中一住又是三年，论文只写到宋末，获得了硕士学位。

问：您在园中四年玩物，三年苦学，听起来颇有传奇色彩，这园子您后来回去过没有？现在还在吗？

答：20世纪50年代末，我父亲已去世。北京大学占用了燕京校园，需要办一个托儿所，和我联系购买此园，我家卖给了北大，此后我再也没去看过。后来北大又将托儿所改为小学。完全出我意外，去年夏，小学校长来到我家，他说王家花园的松树已长大成林，十分幽美。又有一棵桎柳，通称三川柳，长得特别高大，北京市园林局定为受保护的珍贵名树。因此北大小学已成为北京极少数的园林式小学，时常有外宾来参观。我们知道您在此居住过好几年，此后出版了多种著作，在文物研究方面有贡献，所以希望您为园中的三间北房写一个"王家花园"的匾额，给楹柱上写

一副对联，并来校和学生会面一次。我只写了对联，因行动不便，没能前往。对联字句如下：

名曰花园，栽菜范苑，种瓜架豆。
号称学子，斗蛋放鸽，遛狗搆鹰。

前几个月，我获得荷兰克劳斯亲王基金会颁发的最高荣誉奖和文化部与几家报纸合办、经网上选出的2003年杰出文化名人奖。北大小学可能更乐意我去一次，来个现身说法，自我批判，说明任何人不求上进，贪玩逃学，如果一旦悔悟，幡然改过，努力学习工作，还是能成为有益于人民国家之人的。于是我又在对联两旁加了四行小字：

四年大学，我玩物丧志，业荒于嬉，在此园度过。一九三九年慈母逝世，悲痛万分，幡然改悔。从此努力学习工作，直至今日。数十年来，出版著作约四十种。二千又三年获荷兰克劳斯亲王基金会奖及文化部等机构选出的杰出文化人奖。可见有过知改，仍能成为有益于世之人。愿全体同学，以上大学之我为戒。王世襄敬告。

问：您研究院毕业后是否开始工作了？

答：没有。当时北京是沦陷区，一工作岂不成了汉奸。我仍住园中，准备利用燕大的图书馆，继续写完《画论》。不过1941年年底珍珠港事件后，美日宣战，燕京被日寇占领，我只好进城回家。回家后，父亲说做事要善始善终，你在家好好地把《画论》写完。我又努力干了两年，全稿长达七十万言。在我写的过程中，早已认识到不过是罗列前人的言论，缺少自己的分析与评价。必须再用几年时间，修改一次，才能提高。所以长期束之高阁，不敢示人。直到

2003 年王世襄接受荷兰克劳斯
亲王基金会颁发的最高荣誉奖

王世襄获 2003 年杰出文化名人奖

八十岁后，一目失明，自知已无能力重写，又恰好有出版社愿为影印时，才得问世。我写了一篇《画论出版记》，也在《中国书画》刊出，希望得到读者的批评指正。

问：您是写完《画论》离京南下的，从此是否翻开了人生新的一页？

答：确实是。此时我父亲已年迈，身边仅我一人，但他还是下决心要我离开北京，南下谋生。我经过成都，燕大复校，梅校长留我当助教。我不愿教书而未就。到重庆，故宫博物院院长马衡——是我父亲的老同学——同意我任秘书，因只能伏案写公文，不可能见到文物，学不到知识，故请求故宫复原时再参加工作。我很想去历史语言研究所，那里集中了多位大学问家，可以求教。请梁思成先生带我去见傅斯年先生，傅先生只问了一句话："你是哪里毕业的？"我回答："燕京大学。"他说："燕京毕业的不配到我们这里来。"我只好告退。最后梁思成先生收容我到中国营造学社工作，名义是助理研究员，实际上是学徒。在学社我有机会阅读《营造法式》和清代匠作则例等，增加了我对传统家具的兴趣，对我后来的研究方向起了引导作用。

问：日寇投降后，您被派到北京清理追还战时损失的文物，收获极大。您一直认为是一生中所做的最重要的工作，但后来竟为此遭受祸灾。您现在对这一段经历有什么看法？

答：不能说是一段，而是漫长的半个多世纪。因为划成"右派"，被歧视、鄙视三十年。正是十分不幸，遭受了极不公正的待遇，又是这极不公正的待遇，迫使我深思熟虑，选择了一条正确的人生道路，并顽强而坚决地走下去，最后还是我笑到最后，得到国内外人们的承认。在我的《自珍集》的序中有以下几句话：

大凡受极不公正待遇者,可能自寻短见,可能铤而走险,罪名同为"自绝于人民",故万万不可。我则与荃猷相濡以沫,共同决定坚守自珍。自珍者,更加严于律己,规规矩矩,堂堂正正做人。惟仅此虽可独善其身,却无补于世,终将虚度此生。故更当平心静气,不亢不卑,对一己作客观之剖析,以期发现有何对国家、对人民有益之工作而尚能胜任者,全力以赴,不辞十倍之艰苦、辛劳,达到妥善完成之目的。自信行之十年、二十年、三十年,当可得到世人公正、正确之理解与承认。

半个多世纪,我编写出版了约四十种书,事实证明我就是按照上面所说的道路走过来的。傅熹年先生就我半个多世纪的工作写了一篇文章——《历经坎坷 立志不渝 披荆斩棘 独树一帜》,可以算是对我一生所研究的领域和成果做了一个总结。

关于我 1943 年离京南下找工作的经过,和 1945 年 9 月到 1946 年 10 月在平津地区为国家追回文物共六批(总数有两三千件之多,如加上从东京运回上海的善本书一百零七箱,数量当以万计)的前后经过,我有很详细的记载,见《锦灰堆》二卷《回忆抗战胜利后平津地区文物清理工作》一文。该书已印刷多次,也不知出了多少万册,很多人都看过,所以没有再重复叙述的必要。不过去冬李经国先生写了一篇《文博大家王世襄追国宝》刊登在 2003 年《炎黄春秋》第 12 期。他耗用了极多精力和时间,在故宫博物院档案室找到了当年由故宫人员手写的清点接收各批文物的原始清单,

并影印了复本。这是多年来我很想亲自去查阅但又不便提出的要求。上述清单,有力地说明追还文物是我经过调查侦察,会同国民党官方机构行政院院长驻平办公处、平津区敌伪产业处理局等,迫使对方交出文物,押送故宫,由故宫工作人员清点接收入库的。实际上我只有在点交时才看见文物,点交之后文物立即送故宫库房保管。我当时这样做,就是为了避免嫌疑。没想到还是有人以小人之心度君子之腹。"三反"运动中,"打虎英雄"们只要调查一下档案,问一问写清单的故宫工作人员,就可以把问题搞清楚。但当时他们不调查,不分析,先锁定你是"贪污犯",穷追猛打。被审查者有理也不许说,根本没有道理可讲。我有一篇小文——《"买"与"匀"》(见本书 997 页),可以知道当时清白无辜者是怎样受罪的。

问:我们知道您离开故宫已有半个多世纪,但听说不时还有人把信函或出版物寄到故宫,以为您仍在那里工作。您在故宫究竟工作了多久?

答:1947 年初我从日本运回善本书后,立即去南京办理结束清理文物损失委员会职务事宜,就是为了尽快到故宫工作。约一年半后美国洛氏基金会赠给故宫一个名额,去美国、加拿大参观学习博物馆一年,当时只有我在语言上没有困难,所以马衡先生派我前往。1949 年 8 月返京,即新中国成立前夕,我回到故宫工作,直到"三反"运动开始。关于 1947 年 3 月到 1948 年 8 月的经历,我又有详细的记录,见《锦灰二堆》。从该文可知我当时确实全心全意把所有时间和精力用在筹划办理故宫博物院最基本也是最需要的工作上,如拟定分类

表、登记卡、账册、库房规则和修库房、做柜子等等，根本没有想为自己做任何研究工作。当时自认为还年轻，研究不妨过二十年再说，当前最需要的是基本建设。至于解放后的故宫，由于总管全院事务的是党代表刘耀山，他本是农村私塾的一个老师，其水平可想而知。他不懂又固执，故一切工作很难开展。我写过两篇小文——《俄罗苏（sù）拍电影——砸瓷（词）儿》和《与西谛先生一夕谈》，你们可以带去和这个访谈刊登在一起（分见本书995页和970页）。读者会发现当时故宫的工作很难做，有意想不到的困难。

问：您离开故宫，养病一年后，到民族音乐研究所工作，是否有改行之感？思想上是否有变化？

答：我到了音研所后，工作时间做有关中国音乐史的工作，业余时间则全部用在朱桂老（名启钤，字桂辛）交给我的任务上，为传世惟一的一本漆工专著《髹饰录》作解说。这是写完《画论》后我的第一部著作，从此我全力搜集、研究、编写不同文化领域的资料，一直到今天。这是我一生中第二个大转变。因为故宫把我开除了，不能再为故宫工作了，只好把终生为故宫服务的志愿，改为终身研究中国文化。《解说》1958年完成，为了油印出版差点挨批斗，经过许多周折，受了许多气，到1983年才能排印出版，整整压了二十五年。当时是中国有史以来知识分子所处的最黑暗、最残酷的年代。因此我认为小平同志的拨乱反正、改革开放，对知识分子真是恩同再造！

问：据闻，您写完《髹饰录解说》之后，开始写古代家具的时候，还同时对清代匠作则例做了不少工作：按匠作工种抄集条款、分类编排、撰写概述，并准备将名称术语一一诠释讲解，与实物相印证。

答：是。我曾用了三四年时间抄录编排条款，只完成了佛作、门神作、装修作、漆作、油作等，可惜尚未提取其中名称术语，便开始"文化大革命"，挨了多次批斗，只得半途而废。倘无运动干扰，干上一二十年，可以编成一部工艺、建筑大辞典，条目当以万计。现在我已干不了了，也无人愿坐此冷板凳了。只好把原始资料影印出版，要印成八厚册。其中最重要的是朱桂老当年搜集的抄本皇家园林内各种器物制作则例，尚未有人仔细研究过。

问：您是什么时候开始对竹刻的研究的？

答：是在从干校回京后，为我四舅父西厓先生整理编次他撰写的《刻竹小言》。为整理此书，我阅读观看了不少有关文献和实物，此后才开始自己写竹刻文章并出版了《竹刻鉴赏》等。

《小言》整理完成后，不能正式出版，而我舅父年事已高，只好油印一本供他过目。此后我用工楷手抄一遍，并请几位名家题跋，有张伯驹、启功、李一氓、黄苗子等先生，随即请曹辛之先生装帧设计成直行本，送到人民美术出版社出版。不料压了七年，声称只能出横排本，结果印得不堪入目。我作了一首打油诗，写在书上才送人。诗曰：

交稿长达七载，好话说了万千。
两脚跑出老茧，双眸真个望穿。
竖版改成横版，题辞叶叶倒颠。
纸暗文如蚁体，墨迷图似雾山。
印得这般模样，赠君使我汗颜！

问：我们知道您开始研究家具很早，但到 1985 年才出第一本书《明式家具珍赏》，这是什么原因？

答：这是因为家具前人出书不多，而材料很丰富，须到南方广东、江浙等地调查，还须积累实物，所以需要很长时间。我出第一本书时，距开始搜集文献实物资料已有四十年之久，编入书中我个人所藏的明式家具也有八十件。

问：您收藏的家具不是都在上海博物馆吗？有没有舍不得的心情？

答：没有。只要我对它进行过研究，获得知识，归宿得当，能起作用，我不但舍得，而且会很高兴。当时也有迫使我不得不处理的原因，北京实行私房改造时，凡出租房达到十五间，便要归公。我家有一所房长期出租，只有十一间，不够没收条件。房管局和街道知道我家中厢房存放家具，就全力动员我出租，并以如不出租，将占用厢房办托儿所或办街道食堂相威胁。不得已我只好出租，从此产权就不属于我了！家具只好堆入北屋三间。但后院有五家住户的小厨房利用我北屋的后墙作为厨房的后墙。小厨房都用油毡作顶，距北屋房檐只有三尺。任何一个小厨房起火，北屋和家具都将同付一炬。还有房管局安排搬来的住户，是白铁匠，整天打铁，焊洋铁壶，做烤箱，使我不能休息。他的老婆专捡破烂，堆了满院子，还在院内盖住房。我请街道协调此事，街道袒护他，因为我是摘帽"右派"。在上述情况下，我只有搬家了。但单位不分给我房，买房又买不起。恰好此时上博修建完工，有家具展室，但没有家具。香港朋友庄先生和我商量，想买我的家具捐赠给上博。我提出的条件是：你买我的家具必须全部给上博，自己一件也不能留，如同意，收入《珍赏》的家具我也一件不留，而且我不讲价钱，你给多少是多少，只要够我买房迁出就行。当时所得只有国际行情的十分之一，但我心安理得，认为给家具找到了一个好去处。就这样，搜集了四十年的七十九件家具都进了上博。还有，七十九件中有明代四把一堂的牡丹纹紫檀大椅，是举世知名的最精品。在《珍赏》中只用了一件，出现过两次。按照我和庄先生的协议，我只需交出一把，可以自留三把，但我四把全交了。原因是四把明代精品在一起，太难得了，我不愿拆散它们。还有在我家中多年，四把椅子从未按应用的格式摆出来过。到上海可以舒舒服服地同时摆出来，那有多好啊！《珍赏》中还有一件黄花梨小交杌，出书前我已送给了杨乃济先生，故书中写明藏者姓名是他不是我。过了几年，杨先生把交杌还给了我，我最近又无偿捐给了上博。这样就凑了一个整数，共计八十件了。

我对任何身外之物都抱"由我得之，由我遣之"的态度。只要从它获得了知识和欣赏的乐趣，就很满足了。遣送得所，问心无愧，便是圆满的结局。想永久保存，连皇帝都办不到，妄想者岂非是大傻瓜！

问：您现在还在写有关家具的文章吗？

答：我现在已经很少写家具了，承认自己落后了，不懂了，如想写必须重新调查、学习。一是近年有很多从东南亚进口的木材，有的品种根本没有见过，不了解木材的形态色泽等，做成家具就更说不清了。二是由于古旧家具的升值，仿制修配，不惜工本，发明不少新方法，甚至连新科技都用上了。他们讳莫如深，严格保密，不下工夫搞好关系，无从得知。三是当年编写家具书，除自有者外，他人所藏的也经过仔细过目。近年中外各地，藏者大增，自然有不少品种、造型为我过去所未见。如想增补，首先须审查实物，看有无修配改造。家具散在各地，很难如愿。如想使用照片，涉及版权问题，困难更多。如何才能使自己跟上时代的发展，我知道当怎样去做，只是九十衰翁，无能为力了。还有当年《珍赏》《研究》两书，线图有数百幅之多，皆出老伴荃猷之手。她已先我而去，今后有谁能为制图呢？最近写了一篇超长的铁力大供桌，十分罕见，就曾求一位内行朋友去广州为我仔细观察了两次，查明没有修配改造过，是"原来头"（家具行术语，即未修补过。——编注），才敢动笔。可见我现在要写篇家具文章多么不容易。

问：有人说，本世纪可能还出大学问家钱锺书，但是王世襄恐怕出不来了。

答：我认为这种说法实在有点不伦不类。钱锺书先生的学问，我连一根汗毛都比不了，怎么能相提并论呢？

问：您说得对，古今学问方面如经、史、子、集，包括外国的文学历史，像钱锺书搞的那些，固然是传统文化的主流，博大精深，十分了不起；但中国人的生活，中国人的工艺美术——生活习俗，以及游艺情趣等，也能体现中国人的伟大。现在这个北京城，越来越不像过去的老北京了，就是那些故旧的东西、传统的东西，都已经被西洋东西全取代了。我觉得，这很不合理，而且很危险！

答：当然不合理，而且十分可惜，有的一旦消失，就再也恢复不了了。我们应该保留的东西实在太多了，说也说不完。不过也要具体问题具体分析。就以我当年玩过的几种游艺来说，情况也各有不同。

一、范匏。即用模子套葫芦，使它长出花纹来。这是中国特有的工艺，康乾两朝，宫中就大量范制，解放后中断了二三十年。现在恢复了，而且有新的发展，美国正想派人来学习这种技艺。用种出来的葫芦养暖房孵育出来的鸣虫，使它冬日鸣叫，如蝈蝈、油壶鲁等，现在也有人大量生产。它给人们增加生活气氛，老人儿童都可以玩，有益无害，我们不必担心它会消失。

二、斗蛐蛐。这一玩好，已完全变质，成了赌博的工具，比一般赌博还要恶劣，往往打架斗殴，出人命，应该严加禁止。有些出蛐蛐的地方已快绝种，应该禁止捕捉，以免灭绝。但农民为了卖钱，很难做到。总之，此项历史悠久的文化，已被歹人糟蹋尽了。

三、用狗捉獾。獾在某些地方已成为保护动物，但有的地方必须清除，如在河堤上打洞的獾，会引发水灾，必须除掉。当然清除方法很多，不必再用狗捉了。至于所谓"獾狗"，过去就用北京的大笨狗，从中选出身强力壮的。这种狗很聪明忠诚，勇敢雄壮，毛色也很好看。但种不纯，往往是中原、蒙古两地狗的混种，解放后北京地区已全部被捕杀，可能远郊或其他地区还有。我听外国人说过，中国的狗种太少，尤其是著名的狗种。这种议论不完全正确。小的京巴，大的藏獒，难道不是中国的著名狗种？但名种确实不多。问题出在对自己的物种不重视，任其自生自灭。北京原有的所谓大笨狗如加以培育提纯，我相信也能成为名种。全国各地进行调查，也一定会发现其他好的狗种。做此类工作当然要等经济发展、人民生活有保障才能提到日程上来。现在中国经济有发展，生活也有些改善。但一下子又去追求各式各样的洋狗了，实在不应该！中国的传统文化需要保护抢救的实在太多了，希望人人都不数典忘祖才好。

四、大鹰。鹰已是保护动物，有少数人偷着养，不可能成为一种专门游艺了。但外国却非常重视这一动物。英国养鹰学会，会员就有一万多人。尤其是沙特阿拉伯，将养隼（鹰的一种）猎物作为最高贵的运动。为了保护鹰隼，不许捕捉；他们养鹰隼，用生出来的卵孵化养大再出猎，不惜花费大量资财和精力。沙特贵族前年请英国专家来中国，通过正式渠道，得到中国政府同意，联合我国动物研究所的专家，用了两年时间调查采访中国鹰文化的历史和现况，完成了约二百万字的调查报告。此事由外国人来做，我们不免有些惭愧。目前国内已禁止捕鹰出猎，将来这一传统文化可能只保存在国外，中国将消失。我国是否应允许少数人继承这一文化，是一个值得考虑的问题。

五、中国传统观赏鸽。这是我最担心忧虑有绝种消失危险的一种文化。中国鸽文化历史悠久，传统鸽是多少代人培育出来的，远比外国鸽子美丽动人，而且有很多讲究。但现在绝大多数人，尤其是青年人竟不知道有这种代表中国文化的观赏鸽。他们只知道灰色的是信鸽，白色的是和平鸽——实际上它是美国培育的食用鸽——此外就再也没有别的鸽子了，岂不太缺乏对传统文化的认识了！

灰色信鸽，全是从外国引进的。按养信鸽的人数多少统计，我国已占世界第一位。它虽身强耐飞，但长相和颜色以中国的审美观点来看，十分丑陋，和传统观赏鸽无法相比。在园林庭院、花前石畔、砌下阶边，只有观赏鸽才能和景色协调，相映生色。

现在电视和电影中，以及广场大量喂养的白色鸽子，即所谓的和平鸽，就是从美国引进的食用鸽，名曰"落地王"。去鸽场买，百只千只，一个电话就可以送到。我不反对养广场鸽，即养大量的食用鸽供儿童喂食观赏，使儿童接近自然、爱好动物。但它头形像鸡，十分难看，怎能和貌美色妍、品种繁多、珍贵高雅的观赏鸽相比呢？我们绝不能有了信鸽和白色食用鸽便不要传统观赏鸽了。我想，任何人都不会愚蠢至此。在电视、电影及公共场所只能见到信鸽和食用鸽的形象。问题出在人们不知道中国有传统观赏鸽。不言而喻，介绍、宣传、赞扬，用种种方式方法展示观赏鸽，让大家知道、认识、喜欢、爱护、珍惜观赏鸽，就成为非常非常重要的工作了。

我在八十岁的时候，差不多已把过去玩过的东西都写成文字，只是没有写观赏鸽。近年由于社会的变革，房屋的拆迁重建，平房大量消失，越来越对养观赏鸽不利。再加上养信鸽可以获奖、出售种鸽等收益的引诱，以致观赏鸽数量锐减，而信鸽大增。我早就认识到拍摄观赏鸽、用图片及文字来宣传介绍它的文化历史和美丽的姿容，实为当务之急。为此，我曾请摄影师随我去鸽市和养鸽人家拍摄，结果大为失望。标准的观赏鸽只能找到三五种，比我当年养鸽时品种之多，真有天渊之别，这就更增加了对观赏鸽将绝种的危机感。我虽知出访外地各省市应当能拍到一些好品种，但我已年老体衰，力不从心了。我非常失望，认为今生已写不成抢救提倡养观赏鸽的书了。

此后不久，我在故宫博物院发现清代宫廷用写生方法彩色精绘的四部鸽谱，共二百多幅，其真实程度不亚于彩色照片。于是我和曾将明末张万钟所著《鸽经》译为语体文的赵传集先生合作，编成《明代鸽经　清宫鸽谱》一书，用了五年时间彩印出版。我采用《鸽经》的文字来解说鸽谱，用鸽谱为没有图的《鸽经》作插图，又把二百多幅彩图所绘之鸽，一一作了评述。此书在一定程度上展示了我国观赏鸽颜色之美，品种之多，受到了对观赏鸽已有所知的人们的极大欢迎，但对于观赏鸽一无所知的广大人群仍不能起多少作用，因为他们不知道有此书，也不会去看内容他们毫无了解的书。呼吁抢救提倡观赏鸽，必须采取更多更有效的方法才能见效。

最切实的抢救保护方法是，建议劝说凡是喜爱动物和有条件养鸽的单位和个人都养传统观赏鸽，越多越好。现在有些地方的鸽子因长期近亲交配，鸽种退化，培育堪忧。只有不同地区交流种鸽才能恢复生机，不致绝种。

我曾建议各地动物园、公园养观赏鸽，凡是有广场鸽的地方，建议也养观赏鸽。为此，我曾给全国公园市区的广场鸽鸽园写公开信，提出上述建议，寄出数十封，但难收效，还未听说哪一家公园接受我的意见。

2003 年 4 月初，我曾上书北京市市长，建议在亚运村养一群观赏鸽，开奥运会时鸽群戴哨飞盘，定能为大会增色，同时也能对保护恢复观赏鸽起良好作用。只怪我上书的时候不对，4 月中"非典"猖狂肆虐，全国全力扑灭疫灾，哪有闲心顾鸽子，上书自然不会有回音。现在抗"非典"取得彻底胜利，禽流感也得到全面控制，养观赏鸽应该提到日程上来了。

总之，抢救复兴观赏鸽是我的一个未了的心愿。如能实现，貌美色妍的观赏鸽能得以保存下来，使后来者能见到的不是标本而是活生生的鸽子，历史悠久的中华鸽文化得以延续，将来人们一定会认识到其重要性不亚于对熊猫、朱鹮的保护。我年九十，体衰多病，生活都难自理，焉能养鸽！且培育鸽群，至少要几年时间，方见成效，显然已时不我与。如倒退二十年，我定辟园养鸽，请人帮助做抢救繁育观赏鸽的切实工作。现在只能谈谈而已，奈何奈何！

集美德于一身

荃猷是一个安于平凡的人，她从来没有表示或让人觉得想卓越不群、出人头地。但她又是一个很不平凡的人，不平凡在处世接物，不论是师长同侪、亲疏老幼，总是不假思索地坦诚相待，没有丝毫城府机心，甚至明知名利所在，还主动让人。纯洁的本性，又具有爱祖国、爱人民、爱文化、公正坚强、勤劳不息、耐苦耐劳、一丝不苟等众多优点，所以用集美德于一身来概括了。

荃猷是在她祖父身边长大的，从小请家馆讲授国学，还从汪孟舒先生学书法、绘画和古琴，后又得到管平湖先生的传授。她爱好艺术，常去图书馆借阅书画、古器物以及敦煌、云冈、龙门等洞窟的图录，在当时的大学生中是不多的。她对祖国对人民对传统文化的爱，增加了对帝国主义、侵略者疯狂地掠夺盗窃、破坏中华瑰宝的恨，在这一点上是和我完全相同的。

我在燕京大学研究院就读时，曾辅导荃猷编过一本中小学国画教材，因而相识。1943年离京南下，行踪未定，很少通信。到达李庄后，特殊的环境，密聚的学人，可叙之事渐多，书信也频繁起来。次年11月，经马衡、梁思成两先生推荐，任清理战时文物损失委员会平津区助理代表，回到北京。荃猷对我的工作十分赞同，尽力支持，认为正是一个中国人应该尽力去做的，可以说二人志同道合。

我和荃猷于该年岁末结婚。按说新婚燕尔，总有一个所谓的蜜月，但直到我离京赴日，整整一年中，我们都一心放在侦查追缴文物上。当我将德侨杨宁史非法购买的青铜器目录抓到手中，并把编写图录的德国学者罗越带到天津与杨对质，使杨无法抵赖时，荃猷和我一样地喜悦兴奋。又当杨谎称"铜器存在已被九十四军占领的天津住宅中，尔等可以去寻找查看"，而九十四军竟不予理睬，多次拒绝进入，致使工作受阻，陷于停顿，荃猷又和我一样忧心忡忡，束手无策。幸有德高望重的朱桂老（启钤）运筹帷幄，给我制造面陈宋子文的机会，一下子把接收杨宁史铜器和收购郭觯斋藏瓷都圆满解决了，使我们额手称庆，欣喜不已。此后又收回溥仪遗留在天津张园的珍贵文物和细软，为故宫博物院增添了三大项稀世之珍，达两千

与老伴袁荃猷合影于芳嘉园北屋窗前

余件之多。总之荃猷对我追回文物全力以赴的工作作风和大公无私的爱国精神完全清楚，十分赞赏。❶

正因如此，"三反"运动把我关在东岳庙逼供四个月，查不出任何盗窃问题后，又把我解送公安局看守所。随即来了一次抄家，把我历年购买的文房杂项、漆器标本等连同我的购物登记清单（购买地点、价格、日期、发票等一应俱全）全部抄走。经与出售者一一核对，没有发现任何违法问题，又将查抄物品及清单送还。此后荃猷曾去看守所要求见负责人。接待她的可能就是负责审讯的老班长。荃猷慷慨陈词，面不改色，讲述我 1945 年至 1946 年追回文物的日日夜夜，包括派往日本从东京运回一百零七箱善本书等。老班长见她侃侃而谈，似乎也有所理解，心平气和地对她说："我们不放过一个坏人，也绝不冤枉一个好人，你可以放心回去。"荃猷能如此理直气壮，面对狱吏，一个家庭弱女子实难做到。这是因为她对我的思想行为有彻底的认识，才有充分的自信心。行动完全出于正义感而不是夫妻关系。以上的经历我在看守所当然一无所知，是释放回家后才听她说的。

看守所释放后，我治疗肺结核一年，被民族音乐研究所收容，任副研究员。次年荃猷也到音研所工作。她虽能弹古琴，外宾来所参观，想听一听古琴音韵，倘有请求，她也能演奏几曲，但因没有受过音乐学教育，故只能做一些有关中国音乐史的资料工作，渐渐走入国外所谓"音乐图像学"的范畴，致力收集乐

❶ 以上经过均见附录一《回忆抗战胜利后平津地区文物清理工作》一文，原收于《锦灰堆》贰卷页 546 至页 563。

《中国音乐文物大系·北京卷》

器以外一切与音乐有关的形象。从编写《中国音乐史参考图片》开始，搜集渐广，制成幻灯片数百张，编成专辑，成为各地音乐院校讲授音乐史的重要参考材料。在收集过程中，也常发现舞蹈形象，她总是主动提供给王克芬、董锡玖等舞蹈学家。乐器形象纂辑成书，她是主编，当知一位参与者为评职称亟须有一本领衔的出版物时，荃猷主动辞让。出版社来电核实，她回答"名次经大家商定，请勿更改"。类此之事，如荃猷在世一定不同意我把它写下来。

根据荃猷的摹绘技能和我们对洞窟艺术的热爱，又可收集到丰富的音乐形象材料，音研所打算派我们去敦煌工作一年。因我被划为右派，党员开会，作为惩罚，取消敦煌之行，并把我从研究室降到资料室。会上有几位面有喜色，也不知喜从何来。

荃猷受了我的牵累，否则以她浓厚的鉴赏兴趣，灵巧的摹绘双手，益

以专心执著的研究，应当会有所收获，说不定还会改变我们后半生的工作和生活。不过不去敦煌和下降资料室都无所谓，要知道凡有一定的工作能力，锲而不舍的精神，又天佑不短命的人，放在任何地方都会出成果。幸灾乐祸是徒劳的，妒才嫉能不能提高自己，而只会激励受不公正待遇的人更加刻苦勤奋，笑到最后。

1988年荃猷退休，返聘在家工作，编《中国音乐文物大系》。这是获国家图书奖的皇皇巨著，当然奖是发给有二三十卷之多的全书。她编的是第一册《北京卷》，最先出版，如果没有一个科学的体例、翔实的内容，会影响全书。她很谦让，主张所有条目都由文物所在单位的同志编写，并拟定按字数计算稿酬。不料一时疏忽，统计有误，而稿酬已统一领到。她为符合定例，情愿自费弥补。编书贴钱，一时传为稀有之事。

荃猷深明大义，在工作上对我的帮助，尽人皆知。思想上的帮助尤为重要。我被文物局、故宫开除后，她提出一定要坚强，对能否坚强的道理，更是一语中的。她说："坚强要有本钱，本钱就是自己必须清清白白，没有违法行为，否则一旦被揭发，身败名裂，怎还能坚强？！你有功无罪，竟被开除公职，处理不公问题在上级，因此我们完全具备坚强的条件。"我们从此时起探讨选择今后要走的一条正确人生道路。不到两年，又遭错划为右派的打击，实际上是又一次颠倒是非黑白、不公正不光彩的政治运动，这更增强了两人的坚强意志，并促使我们明确了走自珍的道路。近半个世纪的恪守，总算得到了世人公正的认识和承认。有目共睹，没有必要自我

《明式家具研究》2007 年再版本
封面架子床线图即为袁荃猷据艾克《中国花梨家具图考》绘制。右为袁荃猷绘门围子架子床原围子 90°相交部分示意图。

介绍了。不过对顽固不化、死不承认他人成就的人，还有必要再说几句。

我在故宫工作时，从未想著书立说，一心做博物院的基础及事务工作，确实有自我牺牲的精神。经音研所收容后，才有显著的转变，即上班时做所中工作，下班后做对人民对文化有益的工作。即使被周边无知的人诬为"一本书主义"，甚至"右派放毒"，也不气馁。第一项就是为朱桂老手授的《髹饰录》作解说。从 1954 年起到 2003 年冬荃猷逝世，近半个世纪，共编撰出版近四十种书，其中每一种她都付出了精力和劳动。凡与文化、艺术密切有关的，我们力求完善。即使涉及民间习俗、玩好游乐之作，亦不草率从事。例如编印《蟋蟀谱集成》，用木刻本复印制版，中多漫漶不清之处，一千余页，每页均须墨笔修补，粉笔遮涂，相对操作，乐之不疲。它如为蓄养鸣虫葫芦之书绘图，意在不使我国独有之范匏工艺湮灭失传。悬鸽之哨，详绘牢系之法，形制之异，书中部分有英译，国外购者竟不少于国内。有望和平之音，响遍全球。类此琐屑之作，荃猷亦乐为之。

最为繁重且经过较长时间的自学练习始能胜任终又备受赞誉的，是荃猷为我的几种明式家具专著及论文绘制的线图，总数几近千幅。她因根本没有用过制图笔（通称鸭嘴笔），且在我收集研究明式家具之前，她并不了解其造型及结构。为介绍当时尚不甚为人重视而其中却蕴涵着极高的造型艺术的明式家具，必须广事搜集不同品种、造型的实物。个人收藏，有发表出版权的自然有限，采用他人所有或已经出版的器物，必须将其改成线图方能采用。此为能否出版必须首先解决的问题。且只有制成线图，纵横结构，阴阳榫卯，才能使读者一目了然。为此我曾延请工艺美院家具系毕业的高才生及家具厂家的绘图师，但所绘均难符合要求。荃猷则竭尽全力，从头学起，勉强承担这一任务直到能完全达到要求。《明式家具珍赏》及《研究》两书出版后，译成英、法、德文字，不胫而走，风靡世界。

家具是和人体接触最多的日用品，惟天下事物往往因太经常同处反被忽视，而不去仔细观察分辨其中迥不相同的形形色色。"明式家具"在20世纪中期才有人提出这个名称。待进一步探索，才惊讶地发现其品种之众多、功能之齐备、用材之考究、工艺之精良；而更加震惊世界的是其主流竟崇尚简练纯朴、静穆自然，从繁琐堆砌造型中解脱出来的西方艺术家们不得不承认其先驱却是三四百年前的中国工匠。再进一步探索，明式家具同样有精心设计、雅而不俗、雕琢精细、攒斗巧妙的花纹图案。这是明式家具征服世界的主要原因，拙作主要用文字来诠释讲解，倘没有荃猷不辞辛劳手绘的多幅线图，很难让人欣赏感受其风格和神韵。

明式家具的脱颖而出，好像艺术世界发现了新大陆。收藏家、博物馆、文物经营者大约在1985年至1995年间展开了席卷式的搜寻，如水银泻地，无孔不入。美国加州中国古典家具博物馆就是在这期间搜集到约一百件精品。此后，来源渐呈枯竭，但又兴起复制仿旧的热潮，在我国家具制造业中一直占有重要位置，到现在已遍地开花。

2003年，荷兰克劳斯亲王基金会授予我最高荣誉奖。王子约翰·佛利苏说："王先生的创造性研究已向世界证实了：没有他，一部分中国文化还会处于被埋没的状态。"基金会会长安克·尼荷夫女士说："王世襄对于中国家具设计技术和历史研究久负盛名，他的收藏使世界各地的博物馆、手工艺者和学者都得到鼓舞。这些收藏成为国家级文化遗产珍宝。"所谓"他的收藏"，指的是1993年我和荃猷为了使几十年收集到的七十九件明式家具入藏上海博物馆，永久陈列，供人研究欣赏，情愿以十分之一的价格让给香港的爱国人士庄先生。条件是购者必须全部捐赠给上博，自己一件也不能留。让与购双方的爱国行动，一时传为佳话。荃猷有言，物之去留，不计其值，重要在有圆满合理的归宿。终生固守，实非智士达人。

当荷兰克劳斯基金会通知我获奖时，荃猷已在医院，病危而神智清醒。待得知还有十万欧元奖金时，她和我竟异口同声地说："全部奖金捐赠给希望工程。"可见她在弥留之际，尽管对过去的不公正遭遇感到遗憾，但还是爱国家、爱人民、爱文化，说出了希望更多的儿童能上学的良好祝愿！

由于荃猷安于平凡的本性，总是谦挹退让，从不出头露面，前来访问者，偶或询及"贤内助"，总是退避他室，连称"不足道、不足道，无可奉告"。但她爱憎分明，遇有不平事，挺身而出，据理力争，与前判若两人。她思想行动，公正无私，无不益人而非利己。工作认真负责，一丝不苟，学习勤奋，永不懈怠。凡此均为美德。美德源于本性，形成动机，可据其诚实与否辨真伪，而不宜以成就大小论业绩。今以《集美德于一身》怀念荃猷，她地下有知定又谦让而拒不接受。惟事实尽在，允当之而无愧也。

我负荃猷

荃猷去世后，我越来越觉得对不起她。"对不起"太轻了，"我负"也不够。我痛恨一生中关心她少于关心我自己，我将永远接受自私的谴责。

荃猷身体较弱，儿子敦煌出世不久，便感染了肺结核，且有空洞。林巧稚医生警告，必须卧床静养。年余未能脱离危险。此时故宫派我接受美国洛氏基金会奖学金，赴美、加两地参观访问博物馆一年。去与不去，一时未能决定。荃猷坚决主张我去，说父亲怕她烦闷，常来口译法文小说，讲给她听，"两位老家人也照顾得很好，你尽管放心去"。结果我还是去了。幸亏有了青霉素，一年后回国，她病情日渐好转。为此我总觉得不安，把出国进修机会看得比她的生命更重要。

在收入《锦灰三堆·告荃猷》的诗中，有一首开头四句是："君曾一再言，平生有二好。访古摹饰文，游山写石貌。"她确实喜欢古人创作的花纹图案，不论什么质地，什么器物，只要觉得好，一支笔、一张纸，隔着陈列柜的斜面玻璃，或站在立柜旁，屈臂托住一块三合板，一画就是半天。遇见佳山水，随意找块石头坐下，画图板放在膝上，一树一石画完，再写全景，饥渴早已忘记。她最喜欢的去处是博物馆和风景胜地。

我们共同生活近六十年，时间不算短，去了多少她喜欢去的地方呢？北京主要是故宫和历博，上海因开会只待了几天。上海博物馆的几个重要陈列室——青铜器、玉器、雕刻、书画等只走马观花巡视一遍。回来后荃猷又觉得可惜，没看够。当她在报上看到西安陕西博物馆、开封河南博物馆先后落成时，她几次说：陕、豫可是出土文物大省，能去参观、摹绘几天多好呀！但她始终没有能去。风景名胜，不说海外，中国地大物博，山河锦绣，徐霞客再生，一辈子也难留遍游踪，但幽胜而又不难到的地方总该去吧。说起来可怜，只有黄山曾专程去过，西湖还是为去慈溪、宁波看家具，路经才小留。荃猷在电视上看见张家界、九寨沟、武当、三清等名山，只能心向往之，望而生叹了。难道真抽不出几天时间去旅游吗？回答是要看什么时期。我在划为右派乃至摘帽后的几年中，不仅外出旅游没有可能，就连为搜集资料、充实研究项目也不会批

袁荃猷在新居灯下伏案刻纸

准，只有在拨乱反正、改革开放之后才有可能。而此时正是新作旧稿有可能出版的时候，久旱逢甘雨，岂能失此时机。书一本一本地出，不是这本需要画线图，就是那本有待加注解、誊清、校对，全都离不开荃猷。走自珍的人生道路是两人共同商定的，她完全明白只有奋笔耕耘，多完成几本有益于国家、人民，为传统文化添砖增瓦的著作才能逐渐获得世人的承认和理解，揭去硬扣在我头上的奇耻大辱。但并不容易，必须有毅力和耐力。例如完成《髹饰录解说》，扬州漆器厂厂长专程来京，想见我一面并要一部油印本《解说》，竟被音研所忠诚党员拒绝，说该书是右派放毒，书不给，人也不准见。她不知道这样做对传统漆工艺有损而无益，能算是一个好党员吗？到 1983 年文物出版社才同意出版排印本，而不懂文物的高履芳社长竟连一幅彩图都不准有，怕没人买赔钱，不料几个月就卖光了。以上的愚昧，只有多出几本获得德高望重者的称赞或广大群众都认为该出的好书，才能慢慢被

扫除。荃猷为了我，牺牲自己的爱好，以致不可能抽出时间去参观博物馆，欣赏佳山水。前诗的结尾只能是："二好愿未酬，我痛难偿报！"这是我无法消除的遗憾和沉痛，只能感谢荃猷，怨恨自己。

荃猷祖父的家规是"君子远庖厨"，所以她不入厨下。我则自幼就对烹调感兴趣，走到哪里学到哪里。住在芳嘉园的几十年中，每天清晨提篮守在朝内菜市场门口，铃响冲进去，不消片刻便满载而归。清洗菜蔬有时老家人动手，下勺入锅则都看我了。我身体好，到了八十一岁才第一次对我发出年老的警告。一日午休起来，忽觉左目失明。赶到医院，诊断为眼球中心动脉堵塞，连忙注射抢救针剂，但黄斑已坏死，视力无法恢复。为了预防再出意外，荃猷每天陪我去医院打点滴，为时约两个月。在此之后，她加强保护我的右眼，编辑校对工作，承担得更多了。

我大约自 20 世纪 90 年代开始，觉得烹调原料、菜蔬和鸡鸭鱼肉，味道都在变，越变越不好吃。病目以后，对烹调渐渐失去兴趣。荃猷这时竟说多年来我吃你做的饭菜，现在应当我做给你吃了。她勇气不小，但从不下厨房，年逾古稀，怎可能如愿胜任。老家人去世后，我们搬到城外新居才请钟点工帮忙。膳食买的多，做的少，而买的更不合口味。两人工作量有增无减，营养却日益亏损，我缺乏疗养知识，误以为老年人吸收量下降，可以少吃一些；加上医生的误导，对就诊者一律嘱咐少吃盐和糖，待我转到内分泌科，竟发现是因天热出汗缺少钠而感到无力。一段时日后，荃猷体重

也下降，而我竟垮了，自行车不能骑，连路也走不动了。我缺乏疗养知识，却一向关注自己，而且多疑，以为定是某一器官出了毛病。荃猷又陪我去医院，还取出病历请老同学、协和名誉院长方圻医生查看，请教做何检查和老年应注意事项。待查不出有何问题，我才不再疑虑。荃猷恰好和我相反，太不关心自己，不仅拖延检查日期，还不许我陪同前往，几次因争论引起不愉快。2002 年年底的一次检查，还是她独自去医院，回来说 B 超一切正常，平安无事。但可能有些该做的化验，如抽血查有无癌症预兆等，她未提出要求。倘发现预兆即注意防范，肿瘤早期用手术清除，至少可以多活几年。实际上荃猷五六十岁时两次大病，我都陪她去医院，化险为夷。惟独年老且最需要陪同的一次，我竟严重失职，真是百身莫赎！百身莫赎！

还有一事我深深痛恨自己。那就是 2000 年年初，我建议荃猷编一本刻纸集。她十分喜爱又特别擅长这门艺术，且有大量画稿，勾而未刻。但我竟未考虑她已届八十高龄。我不仅建议，且写诗鼓励，说什么"秋水眸仍澈，柔荑指不僵，刃过皆剔透，老发少年狂"。从此一发不可收，《游刃集》奋力编成，新刻多于旧刻，共二百六十四幅之多。淳厚巧妙的古韵，生动活泼的生机，镌刻得淋漓尽致。书尾目录，十分翔实，摹刻之作，

《游刃集——荃猷刻纸》

来源出处，记得清清楚楚。如此繁琐的工作，我为了编《自珍集》竟未对她有何帮助。2002 年 4 月完成付印，这两年的伏案操劳，严重伤害她的健康，和一年后患病逝世有直接的关系。她一生帮助我，而我竟害了她。我实在罪该万死！

我写此文，觉得"对不起"太轻太轻，"我负荃猷"也远远不够。她终生对我帮助，为我牺牲太多太多，我对她的关心、对她的回报太少太少！最后我为自己的定位是：我是一个自私的人。

末了，还要说一句，我和荃猷都是特殊时代千千万万受害者之一！

黄山红珠

"1962 年夏同世襄游黄山，在去始信峰的途中，道边黑石夹缝里一丛翠绿，鲜红的明珠，散落其间，不由得停下来，细细品味，并写生一枝。耀眼奇景，历历如昨。"

荠菜图案

"要做馄饨，择菜时发现荠菜叶非常美，而且片片不同，很耐看。今取一大一小两片叶制一图案。"

庆香港回归

"采用汉璧外形，以中草药当归及
土当归的两种花叶为主纹饰。璧中
谷纹 155 枚，象征自 1842—1997
年被侵占 155 年。璧纽二龙同体纹，
象征一国两制。纽上纹饰含 '97'
二字。"

好心儿回劝　荃猷住医院

1969年9月，各单位军宣队宣布上级命令，干部包括家属在本月下旬必须去干校，10月1日不准有一个留在北京。我因只发生活费，营养不良而劳动繁重，肺病复发，且有空洞，医院开卧床休养病假条，军宣队不批准。文物研究所人员于9月28日在沙滩红楼门前集合，登上大客车开往火车站，前往湖北咸宁。荃猷的工作单位是中国音乐研究所，也属文化部系统，但干校不在咸宁而在官厅水库附近，比文研所晚走一天。她到沙滩红楼来送别，我已坐在车上，因车外人头拥挤，只能隔着车窗招招手。不禁想这是三五年的分手，还是今生的永别。

音研所人员到官厅水库不久，干校便搬了一次家，不久又迁往京东宝坻县，最后定点在天津静海的团泊洼，和关押犯人的右派大队毗邻。1970年5月，咸宁干校收到团泊洼干校团部来电，电文是"荃猷病危，王世襄速来"。因无一语言及病情，我猜测不是患了急症，就是发生意外事故，故焦急万分。承蒙故宫博物院副院长唐兰和北京图书馆研究员冀淑英两位同情我的处境，慷慨借钱给我，凑够火车费后，再到军宣队团部请假。不料以我尚未解放为由，坚决不予批准。一周后收到荃猷二姊来信，告知荃猷所患为精神分裂症，已住进安定医院，似无生命危险。但能否痊愈，殊难预卜。至此我才稍稍安心。经过几个月的治疗，荃猷神智恢复正常，重返团泊洼干校。

1971年咸宁干校多人获准探亲，我再次申请，仍不批准。

1972年，因查明有一个姓名与我相同的人参加过国民党，和我无涉，才宣布"解放"，并批准探亲。到了团泊洼我详细询问荃猷得病的起因。她说："每天下地劳动，往返路上，所中的忠诚党员文彦同志多次劝她，有什么问题交代了不就完了，何必背着这个包袱，应该相信坦白从宽的政策。言外之意除本人外，应该多替王世襄想想。她的态度很诚恳，确实是一番好意，我很受感动。此后我夜晚躺在床上，时常想到文彦真是一个治病救人的好同志，进而检查自己过去的工作有无过失之处。再想王世襄清理追缴敌伪掠夺及隐藏文物全部经历，因为当年他的每一天行动都详细地讲给我听，顺利不顺利，喜与忧都和他相共，一切经过我知道得清清楚楚，实在觉得他真是全心全意、大公无私。故宫开除他完全是文物局和故宫的错误处理，但为什么文彦老觉得他有问题呢？以上的思考搜索，一遍又一遍地重复，一下子我便失去了知觉，送进安定医院我还不知道身在何处。"

听了荃猷这番话我才知道她得精神分裂症的经过。我们丝毫没有埋怨文彦同志的意思，而觉得她的劝告是一番好意。不过为什么她不能看清一个人的是与非、好与坏，恐怕是受阶级成分论的误导。她认为资产阶级世家子弟出身的人，尤其是右派分子，肯定贪婪自私，不可能不犯错误。如果这样的人在过去受过处分，不用问，更不须调查研究，定有违法行为。而由党领导的机关单位对该人的处分绝对不会错，绝对正确。有这样思想的人不仅不奇怪，而且是太多太多。

我在音研所划为右派并从研究室降到资料室后，文彦同志是我的直接领导。为帮助我改造思想，她指定我每周或十天交一份思想汇报。我认为要改造一个人的思想，必须先了解他的思想和经历，所以文彦肯定会问我鸣放时期前后的思想和遭遇。如果我说了，一个能独立思考、认真负责且有正义感的人，会去文物局和故宫博物院了解究竟是否查出王世襄有盗宝行为，追回大批珍贵文物是否有功，如果有功而无罪，开除他的公职是否合理；但文彦同志一句也没有问，更没去文物局、故宫了解核实"三反"、"反右"两个运动的真相。她不敢这样做，

怕承担同情右派和为右派翻案的罪行。妥善的办法是和其他同志一样，认定王世襄还有没交代的问题。结果是她帮助我改造思想不仅没有起任何作用，而只能成为无聊的走过场。凭文彦同志以上的表现，证明她和当时广大干部一样，从一个模子磕出来的，千千万万都受教条主义的束缚，失去了追求真理、分辨是非的能力，头脑已经僵化。这不仅可悲，而且可怕。如果不是如此，怎可能发生"文化大革命"，一呼亿诺，一下子无法无天，遍及神州大地，而且愈演愈烈，把中国推向崩溃的边缘。在"文革"被彻底否定后，受了当头棒喝，应该清醒过来，解放自己。我们还是感谢文彦同志，她劝告的动机是好的，不过她对人的认识、对阶级出身决定一切的看法是错误的。祝愿她从束缚中解放出来。

我到达团泊洼第二天的上午，收到咸宁干校军宣队团部三封加急电报，内容全同，五个字——"王世襄速返"。我立即赶回，到团部询问催我速返原因，回答只有两个字："需要。"过了三个月，由所中同事担任的连长偷偷告诉我，只因军宣队看到报纸上有美国官员黑格到京的消息，怕我和他联系上，所以急电命令速返。我不禁大笑，一个二十多年前曾去美国从事博物馆见习访问的青年人，实在区区不足道，怎可能结识现在当政的美国高官！军宣队实在是太抬举我了。别说是"黑鸽"，就是"白鸽"我也不认识！一时传为笑谈。军宣队的神经实在灵敏得惊人，而知识却贫乏得可怜。

三言两语说荃猷

一　和为贵

荃猷祖母，为人宽厚，善理家，处世恪守"和为贵"。她受祖母影响最深，常提醒我勿忘此三字。

二　学书法

1995 年我左目突然失明，此后为自选集《锦灰堆》抄写诗词，荃猷恐我用目过甚，代为手录。

当年她在家从汪孟舒先生学画学琴，也学书法，仅《兰亭序》就不知临了多少遍，行楷妍秀，燕京大学同学中实罕与匹，而知者甚少。今影印叁卷一页，可见其毛笔字功力。

三　没有红过脸

荃猷的衣着十分俭朴，破了缝一缝，褪色染一染，又穿上了。一天她的二姊来芳嘉园，说起亲戚里有一对常为花钱、买衣服吵架。荃猷说："使我无法理解。长安（我生在北京，乳名长安）别说吵架，脸都从未红过。"我连忙说："荃荃也从未红过脸。"

有一次荃猷要我去鼓楼商店买内衣，路过小古玩店，见一尊藏传米拉日巴像，买了回来，没买内衣。荃猷非常喜欢那尊像，并说："要是我也先把他请回来，内衣以后再说。"二姊说："你们性情爱好都相同，真是难得！"

四　辑录古琴《指法集注》

1955 年民族音乐研究所为了发扬古琴艺术优良传统，影印传世最重要的一部古琴谱——明初朱权编印的《臞仙神奇秘谱》。其中有许多宋代以前古曲，但对所用指法没有解释，有必要从其他古代琴书中辑录编成一帙《指法集注》。音研所因荃猷对古籍比较熟悉，由她来担任。共十六页，前有说明，后附尚未查到解释的指法及引用琴学资料目录、转弦法等，超过万言。乌丝栏工楷手书，附在影印本《神奇秘谱》之末。《广陵散》一曲多年无人弹奏，管平湖先生打谱从研究古指法入手，认为《集注》节省他许多查阅时间。

五　复原信阳楚墓虎座双鸟鼓

陈大章、贾峨两位合写的《复制信阳楚墓出土木漆器模型的体会》一文刊

图 2　袁荃猷手录诗词末页

图 3　影印《臞仙神奇秘谱》后袁荃猷辑录的古琴《指法集注》

登在《文物》1958 年第 1 期。当时因出土器物残缺不全，为虎座鼓虽绘复原设计图，必然和原状有较大的差异。待根据设计图制成模型在历史博物馆展出，更感觉到虎座和鼓之间缺少承重和装饰构件。

1950 年 5 月河南省文物工作队在长台关 2 号楚墓发现伏虎木座，上立昂首向外双鸟。1961 年马承源先生发表《漫谈战国青铜器上的画像》一文，附图绘出了鼓和双鸟之间的悬挂关系。荃猷据上述形象材料试绘两幅大同小异的虎座双鸟鼓图，并撰《关于信阳楚墓虎座的复原问题》一文，刊登在《文物》1963年第 2 期。

此后楚墓不止一次发现较完整的虎座双鸟鼓，和荃猷试绘的复原草图基本一致。

六　一人一块

"文革"开始，每月发我 25 元生活费。

图 1　明青铜米拉日巴尊者像（王世襄旧藏）

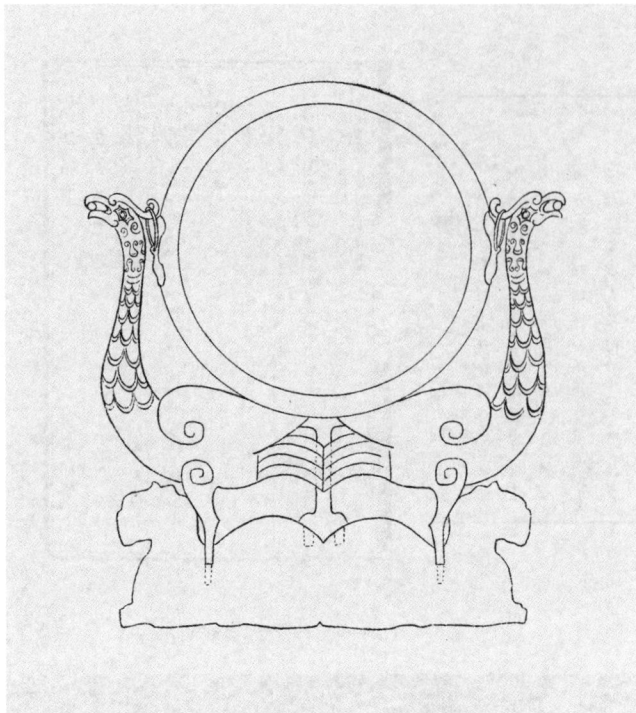

图 4　信阳楚墓虎座鼓第二方案复原图　袁荃猷绘

图 5　长台关 2 号楚墓出土木座

交干校伙食费后，所余无几。荃猷领全薪，每月六七十元，除维持两位老家人生活外，寄几元给在宁夏兵团的儿子敦煌。她每一两个月从静海干校回北京一次，看望老家人并送生活费。

有一次回芳嘉园，老家人心疼她，买了两毛钱肉做了一碗肉丝面。荃猷看了看，谢了谢，但没有吃。因为吃了必须补上那两毛钱。随身带的静海干校食堂馒头还没有吃，何必浪费。

刚出家门，碰见大侄女敦和。她问姆姆："能借我点钱吗？"荃猷掏钱包对她说："幸亏已经买了回天津的火车票，还剩两块，咱们一人一块。"

七　睡在不到半米宽的炕案上

第 948 页照片已发表过多次。贴在万历款大柜侧面的是黄苗公的妙联："移门好就橱当榻，仰屋常愁雨湿书。"横额："斯是漏室。"

"文革"后发还部分抄家家具。成对大柜，只能去掉顶柜，否则进不了屋。唐山大地震刚过，我索性卸下四扇柜门，柜子面对面放。柜膛横木和柜顶都架铺板，柜内睡人，柜顶堆书。太安全了，房子震塌了也压不着我，屋顶漏雨湿书，只能听之任之了。

荃猷嫌柜内憋气，不愿进入。但屋内再也没有支张床的地方，只好睡在贴着柜子放的炕案上。炕案的尺寸是 191×48.5 厘米、高 48 厘米。我每晚起夜，须用脚跟蹬稳炕案的大边，手扶柜子框，挺身越过荃猷。进柜则须用脚尖踩好炕案大边，手扶柜子框，跨过荃猷入柜。如此出入柜一年多，从未惊醒过荃猷。她也没有从不到半米宽的案面上滚下来过。直到恩准落实归还被挤占的一间房，荃猷才改睡行军床。

八　不惜金针度与人

明清工匠常用攒接、斗簇等方法制成透空图案构件装饰家具，在罗汉床、架子床上尤为常见。

民国时期集中在鲁班馆的硬木家具店常用残缺、失群的床围子来装配修复床榻，因非原件，难免要更改攒斗图案，以期连贯一致，但很难做到。正面和侧面围子90度相交处，往往留下破绽。艾克《中国花梨家具图考》第26罗汉床、第29架子床是明显的例子。

荃猷为《明式家具研究》制图，除画两床原貌的全形外，又画床围子90度相交部分，供爱家具未入门者参阅，可谓"不惜金针度与人"。

九　难接受的好意

为了把豫卿兄（朱家济）捐赠给浙江博物馆的明四面平加浮雕紫檀画桌收入《明式家具珍赏》（见该书编号109），我和荃猷去杭州观察实物。蒙浙博接待，下榻宾馆。先我到达也受浙博接待的有

图6　战国楕栝刻纹中的鸟座鼓　马承源绘

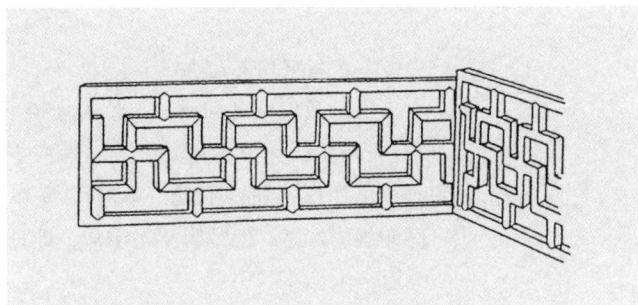

图7　三屏风攒接围子罗汉床原围子相交部分示意图　袁荃猷绘

图8　清鸂鶒三屉大炕案（《明式家具研究》编号乙23　王世襄旧藏）

947

图9 "文化大革命"时期，王世襄在睡觉的大柜前。柜上有黄苗子书赠的对联。

一位鉴定名家和夫人。

次日我们准备回京，那位夫人说："有人招待，何不多住几天？不吃白不吃，不住白不住，不逛白不逛。"荃猷感谢她的好意，但觉得不是滋味，即日北返。

十 好有一比

荃猷从来不发脾气，不过遇见太离谱的事儿，也难免生气。生气时还是心平气和，用讲理、比喻来表达。

有一次电视台约好访问我，上午九点四位同志准时到达。照例进门先支相机和灯架，要求撤掉一张小桌，椅子换个方向，窗帘有的拉开，有的拉上。我们都同意，只要求离去时请帮助复原。

开始访问，一位同志说必须回电视台一趟，于是大家坐下来聊天。等了许久没回来，三位同时解释，路上堵车。又等了许久，他们实话实说了："来时用具从窗户递出，放在台阶上，另一人将用具送上车，忙乱中忘了拿胶带，生怕被人捡走，所以必须回去找。"访问完毕，已快下午两点了。荃猷说各位好有一比："打仗挖好战壕，堆好沙包，就是忘了带子弹。"四位有点不好意思，走时把桌椅复原好才离去。过去访问者有的也满口答应复原桌椅，最后还是拍拍屁股就走了。

傍晚一位同志送来两盆花，表示歉意，荃猷只好道谢收下。

怀念梦家

1985 年在香港出版的《明式家具珍赏》，1986 年出版了英文本，书名 *Classic Chinese Furniture*，扉页是我自己设计的。一团浮雕牡丹纹，宛然明初剔红风格，是从我的紫檀大椅（《珍赏》50）靠背拍摄下来的。下面印"谨以此册纪念陈梦家先生"十一字。梦家有知，我想会喜欢，因为他爱明代漆器，尤其是永乐、宣德朝的雕漆。

《珍赏》彩版有三十八幅是承蒙赵萝蕤大姊的允许用梦家的旧藏拍成的。历时数月，我和老木工祖连朋师傅、摄影师张平及协助人员，一次次到大姊住所，把家具逐件搬到院中，擦抹干净，并请祖师傅作了必要的修整，然后抬到背景纸前拍照。每搬一件都使我想起当年和梦家交往的情景。故物犹存，哲人云逝，悲从中来，不能自已。在那时我已想好要用这部拙作来纪念老友梦家。

梦家（图 1）比我大三岁。1934 年我考入燕京大学，他已是攻读容庚教授古文字学的研究生。他非常用功，而我则是一个玩得天昏地黑、业荒于嬉的顽皮学生。只是由于他和赵大姊结婚后，住在校旁我家的园子中，晨夕相见，渐熟识。前不久，萝蕤大姐还说起，有一个深夜，听到园外有人叫门，声音嘈杂，把他们吓坏了，以为有强人到来。接着听到一连串的疾行声、嘘气声，随即寂然。过了半晌，觉得没有出事，才敢入睡。原来是我和一帮人牵了四条狗半夜去玉泉山捉獾，拂晓归来，园丁睡着了，无人应门，只好越墙而入。当时我的所作所为，梦家有什么看法，现在只有问赵大姊。我对梦家的认识则是：一位早已成名的新诗人，一头又扎进了甲骨堆，从最现代的语言转到最古老的

图 1 陈梦家先生小影

图2 铁力四出头官帽椅

图3 黄花梨五足香几

他们去美国。1947年梦家回到清华大学授课，一直到1952年转到中国科学院考古研究所工作，住在钱粮胡同我舅父遗留的一所大房子内。那时我们都在搜集明式家具，有了共同兴趣，不时想着对方又买了什么好物件，彼此串门才多起来。

我们既已相识多年，现在又有了同好，故无拘无束，不讲形式，有时开玩笑，有时发生争论，争到面红耳赤。梦家此时已有鸿篇巨著问世，稿酬收入比我多，可以买我买不起的家具。例如那对明紫檀直棂架格（《珍赏》135），在鲁班馆南口路东的家具店里摆了一两年，我去看过多次，力不能致，终为梦家所得。但我不像他那样把大量精力倾注到学术研究中，经常骑辆破车，叩故家门，逛鬼市摊，不惜费工夫，所以能买到梦家未能见到的东西。我以廉价买到一对铁力官帽椅（图2,《珍赏》44），梦家说："你简直是白拣，应该送给我！"端起一把来要拿走。我说："白拣也不能送给你。"又抢了回来。梦家买到一具明黄花梨五足圆香几（图3,《珍赏》74），我爱极了。我说："你多少钱买的，加十倍让给我。"抱起来想夺门而出。梦家说："加一百倍也不行！"被他迎门拦住。有时我故意说他的家具买坏了，上当受骗，惹逗他着急。一件黄花梨透空后背架格（《珍赏》132）是他得意之物，我偏说是"捯饬货"，后背经人补配。一件黄花梨马纹透雕靠背椅（《珍赏》40）他更是认为天下雕工第一。我指出是用大机凳及镜架拼凑而成的，还硬说在未装上靠背之前就曾见过这具机凳，言之凿凿，真使他着了急。事后我又向他坦白交代我在说瞎话，"不过存心逗逗你而已"。梦家

文字，真是够"绝"的。我只喜欢做旧体诗，甲骨文又古奥难懂，那时两人都未开始买明式家具，所以没有共同兴趣，只有邻居般的寒暄。

1937年卢沟桥事变，梦家夫妇离开北平，辗转到了昆明西南联大。1944年

比我爱惜家具。在我家，家具乱堆乱放，来人可以随便搬动随便坐。梦家则十分严肃认真，交椅前拦上红头绳，不许碰，更不许坐。我曾笑他"比博物馆还要博物馆"。

实际上我们谁也不曾真想夺人所好，抢对方的家具，但还要像煞有介事地表演一番，实因其中有说不出的乐趣。被抢者不仅不生气，反而会高兴："我的家具要是不好，你会来抢吗？！"给对方的家具挑毛病，主要是为了夸耀自己的眼睛赛过你。不管说得对不对，我们从来也不介意，能听到反面意见，总会有些启发。待冷静下来，就会认真地去考虑对方的评论。至于买家具，彼此保密是有的，生怕对方捷足先登，自己落了空。待买到手，又很想给对方看看。心里说："你看，又被我买到了！"如此十多年，一直到史无前例的"大革命"，就是1957年两人都被错划成"右派"，也没有中断过来往。

中国有句老话——"君子之交淡如水"，它有一定的道理，但多少还有些"道"学气。我和梦家之交，平易率真，彼此见性情。为时十多载，不曾因开玩笑、挑毛病、辩论争吵而留下任何芥蒂，相反的是交谊日厚，感情愈深。这样的朋友，只有梦家，要比多年受我尊敬、淡而弥永的知交更为难得。因此当1966年9月听到梦家的噩耗，感到特别悲痛。自身难保的我，当时不敢有何表示，只有把悲痛埋到内心最深处。

梦家在考古学、金石学、文字学等方面有划时代的贡献，这已得到全国乃至全世界的公认，并载入了《中国大百科全书·考古学》卷。由于我对这些学科的无知，不能也不配置一词。但我和所有良知未泯的人一样，最最感到悲痛、惋惜的是梦家英年早逝，在正将要有更重大的成就和贡献的时刻，被政治迫害致死，享年仅五十五岁。这是中国无法弥补的重大损失，也是全世界无法弥补的重大损失！

三十多年前梦家给我看所藏的漆器、版画、竹刻时对我说："现在我致力于专业研究，待年老时再做些专业以外有兴趣的工作。"所指的就是对上述几种器物的研究。不过我相信他最钟情的还是明式家具。如果天假其年，幸逃劫难，活到今天，我相信早已写成明代家具的皇皇巨著。这个题目轮不到我去写，就是想写也不敢写了。

梦家！梦家！呜呼尚飨！！

1991年8月

原载香港《明报月刊》1992年1月号

《平复帖》曾在我家

——怀念伯驹先生

在《春游琐谈》中，有一篇张伯驹先生（图1）写的《陆士衡平复帖》（图2），谈到他购藏此帖的经过。

伯驹先生最初在湖北赈灾书画展览会上见到此帖，当时为溥氏心畬所有。1936年他有鉴于溥氏所藏唐韩幹《照夜白图卷》流出海外，深恐《平复帖》蹈此覆辙，托阅古斋韩君向溥氏请求出售，因索价二十万元，力不能胜而未果，次年又请张大千先生致意心畬求让，以仍索二十万元而难谐。是年岁杪，伯驹先生由津返京，车上遇傅沅叔先生，谈及心畬丧母，需款甚急。经沅老斡旋，以

图1　张伯驹先生小影

四万元得之。此后多年乱离跋涉，伯驹先生藏此帖于衣被中，未尝去身。直至1956年将此国宝捐赠给国家，从此永留神州，为全国人民所有。夙愿获偿，实为他平生一大快事。

黄金有价，国宝无价。《平复帖》更是宝中之宝。我国法书墨迹，除去发掘出土的战国竹简、缯书和汉代木简外，历代流传于世且出于名书家之手的，以陆机《平复帖》为最早，大约已有一千七百年。董其昌曾说过："右军（王羲之）以前，元常（钟繇）以后，惟存此数行为希代宝。"何况刻在《三希堂法帖》位居首席的钟繇《荐季直表》原非真迹。而且此卷自从在裴景福处被人盗去后已经毁坏，无从得见。故在传世的法书真迹中，自以《平复帖》为第一。伯驹先生酷爱书画文物。对此稀世之珍，真可谓视同"头目脑髓"，故珍藏什袭，形影不离。

我和伯驹先生相识颇晚，1945年秋由渝来京，担任清理战时文物损失工作，由于对文物的爱好和工作上的需要才去拜见他。旋因时常和载润、溥雪斋、余嘉锡几位前辈在伯驹先生家中相聚，很

快就熟稔起来。1947年在故宫博物院任职时，我很想在书画著录方面做一些工作。除备有照片补前人所缺外，试图将质地、尺寸、装裱、引首、题签、本文、款识、印章、题跋、收藏印、前人著录、有关文献等分栏详列，并记其保存情况，考其流传经过，以期得到一份比较完整的记录。上述设想曾就教于伯驹先生并得到他的赞许。

为了检验上述设想是否可行，希望找到一件流传有绪的烜赫名迹试行著录，《平复帖》实在是太理想了。不过要著录必须经过多次的仔细观察阅读和抄写记录，如此珍贵的国宝，伯驹先生会同意拿出来给我看吗？我是早有着被婉言谢绝的思想准备去向他提出请求的。不期大大出乎意料，伯驹先生说："你一次次到我家来看《平复帖》太麻烦了，不如拿回家去仔细地看。"就这样，我把宝中之宝《平复帖》小心翼翼地捧回了家。

到家之后，腾空了一只樟木小箱，放在床头，白棉布铺垫平整，再用高丽纸把已有锦袱的《平复帖》包好，放入箱中。每次不得已而出门，回来都要开锁启箱，看它安然无恙才放心。观看时要等天气晴朗，把桌子搬到贴近南窗，光线好而无日晒处，铺好白毡子和高丽纸，洗净手，戴上白手套，才静心屏息地打开手卷。桌旁另设一案，上放纸张，用铅笔作记录。已记不清看了多少次才把诸家观款，董其昌以下溥伟、傅沅叔、赵椿年等家题跋，永瑆的《诒晋斋记》及诗等抄录完毕，并尽可能记下了历代印章。其中有的极难识读。如钤在帖本身之后的唐代鉴赏家殷浩的印记，方形朱文，十分暗淡，只有"殷"字上半边

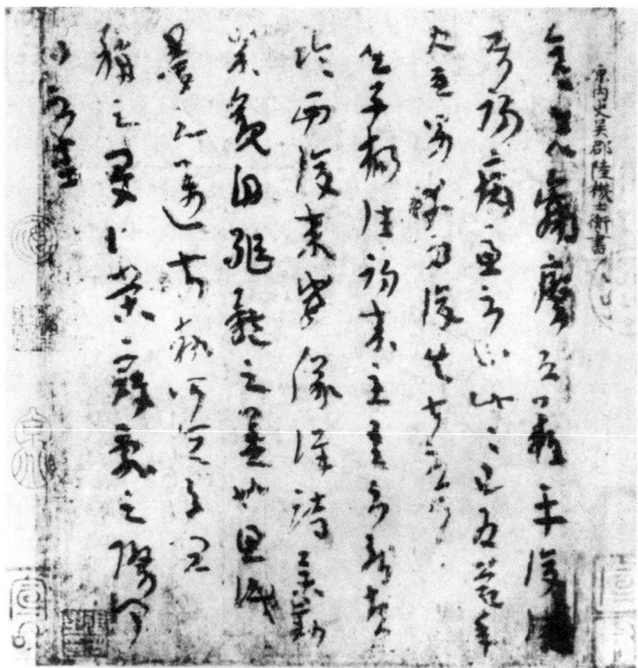

图2　西晋陆机《平复帖》

和"浩"字右半隐约可辨。不少印鉴不要说隔着陈列柜玻璃无法看见，就是取出来在灯光照耀下，用放大镜看也难看清。《平复帖》在我家放了一个多月才毕恭毕敬地捧还给伯驹先生。一时顿觉轻松愉快，如释重负。经过这次仔细阅读和抄录，才使我有了一次著录书画的实习机会，后来根据著录才得以完成《西晋陆机平复帖流传考略》一文，刊登在《文物参考资料》1957年第1期上，并经《故宫博物院藏宝录》转载。

将《平复帖》请回家来，我连想都没敢想过，而是伯驹先生主动提出来的。那时我们相识才只有两年，不能说已有深交。对这一桩不可思议的翰墨因缘，多年来我一直感到十分难得，故也特别珍惜。仅此就足以说明伯驹先生是多么信任朋友，笃于交谊。对朋友，尤其是年轻的朋友想做一点有关文物的工作，是多么竭诚地支持！

我每想起《平复帖》就想起伯驹先生，怀念之情久久不能平复。不仅是怀念之情，更多的是尊敬之意！伯驹先生是那样地珍爱《平复帖》，而最后他把《平复帖》连同其他名迹：唐李白《上阳台帖》卷、杜牧之《张好好诗》卷、宋黄庭坚《草书》卷、蔡襄《自书诗》册、范仲淹《道服赞》卷、吴琚书杂诗卷、元赵孟頫草书《千字文》卷等倾家荡产换来的多件国宝一并捐赠给国家。说明他爱国家、爱人民，更甚于爱法书文物，这能不令人肃然起敬并终生怀念么？！

原载 1992 年 4 月 12 日《读书周报》

大公无私、不拘小节的伯驹先生

1998 年 2 月，故宫博物院、吉林省博物馆为纪念伯驹先生、潘素夫人捐赠法书名画，出版了一册《张伯驹潘素捐献收藏书画集》。两位热爱祖国书画艺术，并将以身家性命换来的国宝捐赠国家早已成为佳话，但仍不妨再读一读杨新先生的《前言》："不惜以祖传和多年积蓄的巨额家财，尽可能地购藏珍稀国宝，使之不至于流落海外。……当他遭受匪徒绑架，并以'撕票'相威胁以索取巨资的时候，他却关照夫人'宁死魔窟，决不许变卖家藏'。"再看一看他捐赠给故宫国之重宝清单，不仅毫无吝色，而欣喜地认为了却凤愿，快慰平生。我们不能不为两位的大公无私而生敬仰之忱。

《书画集》中有一篇《张伯驹小传》，作者为其婿楼宇栋先生。小传言及当时赠送挽联者有赵朴初、夏衍、胡愈之、牛满江、刘海粟等二百多人，而小传只录引宋振庭同志一人之作，并称"此是伯驹先生一生的真实写照"。正因为说出了二位的"大公无私"，故家人对此联特别重视。

按振庭同志确实是伯驹先生罕有的一位党内知己。1957 年伯驹划为"右派"后，由于振庭同志的推荐始得任职吉林省博物馆。"文革"中伯驹夫妇成为无业流民，送往吉林省舒兰县插队，因不能参加劳动被拒收。两位不得已返回北京，成为"黑户"，粮票等靠亲友匀凑，方能生活。1978 年伯驹先生得到平反，复查后定为误划，恢复名誉，结论由吉林省委宣传部批准，也是振庭同志主持公道，起了拨乱反正的重要作用。

振庭同志的挽联既然如此重要，遗憾的是小传中的引文竟漏掉了一句，标点也有错误，这当是出版社疏忽所致。为此我不得不致函宇栋先生，请抄寄原文，以便更正。今录之如下，供读者尤其是衷心景仰伯驹先生、夫人之为人者传诵缅怀：

爱国家、爱民族，费尽心血 一生为文化，不惜身家性命！

重道义、重友谊，冰雪肝胆 贵志念一统，豪气万古凌霄！

伯驹先生一方面大公无私，另一方面却不拘小节。这正是他可爱之处。

1947 年一个盛夏夜晚，我请伯驹和几位朋友在芳嘉园家中吃晚饭，潘素夫人照例是请也到，不请也到，把伯驹照顾得无微不至。因为伯驹到朋友家和在自己家一样，我行我素，有时过于任性，夫人便会在旁提醒一下，伯驹也就心领神会了。其实朋友们都十分欣赏他的毫无拘束、天真可爱，绝不会对他的不拘小节有丝毫介意。

那晚饭后，在院中乘凉，伯驹躺在藤榻上，大家坐藤椅。聊得高兴，不觉已逾十点。因怕招蚊子，廊子上只开一个灯，光线较暗。我看见伯驹不时坐起来，不时又躺下，深怕是因为藤榻不舒服所致。等各位起身要回家时，伯驹说他的袜子找不到了。我说借他一双，他又不要，只好光脚穿鞋而归。原来伯驹脚上有湿气，夜晚发痒，在家时总是用手指抠脚，北京俗称"串胡同儿"。正为此他才有时躺下，有时坐起。恰好那晚有片刻潘素夫人在屋中看荃猷的刻纸。倘她一直都在院中就会发现伯驹又在我行我素了。她将凑到耳旁，说一声"不太雅观"，伯驹的袜子也就不会丢了。

次日清晨，袜子找到了，在我养的黑狗"小宝"窝中，已经被撕得一丝丝、一缕缕了。

与伯驹先生交往三五事

（一）

1946年到1948年间，我曾几次应伯驹先生邀请，参加古琴雅集和押诗条聚会。那时他住在弓弦胡同一号，李莲英的故宅。会后他常留客人吃饭，不是筵席而是家厨备膳。有一道菜每次都有，深受大家欢迎，是任何饭庄、餐厅都吃不到的——清炒口蘑丁。中号菜碗，盛得八成满，一颗颗如小指肚大的口蘑，灰白色，有皱纹，并不起眼，可真好吃。别的菜尚未大动，它已被吃光。我更是刚端上来便先舀一大勺。

口蘑野生，产自张家口外草原，味道鲜美，远非其他菌类所能及。近二十年因生态遭破坏而绝迹，当年也因产量不多而十分珍贵。美食家多用它调羹或打卤，舍不得多放，清炒只有伯驹家才有。看来这是他爱吃的一道菜，不过请客时，他总吃得不多，很会照顾客人。回忆起来，我不免有几分惭愧了。

（二）

伯驹先生搬到后海南岸居住时，有一年元宵节后不久我骑车去看他，见案上放着一幅他画的兰花。我们从画兰谈到养兰。我说北方养兰不太适宜，家中虽无名种，普通的春兰却年年开花，我也就心满意足了。他问起北方养兰需要什么条件。我说从春暖到秋深，支一个架子，放在南墙背阴处就行了。入冬以后则须放入近似花洞子的地方。我的三间北房，只有正中一间有廊子，入冬后用竹竿、秫秸扎一个大拍子，糊高丽纸，把廊子封好。正中留门，挂棉门帘，地上不时洒水，这种温、湿度对兰花正合适。屋内热气多少会透些过来，入夜结薄冰，日出即化。放在这里的兰花，大大小小十几盆，都开得很好。每年须换一次从绍兴运来的土，换前须把根清洗干净并把坏死的修剪掉，晾干后再重栽。伯驹想了一下，认为现在他家不具备上述条件，也受不了换土的累。现在你既有兰花，先借一盆给我摆摆，开过即奉还。他立即叫女儿传彩骑车随我回家取兰花。我选了一个方盆的，已开、未开的有五六朵，用报纸围好，帮她捆在车座后架子上，带回家中。在此后的两三年，每年我都选一盆给他送去。

"文革"开始，我养兰花的条件也

完了。上房三间和西耳房被四户挤占，我被塞到一间东耳房中。南墙被挤占户盖了小厨房，还堆了许多破烂。花盆砸成碎片。兰花也被扔进垃圾桶了。

（三）

传世名琴"松风清节"，有雷霄监制款，曾是我的藏琴之一。郑珉中先生有《谈吉林省博物馆"松风清节"琴》一文，经过谨严而详审的考证，认为它当是北宋人造的唐琴赝品，刊登在《文物》1990年第2期。对其流传经过有如下一段文字：

这张"松风清节"琴，民国初年在北京琴坛上就是一件知名之品，为大兴冯恕所藏。冯恕子冯大生学琴于名琴师黄勉之之门，"松风清节"遂出世并为琴家所称道，且皆以雷琴目之。冯恕死，"松风清节"琴于1948年出现在琉璃厂文物店中。适逢上海名琴家、"今虞琴社"社长查阜西来京会友，见此琴于张莲舫之"蕉叶山房"，爱不忍释，愿以重金易之，因时局变化而未果。其后，此琴辗转为藏琴家"俪松居"主人所得。适北京大学举办漆器展览，因史树青先生而得借陈数月。60年代初，中州张伯驹先生主持吉林省博物馆，设法得之，入藏该馆。

经我回忆，此琴送北大展出系向古玩店暂借，数月后展览完毕始送至舍间试弹，经手人言明只收美金，不能低于四百元。倘回忆不误，可为珉中兄大文做一小小修正。

在荃猷试弹此琴之前，故宫博物院已派我接受美国洛氏基金会奖学金赴美国、加拿大两地参观学习博物院一年，

于1948年6月成行。荃猷试弹不久，因家中无此款项，只得请经手人将琴取回。惟行前我找到先慈所遗外国银行存单一纸，存额为三百四十余美元。该行在京业务早已结束，故不知存单是否能在国外兑现。抱着不妨一试的心情，我携带存单赴美。

在美见习博物馆的第一站是甘泽滋城（Kansas City，今译堪萨斯市。——编注）的奈尔逊艺术馆。东方部主任史克门先生，30年代初在北京学习中文时，他母亲在美国学校教书，是我的班主任，因此对我相当了解。当我拿出存单给史克门看时，他认为兑现不应该有问题。不几天他便把钱取出来了。

买"松风清节"的钱总算是有了，不过怎样才能送到荃猷的手中呢？汇款或许根本不能办，至少是非常麻烦。想了许久，想出一个冒险的办法，但必须把具体办法先告知荃猷才行。且很可能有风险——邮件丢失，美钞便一下子化为乌有。但当时我对该琴的占有欲很强，冒险也在所不惜。

我的办法是用两块双面糊纸、中有波浪式起伏纸作夹层的纸板，作为寄照片的夹板。将美钞卷细，塞入波浪式孔中，夹板沿边再用纸条封口，然后送邮局寄出。

我待收到荃猷回信，知道她已完全了解我的寄法时，才把照片寄出。不到一个月收到回信，经她撕开纸夹板，美钞一张也不缺。

荃猷与经手人几次洽谈，琴价以三百美元、佣金三十美元成交。这一经过最近我才告知珉中兄。他笑着说："你可赔了。1948年的三百三十美元比1960年的一千元人民币价值要高。"我

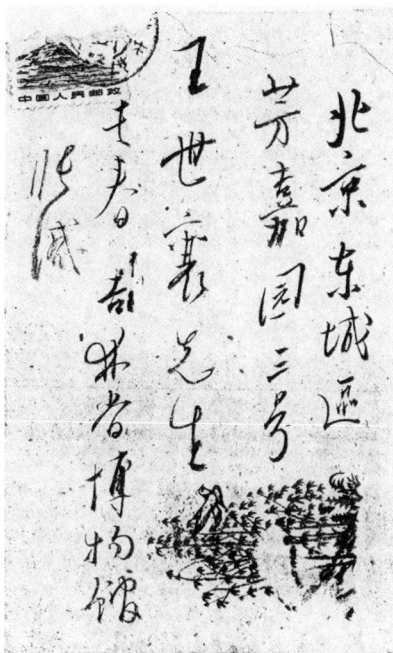

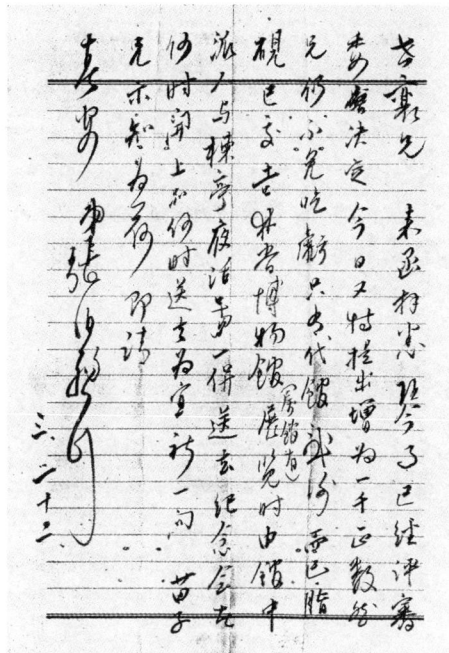

张伯驹先生写给作者的信

说根本没有想到这一点，美钞没有寄丢，就够幸运的了。

"松风清节"入藏吉林省博物馆是经过伯驹先生的介绍。在馆方认为该琴确实流传有绪，雷制虽未必可信，但至少也是北宋名琴，且音响松、古、清、脆兼而有之，故入馆后定为一级品，在我与荃猷则认为它虽是千年名琴，但音响毕竟不能和已有的"大圣遗音"相比，因此不惜出让。

若干年后，我没有想到在发还抄家时运走的旧纸捆中居然发现伯驹先生当年从吉林博物馆写给我的信，已成为有收藏价值的文件了。

我和伯驹先生确实在古琴方面有一些因缘。因此前些年曾误传我向他下跪，求让一幅元人名画，好用它交换唐琴"九霄环佩"。传闻纯属子虚，也算事出有因吧。

（四）

1995年5月黄永玉先生出版画册，我最喜欢页113题为"大家张伯驹先生印象"一幅。1982年年初，永玉兄于西郊邂逅伯驹先生，此后不久伯驹先生逝世，迨1991年始画此小影，故曰"印象"。虽相隔近十年，而绘貌绘神，精妙绝伦。永玉兄固有传神之笔，伯驹先生之形象亦感人至深，使崇仰者一见即终生不忘。

"印象"上方有密行小字长题，中云：

某日余偕妻儿赴西郊莫斯科餐厅小作牙祭，忽见伯驹先生蹒跚而来，孤寂索漠，坐于小偏桌旁。餐至，红菜汤一盆，面包果酱，小碟黄油二小块，先生缓慢从容，品味红菜汤毕，小心自口袋取出小毛巾一方，将抹上果酱及黄油之四片面包细心裹就，提小包自人丛缓缓隐去。……老人手中之面包即为其夫人

959

大家张伯驹先生印象（题跋） 黄永玉作

（潘素）带回者。情深若是，发人哀思。实在使人难以想象，曾用现大洋四万块购买《平复帖》、黄金一百七十两易得《游春图》，并于1955年将《平复帖》及《张好好诗》卷、范仲淹《道服赞》卷、蔡襄《自书诗》册、黄庭坚《草书》卷等八件国之重宝捐赠给国家的张伯驹先生、夫人竟一贫到如此地步。故永玉兄在长题中有如下的论断，当然更是赞颂——"富不骄，贫能安，临危不惧，见辱不惊，居然能喝此蹩脚红菜汤，真大忍人也！"

永玉兄邂逅伯驹先生已不是他最困难的时期，每月文史馆发生活费，否则连蹩脚的红菜汤也喝不上。伯驹最困难时期在1969年被送往吉林舒兰县插队，拒收后只好返回北京，没有户口，成为无业游民，连粮票都靠亲友匀凑，直到1972年才受聘于中央文史馆。

在1969年到1972年最困难的三年中，我曾几次去看望他。除了年龄增长，心情神态，和二十年前住在李莲英旧宅时并无差异。不怨天，不尤人，坦然自若，依然故我。有两次记得比较清楚。

一次伯驹先生独自坐棋枰前打谱，我因对围棋一无所知，怕打扰他，不久即告退。

一次他对我说："我们为某某画的枫菊图，你题后他又拿给我们看。诗作得不错，颇合我意。"我说："蒙您许可，荣幸之至。但格调不高，惭愧，惭愧。"所谓"某某"是丛碧词社的社友，因不太熟，已想不起他的姓名了，题诗是：

银锭桥西宅不宽，
黄花红叶耐霜寒。
分明自写双清影，
寄与词人作画看。

（五）

　　1973年我从咸宁干校回到北京，在发还抄家时拉走的旧纸捆中，居然发现舅父西厓先生当年寄给我的《刻竹小言》稿。我立即开始整理增补，至1975年完成。时舅父年事已高，亟望见其面世。但当时出版十分困难，只得油印一册。但字迹不甚清晰，殊不惬意。于是又手抄一册，并请当代名流题辞。有惠孝同、启元白、张伯驹、黄苗子、黄君坦、蓝玉崧、李一氓等七家。字大醒目，便于老人观看，惟以图式不能附入为憾。

　　伯驹先生题七绝两首：

　　　　法书宝绘出穷奇，
　　　　竹解虚心是我师。
　　　　应笑封侯班定远，
　　　　不知铁笔胜毛锥。

　　　　平居最爱碧琅玕，
　　　　别有风神点划间。
　　　　削刻羞为刀笔吏，
　　　　肯教书罪罄南山。

　　丙辰春题畅安词兄刻竹小言，中州张伯驹时年七十有九。

　　为人题辞，因人而异，或因书而异。有的切合原书内容，加以评议，有的只稍有关联，点到即已，随即脱离主题任意发挥己见。伯驹先生题诗属于后者。他平生对个人的臧否祸福，从无一语道及，但关于华夏文化、祖国人民的生死存亡，关怀至深。对国家的行政举措是合情合理还是倒行逆施，更能清醒辨认，爱憎分明。第二首末两句用"罄竹难书"的典故，显然是对"文化大革命"的发动和"四人帮"肆虐作乱，把国家推到了崩溃边缘的严厉谴责和声讨。

　　无独有偶，卷末李一氓前辈的题辞也是借题发挥："喜见北军收产禄"是说"四人帮"的覆灭。这位曾跟随孙中山先生参加北伐的老革命家，还兴高采烈地讲到参加天安门庆功游行，和出身完全不同的张伯驹先生爱憎心情竟完全一致。可见"文革"之不得人心而终被完全否定了。

大家张伯驹先生印象　黄永玉作

梁思成和《战区文物目录》

1943 年 11 月我离开北京，穿过皖北界首日寇封锁线，经西安、宝鸡、成都来到重庆。1944 年 1 月，开始在经朱桂老（启钤先生，号桂辛）创办，此时在梁思成先生（图1）主持下的"中国营造学社"任助理研究员。这是我国惟一的专事研究中国古建筑的学术机构，因抗战由北京辗转迁移到川西小镇李庄。

1944 年是日寇在东亚各地节节败退陷入困境的一年。同盟国军队已在拟定计划全面反攻。其中最重要的自然是光复我国大陆失地。要反攻就要陆军、空军同时出动，而广袤的国土上分布着多处重要文物古迹，包括宫殿、寺庙、石窟、陵墓、园林、桥梁、塔幢等等。这些祖国瑰宝很可能在反攻中被消灭破坏，造成无法弥补的损失。这时有几位有识之士向国民党当局提出存在问题的严重性，随即成立了"战区文物保存委员会"（即"清理战时文物损失委员会"的前身），由次长杭立武任主任委员，马衡、李济、梁思成任副主任委员。其中对古建筑的命运最忧心忡忡并实际工作做得最多的就是梁思成先生。

当时的决策是：我们一定要反攻，同时也一定要尽全力保护好文物。当务之急是如何才能让中国的士兵和美国的空军知道需要保护的文物古迹有哪些处，确切的位置在哪里。如能使他们多少知道一点鉴别知识则更好。只有如此，反攻时文物古迹才能避免遭受炮轰和轰炸。具体的办法是必须在较短的时间内编出一本文物古迹目录，并在地图上标明名称和方位。中、英文各备一全份。这项繁重而急迫的任务就落在梁先

图 1 梁思成先生小影

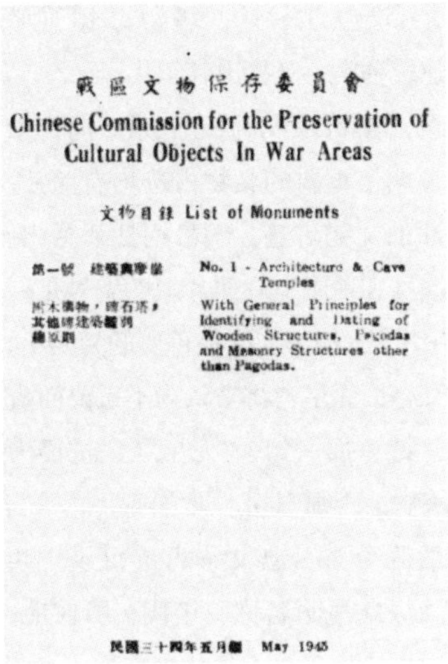

戰區文物保存委員會
Chinese Commission for the Preservation of
Cultural Objects In War Areas

文物目錄 List of Monuments

第一號 建築典窟像 No. 1 - Architecture & Cave
Temples
石窟像物、諸石像，With General Principles for
其他磚石建築磚 Identifying and Dating of
總原則 Wooden Structures, Pagodas
and Masonry Structures other
than Pagodas.

民國三十四年五月刊 May 1945

木建築鑑別斷代原則
GENERAL PRINCIPLES FOR IDENTIFYING AND
DATING OF WOODEN STRUCTURES

图2 《战区文物目录》封面 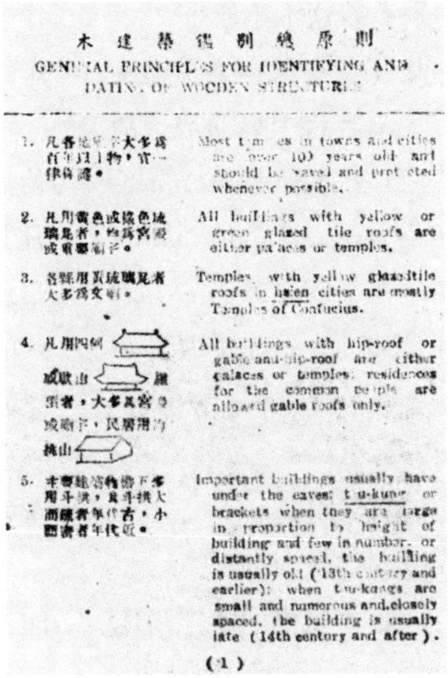　　　　图3 《战区文物目录》书影 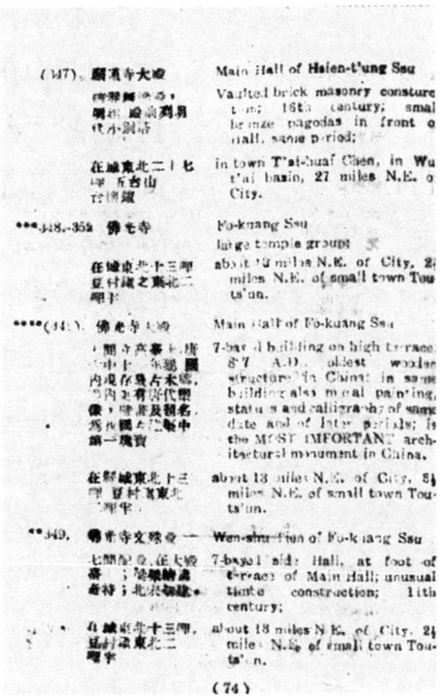　　　　图4 《战区文物目录》书影

生的肩上。

早在卢沟桥事变前梁先生已对华北几省的古建筑作过调查，加上平时常常翻阅全国的地方志，由他来担任这项工作自然是最佳人选。不过他脊椎钙硬化，多年来靠铁架子支撑身躯。抗战奔波，使他更加屠弱。对此突如其来的任务自然会感到沉重。但他觉得责无旁贷，毅然决然地承担了起来。

记得梁先生是从编中文目录入手的，随即译成英文。当时因学社中懂英文的人不多，部分校对交我担任。到1944年秋，转入地图的标注工作。因地图属于军事机密，不得离开它的藏所，故有半年之久梁先生常在重庆，并调罗哲文先生前往参加地图工作。1945年5月全部工作完成，并将目录印成小册子。

1945年8月，日寇投降，大陆重光，无须再反攻，但文物目录仍是一份非常有价值的材料。是时我已经马衡、梁思成两先生推荐任"清理战时文物损失委员会"平津区助理代表，主要任务是追回被敌伪掠夺去的流散文物，不久即飞往北京。行前，梁先生交给我一本文物目录，嘱咐如果有机会去看一看平津一带的重要古建筑，发现严重损坏，应立即报告，请有关部门抢救修缮。

这本目录一直放在我家中，十年浩劫连同我的藏书、手稿等一并抄走。因册小而薄，纸张印刷均甚粗劣，容易被当作烂纸丢掉。故对它有一日幸得归还，不抱希望。当清华大学林洙先生（林徽音先生逝世后，林洙先生与梁思成先生结婚）去年为访求目录而来我家时，才知道连梁先生自己在"文革"后也无此书，使我更感到丢失的可惜，而只好很遗憾地对她说："过去曾有，可惜'文革'中被抄没了。"

不料前不久我打开最后发还的破旧的书捆，文物目录竟赫然无恙。我不禁喜出望外，此书除了有它自身的历史意义和参考价值外，还可以从中看到梁先生的为人和学识，将为编写他的传记增添一份材料。

现在让我们来看看这本小册子。

封面印着"战区文物保存委员会文物目录"字样（经笔者将书名简成《战区文物目录》），英文字样是：*Chinese Commission for the Preservation of Cultural Objects in War Areas，List of Monuments*，民国三十四年五月编，小三十二开，黄色草纸铅印，共八十七页（图2—图4）。

内容简述如下：

册首是三篇鉴别总原则。

一、《木建筑鉴别总原则》

十八条。用最简单扼要的文字说明各种古代木建筑的特征。例如第四条："凡用四阿或歇山屋顶者，大多为宫殿或庙宇，民居均用挑山。"又如第五条："主要建筑物檐下多用斗栱，其斗栱大而疏者年代古，小而密者年代近。"

二、《砖石塔鉴别总原则》

十九条。第四条："塔平面方形者多为隋、唐、五代所建；但东北有少数金代方塔，西南有少数宋代方塔，清代亦有极少数方塔。"第五条："平面为六角、八角者多为五代以后至清代间所建，……"几句话已把鉴别古塔年代的基本方法告诉了读者。梁先生总是担心或许未收入目录的塔将被认为不重要而遭到破坏，所以最后一条（第十九条）称："凡塔几均为二三百年乃至千数百年古物，宜一律保护。"

三、《砖石建筑（砖石塔以外）鉴别总原则》

七条。第一条："石阙为古宫殿庙宇陵墓前之标志，现存者均为汉物。"第二条："石'祠'多为汉物。"第三条："北方石窟造像，多魏、齐、隋、唐物。"既列举了砖石建筑种类，又指出其年代。

次为《本目录凡例》，五条。向目录使用者说明：重要的文物古迹均有照片。凡有照片的文物古迹，编号用括弧括出。目录的编号和地图上及照片上的编号是一致的。用星数表示等级，最重要的为四星。梁先生又恐怕无星之将被认为不重要而遭到破坏，特意加一句："无星之建筑仍为重要建筑物，否则不列本录之内。"

此后为分省分县文物古迹目录，共四百处。每处写明名称、年代、所在地。例如：

****（三四八）佛光寺大殿七间立高台上，唐大中十一年建，国内现存最古木结构，殿内更有唐代塑像、壁画及题名，为我国古建筑中第一瑰宝。

在县城东北十三哩，豆村镇东北二哩半。

纵观全目录，深感梁先生能把这一繁重而急迫的任务完成得如此出色，全仗他思想缜密，考虑周详，方法科学，语言简明，非常适合对文物接触不多甚至从未接触过的人员使用，真是用心良苦！现在重读反比我当年校对时更加亲切，觉得有一股巨大的力量在推动他那不能站直的身子顽强忘我地工作。那股力量来自他那颗热爱祖国、热爱文物的心。每一页、每一行都闪耀着从那颗赤诚的心发射出来的光辉！

1993 年 10 月

原载香港《明报月刊》1994 年 1 月号

怀念溥雪斋先生

溥雪斋贝子，一夜掷骰，府邸易主。买宅西堂子胡同，庭院深深，不下四五进，旁有园，前有厩，仍是京华豪第。再迁无量大人胡同一宅中院，已僦居而非自有矣。

1942年，雪斋先生在辅仁大学艺术系任教，拙编画论将脱稿，曾思趋谒求教。偶过其门，见家人护拥先生登车，颇具规仪，使我不敢再有拜见之想。

1945年自蜀返京，于伯驹先生座上识先生。时弓弦胡同常有押诗条之会，后或在先生家及舍间举行，论诗猜字，谈笑已无拘束。饭后忆先生为述往事。百年前太极宗师杨露禅在府护院时，绝技如何惊人。有异人入府，炫其术，桌上扣牌一副三十二张，任人翻看，张张是大天，被逐出。盲艺人代人守灵，忽闻谎报"诈尸"，惶恐中导致种种误会，令人发噱。单口相声有此段子，而先生娓娓道来，引人入胜，与相声雅俗迥异。一次宫中失火，飞骑往救。入宫门见院中白皮松被焚，树多油脂，火势甚炽。此时万万想不到先生竟喊出一句："那个好看！"以从未见过如此壮丽之火树银花也。以上足见先生语言艺术造诣极

溥雪斋先生小像

高，诙谐可爱。

无量大人胡同距芳嘉园不远，先生有时徒步来访。入门即坐临大案，拈笔作书画。得意时频呼"独！""独！""独"为伯驹先生口头语，意近今日之"酷"。今存小帧兰草、山水、行楷等皆先生当时所作。荃猷画鱼，亦曾即席为补水藻

落花。先生之天真可爱又如此。

过从渐多，始知诗书画外，先生擅三弦，伴奏岔曲子弟书。曾从贾阔峰学琴，荒芜已久，而心实好之。知荃猷从管平湖先生学琴，烦为弹奏。不数月，平沙、良宵，先生已能脱谱，绰注无误。旋与查阜西先生、郑珉中兄游，琴大进。梅花、潇湘等曲，皆臻妙境。于此又见先生之音乐天才。

六七十年来，先生无时无刻不寄情于文化、艺术，深深融入其中，其乐无穷，而家境则日益式微。60年代初，曾见先生命家人提电风扇出门，易得人民币拾元。为留愚夫妇共膳，命家人赊肉，并吩咐"熬白菜，多搁肉"。使我等不敢、亦不忍言去。而此时窥先生，仍怡如也。其旷达乐观又如此。先生实为平易天真，胸怀坦荡，不怨天，不尤人之真正艺术家。当年以仪表相人，大误！大误！

红卫兵猖狂时，先生携弱女出走，从此杳无消息，不知所终。一度欣闻无恙，谓先生匿身东陵，后知为讹传。

拨乱反正后，市文史馆为先生开会追悼，襄曾撰联：

神龙见首不见尾，

先生工画复工书。

殊不惬意，以先生书画早负盛名，尽人皆知，毋庸再及。顷以为不如易为"先生能富亦能贫"，但终不当意，以未能道出先生可敬、可爱之性情品格也。

多年来，愚夫妇以为平生交往中，先生实为最使人感到率真、愉快良师益友之一，至今仍不时想念。遇有赏心乐事，美景良辰，法书名画，妙曲佳音，甚至见到近日妄人俗子，荒诞离奇，弄姿作态，不堪入目之作，均不禁同时说出："要是雪斋先生在，将作何表情，有何评论？"于是幡然一老，又呈现眼前。

雪斋先生，入我深矣！

怀念惠孝同先生

惠兄孝同，名均，满洲耆寿民先生（龄）哲嗣，号晴庐、柘湖，北楼先生入室弟子。承家学，文学书画，幼年已造诣不凡。舅父逝世后，兄仍来我家，称先慈曰"三姑母"，视我如幼弟。相交数十年，恃爱曾有不情之请，兄靥我无难色。忆1945年自蜀返京，见兄斋中有鸡翅木画桌，长而宽，两面抽屉各四具，铜饰錾花镀金。爱其精美壮丽，谓兄曰："吾将完婚，愿室中有案如兄者，不知许我求让否？念兄每日踞之书画，不敢启齿。"兄竟欣然同意，依当年购置之值见让。两年后，襄对明、清家具渐有认识，知画桌用材为新鸡翅木，晚清时物，不能作为明式实例。恰于此时喜得宋牧仲所遗紫檀大案，亟欲陈之于室，苦无地可容。于是据实告兄，并曰"倘尚无适用之案，鸡翅木一具，可否仍归兄有？"兄曰："我虽已有案，为祝贺新获重器，前者愿依原值收回。"先严闻知，怒而呵责："真不像话，喜欢时夺人所好，不喜欢时又要求退回，对朋友怎能如此！"又曾为买家具，向兄借二百元，两年后始还清，币已贬值。今日思及，犹不觉颜赦。

惠孝同先生小像

1976年春，为舅父西厓先生整理《刻竹小言》，缮写成帙，孝同兄为题四绝句于卷首，此亦兄与襄一段翰墨因缘也。

四绝句曾在拙编《竹刻》一书中印出。惟因此书被一家美术出版社印得恶劣不堪，并将竖排改成横排，以致页页倒颠。该社自惭形秽，未公开发行，故知孝同兄题诗者甚少。

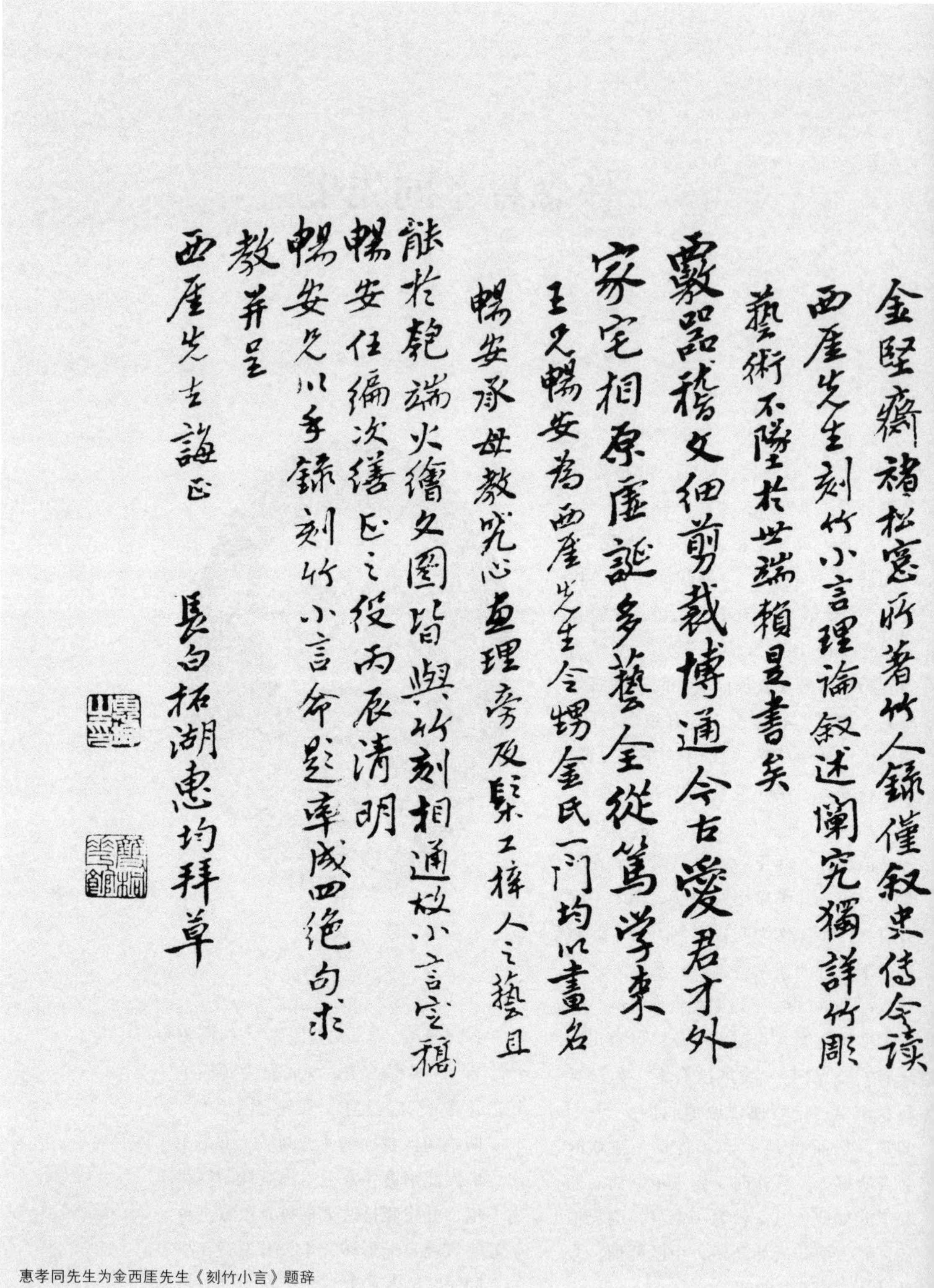

金堅齋褚松窗所著竹人錄僅叙述傳今讀

西厓先生刻竹小言理論叙述闡究獨詳竹雕

藝術不隱於世端賴是書矣

霻器穠文細剪裁博通今古愛君才外

家宅相原厓誕多藝全從篤學來

王又暢安為西厓先生令甥金氏一門均以畫名

暢安承母教究心畫理旁及髹工槧人之藝且

骷於艷端火繪文圖皆與竹刻相通故小言定稿

暢安任編次繕正之役丙辰清明

暢安又以手錄刻竹小言命題率成四絶句求

教並呈

西厓先生諟正　　長白拓湖惠均拜草

惠孝同先生为金西厓先生《刻竹小言》题辞

墨樣惱裏早春時爭挽朋儕謁畫師五
十六年彈指過驚心騰我鬚盡然
余十九歲從金北樓先生學畫今年七十有
五舊日同窓凋零殆盡矣
游又揮毫事豈殊西周雙沈溯三朱東
行過滬猶如昨問藝曾趨可讀廬
明清刻竹名家朱松隣祖孫沈漢川兄弟周芷
巖林姪皆工繪事當代刻搓北樓先生亦弟東
溪西厓兩先生有可讀廬竹刻集行世丙寅春
隨北樓先生東游道出滬上曾向西厓先生請益
竹人兩錄有遺篇未與金針度刻鑴五
百年來傳絶學小言字之是真詮

与西谛先生一夕谈

1934年我考入燕京大学医预系，西谛（郑振铎）先生在国文系任教。待两年后我转入国文系时，先生已离校。我深悔不该妄想做医生，否则或许有幸成为西谛先生的学生。

日寇投降后我任教育部清理战时文物损失委员会平津区助理代表，1946年冬去日本，次年年初把日寇从香港掠夺去的善本书一百〇七箱押运回上海，受命交给西谛先生。他派谢辰生、孙家晋两位到码头接收。为了办理辞去"清损会"职务，我立即去南京，失去了拜见西谛先生的机会。

1950年西谛先生任文物局局长，我在故宫博物院陈列部工作。故宫是局的直属单位。有一天西谛先生来院找我，郑重而具体地下达任务——太和殿抗美援朝展览两日后到期，你必须动员古物馆全体人员，在三天内完成该展的撤陈并布置好"伟大的祖国"展览，把院藏的精品尽量陈列出来。

我顿时听呆了，认为这是不可能的事。抗美援朝展览以图表为主，器物有高丽瓷器、绘画、图书等。撤陈工作一天之内可以完成。但以太和殿之大，展品要求之精，两天之内无论如何也不可能布置好一个显示祖国伟大的艺术展览。古物馆的工作人员包括工人都认为时间太紧，无法完成。但局长亲自下令，干不了也得干，只好日夜奋战，拼了！

为了防火，太和殿从未装过电灯。只好用大盘电线引来电源，安装临时的照明设备。指定专人送饭供水，还圈了一个应急厕所。调动馆员和工人不下五六十位，从撤陈的早晨开始到"伟大的祖国"展览基本布置完成，整整奋战了三天三夜。

陈列方案是临时草拟的，陈列柜几乎全部从别处抬来，自西而东依年代先后陈列展品。西端从商周青铜、玉器开始，除少数为南迁所遗外，不少选自德人杨宁史旧藏。首次面世，刘肃曾先生捐赠重约二百二十公斤的虢季子白盘，四人抬入殿内，只好放在临时搭好的台座上任人抚摸。接着是汉唐时期文物，陶俑、唐三彩等占较大位置；也有铜器、金银器、玉器、陶瓷等。宋元器物从殿的中部偏东开始，法书、名画展柜挨着后金柱摆放，展品有易（培基）案中被黄宾虹定为赝品，后又被葱玉兄（张珩）

改正的宋徽宗《听琴图》和马麟梅花轴等。还有从溥仪天津故居保险柜中取出的马和之、赵孟頫、宋克的几件高仅尺许的宋元小卷。此外还有宋元官窑精品等。以下面积全部被明清文物占据，多不胜举。最后两件经我放入展柜的是故宫镇库之宝雍正珐琅彩雉鸡牡丹纹碗，和购自郭觯斋的乾隆仿古铜釉牺耳尊。因为它们最珍贵又最娇嫩，等大体摆好，场地较为平静时再出囊入柜较为安全。只记得我捧着安放时，腿发软，心发慌，手发抖，生怕万一闪失，将百死莫赎。第四天退出太和殿时，已近中午，真累得要趴下了。馆员和工人也没有不抱怨的。自此以后，我对西谛先生很有意见，认为限期完成是长官意志，一时心血来潮，想怎样干就怎样干。他平时十分重视文物保护，难道不知道如此仓促行事容易损伤展品吗？！展出不久即撤收，广大群众反映要看皇上坐的金銮殿，不是一柜柜的文物。

1952年故宫开展"三反"运动。由于我在日寇投降后为国家追还数以千计的文物，成了重点怀疑对象。在东岳庙逼供四个月后又关入公安局看守所审讯长达十个月，查明没有问题，才被释放。不料，回家后竟收到文物局通知，已被故宫博物院除名，谓可去劳动局登记，自谋出路。我持通知去当时在团城办公的文物局，询问处理原因，恰好在办公室遇见西谛先生。他好像已经忘记为太和殿展览曾对我下过指令，手拿通知半晌无一语，只望着窗外的白皮松。我认识到除名未必是他的决定，甚至可能他根本不知道。而改变除名处理，肯定他也无能为力。因此不要再为难他了。我取回通知，匆匆离去。此纸公文，直到"文

故宫博物院藏清雍正珐琅彩雉鸡牡丹纹碗

革"抄家才不知所终。

我因在看守所染上肋膜炎肺结核，在家休养近一年才被民族音乐研究所收容。1955年秋，音研所派我去浙江文管会观看并记录虞和钦的十几张遗琴，在郦主任的办公室见到已是文化部副部长的西谛先生。他说没有想到和我在杭州相遇，晚间不妨到招待所谈谈。

他问我工作情况。我说班上做有关音乐史的工作，业余时间则致力朱桂辛先生授予的任务，编写《髹饰录解说》。他对桂老十分尊重，认为创办古物陈列所、中国营造学社确实为保护文物、恢复绝学做出重要贡献，奠定了古建、髹漆、丝绣研究的基础。他还问我编定《解说》采用什么方法。我回答把实物研究包括材料、工具放在第一位，搞清古今名称的异同。其次了解各种漆器的制作方法，拜老漆工为师，请求操作示范。随时取文献资料与实物及做法相印证，识别文献的可信程度。西谛先生赞成我的研究方法，并希望脱稿后送给他看看。这一夕谈不仅使我觉得他平易近人，对文物保护研究的重视、殷切感受尤深，他和一直存在我意想中的西谛先生完全

吻合。正因如此，我把"一夕谈"作为此文的标题。

1957年《解说》尚未完成我已被划为右派，自然没有去文化部看他。1958年他率领代表团出国，飞机失事，以身殉职。全国人士为失去这位振兴文物考古的带头人而深感悲痛。不过，此后我几次听到人说，如果他平安归来，日子也不好过，行前上层已决定要对他点名批判了。

我曾想以郭老身为文坛领袖、学苑宗师之尊，尚须奉旨崇李抑杜，否定兰亭，那么太和殿展览会不会是西谛先生在贯彻执行比他更长、更长的长官意志？我并无根据，只因多年困惑不解，才有此猜测而已。

多才多艺的管平湖先生

管平，苏州人，字吉安，号仲康，在北京参加中国画学研究会后，从金北楼先生学画，改号平湖。北楼先生幼年曾学画于平湖先生之父劬安先生（名念慈，供职清宫如意馆有年，为慈禧代笔），故两家有世交之谊。

平湖先生曾称因不愿受父亲约束，十六七岁时即自家中出走，只身来北京。我上中学时已和平湖先生相识，他常来芳嘉园，称先慈曰"三姑母"。惟当时我对绘画、古琴不感兴趣，只知其精于各种玩好，艺花木、养金鱼、蓄鸣虫等均有独到之处，远非他人所能及。如盆栽花木，香橼、佛手，均枝繁叶茂、果实累累。近年，春节前后果树装火车从南方运来已不足为奇。而当年管先生则全年在家中培养，使南方植物适应北京水土气候，实非易事。又如养常春藤，窗台上小小一盆，一根长条蜿蜒而上，直到顶棚，又转而攀缘墙壁，绕室一匝，总长何止数丈，由根到梢，碧绿不缺一叶。诸如此类，不胜枚举。他爱养金鱼，每年选出鱼苗，千百得一，稍长看出成色，金鱼池专业养家自叹弗如。家中小院入冬仅一间画室，有小煤炉取暖。卧室却与放鱼缸的半间厢房相邻。他常说如爱鱼入冬必须陪鱼受冻。金鱼入室过冬，要求水面有一层薄冰，鱼在冰下，已同入蛰，不食不动，如此可以保存体力。倘温度稍高，鱼游泳活动，明春容易伤损。以上两项因非我所好，只能约略言之。至于冬日蓄养山中所捉蝈蝈，或暖房培育的各种鸣虫，因癖好相同，故能言之较详。

有些故事当年即传为佳话，我已写入《中国葫芦》（亦见《锦灰堆·冬虫篇》）：如罐家（专业用火炕培育冬虫者）麻杨高价售出大翅油壶鲁，因翅动而不能发音，以致一文不值。管先生看出问题出在两膀之间有距离，不能交搭摩擦，故不能发音。他将药（一种特制近似火漆的物质，点在虫翅上，可改变鸣声频率，使高音变成低音）点在盖膀膀尖，压之使降低，与底膀摩擦，立即发出绝妙鸣声，使听者惊叹。当大家得知此即过去不能发音之虫，更钦佩管先生有回天之力，故无不叹服。管先生还擅长火绘，即用炙热之针在葫芦上画花卉人物等题材。与当年著名火绘艺人如白二、文三、李润三等相比，自然高出甚多。我曾请他示范，学此雕虫小技，在虫具及鸽哨上火笔描绘图文。1939年先慈逝世，始专心读书，摒绝一切玩好。

管平湖先生世人公认是画家及古琴家。平心而论，他画人物不能与当时年长于他的徐燕孙先生及年幼于他的陈少梅（云彰）先生相抗衡。但研制色料，如石青、石绿等却十分擅长而被人称道。画上题款，多用隶书，行楷罕见，且未见有长题，似有藏拙之意。常见其信札及讲述有关音乐文字，似并不善于表达一己的意见。结合其幼年即只身来京，可能当年劬安先生要求他努力学习的是读书、写作及书法等。因他的兴趣不在这些方面而离家出走。当然这仅是臆测而已。

我直到前些年才感觉到一个人的聪明才智究竟在哪一方面最高，并不容易被正确地认识。不仅他人难分辨，就连本人也未必十分清楚。因为这和所处的时代对不同区域门类的重视程度有关。我和管先生相识多年，因自己对古琴的无知，从未注意到他在琴学方面的成就，到荃猷拜师学琴才有初步的认识。直到他晚年受聘于音研所，才庆幸他终得发挥他的专长，可以专心致志从事琴学研究。他走过的大半生，正是古琴不被人重视的年代，从他学琴的人寥寥无几。为了谋生，不得不大部分时间用在作画和教画上，对他说来是一种损失和浪费。他的音乐天才不仅被人忽视，可能连他自己也难免或多或少低估了自己的天赋。

我有幸和管先生有一段时间朝夕相处。尽管我五音不全，全无欣赏音乐的能力，听琴只能当一头牛，但我相信管先生的最高天赋是在音乐方面。他的古琴造诣将越来越被国内外人士推崇和珍视。姑且记之，留待日后验证。

怀念张光宇教授

整理书架，发现一本掉在架后已经受潮的书——《张光宇插图集》(人民美术出版社1962年5月出版)。打开封面才想起里面还有他手写的一首诗。

可能当时光宇先生觉得中央工艺美术学院的宿舍出入不甚方便而想换一个地方住，恰好芳嘉园中院西厢房我存放家具的地方被逼得非出租不可，与其被房管局安排一家不知是什么样的人来住，不如请和我及住在东厢房的苗子夫妇说得来的光宇先生搬进来。

60年代初北京市想出了一个没收私人房产的政策，凡出租在十五间以上的，房产由北京市管理，在几个月之内原房产主可以拿到百分之二十的租金（大致如此，具体的规定已记不清）。在此之后，房产归公，也就是被没收了。我父亲有一所已经租出的房在东单洋溢胡同，不到十五间，再加几间才符合改造规定。因此房管局、派出所、居委会联合起来一再动员我出租西厢房，如不同意，便以在这里办街道托儿所或街道食堂相威胁。我作为一个出身不好的旧知识分子，哪敢违抗，何况还戴着"右派"的帽子。只好把多年收集到的家具堆置北屋，西厢房腾空请光宇先生入住。房管局因为已达到没收洋溢胡同及芳嘉园东、西厢房的目的，自己请人入住，也就高抬贵手，不复深究了。

光宇夫妇入住后，芳嘉园中院赢得了几年和谐安静。院子虽不大，说起来到现在还有人怀念。前院正厅的东耳房打通成过道，直通中院。一进来是一道刷绿油漆的竹栅栏，爬满了荼蘼。东厢房前一架藤萝，老干走龙蛇，已饶画意。正房三间，左右有两棵百年以上的海棠树。东边一棵已枯死，四根大干被我锯成二尺多高的桩子，从山货店买了一片径约一米、盖酒缸的青石板，像车轮一样，被我从店里推滚到家，摆在海棠桩上，成了一个圆桌面，大家都到此桌喝茶。桌后沿着屋基有一窄畦长不高的宽叶矮竹，和故宫御花园种的一样，都是从城北一位老园艺家园中移植的。西厢房前有一株太平花，还有两棵十分罕见、单瓣如盘，中心却花蕊繁密的芍药。荃猷曾如实把它镂成刻纸。院子南端有粉墙把前院隔开。墙阴架上放着一二十盆兰草，地上种了一行夏日盛开的玉簪花。阶旁砌下还有不少瓦盆瓷钵栽的小花小

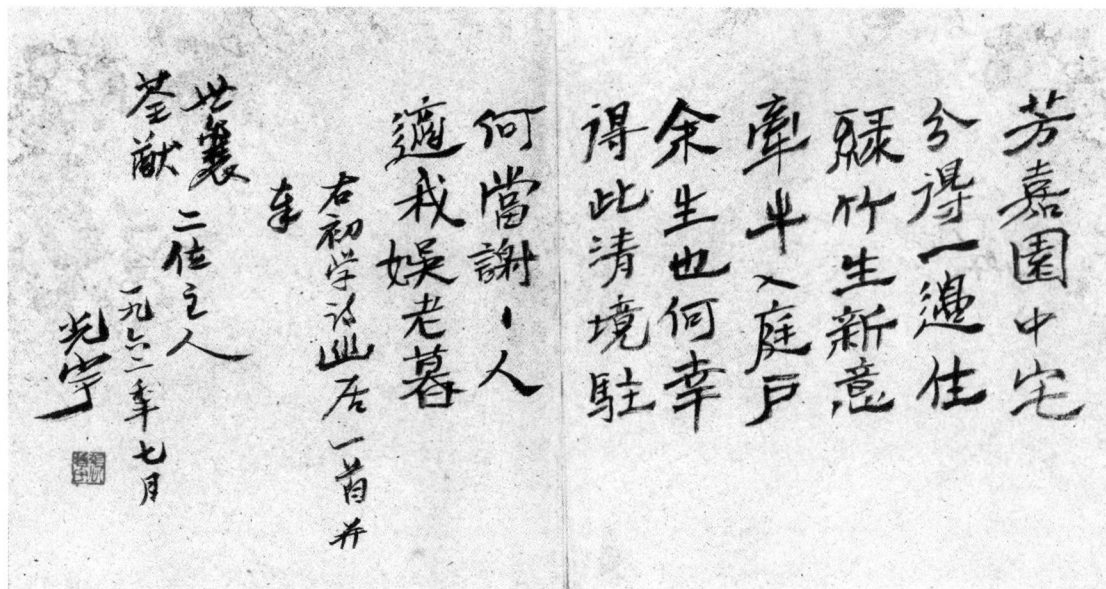

芳嘉園中宅
分得一遍住
綠竹生新意
牽牛入庭戶
余生也何幸
得此清境駐
何當謝一人
適我娛老暮

右初學造幽居一首并

此巻荃猷二佳之人
一九七二年七月
光宇

作者收藏的《张光宇插图集》及光宇先生的题诗

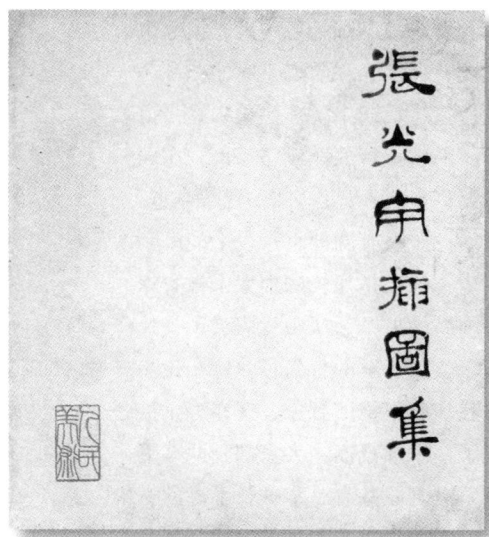

張光宇插圖集

草，都是荃猷从街上提回来的，此谢彼开，总有笑脸相迎、惹人喜欢的花朵。

院子正中放着一盆古柏，树龄已有一百几十岁，是我从黟县故家买回来的。它和文徵明在一个手卷上画的一棵十分相似，可谓巧合。为了把它运到杭州乘火车回京，必须买到黟县长途汽车司机旁的两个座位，才有地方放这盆古树。为此我排了一通宵的队才买到车票。朋友们到了芳嘉园，总要围着柏树看两圈才走开。光宇先生因为对这样的庭院感兴趣，不常写诗，也即兴来了一首。

说到芳嘉园的来客，大都三家主人都认识，往往为了访一家，同时又访另两家。或听见来客的语声，不待分别拜访，三家已凑在一起了。当年常来我处并曾在我大案上作画的北京画家有溥雪斋、惠孝同、陈少梅、张光宇等先生。南方画家有傅抱石、谢稚柳、唐云等。不作画只聊天的有常任侠、向达、王逊、黄永玉诸公。有人开玩笑说芳嘉园来客不妨借用《陋室铭》两句："谈笑有鸿儒，往来无白丁。"和谐安静到了"文化大革命"而终止。街道红卫兵一进来先砸烂这院子，一架葫芦，几年都长势欠佳，惟独此年特好，架子被拆掉，未长成的嫩葫芦揪落满地。所有盆花，包括墙阴的兰草都被扔进垃圾桶。这只是破四旧的第一天，此后便不用再说了。值得一提的是大门上还被贴上一副对联："庙小妖风大，池浅王八多。"它恰好和《陋室铭》的两句相映成趣。"文革"就是如此，又何必认真呢！

写到这里，必须回到主题——怀念光宇先生。他是中央工艺美术学院的教授，装饰艺术专家，为学院培育了许多有成就的艺术家，旅美画家丁绍光就是他的高足。他在美国成名后，几次回国，举办讲座，宣扬光宇先生的创作和教学的特殊功绩，还成立光宇先生奖学基金会来纪念恩师。校长张仃先生为《张光宇插图集》写的序言最后一段，可视为对先生的艺术成就一个全面而准确的评价。录引如下：

光宇的装饰艺术，主要是服务于其艺术思想与艺术内容的，四十余年来，他的装饰艺术的语言，涉及许多画种；他从事漫画、插图、装饰画等，题材有历史的、有现代的。他既重视生活，又重视传统；既未如照相机似的照实描写，又非食古不化。光宇的艺术语言，一直是新颖别致，富有魅力。他是我们同时代中，最值得深入研究、最具有独创性的装饰艺术家。

著名收藏家兼画家王季迁先生

王季迁先生原籍苏州太湖东山，明代尚书王鏊之后。少年时期与徐邦达先生同从吴湖帆先生学画，和葱玉兄（张珩）亦有交往。当年上海为文物集中之地，彼此切磋研讨，又均饶有资财，都成为著名的书画收藏家。

季迁先生精明工心计，传世名画宋武宗元《朝元仙仗图》卷，是国宝级文物，为犹太古玩商侯士泰（译音）所得。季迁先生用一些不甚重要的文物和他交换。事后侯知道大大吃亏，起诉公堂。季迁先生胜诉，因交换时双方有协议书，侯不得反悔。季迁先生是早知道以后会有纠纷而坚决要和侯订协议的。

全国解放前季迁携大批藏品移居美国，以画家身份，在各地开作品展览会。他一变在国内的山水画法，将纸团皱后喷湿，借以取得特殊效果。房屋、人物缩得十分细小，用以显示山川之雄伟。曾读到美国人写的文章，评价极高，售画成为一大项收入。他又担任纽约拍卖公司中国书画组顾问，一部宋马远的山水册页，绝精而纸墨如新，就是由于"近水楼台先得月"而获得的。他又将所藏宋元画以高价售与美国纽约大都会等博物馆。财源汇集，积累益丰，住在市中心最豪华的公寓里，成为社会上层人物，并先后将女儿和儿子接到美国定居。

全国解放初期，郑西谛先生任国家文物局局长。他深以故宫文物南迁后又被运往台湾为憾。故宫书画名迹，所余屈指可数。为此他先后请张珩、徐邦达两先生来京，专事收购书画。当时民间旧家，尚有藏品。溥仪以赏溥杰为名，大量手卷转移出宫，日本投降后在长春散出，流入社会，此时也是购求的机会。在不到十年时间，故宫所藏书画的质与量上升到全国第一位，超过上海博物馆。这是在西谛先生领导下，张、徐两位为我国文化事业做出的一大贡献。

当时除了在国内收购书画外，也考虑到流散国外的名迹。专家们一致认为武宗元的《朝元仙仗图》应该是最重要的一件。恰好那时青海出土史前彩陶，少数盗运香港，一时身价极高。季迁先生曾提出用彩陶交换《朝元仙仗图》，可能因件数多少之差未能成交。当时葱玉兄曾私下对我说，我本当向更高领导力陈用彩陶交换画卷，因为彩陶今后还可能出土。但我和季迁先生有私交，万一彩陶不再出土，难免受到谴责。你不是日寇投降后为故宫追回数以千计的

北宋·武宗元《朝元仙仗图》(局部)

重要文物吗?可能没有想到"三反"时有理说不清,受十个月冤狱之灾后,还被故宫开除。前车之鉴,我有顾虑,故不敢力陈。谁知不久之后,彩陶大量出土,价值猛跌。精明的季迁先生自然再也不提交换之事了。

又过了几年,传来消息,季迁先生想用画卷交换故宫的官窑瓷器。当时有人很兴奋,以为故宫有很多桶瓷,都是雍、乾两朝景德镇官窑的贡品,入宫后至今未启封,用来换画,岂不大好。谁知精明的季迁先生点名要的瓷器是雍正、乾隆的珐琅彩,还有粉彩立相的瓶、尊之类,故宫也只有几件,怎能用来交换。而精明的季迁先生又岂肯以画来换取成百上千完全一样的桶瓷。《朝元仙仗图》他收藏了多年,一直在待价而沽。其间也有国内人士和他洽谈,望念及中华瑰宝以返回祖国为宜,请再议其值。而他不为所动。

季迁先生虽十分富有,但有时精明到近于吝啬的地步。有人告我他从美国短期回沪,竟不住宾馆而在朋友家下榻数日。他到老年还思想敏捷,计算无误,而且享高寿,九十七岁才逝世。惟有一事他没有妥善安排,即未将所藏书画合理地分给子女。病重时,女儿已将最珍贵的卷轴席卷到香港,于是引起家庭纠纷,子女各请律师,相互诉讼。遗产曝光,按照美国法律,必须先缴纳遗产税,后果如此,远远超出他生前所虑及。于是有人说"智者千虑,必有一失";有人说"人有千算,天有一算";有人说"聪明一世,糊涂一时"。季迁先生因一生过于精明,他的失算似乎并没有得到人们过多的同情。

傅斯年先生的四句话

傅斯年先生是我十分尊敬的历史语言学家，也是文史研究机构的组织者和领导者。1943年冬我从北京来到重庆，一心想去李庄中央历史语言研究所工作，主要的考虑是当时很多著名学者都集中在这川南小镇，到那里可以有请教学习的机会。史语所所长正是傅先生，办公地点在重庆聚贤新村。承蒙梁思成先生亲自带我去拜见他。这次进谒，傅先生只说了两句话。第一句问："你是哪个学校毕业的？"我回答："燕京大学国文系本科及研究院。"傅先生说："燕京大学毕业的不配到史语所来。"我只得赧然而退。此后蒙梁思成先生收容，到中国营造学社任助理研究员。以上经过我曾在拙作《回忆抗战胜利后平津地区文物清理工作》一文（本卷页865）中述及。

1945年8月日寇投降，我经马衡、梁思成两先生推荐任南京教育部清理战时文物损失委员会平津区助理代表，北上开展追还被敌伪劫夺的文物。代表由教育部特派员沈兼士先生兼任。从1945年9月到1946年10月，我在沈先生的领导和朱桂辛（启钤）前辈的指示策划下收回六批文物。其中十分重要的有四批：德商杨宁史在沦陷时期非法收购的青铜器，收购北京著名收藏家郭觯斋的瓷器，溥仪遗留在天津旧居张园中的文物，朱桂辛先生旧藏的存素堂丝绣。除丝绣拨归辽宁博物馆外，均经故宫博物院会同行政院驻京办事处及天津敌伪产业处理局人员清点接收。

1946年11月南京举办"胜利后第一届文物展览"，通知故宫参加。我和故宫人员押运部分杨宁史铜器前往。会后杭立武召开清损会会议。此时已决定派员赴日交涉索还战时损失文物。原拟请德高望重的徐鸿宝（森玉）前辈前往，因他年事已高，改派我赴日。那天与会的有傅斯年、梁思成、李济、徐鸿宝、蒋复璁、曾昭燏等诸位先生。我感到十分荣幸，傅先生居然还认得我，又对我说了两句话。第一句是"你去日本工作，追索文物应当和在平津区一样，要非常非常 aggressive"（英文一词是他的原话）。第二句是："那年在重庆你来见我，我不知道你还能办事，如果知道，我就把你留下了。"

我受宠若惊，十分感激。但心中清醒，并未得意忘形。傅先生所谓留下我，是派我做一些办公室总务处的跑腿联系工作，而不是学术研究。他对燕京大学毕业人员不配进史语所的信念是根深蒂固、坚定不移的。因为燕京大学确实没有请到王国维、陈寅恪那样的国学大师担任教学。我自恨缘悭，一生只听到傅先生讲过四句话。后两句我过去没有记录过，现补述如上。

感谢梁思成先生的启蒙、朱桂辛前辈的教诲

1943 年冬在重庆，我想到历史语言研究所工作，遭到傅斯年先生的拒绝后，被梁思成先生收容，成为中国营造学社的学徒工。他先教我试画建筑构件并临摹写在图上的中外文字体。斗拱梁柱、希腊、罗马柱式（Order）我画得七扭八歪，外文字体也总写不好，只有中文字体勉强可用。他知道我不够学制图的材料，改让我多阅读古代典籍《营造法式》、清代工匠则例等，对我后来研究髹漆及明代家具等有很大帮助。

1945 年日寇投降，国民党教育部成立清理战时文物损失委员会，经梁先生和故宫马衡院长推荐，派我任平津区清损会助理代表。行前梁先生嘱咐我到京后立即拜见朱桂辛前辈，汇报学社在李庄的情况。恰好此时美国纽约大都会美术馆馆长翟荫来到重庆，请求去北京考察文物保存情况，由我兼任临时翻译，很快就联系好搭乘美国军用飞机北上。我成为营造学社最早回到北京的人员。

朱桂辛前辈知道我到京，多次召见，详细询问学社在李庄的工作、生活情况。关注之殷切，了解之周详，使人感动。他提到曾和《营造法式》同时刊版又同时被日寇炸毁的明黄成撰《髹饰录》，是有关漆工艺最重要的著作，希望有人对它进行认真研究并撰写解说。桂老又谈到多年来搜集到的清代匠作则例不下数十种，学社南迁，寄存文整会图书室。其中有关宫殿、城垣、仓库、桥梁的则例均有官方刊本，梁思成、刘敦桢、王璧文诸先生已进行研究整理，并有专著问世。惟有关园林苑囿、室内外装修如隔扇、花罩、栏杆、画舫等供观赏娱乐设施只有抄本，未见刊行，殆因统治者恐奢靡淫巧之好广为人知之故。论其重要性远不及宫殿庙堂，但中有大量与传统工艺有关的材料，值得整理研究，诠释出版。

在得到桂老的指示后，我用了十年时间初步完成《髹饰录解说》一稿（1958 年油印本）。此后，计划用已见到的则例七十三种（其中有大小不同的作四十有余），从各作的条款中摘录出器物及构件名称及工匠术语，一一试作诠解，告成后将成为条目以万计的大型工艺工具书。当时初步拟定的编写步骤如下：

一、广收则例，列出目录，并为编号。

抄本《清代匠作则例》书影及内叶（全八卷，已出一、二卷）

《清代匠作则例·佛作、门神作》排印本

《清代匠作则例·装修作》油印本散页（排印本即将出版）

二、为每一种则例写一提要，包括年代、卷册、藏处等。

三、按作汇编则例，每作自成一辑。要求从各种则例中辑出该作的最全本。据辑出条款内容，试依分类，或代为分类，依次编排。

四、抄录条款，逐条编号，号前冠作名及编号，并可据其出处复查。器物名称及术语的多次出现，可对它有更多的了解。

五、为器物名称及术语写简单的说明，如有可能，后附图式。

以上的设想得到朱桂老的大力支持。惟因为每一作汇辑最全本必须将多种则例集中在一起，反复查阅，始有可能。桂老特亲笔致函文整会，声称为了解工程做法，特派王世襄先生前来取回所有则例，用毕当全部送还。于是七十三种的半数以上（小册零编除外）都运到家中，供我查阅。同时也借到其他图书馆收藏的则例。

由于工作只我一人，效率甚低，只能从内容较少之作，与家具、髹漆有关之作和个人特别感兴趣之作做起。耗时两年，完成汇辑并付油印的有漆作、油作、泥金作、佛作、门神作、石作、装修作、铁作、铜作、镶作等（其中有几作内容较少，不过数百字到千余字）。

迟至 2002 年，经北京古籍出版社排印出版的只有佛作及门神作一册，且仅撰写《序例》及《概述》，未能将名词、术语一一摘出，不过是一本距完成尚远之作而已。

"文革"开始，中国大乱，我立即将借到的则例全部送还文整会及各图书馆。仅仅为了佛作就遭到无数次批判和斗争，罪行是宣扬宗教迷信。这一刚开始试建的工程，顷刻间便寿终正寝，使我徒唤奈何！但劳动的付出，总会有回报。则例的阅读和匠作的试汇编对《髹饰录解说》的修订补充和《明式家具研究》的编写都有很大帮助。

我对则例的认识，始于梁思成先生的启蒙，此后又得到朱桂辛前辈的教诲和大力支持。饮水思源，终生铭感。

萧山朱氏捐赠明清家具之厄和承德避暑山庄盗宝大案

1982 年前后我根据照片、笔记、草图写了一篇《萧山朱氏旧藏珍贵家具纪略》刊登在 1984 年《文物》第 10 期。照片拍摄早在 1959 年冬，专为《明式家具研究》一稿搜集实例，故不拍清式家具。当时只有黑白底片，我请到大北照相馆刘光耀师傅，两人各乘三轮拉着照相机和自制灰色背景布及木框架，前往炒豆胡同季黄兄（家潜）家，拜见朱伯母并请求准许将家具抬到院中拍摄。

"文革"中朱氏家具和其他藏家一样，全部被抄。拨乱反正后，大部分发还。时朱伯母和豫卿兄（季黄长兄家济）已逝世，炒豆胡同前、中两院归某机关所有。后院狭窄，家具无法存放。朱氏昆仲（家濂、家源、家潜）毅然决定将全部珍贵家具捐赠承德避暑山庄。我为此化私为公义举深受感动；而山庄缺少室内陈设，朱氏家具入藏将大大增色，故亦庆其得所。

1982 年《明式家具研究》脱稿，将由文物出版社、香港三联书店联合出版。但香港三联认为在《研究》问世之前，宜先编印一本全部为彩色图版的家具图册，对《研究》之推广更为有利。其意甚坚，于是又着手编写《明式家具珍赏》一书。我遍访京、津公私藏家，力求拍摄不同品种及造型的明式实物。朱氏旧藏亦在入选之列，为此遂有承德之行。

我持介绍函到达承德山庄，发现朱氏家具陈设在澹泊敬诚殿等处，仅有明紫檀架几案、乾隆蝠磬纹罗汉床及清式扶手椅等三五件。接待人员称余均在库房。我要求前往一观，刚进门便大吃一惊。多年来认为最典型之明式坐具又最能显示明代神韵的紫檀坐墩，竟缺少一块牙子。库房一角，堆着几件纹饰一致但认不出是何器物，仔细一看，原来就是曾放在朱氏书斋的乾隆紫檀叠落式六足画桌。因遭支解，一分为三，几桌分置，故一时未能认出。

此桌原为海公府物（姓富察氏，名海年，乃乾隆时期以武功显赫而位极人臣的福康安之后），是一件经过特殊设计的用具（图 1、图 2）。我在《纪略》文中写说明如下：

桌面 159×77.5 厘米、高 88 厘米；
长几高 95 厘米、短几高 105 厘米。

此桌由一桌两几构成一器。桌面大小接近一般的画案。右侧高起，

图1 乾隆紫檀叠落式六足画桌（朱传荣提供）
"左侧短几可陈置瓶花盆树，供果香炉。文具陈设，备于一桌，观赏取用，左右逢源，桌面却可荡然不著一物。"

图2 六足画桌的局部，可以看到桌及几面髹黑漆，周匝起宽而扁的拦水线（朱传荣提供）

是为长几，其长和桌的侧面相等，宽约40厘米、高95厘米。左为短几，其半占桌面的一角，借桌足为几足；另半迤后，只有两足着地，高105厘米。几面下设小抽屉一具。使用时短几一侧可靠窗安放。如为北房，人宜面西而坐。长几上可摆放文房用具及卷轴图书。左侧短几可陈置瓶花盆树，供果香炉。因短几迤后，不致遮挡光线。妙在文具陈设，备于一桌，观赏取用，左右逢源，而桌面却可荡然不著一物。

画桌用上好金星紫檀，以直材及攒接的方形拐子构成骨架，周身则铲地浮雕回纹，故质与文得到高度的统一。桌及几面均髹黑漆，周匝起宽而扁的拦水线。按养心殿造办处木作曾于雍正年奉旨制作叠落紫檀木器，见内务府档案。惟在故宫家具中尚未发现实物。此桌高低起落，所谓"叠落式"当即如此。

这件独出心裁、堪称一绝的紫檀器因运输中惨遭野蛮装卸，枨榫断折，以致一分为三，遭严重破坏，实在令人痛心。

库中还有一件乾隆御制紫檀四开光坐墩，瘦而高，乃清代标准形式，雕西洋番草花纹，接近"洛可可"式。原本完整无缺，也遭灾厄缺了一块牙子（图3）。再看库中其他朱氏所赠，不少件有不同程度的划伤开裂。各件修复后始能拍照，工程浩大，故收入《珍赏》的计划只好作罢。

离开山庄之前，库房接待人员在我

的一再询问下，说出了家具遭受损坏的原因和经过。

1974 年园中领导得知朱氏捐赠家具，派司机（姓名已记不清）开一辆有篷布卡车去京运回，经过兴隆，在客店吃饭，有人和司机商谈，希望卸下家具为他们跑五天运输。交易谈妥后，司机把卡车上的家具全部卸下，堆在客店院中，只把篷布盖上，并未找人看守。五天后，把家具装上车，开回承德。因起运时未缠草绳或其他包扎，上下车时又野蛮装卸，致使家具损伤开胶，脱落的牙子也被人捡走。为了不可告人的不法收入，使这批珍贵家具遭受祸灾。我听说后为之发指。回京后告知季黄兄，他面色突变，半晌说不出话来。长叹一声："没想到捐赠竟送进了屠宰厂！"我曾向关心文物的同志反映司机违法之事，但无人出面主张立案追查。

文物出版社承担编印的《中国美术全集》中有《竹木牙角器》一卷，由季黄兄和我合编于 1986 年。其中所谓的"木"，就是家具。此时公私所藏，不少已经出版面世，故想到应选用部分朱氏所藏。惟因伤损后，未经修复，有的已难恢复原状，两件紫檀坐墩，只好任其牙子短缺。明制一具，由我编写说明（图 4，见《竹木牙角器》卷图一三五）：

坐墩开光作圆角方形，沿边起阳线。开光与上下两圈鼓钉之间，各起弦纹一道。鼓钉隐起，绝无刀凿痕迹。四足里面削圆，两端格肩，用插肩榫与上下构件拍合，紧密如一木生成，制作精工之至。此器造型矬硕，圆浑可爱，在所见明代坐墩中，以此为第一。原为萧山朱翼盦先生旧藏，现已捐献国家，是珍贵的家具之一，可惜在运往承德途中，遭到人为的破坏，遗失牙子一块。

图 3　乾隆御制紫檀四开光坐墩

图 4　明紫檀四开光坐墩

上文写到末尾，本拟对司机违法行为事，详加叙述。恐与说明体例不合，故只一语及之，意在留一线索，有待日后追查。不料《竹木牙角器》一卷，于1996年7月、1998年2月重印时，未经本人同意竟将说明中"人为破坏"一语删去。其意何在，恐难辞包庇违法犯罪之嫌。

2003年承德避暑山庄发现骇人听闻的盗宝大案。主犯为保管主任李海涛，长期看守自盗，罪行严重，已判死刑（因故尚未执行）。此案告破，有教育意义，提醒文物机构应处处防微杜渐，提高警惕。当年接待我进库房看家具之人，姓名早已忘记，也不知是何职务。他透露了司机的违法行为，如进一步查究，定能发现山庄文物保管存在严重问题。语云："上梁不正下梁歪。"有胆大妄为的司机，其上必有胡作非为的主管。我深悔当时没有认真反映情况，建议有整顿山庄文物保管部门的必要。如及早整顿，则李海涛的盗宝行为早在十多年前就可能被发现，而不致使国家蒙受长期被盗的严重损失。

2006年夏，中国文物研究所派人去避暑山庄调查研究修复某殿的楠木门窗，询及当年派司机运回朱氏捐赠明清家具事件，回答竟和当年库房接待人员所云完全不同。据称明清家具系由部队卡车运回。不论真相究竟如何，本人只能接受当年亲自听到库房接待人员的回答。

2006年9月附记

记朱家溍先生一些罕为人知的经历

今年（2006年）3月16日《人民政协报·宝藏双周刊》刊登纪念朱家溍先生（号季黄）的文章整整占了三大版，是各位作者将在会上的发言。其中有中央文史馆袁行霈馆长的《他把一生献给文博事业》，九三学社韩启德主席的《中国文化建设史上留下辉煌一页》，国家文物局张柏副局长的《一代大师，风范常存，泽被后世，殊堪钦佩》，浙江省文化厅杨建新厅长的《无私奉献鞠躬尽瘁》，故宫博物院李季副院长的《朱家溍先生与故宫博物院》，嘉德拍卖公司王雁南经理的《怀念鉴定大师朱家溍》，《人民政协报》记者孙炜、杨春同志的《实现"化私家为公家"的人生理想》等七篇。文章都写得很好，翔实有据，值得洗耳恭听。我和季黄既是总角之交，又有通家之谊，有几年同在故宫古物馆工作。交游互访，直至耄耋之年，可以说是一生中最知心的朋友，举办座谈会纪念他，我焉有不去之理。不过经反复考虑，我还是没有参加。下面说一说没有参加的原因。

据我臆测，座谈会的参加者可能有不少认为季黄博学多才，为故宫做出了重大贡献，一定长期受故宫的聘用和尊重。至于广大报刊读者和社会人士持此看法的则更多了，其实不然。50年代初"三反"运动中，他的经历几乎和我完全相同，只不过我集中学习在东岳庙，他在白云观。我因日寇投降后，收回战时损失文物共七批，有三批由故宫接收，被主观认定是盗宝主要嫌疑犯，季黄也被逼迫交代盗宝问题。二人都被认为是马衡先生的亲信，故企图通过我们揭发院长的罪行。我在公安局看守所监禁审查了十个月，他则长达一年半，因为他比我多两个政治问题——参加过国民党

《人民政协报·宝藏双周刊》纪念朱家溍专版

朱家溍在浙江萧山旧居中（朱传荣提供）

和粮食机构干训班。不过，北京刚解放他已向故宫党委做了详细交代。恢复自由时都发给"取保释放"通知并限期送交有保人担保的保证书。随即收到国家文物局的通知——"已被故宫博物院开除公职，可去劳动局登记，自谋出路"。

季黄还果真去劳动局登记失业，被介绍去航空学院联系。接见者态度恶劣，认为被开除者不会有好人。季黄一怒之下拂袖而去，宁愿失业也不再求安置了。此时梅兰芳先生正在编写《舞台生活四十年》一书。他和季黄原是熟朋友，并深知季黄决不肯无功受禄，所以请他协助编写。书中去美国演出一篇即出季黄之手。

季黄回故宫是在50年代中期吴仲超同志任故宫院长之后。吴仲超同志确实是新中国成立后若干年中故宫院长级别、水平最高，爱文物，懂文物，一心想把博物院办好，知道需要用什么样人的一位领导。经吴院长的任命，季黄在故宫复职。与此同时，吴院长也很想把我调回故宫，曾约面谈。惟此时我已被民族音乐研究所收容。吴院长通过文化部和音研所李元庆、杨荫浏所长协商此事。音研所的答复是：音乐人才，不论中西，都容易找；能读线装书，有历史、考古知识，可以从事中国音乐史研究的很难找，因此不同意调离。征求个人意见，我又心有余悸，不明确表态，以致没有调成。此后吴院长三次送来故宫不同委员会的委员聘书，并为我安排工作和午休地点，希望每周来一两次协助工作。但不久我在音研所被划为"右派"，自然无颜再去故宫了。

季黄还有一段退休后又复职的经历。他在咸宁干校和几位年长的同志被送往丹江，据说是为了安置照顾。他不到退休年龄，身体又极好，竟莫名其妙地被列入老、弱、病、残名单。干校结束时就成了退休对象，到1978年才重返工作岗位。

季黄的重要著述和成就多数是退休在家四年及复职后二十多年中完成的。这说明先前对他认识不足，重视不够，没有充分发挥他的才能。这也和吴仲超院长在"文革"中挨批挨斗、靠边儿站好几年有关。

我如参加座谈会，一定会把季黄的许多罕为人知的事实讲给大家听。如不讲，有如骨鲠在喉，不吐不快；如讲了则和各位宣读的文章十分不协调，有人会认为是故意唱反调，是叛逆。几经考虑，还是不讲为好。这就是我没有参加座谈会的原因。

1957年鸣放，号召帮助党整风。我

据理陈辞而成了出洞之蛇，划为"右派"。季黄一生谨慎，故安然无事。《朱家溍画传》❶末尾《生平简表》，季黄对"三反"入狱、开除公职等事，只用"隔离"两字来概括，可见用心良苦。不过当他和知己老友促膝谈心时，又何尝不耿耿于怀。他自己不说，和他经历相同的老友替他说几句似乎也是应该的。

我和季黄讨论过，据我们两人的实际情况，不该得到开除公职的处分。受处分不论轻重都必须有犯罪证据，否则就不合法。我们确实没有、当然也查不出有盗窃文物或其他违法行为。所谓"取保释放"就是经过监禁审讯而查不出罪证时的官方用语。它既没有给被审查者一个清白无辜的结论，也不能用来作为被审查者犯罪的证据。至于我还有在日寇投降后追查收回被劫夺重要文物的事实，仅入藏故宫博物院的就有三批，其中不少件属国宝级，收回时间在1945年至1946年之间。如果此事不是功劳，为什么到全国解放后50年代才成立的故宫保管部，它和追还几批文物毫无关系，竟不惜冒天下之大不韪，贪天之功为己功，把收回重要文物之功都写在自己的功劳簿上，真是无耻之尤！❷事实上，我有功无罪，更不该得到开除公职的处分！

我和季黄又曾讨论过，解放初期故宫只有我们两人在若干方面情况相似，都是官宦世家出身，从洋人办的大学毕业。这在"以阶级斗争为纲"的年月里，自然被定为"封建余孽"。两人都和马衡院长有渊源。《朱家溍画传》不仅讲到他父兄辈和马衡的关系，自己也口述《马衡先生二三事》。我父亲幼年和马衡先生同学，在京两家距离不远，常有来

往；并帮助接待参观故宫的外宾，被聘为故宫顾问。我上学时期就曾表示将来愿到故宫工作；抗战期间，来到重庆，马院长任命我为秘书，但并未就职而去了李庄中国营造学社。以上都容易被人认为和马院长有密切关系，甚至是亲信。实际上我与季黄和马院长都没有任何超出正常关系的行为。马衡院长为故宫历尽艰辛，工作了大半辈子，故宫由皇宫改为博物院，特别重要，解放后要溯本清源，彻底接管，可以理解，故借"三反"运动将马院长调到只有二三十个工作人员的文整会，并毅然、断然把有亲信嫌疑的季黄和我清除出故宫。我们认为这是我们得到开除公职处分的主要原因，看来是故宫党委会的集体决定。我曾拿开除公职的通知到团城问文物局局长郑振铎先生，他竟茫然，半天说不出话来，可见局长并不知情。❸

党委诸公的决定是否合理、是否正确，要用事实来证明。小平同志有句名言："实践是检验真理的惟一标准。"50年代中期吴仲超院长把季黄请回故宫，在此后的几十年中，他做出了杰出的贡献。实践证明吴院长是正确的，而开除季黄的诸公是错误的。

诸公的错误出在：只知以阶级斗争为纲，不愿也不会做细致深入的调查研究和阶级分析，错误地认为旧社会各机构的老领导肯定有严重问题，而和他有渊源关系的也一定有不可告人的勾当。即使经过运动，查不出有违法行为，也必须一律清除出去，以免后患。加上各位自身不学无术，不知道博物院应该干什么、需要用什么样的人。看来决策诸公缺乏文化和修养，只不过是成事不足、坏事有余的极左人士而已。

❶ "中国文博名家画传"之《朱家溍》，朱家溍口述，朱传荣整理，文物出版社2003年版。

❷ 见故宫保管部：《认真做好百万件文物藏品保管工作》，载《故宫博物院建院六十周年纪念特刊》，《故宫博物院院刊》1985年第3期，页24。拙作《回忆抗战胜利后平津地区文物清理工作》也引保管部此文的一段为证，见本卷页881附录甲。

❸ 参见本卷页970《与西谛先生一夕谈》一文。

没做亏心事　不怕鬼叫门

在我一生中，包括故宫除名后到音乐和文物研究所工作期间，少则一周，多则旬余，不是我去看季黄，便是他来看我，所谓物以类聚是也。只有在"三反"期间，睽违长达两载。我先获释，此后不断询问，半年后始知季黄平安回家。久别重逢，我向他提问："日寇投降后我因追回大量重要文物，被诬为'盗宝犯'，调查澄清自需时日。兄并未涉及，何以会拘留更久？"此时四嫂及女儿等均在家，她们已预感将听到季黄回忆往时的有趣故事了。

为纪念杨小楼先生诞辰一百一十周年演出《长坂坡》，朱家溍饰赵云
（朱传荣提供）

季黄从辅仁大学毕业后说起：

"离开北京沦陷区，南下谋生，经介绍在重庆粮食部门工作。曾申请加入国民党，获得批准。又因年富力强，必须参加类似军训的干训班。日寇投降，回到北京。故宫博物院马衡院长任命我为编纂。解放后，我立即向故宫党委会交代国民党、干训班两个经历。'三反'运动中，当然也逼我交代盗宝问题，我无可奉告。而上述两个经历，也成了严重问题，反复调查核对，始有结论，以致延长拘留时日。

"川中粮食仓库以防火、防雨为工作重点，故干训班每日练习爬绳，缘之直上六七丈，以秒表计速度。我升若猿猴，降如坠果，面不改色，班中居首。又因自幼钟情京戏武生，在渝期间，清晨练习起霸及刀枪套路，搣腰耗腿，不觉移时，观者侧目。认为我身怀武艺，非常人所能及。更因曾蒙武生泰斗杨小楼先生许为可教之才，收为弟子，故学习更加刻苦，每日上班前，经过景山公园，先觅偏僻所在，一招一式，温习揣摩剧中人物，力求神似，常有游人驻足围观。

"故宫职工，当时爱京剧者，大有

人在。演员及文武场，人才济济，已具组班条件。神武门门楼，东为戏台，西为坐椅，可供公开义演。时值抗美援朝，售票所得，全部捐献国家。两三年内，演出不下二三百场。主演节目有三四十出，如《青石山》《长坂坡》《挑滑车》《拿高登》《铁笼山》《湘江会》《阳平关》《金锁阵》《摘缨会》《连环套》《恶虎村》《落马湖》《八蜡庙》《八大锤》《镇潭州》《连营寨》《麒麟阁》《攻潼关》《摇钱树》《红桃山》等等。其中有专业演员视为畏途者，而我尚能胜任，获得好评。不料由于一技之长，竟招致误导讹传，认为我有飞檐走壁之能。'三反'中引来一场周密计划，兴师动众，如临大敌，步步为营，捉拿朱家潛的可笑闹剧。"

季黄此时问我："你从东岳庙回家后，是怎样被抓送公安局看守所的？"我说："回家后两天，派出所通知前往问话，进门早有两人等候，把我铐上手铐，雇了三辆三轮，押送前门内路东朱红大门的公安局。"季黄兄大笑道："抓送我的规格可比抓送你大得多了。"这时四嫂等都笑了，知道将有精彩表演可看了。

季黄接着说："拘捕我可是二三十人编了队，开了三辆吉普来的。特工人员从炒豆胡同大门进入，每进一道门就留两个人把守。越过两层院子，进入中院，正房和两厢房顶上早有人持枪守候。"这时我插话："看这个阵势，知道的是拘捕朱家潛，不知道的以为是准备拍摄捉拿飞贼燕子李三的电视剧呢。"一下子又引起一阵笑声。

季黄说："那天傍晚，我刚洗完澡，坐在床上，尚未穿好衣服，两脚也未伸入鞋中。忽听见院中有人声，破门冲进

朱家潛在家中（朱传荣提供）

两人，立刻把我铐上手铐，并叫我跟他们走。我因两手不能下伸，提不了鞋，忽然想起林冲在某出戏中（戏名可惜我忘记了）的两个动作，可以采用。我立在床前，像踢毽子似的，先抬右腿，以鞋帮就手，伸指把鞋提上。再抬左腿，重复上述动作，把左脚的鞋提上。"做两个动作时，口中发出"答、答"两声，是用舌抵上膛绷出来的，代替文场的家伙点儿，缺了似乎就不够味儿。两个动作做完后，季黄问大家："你看帅不帅？边式❶不边式？"一时大家笑得前俯后仰，说不出话来。

这时四嫂讲话了："今天的表演就是那年拘捕他时的片段重演。现在逗大家一乐，自然非常轻松。不过遭到拘捕，谁遇到都会紧张惶恐，不知所措。而季黄却坦然潇洒，居然还有心露两手调侃玩闹，实在太不容易了，太难做到了。他何以能如此，我看可以用两句俗话来解释。那就是：'没做亏心事，不怕鬼叫门！'"

❶ 边式，指演员在舞台上表演，身段漂亮，动作干净利落。

马叔平先生的遗憾和忧虑

"三反"运动后,我只见到叔平(马衡)先生一次,在他住宅附近的大雅宝胡同。街头谈话,诸多不便,一时又不知说什么好,竟如素不相识,各自东西。当时曾想到的是,不仅叔平先生问心无愧,而且他深信我和季黄也都问心无愧。约一年后,叔平先生患肺癌,抑郁而终。

此后三十多年,没有听到任何有关叔平先生的遗言或传闻。直到第七届全国政协开会,文艺界委员多数住在南郊京丰宾馆。有一天见到马彦祥先生(叔平先生哲嗣),清晨庭院散步,闲谈说起一些往事。他说家严从不讲"三反"事,和家人也只说有些遗憾和忧虑而已。从所谓遗憾知道,曾被单独关在一个院内,也配备"打虎英雄"做伴,和主要盗宝嫌疑对象同等待遇。看来"遗憾"两字远远不够,而该是愤怒和耻辱了。不过他认为还是"遗憾"合适。既然敢怒而不敢言,又言它作甚!?从所谓"忧虑"两字,说明他到这般地步,还在惦念着故宫博物院,认为保护文物不丢失,不损坏,主要靠制定严密规章制度,防微杜渐,加强思想教育,仔细审核观察。故宫经历沦陷时期,难免松弛堕落。新中国成立后,为显示威慑力量,发动一次"三反"运动,自属必要。但也须注重调查研究,避免主观臆测,以免出现偏差。倘隔三五年或七八年便来一次"三反"运动,人人自危,博物院将无法进行工作。

半个多世纪过去了,可以向叔平先生告慰,没有再搞"三反"运动。而无数大小贪官,一个个并未能逃脱被揪出的命运,可见我国已有更有效、更合理的惩治贪污的办法。

叔平先生可以安息了。

俄罗苏拍电影——砸瓷（词）儿

本文题目是季黄兄（朱家溍）编的一条歇后语。由于他使用了老北京语言，有必要先解释一下。"俄罗苏"即俄罗斯，但第三字读 sù，是否为"苏"的一音之转，还是另有音 sù 之字，恕我孤陋，尚待考。它在北京语言中曾广泛存在，如东直门内的俄罗斯使馆，过去通称俄罗苏（sù）馆。在北京歇后语中也多次出现过，如"俄罗苏（sù）卖毯子——披着吆喝"。

1950 年，季黄和我同在故宫博物院工作。一天，上级布置任务：苏联文化机构派专家来京为我院拍纪录片，通过电影宣传两国友谊和中华文化，意义重大，必须全力配合。

专家在拍过宫殿建筑后，转向院藏文物，包括瓷器。当提出拍摄办法时，吓了我们一跳。他要求把瓷器放在能旋转的台面上，以便拍到全形和周身纹饰，但并未携带任何专用设备而要求故宫提供。我们正在为此为难时，总务处已从溥仪遗留的物品中找到一具西洋老留声机，拆掉喇叭，用中心挖洞的木板将机盘垫平，好在上面放瓷器。我们发现木板欠平稳，旋转又忽快忽慢，故必须改进设备，方能保证安全，而专家坚决认为可用。经向领导汇报，指示是专家工作不能延误，更换设备免议。

在不得已的情况下，我和季黄兄商定，由他坐镇库房，只选送有多件重复的官窑，并搭配一些晚期瓷器。拍摄地点借一个殿座院内的东庑。在馆员照料下，工人用垫棉褥的大筐抬来，一件件取出排列在东庑窗外的条石上。庑门大开，因留声机放在当门的大方凳上，大筐无法进入屋内。拍摄时我十分紧张，立在凳后，以防不测。一次瓷瓶几乎倾仄，被我双手抓住，出了一身冷汗。至于条石上的瓷器，我就无法兼顾了。

正觉身陷困境之时，忽闻马衡院长和王冶秋同志到来。我大喜，认为二位目睹此情此景，定会命令暂停，待改进设备后再工作。不料马老一言不发，我顿时明白，他虽为一院之长，对从农村私塾老师提拔为故宫党代表的刘耀山尚惟惟诺诺，在冶秋同志面前，哪有他说话的余地。结果是冶秋同志只说了一句"你们好好配合"便匆匆离去。

领导离去不久，忽听窗外"当"的一声，心知不好，连忙去看，原来工人从筐中取出一件盖罐时，盖子滑落，把旁边的瓷盘砸掉一块，约拇指大小。故宫规定，出了事故，负责人必须写检讨。我的首次检讨，实话实说，主要有三点：①用旧留声机拍摄瓷器不安全，曾写报告并向领导面陈，建议改进设备后再进行；②因恐室内出事故，未能兼顾室外；③室外砸伤瓷器是因工人失手，馆员照料不周。检讨退还不通过。第二次检讨我把①全部删去，②、③也做些修改，仍未通过。第三次检讨全部改写，只说拍摄工作既由我负责，出了事故，罪无旁贷，请求处分。这次才得通过。

三两天后，我和季黄在古物馆午休，他看我一肚子委屈的模样，忽然说了一句群英会中的戏词儿——"这曹营的事难办得紧呀！"我立即抗议："你不该把我比作蒋干。他中了周瑜之计，害得曹操误杀良将，竟还要邀功，被狠狠啐了一口。我可和他完全不同。"季黄说："咱们且不说蒋干、曹瞒，故宫的事难办，你总该同意吧。"两人会心地一笑。

又过了几天，季黄兄忽然得意地说："我编了一个歇后语，很妙——'俄罗苏（sù）拍电影，砸瓷儿。'"我说："你真是一身都是戏。""砸瓷儿"和"砸词儿"谐音，可谓巧合。按"砸词儿"，一般指演员出了差错，如忘了戏词儿、穿错了戏装、戴错了髯口等。"砸词儿"的意思老北京都知道，有时也在日常生活中使用。它和"砸锅"近似，比"砸锅"轻些。"砸锅"有彻底完蛋之意。

一晃过了二十年，我和季黄又同在咸宁干校劳动。麦子熟了，赶上阴雨。老乡一律不割。军宣队自作聪明，命令各连雨中收割，弄得人人如落汤鸡，苦不堪言。割后堆在室内，放晴后麦粒发霉，喂猪都不吃。这时听见季黄又说了一次"俄罗苏（sù）拍电影，砸瓷儿！"

又过了几年，下放咸宁干校人员都已回到北京。有一天文博系统干部都到历史博物馆大礼堂听冶秋局长的讲话。讲话中点了考古所所长夏鼐先生的名。认为夏先生说过早在民国时期就曾在英国参观过故宫文物的大型展览，即所谓"伦敦艺展"，他至今还津津乐道，是崇洋媚外的一种表现。散会后就有人私下议论，夏先生当年留学英国，见习考古，赶上祖国文物出国展览，前往参观，理所当然。事后再说起，也无可厚非。我的看法，和议论者相同，并立即和"俄罗苏（sù）拍电影——砸瓷儿"联系起来。对比之下，冶秋局长未免太苛于责人、疏于律己了。我看送给夏鼐先生的帽子不如留给自己戴为好。

季黄兄不幸离开我们已将半载，报刊有不少文章推崇介绍他在文史方面的贡献。这篇小稿也算是对他诙谐风趣一个侧面的补充吧。

"买"与"匀"

北京通称花钱购物曰"买"。另有一称曰"匀",其含义及用法有时与"买"近似,有时大不相同。《国语辞典》对"匀"的解释是:"犹言分让,如'你匀给他一点用'。"(见第七册页四四六三右栏。)只能算是含义和用法与"买"近似的例子,与"买"大不相同的例子《国语辞典》并未列举。

在什么时候须用"匀"而不能用"买"呢?举例如下:某甲有一件稀世奇珍且极富观赏价值,如一幅名画,或一件画珐琅鼻烟壶,或一笼能叫十三套的净口百灵,被某乙爱上了,爱到朝思暮想的程度。为了不得罪某甲并希望能割爱见让,按老北京习俗绝不能说买,而须求人或亲自登门拜谒,腼腆而婉转地说一个"匀"字。此字含有对某甲的尊重和感谢及对自己冒失的羞愧。倘对方不同意割爱,可谓早在意中;如蒙见让,自然千恩万谢,定要从丰回报。若送钱币,还须装入红封,双手呈上。自我国进入商品社会,青年人对过去的老一套已经淡漠,知者渐少。上世纪中叶,北京中老年人则完全知道"匀"字的分量。不过在特殊情况下,竟有人求让贼赃,甘

当盗窃犯,还殷切诚恳地用了一个"匀"字,岂不成了笑话!

笑话出在 1952 年故宫博物院搬家搞"三反"运动,把全体工作人员分成两半,一半关在朝阳门外东岳庙,一半关在西便门外白云观。名曰学习,实为审讯。凡来自旧社会的无一幸免,不问青红皂白,不做调查分析,一律采用野蛮粗暴方法,日以继夜,疲劳轰炸,穷追猛打,大搞逼供。盗窃犯毕竟是少数,在"大胆怀疑"的口号下,清白无辜的也难逃此厄,都陪着受审。当时和我同关在东岳庙的有金毓鋆先生,满清宗室,北洋政府时期曾在驻挪威使馆任职,年逾六旬,是一位胆小怕事的好好先生,因对古玉有研究,受聘故宫而卷入运动。他受不了无休止的逼迫,只好胡编乱造,说偷了若干件玉器。经查明故宫没有此物,打虎英雄们认为他用假交待来掩盖真盗窃,斗得更狠。和金老关在一室的有科员张宗良,是个真盗窃犯。因交待材料都核对属实,并从家中起出赃物,所以受到表扬,命他仔细回忆,继续交待。金老看在眼里,十分气愤,认为太不公平:小张真偷了,反倒有静坐思考、

喝茶抽烟的时候；我清清白白，竟整天挨斗，真是岂有此理！

受审者每次去厕所都有人跟随，以防串供。一天张宗良在前，金老在后。事有凑巧，尾随者失职，没有跟上。金老加紧几步，小声地对张说："二哥！二哥！（实际上金老比张大二十多岁。）救救我吧，把您经手（此二字妙）的匀我两件好交待,要不实在活不了了(le)！今后如能活着出去一定好好请请您！"这几句哀求，金老直到60年代才对人讲，听者无不大笑。可笑在所求的不是珍贵之物而是贼赃，岂不匪夷所思、荒唐之至！不过倘为当时的金老着想，任何稀世之珍，均为身外之物，哪能和可以救命的贼赃相比。情急之时，用了一个"匀"字，也在情理之中。不禁又为金老之可笑变为可悯了。

匀贼赃和某些耐人寻味的喜剧一样，在笑的背后有痛苦和悲哀。金老是幸运者，逃过了这一劫。在历次政治运动中，清白无辜，甚至德高功伟者，竟被迫害致死的，难道还少吗？！

叶义医生与竹刻

叶义医生出岭南望族，世居香港，先后在香港大学及上海医学院攻读医科。毕业后任军医，为抗击日本帝国主义侵略贡献了力量。日本投降后赴英国深造，1950年返回香港开业。他医道精湛，活人无算，贫富一视同仁，不计酬报。人有所急，必尽力相助，故港澳无不知有叶义医生者（图1）。

叶医生幼承家学，热爱祖国文化艺术。长期以来，收集大量文物，门类颇广，而于竹刻，搜求更不遗余力。他每为人言：竹刻为中国的特有雕刻，名家辈出，艺术价值极高，非一般工艺品可比，过去曾有辉煌历史，惟20世纪以来有日趋衰替之势。如欲振兴此道，必须致力于搜集、研究、宣扬、倡导等多方面的工作，借以发展传统技艺，引起中外人士的重视，使竹刻得以恢复其青春。故叶义医生自开始搜集竹刻之日起，早已树立振兴竹刻的志愿。为了增长知识，深入研究，他除与香港的藏家经常探讨、切磋外，几次远游台湾、欧美及日本，遍观所藏竹刻，欣赏水平及鉴别能力日益提高。

到了1978年，他的竹刻收藏已甲于海外，乃和香港艺术馆馆长谭志成先生合作，举办了一个大型竹刻展览。展品多为他自藏，但也征集到世界各地的一些精品，总数达二百一十一件之多，他们又合编中英文对照的《中国竹刻艺术》上、下两册，先后出版（图2）。上册为展览图录，前有《引言》，此后用彩版及黑白版影印每一件展品，并标明时代、尺寸、款识、藏者、备注等项，比较完整地记录了一批传世实物。下册包括《竹人姓名字号索引》;《竹人传略》;

图1　叶义医生小影

图2　《中国竹刻艺术》上下册

《文献记载明代以前的竹器》;《文献记载明代以后已知刻者的竹器》;《文献记载明代及以后未知刻者的竹器》;《竹刻选例》(香港地区所藏一百三十七件的图片);《参考书目》等七项。这是一本专为竹人及研究者编写的工具书。两册出版后,叶义医生遍赠海内外美术馆、图书馆、竹刻家及研究者。即使是一位素昧平生的竹刻爱好者,只要有求书之意,他也毫不迟疑地欣然寄赠。截至目前,不论是竹刻展览还是竹刻专著,尚未见有达到以上的规模的。叶、谭两先生的辛勤劳动和叶医生的慷慨解囊,对发扬祖国文化,提倡竹刻艺术作出了杰出的贡献。

1978年4月,我为舅父金西厓先生整理编写的《刻竹小言》首次在香港《美术家》杂志发表,立即得到叶义医生的重视。他在《中国竹刻艺术》上册《引言》中谦虚地提道:“对竹刻作出最全面的研究者,可说是金西厓所写的《刻竹小言》。”从此,我与叶义医生订交。数年之间,书札往还,总是围绕着竹刻这一

主题,而几乎他的每一封信都表示要为振兴竹刻尽一份力量。

为了观摩京沪两地的竹刻并结交国内的竹刻家,叶义医生两度北上。他去常州拜访了白士风、徐秉方、范遥青等几位,关切地询问了他们的工作和生活情况,勉勖他们安心从事艺术创作,把传统竹刻发扬光大起来,并表示倘有任何困难,都乐于分担。这是对几位竹人很大的精神鼓励。在物质上他也诚恳地予以帮助。

1983年初老友翁万戈先生担任纽约华美协进社社长。该社以促进中美文化交流,增加相互了解为宗旨,故举办有关中国文化的展览是重要的活动之一。当我们谈到专题的选定时,不谋而合地想到在美国举办竹刻展览。我介绍翁兄去找叶义医生,请他赞助,因为我深知凡是有利振兴竹刻的事他一定会全力以赴的。果然,叶义医生除选送自藏的最佳竹刻外,还代华美协进社洽借香港其他藏家的精品。不仅如此,他还承担了展品的全部装运费和保险费。展览开幕之日,他专程来到纽约作了《介绍中国竹刻》的演讲,向西方人士阐述中国竹刻的历史背景和艺术价值,得到了一致的好评。中国竹刻展览在美获得成功,叶义医生与有力焉!

1983年秋当叶义医生得知我应维多利亚·艾尔伯特美术馆之邀将赴英讲学时,在日程上他作了安排,同时到达伦敦和我相聚。他此行的目的除参观艺术品外还筹划在英国举办一个竹刻展览,希望在欧洲能掀起一个“中国竹刻热”。我们和不少收藏家、古董店进行了联系,征询他们对竹刻展览的意见。出乎意料的是我们在苏富比拍卖行见到一件

真而且精的吴之璠山水人物笔筒。叶义医生小声地告诉我：一定要设法把它买到手来纪念我们这次英国之行。随后我应香港中文大学之邀，又和他在香港相见，不料这竟是我们最后的一次会晤。1984年2月，从英国首先传来使人无法相信的噩耗——叶义医生逝世，享年仅六十五岁！今年5月他的弟弟叶智先生来京参加故宫博物院的"已故香港叶义先生捐献犀角杯展览"开幕式时，特意告诉我他哥哥去世的前几天，果然把那件笔筒买到手，这使他欣喜而兴奋。不料几天之后病情突然恶化而与世长辞了。这几句话使我弥增哀恸，备感怆神！

我和叶义医生相交虽只有五六年，但由于他为人坦率、诚恳、热情，和他的交谊却深于某些相识多年的老友。突然失去了一位同道和知交，自然十分悲痛。进而想念到海内竹人从此失去一位知音，一位无时无刻不在为振兴竹刻殚心竭力的有志之士，心情就愈加沉重，不只是感情上的悲伤，还有理智上的痛惜。叶义医生已经为振兴竹刻做了许多工作，并已开始见到成效。但如天假以年，必然会做更多的工作，有更大的贡献！

由于这篇短文只是从竹刻这一方面来怀念他，所以必然狭隘而片面。实际上他值得赞美、怀念的事迹是很多的。他热爱祖国、热爱人民，把毕生收藏的精华全部贡献给国家，八十一件犀角器捐赠给故宫博物院，数以百计的竹刻捐赠给香港艺术馆都有力说明了这一点。他学识渊博，在陶瓷和玉器方面也有重要著作。我相信像叶义医生这样一位仁人哲士，一定有人已经或正在为他撰写全面而翔实的传记，将他的道德文章表彰于世。

1985年7月6日

原载《竹刻》，人民美术出版社
1992年6月印本

图3　清犀角雕布袋和尚像　故宫博物院藏　叶义医生捐赠

刘 耀 山

1964年夏，为校勘画籍至文物博物馆研究所善本书库。入室见一人伏案缮写书目，不禁愕然。此非当年在故宫博物院不可一世之刘耀山乎？

1949年秋自美参观访问博物馆归来，继续在故宫工作。入院首先拜见之领导即刘耀山同志。当时印象，此君身材矮小，貌极平常，年四十左右，有小髭，着布制服，颇陈旧，手持旱烟袋，每日巡视院中各部门。职称为党代表，院务不论巨细，均须向其请示，首肯后始得进行。据闻乃文物局局长王冶秋同志派来主持故宫工作者。是时予以为院中多项基础工程亟待筹划、建树，工作繁重。青年人应有献身精神，故誓全力以赴。至于个人研究著述，不妨中年以后再作考虑。当时工作主要是清理修缮闲置院落，开辟库房，制造庋藏架柜，研究文物分类，编印藏品簿册，文物登记卡片，以及制订提取陈列、送还库房等规章制度。各项工作计划，方法步骤，费用申请，均呈送刘代表审阅批示。不意一再被取消或削减，亦有延搁多日，不置可否者。因而工作多受阻碍，进展困难。1951年我调任故宫陈列部主任，所拟工作计划也同样遭到刘耀山的刁难。当时处境，实一言难尽。且院中其他部门，亦处在同等境遇。甚至院长之职，亦同虚设。马衡先生所有设想，不经党代表同意，不能付诸实施。按全国解放后，为国家、人民利益，各机构由党代表总揽一切，固理所当然。惟党代表倘不研究工作，不了解情况，擅自作出种种不合理决定，目的只在显示其个人权威，必将阻碍工作进展，对国家、人民无益而有害，实未见其可。

1952年"三反"开始。主持运动者主观认定我有重大问题。其逻辑为："国民党没有不贪污的，你是国民党派来的接收文物大员，岂有不贪污之理！"（东岳庙斗争会上主持人的讲话）于是集中学习解散后，我又被送入公安局看守所，身陷囹圄，饱尝手铐脚镣滋味。审查十个月，查明无贪污盗窃问题而释放。但文物局、故宫博物院将我解雇除名，书面通知去劳动局登记，自谋出路。此时因受传染正患结核性肋膜炎，只得先回家治疗，一年后始渐好转。

1964年与刘耀山同志在红楼重逢，暌违已逾十载，讶其昔何倨而今何恭，前后判若两人，故敢启齿询问其经历及近况。刘自称原为河北农村塾师，贫农出身，参加革命工作，表现积极，识字能书，当时当地，被视为难得之知识分子。故进军北平后，委任党代表，总揽故宫博物院事务。因缺乏工作经验，"三反"后即调离云云。聆听至此，对冶秋局长不禁肃然起敬，毕竟明鉴知人，作出正确决定，罢免不称职者。此后耀山同志又有多次调换工作，来我所缮写书目，已是临时工。不久因字迹欠工整，又被辞退。

"文革"下放咸宁干校，我所连队与故宫毗邻。偶与老友言及刘君。始知为选劳动模范，渠曾弄虚作假，下令院中摄影师为其拍摄缘梯锯树，登殿拔草等多帧。被人揭发，成为一场丑剧，自此声名扫地。可见所谓"因缺乏工作经验而被调离"应理解为"因缺乏竞选假劳模经验而丢官"。多年后仍不悔改，巧言矫饰，以隐其私。

马衡先生以著名学者出任故宫院长长达数十年。北平解放前夕，南京派飞机在东单操场降落，接回文化机构诸领导。北京图书馆馆长袁同礼即乘之南下。马院长匿身一地，故意延误行期。盖早已决定追随共产党，不再为国民党反动派服务。不意此后在故宫院长任期中，竟有一冬烘先生凌驾其上，岂非咄咄怪事！马老心情，不问可知。"三反"后，马院长调任一闲散单位文物整理委员会任主任委员，不久即患肝癌逝世。先生嗜烟酒，不免伤身。惟其罹郁悒之疾，与其晚年遭遇，恐不无干系也。

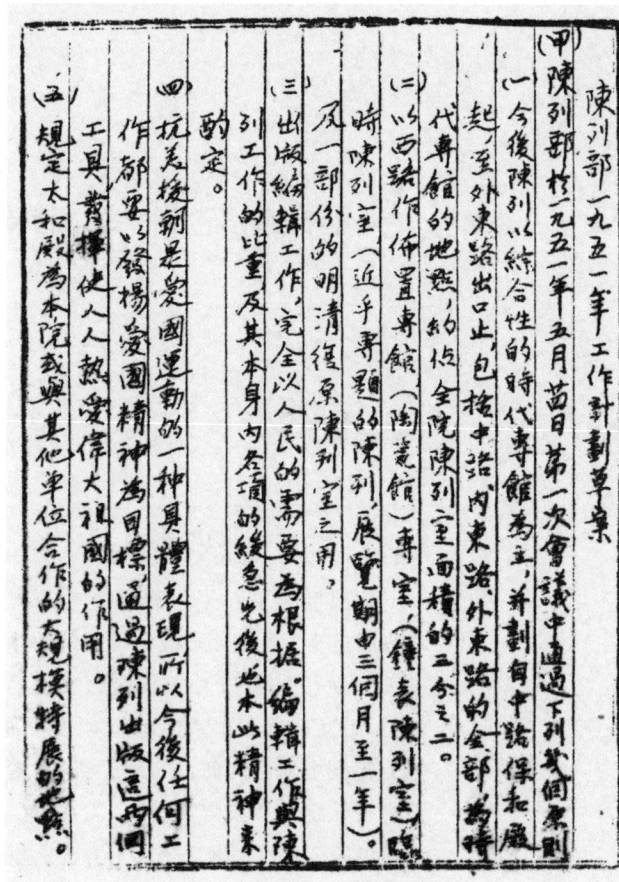

1951 年王世襄为故宫博物院陈列部所拟的工作计划草案

人之本质善与恶，须经长期之观察始得知之。尤以认识恶人之本质为难，以其巧于隐蔽伪装也。解放初期，刘耀山立场坚定，工作积极，自不待言。迨竞选假劳模而暴露无遗。居高位如严分宜，以博学好古，工书能文掩饰其奸佞，代有其人。终至天水冰山，遗臭万年。位在其下者，倘有攀附之心，则不仅不能识其奸，且不免为虎作伥，成为自身之污点。林文忠公曰"无欲则刚"，诚至理名言也。

"人之将死，其言也善"，善者真也

一 问题的提出

抗战胜利后，王世襄在北京、天津收回重要文物仅入藏故宫博物院的达一千七百七十件[1]（中有国宝级文物多件），后又从日本东京押运善本书一百零七箱到上海。为此，"三反"运动中被主观认定是"大盗宝犯"，关在东岳庙逼供四个月，又押送公安局看守所审查十个月。因查不出有盗窃问题，公安局发给通知"取保释放"。随即收到文物局书面通知已被故宫博物院开除公职，命去劳动局登记，自谋出路。

在看守所传染上肺结核，释放后在家养病一年。养病期间，痛定思痛，与爱人袁荃猷慎重思考，决定今后坚决走有益人民、国家，不虚此生的正确人生道路。病愈后到民族音乐研究所工作。

在音研所工作时响应中央号召，帮助党整风，不料竟成了出洞之蛇，被划为"右派"。又一次打击，不但没有消沉，却更加坚定走已决定的人生道路。

半个世纪以来，在爱人的帮助下，编著出版图书四十余种，对文物研究、民族文化有显著贡献，得到海内外人士的承认和重视。当年收回文物，全力以赴，廉洁无私，此心可对天日。但"取保释放"不等于清白无辜；有功无罪，不应该开除公职。我今年已九十三岁，希望在有生之年得到一个公正的结论。

二 1945年至2006年六十一年的经历

1945年日本投降后，国民党教育部成立清理战时文物损失委员会（以下简称"清损会"），副部长杭立武任主任委员，马衡、梁思成任副主任委员。我经马、梁二位推荐任平津区助理代表，正代表由南京教育部驻京特派员沈兼士先生兼任。

我于1945年10月末从重庆回到北京，立即投入调查清理工作。到1947年初共收回以下七批文物：

（一）德人杨宁史青铜器

（二）收购郭葆昌斋藏瓷

（三）美军德士嘉定非法接受日人瓷器

（四）朱启钤存素堂丝绣

（五）溥仪存在天津张园保险柜文物

（六）海关移交德孚洋行物品

[1] 据故宫档案室存目（附录三、四、五），接收杨宁史铜器共计二百六十三件，收购郭葆昌斋藏瓷共计四百二十二件，接收天津张园溥仪遗留文物共计一千零八十五件，总计一千七百七十件。

兹聘
王世襄先生为故宫博物院
历代艺术专门委员

故宫博物院 院长 吴仲超
　　　　　副院长 陈乔

一九五七年四月一日

故宫博物院用笺

王世襄同志：

兹聘为「历代艺术馆成稿不、陈列形成馆」
如美术�
兹聘为陈列委员会委员·兹聘细
同志为陈列委员会委员·请上稿记一份·即制
兹聘「等派原述」作复

敬礼

委员

兹聘
王世襄先生为故宫博物院
文物修复委员会委员

故宫博物院 院长 吴仲超
　　　　　副院长 陈乔

一九五七年四月日

故宫博物院用笺

文懋时同志：

为该重处理故宫旧存文物之半住中
央文化部如惟候应及非文物事业委员会·经时
同志聘请持聘王世襄同志为该会委员·特此
兹达华请您收存本人为要

此致

敬礼

张札

兹聘
王世襄先生为故宫博物院
非文物审查委员会委员

故宫博物院 院长 吴仲超
　　　　　副院长 李洁
　　　　　　　　唐兰
　　　　　　　　单士元

一九六六年二月　日

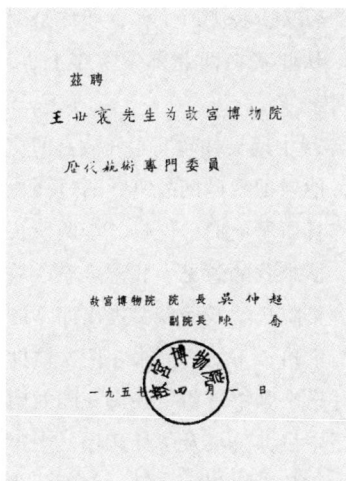

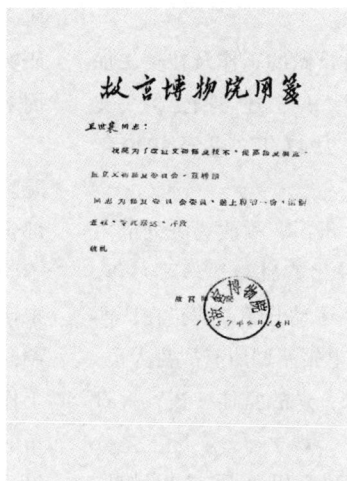

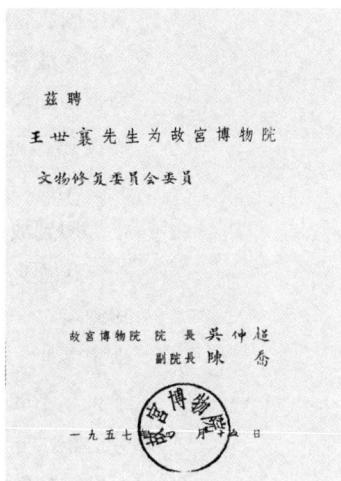

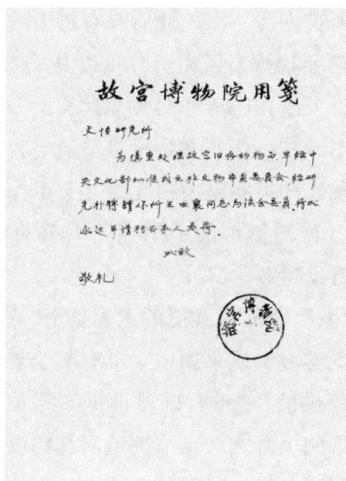

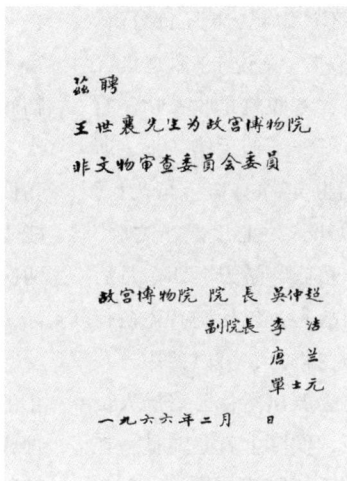

1957年、1966年故宫博物院院长吴仲超发给王世襄的聘书共五张

（七）从日本东京运回上海善本书一百零七箱

以上各批在《回忆抗战胜利后平津地区清理文物工作》一文中有详细的叙述。该文原为"文革"中关押在沙滩红楼牛棚时写的交代材料，后曾在全国政协《文史资料选集》第96辑、《故宫博物院七十年论文选》（页759至769）刊登，并收入自选集《锦灰堆》（详见本卷页864至880）。惟写时虽尽力回忆，但手头无片纸材料，故现在仍有补充的必要。见本文末节补充说明。

押运善本书到沪后，我立即去南京教育部辞掉清损会职务，回北京任故宫博物院古物馆科长。故宫曾是我终身相许、全心全意、愿奉献一生的单位。

1947年夏，美国洛克菲勒基金会人员参观故宫，后表示愿赠给故宫一个奖金名额赴美国、加拿大参观考察博物馆一年。马衡院长派我前往，因当时我在语言上没有困难。1948年6月从上海出发，1949年7月回到香港。当时北上轮船停开，在港等候一个多月才乘太古第一艘北上的船回到天津，时为8月中旬，新中国成立前夕。

在故宫任科长做的工作及在美、加参观访问的经过，见上述《回忆》一文的续篇，题为《1947年3月至1949年8月回忆录》。

回到故宫上班，职称改为陈列部主任，送往西苑华北革命大学学习一年。1952年"三反"运动开始，我正在广西南宁参加土改，电报召回所有故宫人员，下火车不准回家，送故宫住一夜，次日分送东岳庙和白云观学习。实际上是分两批交打虎队逼迫交代问题，夜以继日，名曰疲劳轰炸，不许解释，更不许分辩。有几位"打虎英雄"竟说："你是坐飞机来的接收大员，专职就是收文物。有这样的好机会，哪能不伸手捞一把，所以我敢百分之百断定你有盗宝行为！"不自觉地把"以小人之心度君子之腹"说了出来。在东岳庙"学习"四个月后解散，多数人回故宫，包括确有盗窃行为的人，认为坦白得好，可以留用。我回家后两天，传去派出所，公安局人员将我铐往看守所，实际上就是监狱。在那里多次被戴上手铐脚镣并提讯，但态度要比东岳庙的打虎队好得多。十个月后，看守所人员给我一纸公文，有"取保释放"字样，但没有查无盗窃行为的结论。回家后因身体不适，经检查才知道传染上肺结核。同时我收到国家文物局公文，通知已被开除故宫博物院公职，命我去劳动局登记，自谋出路。以上两纸公文，我一直妥善保存，"文革"中被抄家，两纸从此丢失。

在家养病一年，肺结核得到控制。这时民族音乐研究所从津迁京，所长杨荫浏、李元庆知我与古琴家管平湖先生有交往，找我介绍，不久音研所聘他为

研究员。后又邀我去所工作，职称是副研究员。从此我在西北郊学院路上班，周末才回家。

50年代中期吴仲超同志任故宫博物院院长，他想把我调回故宫，通过文化部领导与音研所洽商，但杨、李两所长不同意。征求我的意见，我不表态，故未调成。吴院长约我面谈，提出如不能调回故宫上班，不妨每周来一两次协助工作，并送来聘书三份，在御花园西南角的房屋中设办公桌及午休床榻。半年里我参加过几次会议和鉴定，但不久我在音研所被划为右派。此后没有再去故宫。1962年摘掉右派帽子，我到中国文物研究所工作。1966年吴仲超院长又一次发聘书给我，任非文物审查委员。我相信吴院长知道我是清白无辜并有工作能力的，否则不可能1957年、1966年两次发给我聘书。

"反右"鸣放中我提的意见是："三反"集中学习不该采用中央早有明令禁止的"逼供信"；没有确凿证据不该关押我达十四个月之久；清理追回文物没有盗窃问题，释放时就该有清白无辜的结论；我无罪而有收回大量国宝的功劳，文物局、故宫不该把我开除。

我到音研所后有一个明显的转变，即在故宫时我全心全意为筹划办理院中的基础工作，从未想著书立说，在学术研究方面成名成家。到音研所后，则上班时做所中工作，业余时间从事自己的研究和著述。选题要对人民对祖国文化有益而自己又能胜任，此即和荃猷共同商定的人生道路。当时并未形成文字，五十年后证明道路是正确的才写入书中：

大凡受极不公正待遇者，可

能自寻短见，可能铤而走险，罪名同为"自绝于人民"，故万万不可。我则与荃猷相濡以沫，共同决定坚守自珍。自珍者，更加严于律己，规规矩矩，堂堂正正做人。惟仅此虽可独善其身，却无补于世，终将虚度此生。故更当平心静气，对一己作客观之剖析，以期发现有对人民有益之工作而尚能胜任者，不辞十倍之艰苦、辛劳，达到妥善完成之目的。自信行之十年、二十年、三十年，当可得到世人公正、正确之理解与承认。

我做的第一项工作就是朱桂辛（启钤）前辈手授的研究课题，为传世仅有的一部漆工艺专著明黄成《髹饰录》作解说。到1958年完成，油印了二百册，分赠图书馆、漆器厂及研究者。福州、杭州等地漆器厂立即用作教材。故宫陈万里研究员和英国收藏家大维德交换资料，寄了一册给他。从此被欧美及日本学者多次引用，并认为是第一部可以帮助读者读懂《髹饰录》的书。此后又出版了几种有关竹刻和漆器的专著和论文。

1962年摘掉右派帽子，通知调回文物系统，名曰"归队"，到中国文物研究所工作。1982年，恢复已停办多年的高级职称选评，我被评为研究员。1983年我当选第六届全国政协委员，第七届连任。1985年12月经文化部评为全国文物博物馆系统先进个人。1986年3月经国家文物局聘为国家文物鉴定委员会委员，领取国务院特殊津贴。1994年我八十岁，在文物研究所退休，同年聘为中央文史馆馆员，直到今日。我的主要著作均在1981年以后才正式出版，半个多世纪以来未尝一日懈息，初版及再版包括译成英、法、德文的图书共四十多种，其中关于明式家具三种把过去不甚被重视的古代工艺制作送入艺术殿堂，中外博物馆视为最重要的陈列品之一，中外人士陈设家中，以此为文化素养的体现。搜集者、仿制者遍及全国，为国家增加数以百万计的就业者、以亿计的外汇收入。其他编著亦有幸被读者视为有助了解、传承传统文化之作。

2003年10月我获得荷兰克劳斯亲王基金会的最高荣誉奖，颁奖的对象是对传统工艺有杰出贡献者。此时荃猷在医院，病已危殆而神智清醒。她完全赞成将奖金十万欧元全部捐赠给希望工程，成立中荷友好小学，2006年6月已在武夷山落成开学。2003年末我又获文化部、《光明日报》和中国网主办的评选2003年度杰出文化人物奖。此时荃猷已逝世，我只能在悼亡诗中向她告慰。

含冤不白愤难舒，惟有茹辛苦著书。

五十一年如一日，世人终渐识真吾。

2005年我获中国工艺美术学会颁授的终身成就奖。

全国政协委员和中央文史馆馆员当然是荣誉职称。荷兰最高荣誉奖、中国网杰出文化人物奖及终身成就奖也可以说明得到国内外人士的承认。但公安局的"取保释放"和文物局、故宫的开除公职（尽管运动中扣发工资早已全部补发），始终没有一个符合事实真相的说法。"取保释放"不等于"清白无辜"，而意味着还要查下去。若然，公安局又查了半个多世纪，如还没有查出问题，是否应该给王世襄一个清白无辜的结论。机关单位因人事变更，对过去的案件可能不了了之，但对当事人却是有关人格、是否有玷辱载诸史册几代清廉门风的天大之事。（高祖王庆云，字贤关，谥文勤，《清史列传》有传。所撰《石渠余纪》是有关清代政治经济的重要著作。伯祖王仁堪，字可庄，同治六年状元，《清史稿》有传。曾弹劾崇厚丧权辱国，谏慈禧不可动用海军军费修缮颐和园，以清廉爱民著称。）

三　补充说明

（一）海关移交德孚洋行一批是杂项物品

此批绝大部分是近代民间工艺品、

2003 年 10 月，王世襄荣获荷兰"克劳斯亲王奖最高荣誉奖"。他将 10 万欧元奖金全部捐献给了希望工程，用来建立一所"中荷友好小学"。2006 年 6 月，武夷山中荷友好小学落成开学。

日用品，少数佛像时代也很晚。故宫并未作为文物接收，在御花园亭子内清点登记，也未送存库房，而是堆在堆秀山东侧楼房下层。此项物品为德国某民俗研究机构所收，海关在德孚洋行发现，移交故宫。（详见本卷页 874。）

（二）有三批我根本没有见到实物，也没有入藏故宫

1. 美军德士嘉定少尉非法接收日本人瓷器

经古玩商告密，我到天津找到德士嘉定和日人原田、税田，并取得双方非法交易的证据。但瓷器已被寄往美国，故未能见到实物。我报告南京清损会，请与美国驻华使馆交涉。北京则由沈兼士代表要求美国司令迈尔斯急速归还瓷器。后从曾在中央博物院工作过的王天木同志得知驻华美国使馆曾送一批瓷器给南京外交部，由外交部转交中央博物院，得知此案美方已做处理。（详见本卷页 871。）中央博物院现名南京博物院。

2. 朱启钤存素堂丝绣

朱桂辛先生因创办营造学社，需要资金，将所藏珍贵缂丝、丝绣等售与张学良，运往东北。伪满时期，这批丝绣成为伪满洲国国宝，印成《纂组英华》图录。解放战争后期，长春被围，朱桂老深恐丝绣遭战火之厄，有一天电话指示我用清损会助理代表的名义，写呈文给宋美龄，请速将丝绣运出长春，以免损坏。写后送到朱桂老家，由他送给宋美龄。后来丝绣果然从长春空运到京，存在中央银行，后又转存故宫库房。为此事我遭杭立武的申斥："今后不得越级陈事。"在归属问题未决定前，丝绣

2003 年度杰出文化人物

2003 年王世襄获"年度杰出文化人物奖"

一直封存，我始终没有见到实物。后来文化部将丝绣拨交辽宁省博物馆。（详见本卷页872。）

3. 从日本东京押运善本书一百零七箱到上海

这批善本书是抗战时期从藏家流出而经郑振铎先生等为南京中央图书馆收购的。为避战火，运至香港，加钤印记，准备运往美国寄存国会图书馆。香港沦陷，书被日本劫往东京。1946 年 11 月，清损会派我去日本追回抗战中被掠夺的文物，因处处受美国人阻挠，无法进行，只得把一百零七箱善本书押运回国。书箱均加锁贴封条，故我没有见到实物。运到上海码头，郑振铎派谢辰生、孙家晋两人点收。许廷长曾写《民国时期的中央图书馆》一文刊登在《中国典籍与文化》1955 年第 3 期。文中有以下数行："1946 年经过中国驻日军事代表团查访，

王世襄因在保存和恢复漆器工艺方面做出的贡献而获得中国工艺美术学会授予的"2005 中国工艺美术终身成就奖"

这批书终于被顾毓琇在东京市郊的帝国图书馆地下室及伊势原乡下发现。经与美国占领军协商后，全部运回南京，并查明没有损失。"（详见本卷页875 至 882。）

1946年1月22日，故宫绛雪轩，点收杨宁史青铜器后合影留念。
前排左起：康斯顿，沈兼士，杨宁史，罗越，王世襄；后排左起：于思泊，赵儒珍，邓以蛰，曾昭六，董洗凡。

（三）有三批在故宫人员接收清点登记时我才见到实物，随即送存库房

1. 接收德人杨宁史铜器

我从古玩商得知沦陷时期出土的青铜器精品都被德商杨宁史收购。我去天津找到杨宁史，他说铜器存在天津的住宅中，你们可以去寻找。实际上杨在骗我们，铜器早已存在北京台基厂百利洋行运输公司，伺机偷运出国。追查出现困难，后来经朱桂老安排，使我能见到宋子文面陈杨铜、郭瓷二事。宋答应杨铜由他去办，郭瓷同意出资收购，这两批文物才终得办成。宋派孙越崎和杨洽谈，说铜器名为捐赠而非没收，故宫将以杨的名义辟两个陈列室，正在编写图录的两位德国学者可以继续来故宫工作，随时提出实物供他们研究。说明了以上条件，杨同意将全部铜器捐赠故宫。接收铜器那天在御花园绛雪轩设午宴招待杨等三人，并请了几位专家作陪。沈兼士、行政院驻平办事处曾昭六、故宫留守人员等均参加。为运铜器，行政院办事处派卡车从百利洋行运至故宫绛雪轩，在各位观赏鉴定下逐件清点，由故宫人员登记清单。我在此时才看见铜器实物。登记完毕，即送往库房。午宴前参与人员在绛雪轩旁摄影留念。（详见本卷页874至880。）

故宫人员登记的杨宁史铜器名称、件数见附录三。

2. 收购郭觯斋藏瓷

朱桂辛先生和郭觯斋相识多年，对其藏瓷也很重视。收购一事经桂老向宋子文介绍郭氏藏瓷的价值，宋同意出资收为国有。桂老次日约郭氏之子郭昭俊面谈，要他写一个呈文，由张重威去中南海面呈宋子文。宋答应出资十万美元，

并为郭在中央银行安排一个工作。

郭觯斋生前编有一部《觯斋瓷乘》二十大册，中有每一件瓷器的彩图和尺寸。郭昭俊同意瓷器归公后，交接之前，去故宫博物院说明此事，并请派人参加交接工作。桂老命我将《瓷乘》运至家中，通知故宫派人员到我家根据《瓷乘》抄成清册。交接工作在锡拉胡同郭昭俊家中进行，行政院办公处也派人参加。故宫人员将每一件瓷器与《瓷乘》核对无误后，装箱运故宫存入库房。因事先已抄成清册，故交接清点进行顺利。交接工作我也在场，正是在此时我才见到郭瓷实物。（详见本卷页 869 至 871。）

由故宫人员登记的觯斋藏瓷目录见附录四。

3. 接收溥仪存在天津张园保险柜中一批文物

1946 年 7 月 10 日前后，沈兼士找我去见他，告我北京美国驻华葛利上校（Colonel Gally）来联系，声称天津张园原为溥仪寓所，现借美军使用。屋内有两具保险柜，一具美军进入之前已打开，空无一物；一具铁柜锁住，不知中有何物。为此请派人会同美军将保险柜打开，如有物品，请予接收云云。现此事派你去办，你立即去告知敌伪产业处理局办公处，再到东交民巷去看葛利，商议去津日期等事宜。我见到葛利后，他派一人名克利夫斯（Francis Cleaves）共同去天津。

7 月 16 日早八时，我和克利夫斯同乘火车去津。我们先到敌伪产业处理局驻津办公处请派人参加，再去美军驻津办事处。美军办事处又派了一人同去张园。到达那里，看见保险柜，找来专门修配铁柜钥匙的匠师。他们试用各种方法都未能打开柜门，最后只好用加氧气的喷火器将柜门烧开。柜中发现小型手提的保险匣二十一具。此时已入夜逾十时，要等次日才有火车去北京。当时经三方（敌伪产业处理局、美军、清损会）商定将保险匣贴上由三方会签的封条，用汽车押运到美军办事处一间屋内，除将门窗加锁，贴上会签的封条外，美军

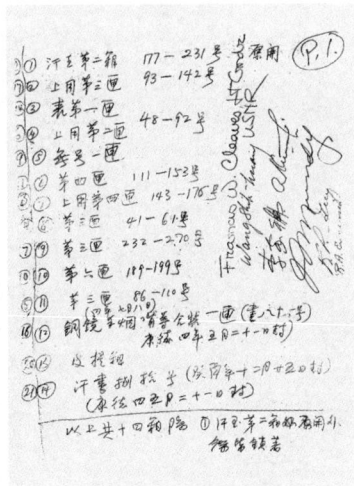

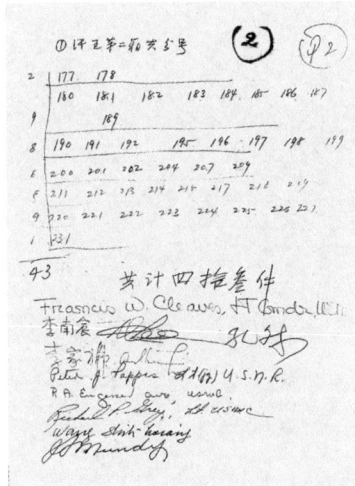

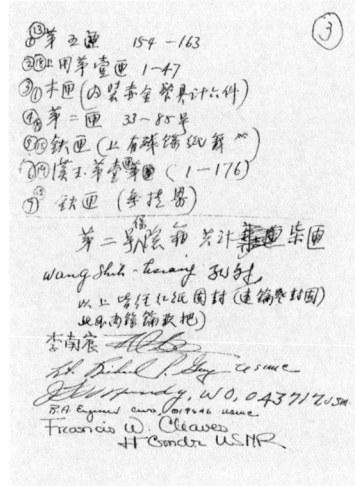

取出天津张园溥仪保险柜内文物时，由中美各方会签的凭据三页。各页均有王世襄的亲笔签名。

还派士兵值勤看守。当夜三方用电话向上级汇报。我与沈兼士、马衡都接通电话，定于次日中午搭快车押运物品回京，请派车到车站来接。

18日上午，三方面会同将存放保险匣的房门打开，验看封条无误，美军用汽车送三方人员携带二十一匣文物上火车，并派了七八个士兵随行。到京后处理局、故宫、沈兼士及葛利均派人及汽车来接，直送故宫御花园绛雪轩。沈兼士、马衡、葛利等都已在那里等候。故宫派了十来个人员开匣清点造册。这批物品属于细软性质，件头小，数量多而价值高，总数记得超过一千件。待清点造册完毕，送入延禧宫库房已逾午夜了。

因这批文物体积小而数量多，故宫派十几个人在宽大桌子上登记清单，登记完毕，随即送存库房。我是在登记时才见到部分文物的。因件数太多，我无法全看到。这批文物实在珍贵重要。

"文革"后在退还被抄信函、文稿、乱纸堆中居然找到当年在张园现场从保险柜中取出二十一匣时由参与各方会签的记录纸三张，实出意外。因临时草签，故不整齐。会签者有本人（Wang Shih-hsiang）、克利夫斯、李家×、李南宸等（敌伪产业处理局人员），还有几个美军人员，他们的职务我已记不清。（详见本卷页873至874。）

溥仪存天津张园保险柜二十一匣文物清单见附录五·三。

以上三批文物清单，均由故宫人员录副，经我寄往南京清损会主任委员杭立武存档。

書画

游美读画记

1948 年 6 月至 1949 年 6 月，经故宫博物院派往美国、加拿大参观考察博物馆一年。下面是当时读画笔记的一部分。

唐阎立本历代帝王像图卷（图1）

绢本设色，无款。高 51.3 厘米，长 531 厘米，画自汉昭帝起至隋炀帝止帝王十三人。用笔古拙，线条的起讫转折处，轻重顿挫没有显著的差别，还保持了一些顾恺之的画法，所谓"春蚕吐丝，始终如一"的遗意。人物面貌很奇古，衣冠服饰及日用器物如扇舆等等，有许多可以帮助考证的地方。我国唐代的绘画，敦煌保留下来了一大部分，但因敦煌远在西北，那些画未必出自京都画家之手，所以与当时中土的画风，颇有不同，而从这个卷子中却能看见"京朝派"画家的笔法。无疑这是中国人物画中最重要的一件。卷后宋人题跋甚多，但自富弼、韩琦起至李玮止剥落得非常厉害。据宋淳熙十五年（1188 年）周必大的跋称"自富韩公而下皆有题识，往往缺落破碎"，可见在南宋时已经如此了。此外尚有钱鏐、赵令畤、罗愿等许多家宋人跋和观款。清代曾经翁方纲、李恩庆两家题记，及孙承泽《庚子销夏录》、吴修《青霞馆论画绝句》等书著录。在国内最后为汉奸梁鸿志所有，是经他的手卖到国外去的。

图 1　唐阎立本历代帝王像图卷（局部）

五代董源平林秋霁图卷

纸本淡设色，无款。高 37.5 厘米，长 150.8 厘米，前半卷画丛林涧瀑，山坡后露出茅屋数椽，屋上山坳中隐见寺观。主峰峦头十分凝重，左右与远山相映带。入后画洲渚烟树，取景平旷，远水一船摇来，渡口有人骑马伫立。画法笔笔藏锋，非常有力量，皴法是披麻一系，短而不觉其琐碎，确为后来南宗画法开出一条途径。这画不论在用笔和布局上都达到了最高的境界。我们现在虽不能断定它确是董北苑所作，但仍是一件重要的国宝。卷后有董其昌、王时敏、梅磊、端方等家跋，在明代卷为张延登所藏，清末归景贤所有，1912 年被波士顿美术馆买去。

宋李成雪山行旅图轴

绢本淡设色，无款。纵 93.3 厘米，横 37 厘米。画寒林雪山，栈道盘折，骑马二人，正要转到山后面去，一个童子荷着行李在后跟随。此轴画幅并不大，但由于其画景仅占篇幅的下一半，上半全为天空留出地位，所以看上去却觉得其气象万千，连观者自己都感到渺小了。这是因为地平线低，景物的比例缩得小的原故，也正是它布局极为成功的地方。画右上角有瘦金书"李成雪山行旅"六字，不过笔划滞弱，不像是徽宗真迹，人物画法也似乎比北宋人要晚些，究竟是否李成所作尚待考。国外有人认为此即《宣和画谱》所著录的李成冬晴行旅图，恐怕没有充分的根据。在同治间此画为孙某所藏，后来也归了景贤，辗转流往美国。

宋人北齐校书图卷

绢本设色，无款。高 27.6 厘米，长 114 厘米，图中所画是齐天保七年（556 年）诏樊逊、高乾和马敬德等十二人校定群书的故事。黄山谷曾有画记一篇描写这幅画，不过现在这个卷子只剩五个校书的人，据范成大的推测，是失去了半幅的原故。画法高古，衣褶遒劲如屈铁，人物面貌神态各异，黄山谷称之为"笔法简者不缺，繁者不乱，天下奇笔也"，确是允论。器物如胡床食具，衣服如靴帽袍带，以及妇人额上敷粉等制度，都很忠实地画了出来。此卷后钤有宋官印十几方之多，及范成大、韩元吉、郭见义、陆游、谢谔等五南宋人题跋，并迭经《大观录》、《墨缘汇观》、《穰梨馆过眼录》等书著录，自来就被人珍视为无上至宝。至于作者问题，以往的鉴赏家有认为是阎立本画的。但看黄山谷的画记称"唐右相阎君粉本北齐校书图……"范成大跋称"右北齐校书图，世传□□（二字当是"粉本"经人挖去）出于阎立本……"恐系是北宋名家的临本。这幅画也是景贤的故物，波士顿美术馆于 1931 年时收去。

宋徽宗摹张萱捣练图卷

绢本重设色，无款。高 37 厘米，长 145.3 厘米。画宫廷妇女十二人，作捣练、引线、扇火、熨练等事。画笔工到，线条柔而有力，设色鲜丽夺目，每人衣服上的花纹图案，各不相同。它是研究中国古代织染的重要材料，不仅本身是一幅名画。前隔水有金章宗仿徽宗的瘦金体题签"天水摹张萱捣练图"八字，前后还钤着他的"群玉中秘"、"明昌御题"等七玺，可见当时极为章宗所珍爱。卷后有张绅、高士奇、罗文彬等跋，并经《大观录》、《墨缘汇观》著录，足见流传有绪。这画是 1912 年波士顿美术馆派日籍的东方部主任到中国来买去的。

宋徽宗五色鹦鹉图卷（图 2）

绢本设色。高 53.3 厘米，长 112.5

厘米。本幅前半徽宗自题七律一首并序，但署款处字已剥落。后半画杏花一枝，上立鹦鹉一。杏花枝干用勾勒法，花瓣也用淡墨勾出，然后着色。鹦鹉背上用绿色晕染，不甚见笔。胸脯上略用墨笔点簇，以状细毛，此法他处不多见。画笔精工而不觉其刻画，是其妙处。根据印章及题跋，知其元代曾归内府，明代为戴明说所有，后归商丘宋牧仲，乾隆时入清宫，经《石渠宝笈初编》著录。后来赏给恭亲王，由恭王府卖出归张允中，张售与日人山本悌二郎，在《澄怀堂书画目》著录。1933 年归波士顿美术馆。《大观录》也著录徽宗五色鹦鹉图一卷，但鹦鹉立在架上，与此景异，是另一本。

宋陈容九龙图卷（图3）

纸本水墨淡设色。高 46.3 厘米，长 1096.4 厘米。卷后所翁自题七古一首，卷首又题称："九龙图作于甲辰之春，此画复归于甥馆仙李之家，神物固有所属耶。"据此九龙图当作于淳祐四年（1244 年），是给他的女婿画的。九龙有的踞石怒视，有的穿云欲去，有的攫珠回顾，有的随浪起伏，全用水墨，仅龙须眼舌火焰等地方，用淡红色染，全画更觉跳突。前后一气呵成，看去像草草不经意，而没有一笔不妥帖的地方，使西洋艺术家们看了，往往叹为东方绘画中的一个奇迹。所翁自己也非常自负，他诗中有句称："所翁写出九龙图，笔端妙处世所无，远观云水似飞动，即之疑是神所摹。"真可以为他自己的作品写照。卷后有元人董思、张天师太玄子、吴全节、欧阳玄、张翥等家跋，及乾隆时代的刘统勋、于敏中、钱维城等八家题诗。此图清初时曾为耿昭忠所有，后

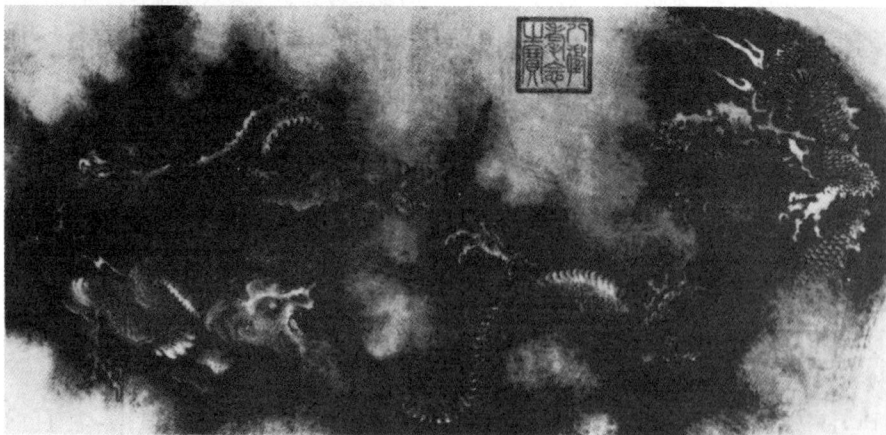

图 2　宋徽宗五色鹦鹉图卷（局部）

图 3　宋陈容九龙图卷（局部）

入清宫，经《石渠宝笈初编》著录，后来赏给恭亲王，由恭王府流出，辗转到了美国。

以上记波士顿美术馆所藏七件

唐人画释迦牟尼佛会图卷

纸本设色，无款。左右侧有标题及造像人两签。高 28 厘米，长 52.4 厘米。画释迦牟尼在莲座上趺坐，背光上覆宝盖发毫光，左右有两飞天。佛案前一人合十跪踞。四周围立菩萨金刚比丘十余众，卷左阶下立持羽扇者二人，左上角用花木及远山作背景，有仙鹤二冲天飞去。用笔精确劲挺，人物花木器物等等，都十足表现唐代的风格。衣服有许多地方都先用褐色打地，然后涂金，在靠近衣纹边缘的地方，留出一条褐色。远天用石绿染云气，这都是后来所少见的画法。画后有写经一卷，字亦极精。此卷题跋有郑祖琛、翁方纲、吴荣光、端方、杨守敬、周云等家。据杨守敬称原来为宋牧仲所藏，经他布施给庐山开先寺，而易石甫又从该寺和尚得来的。宋牧仲原题写经为唐宋人书，时代没有肯定。翁方纲推测画大概是五代如朱繇这一辈画家作的。但杨守敬不同意他的说法，认为写经一定是唐人书，而画上两题签与写经是一人所书，所以画也一定是唐画了。这画是 1926 年经日本的山中商会卖给弗利尔美术馆的。

宋人摹顾恺之洛神图卷

绢本设色，无款。高 24 厘米，长 310 厘米。画中人物是按照曹子建的赋分段画的，如洛神驾六龙车、冯夷击鼓等与赋意合。衣纹用笔极细，始终如一，与现在英国的女史箴卷近似，但时代似稍晚。树木画得像孔雀扇，与六朝时的石刻画中所见的也相类。卷后有董其昌题，断定它为顾恺之画。清末李葆恂也认为是顾画，并许为海内第一名迹，所著《无益有益斋读画诗》及《海王村所见书画录》都曾著录。不过卷中船窗上有一小幅泼墨山水，画意已是宋人。女史箴尚有人疑为是宋人摹本，此卷更不可能为晋画，恐怕还是说它是宋人的临本，比较妥当些。但不论如何，仍不失为中国人物画中一件重要的作品。清初此画为梁清标所藏，李葆恂著录时归了端方，最后是经福开森的手卖到美国去的。

宋郭熙溪山秋霁图卷

绢本水墨淡设色，无款。高 26 厘米，长 206 厘米。画法与其他的郭熙名迹如早春图不大一样。此画人物特别瘦长，树木的枝干轮廓非常清楚，而山石却比较模糊混沌，渲染为多，不大见笔。吴升在《大观录》著录此卷时，曾特意将这一点指出来，说道："丘壑烘染，空灵一派，烟云杳霭之气，秀润如湿，大家格制也。"卷后有文嘉、王稚登、董其昌、陈盟等明人跋。据文跋称旧为倪云林、柯九思所藏。原有云林题签，已失去。柯九思一墨印，在卷尾，尚存。文题时画在一杜某处。再读董跋知后经莫廷韩、潘光禄等人之手而到了他的手中。清末画在长沙出现，让端方买了去，李葆恂《读画诗》所谓"市中张卖无人识，神物终归宝华盦"即指此。最后归庞虚斋，由他卖给了美国。

宋李嵩搜山图卷

纸本水墨。高 46.9 厘米，长 807.2

厘米。卷尾有款四字"图画李□"。字迹生拙，但极自然。最末一字好像原来是嵩字，而有人擦去，想改为唐字，但嵩字的痕迹尚在。画无标签，无题跋，据内容当即所谓搜山图。卷中画松林石洞，鬼怪数十，肩猴者，持梃者，执蛇者，挥剑者，骑虎者，骑象者，逐鼬者，捉鹿者等等，怪怪奇奇，都是用极简单的几笔勾出来的，神态的生动，用笔的自如，一定是绝大本领的高手才画得出来。看画上的署名，可能是李嵩或其他的宋代画院中李姓的画家所作。卷尾有"完颜景贤精鉴"一印。查弗利尔美术馆记录，系购自庞虚斋，但《三虞堂书画目》及《虚斋名画录》都没有提到这幅画。

宋龚开中山出游图卷

纸本水墨。高 32.8 厘米，长 169.5 厘米。画钟馗与妹各坐肩舆，鬼怪前后随从，奇形怪状，纯用秃笔，随意涂写而成，非天才绝高的人不能想出，亦不能画出。钟馗妹面上涂墨以代脂粉，尤为奇特。画本身无款，龚开自题七古一首，在另纸。此后元明清三朝人题跋有二十几家之多，著录自明张丑起即记之于《清河书画舫》，嗣后《式古堂书画汇考》、《江村书画目》、《青霞馆论画绝句》、《三虞堂书画目》、《虚斋名画录》都曾著录。龚开以画钟馗及马著名，画钟馗自当推此卷为第一。此画明代为韩世能、安民泰等家所有，入清后曾经高江村、毕泷、蔡鸿鉴等家收藏。最后归庞虚斋，经住在美国的古董商姚某的手，卖给弗利尔美术馆。

宋王岩叟梅花卷

绢本水墨。高 19.2 厘米，长 112.8 厘米。傍左画老梅一树，枝干向两旁舒展，花瓣用淡墨勾，全幅以墨渍染，衬出花朵。细枝不皴，用较浓墨画出，运笔顿挫的地方颇多，桠杈间更用重墨醒剔。款隶书"岩叟"二字，写在树干上。此画后有刘先臣、乌斯道、金湜等家的题诗，及项墨林题记。项题记称为"岩叟墨梅，在墨林主人项元汴家……"卞永誉在《式古堂书画汇考》著录，标名为"岩叟梅花图并诗卷"，位置排在南宋最后一人。二家都没有明确地断定他是王岩叟。前隔水有梁清标一个题签，才标明"北宋王岩叟梅花"字样。考王岩叟，字彦霖，宋哲宗时为侍御史，以直谏称，并无画名，所以这幅画到底是否为王岩叟所作，尚有考证的必要。看其枝干及苔点，颇似元人，可能岩叟是元代一位画家的号，其名不显著，而后人一时难考，便附会为宋人所作了。此画流传由安民泰经项墨林，李日华父子，梁清标而入清宫，在《石渠宝笈二编》著录，后来赏给恭亲王，恭王府流出归了郭葆昌，由郭卖与日人，弗利尔美术馆是从日本买去的。

元钱选来禽栀子图卷

纸本设色。高 29.2 厘米，长 78.3 厘米。画来禽、栀子两折枝花卉，原来系册页两开，经合裱成卷，而两页之间，又用另纸拼隔的。无款，每页左下角各有"舜举"朱文一印。画法用笔极细，设色淡雅。来禽一页叶筋用浓墨勾，分中一笔再用朱笔重一次，花瓣用淡墨勾，运笔细而匀，无顿挫痕迹。花用红色，然后以粉接染，南田画法实从此法化出。栀子一页叶正面不勾筋，仅画分中一笔，而背面则用淡绿勾。后隔水有赵孟頫题字，再后有成亲王跋。此画流传经过，在清初为安岐所有，见《墨缘汇观》著录，当时已裱成一卷。乾隆时入清宫，后来赏给了成亲王永瑆，自定邸流出后，曾为崇彝所见，在《选学斋书画寓目记》中著录。据弗利尔美术馆记载，于1917年得自庞虚斋。这幅画一直放在他们库房里，未被重视，并定为18世纪人所作。

元赵孟𫖯二羊图卷

纸本水墨。高25.2厘米，长48.4厘米。画山羊及绵羊各一，没有布景或其他的点缀。后半自题："余尝画马，未尝画羊，仲信求画，余故戏为写生，虽不能逼近古人，颇于气韵有得。"据此可见他是极少画羊的。题字亦婉妙，不论画与字，是松雪最精之品。此卷经许多家著录过，查郁逢庆《书画题跋记》及卞永誉《式古堂书画汇考》，洪武十七年释良琦跋之后，尚有袁华张大本、李日华等八家跋，而现在只剩良琦一跋，大概是被人割裂，用真跋配赝本去欺人了。收藏图章有项元汴、李日华、方邵村等家印，乾隆时入清宫，在《石渠宝笈二编》著录。后来赏给曹文埴，由曹后人售与郭葆昌，郭售与日人，弗利尔美术馆是从日人手中买去的。

元吴镇渔父图卷

纸本水墨。高32.5厘米，长562.2厘米。石边野水间，画渔船十五，梅道人自题仿张志和渔父词体十六首于画端，本幅最后有至正十二年（1352年）九月二十一日自题一跋，称系画后十余年书者。卷后有张宁、卞宋、周鼎、徐守和、陈伯陶等五跋。此图曾经吴升《大观录》、卞永誉《式古堂书画汇考》等

书著录。吴、卞二书并录了梅道人的渔父词，但取与此图对校，卞本字句略有不同，吴本则出入更大，十六首中差不多有十首的起句都与此卷不同，绝不是著录时笔误所致。但对起卷后的题跋来，却又都有周鼎的跋，究竟两书所记与此图是否一本，尚待考。可异的是《式古堂书画汇考》另著录绢本一卷，上题渔父词五首，梅道人在卷尾自题辞句与此图同，也是壬辰九月二十一日写的。这样看来，同是卞氏著录的二本，其中便有一本是假的了。现在传世的渔父图，此卷之外尚有吴湖帆所藏一本，惜一时无从对校。若论笔墨，此卷确极精彩，非大家不能为。弗利尔美术馆得此卷是经姚某的手购自庞虚斋的。

元赵雍临李伯时人马图

纸本设色。高31.7厘米，长73.5厘米。画赭帽朱衣一人，牵花骢一匹。马身斑纹，纯用水墨晕出，仅眼角及鼻部用淡红色染。人马之外，别无他景。篆书款"至正七年八月望"七字，下钤"仲穆"朱文一印。本幅有乾隆题诗，后有吴宽一跋。将此图与李公麟的五马图对一下，知道此马即临五马图的第一匹凤头骢。赵仲穆有临李伯时凤头骢图，见卞永誉《式古堂书画汇考》著录，自题是为其弟奕画的，后有赵奕、柯九思、释良琦、顾阿瑛等家跋。吴升《大观录》亦著录一本，题名为赵仲穆临伯时五马图卷。读其对图画的描述，知其名虽曰五马，而实则仅凤头骢一匹，且所录题跋与卞本同，所以卞、吴二家所著录者，画名虽异，实系一卷。吴升又称其卷中有坡石古树等景，与此图不符。想当时赵仲穆因为酷爱李公麟的画，所临

不止一本的原故。不过图后吴宽的跋却称"此图仲穆写与其弟奕者，后入昆山顾仲瑛家"，不知何据。此图经《石渠宝笈三编》著录，题作今名。嘉庆后自清宫流出，弗利尔美术馆是1945年从卢芹斋手中买到的。

元邹复雷春消息图卷

纸本水墨。高34.1厘米，长221.5厘米。幅右画老梅一树，向左斜出，皴擦如乱麻，枝干笔笔劲挺有弹力，尤以幅中向左踢出一枝，长达81厘米，真不知其是如何着笔的。幅尾自题七绝一首，年月署至正庚子新秋（1360年）。

图4 唐陈闳八公像卷（局部）

不过后有顾晏跋，书于至正十年庚寅（1350年），所以可能这首诗是画后若干年补题的。卷后还有杨铁崖跋，字迹如龙蛇飞舞，可与邹画并重。此图在清初为安岐、卞永誉等所藏，乾隆时入清宫，慈禧专政后因与缪素筠学画，赏给了她。自缪手流出后售与郭葆昌，在《觯斋书画录》中著录，郭售与日本，弗利尔美术馆是于1931年从日本山中商会买去的。按邹复雷画传世仅此一卷，他是完全仗这幅画姓名才得传，在画史中才有他的地位，这卷画的重要性于此可知了。

以上记华盛顿弗利尔美术馆所藏十一件

唐陈闳八公像卷（图4）

绢本。重设色，无款。高25.4厘米，长82.2厘米。画名为八公像，仅存六人，像上有王俭、高颖等题名。第一人穿紫衣，第二人粉衣，第三人红衣金花，第四人紫衣，第五、六两人御甲。每人都戴高冠，上有盘龙兽吻等装饰。第五人的甲上有一鸟吻，衔着腰带，与现在英国博物馆的敦煌唐画行道天王图比起来，式样非常相似，其他衣服的花纹，也有与敦煌唐画接近的地方，再看其绢质的古黯，画意的厚拙，定为唐画，自无可疑。卷后有文嘉、张凤翼、阮元等三跋。文、张题时八人尚全，阮元在《石渠随笔》著录时，始称"前缺二人"，可知其失去卷首二人的时代，当在万历、乾隆之间。八公为北魏明元帝时诏长孙嵩、崔宏等八人，坐止车门右，听理万机的事。王俭、高颖等时代与此不合，系后人妄题，阮元跋中考证甚详。此画清初时在梁清标家，入清宫后在《石渠宝笈二编》著录。民国初年溥仪假赏给溥杰为名、自清宫携出一大批珍贵书画，

图 5　宋李成晴峦萧寺图轴

日寇投降后，这批画由东北散出，这是其中的一件，流往美国是最近两三年内的事。第二人的粉衣上，现在看去是朴素无文的，不过放在紫外线灯光下一照，可以很明显地看出团形的花纹。紫外线灯可以应用到检查绘画上来，这是一个实例。

宋李成晴峦萧寺图轴（图5）

绢本淡设色，无款。纵 111.8 厘米，横 81.2 厘米。近景桥左斜坡上画骑驴一人，随从二人，桥右画山村店肆三四家，山路曲折，遥通寺观。殿宇半为寒林遮蔽，正中一木塔高耸。此后作一主峰，居画正中。画法极高古，树木枝叶及山石皴擦，都不是宋以后人所有。画轴原

附一木匣，匣上纸签有缪遵义、徐渭仁、日人林熊光等跋，一致认为是李成所作。根据题跋及画上印章，知清初为梁清标物，后经徐乾学、缪日藻、徐渭仁、沈树镛等收藏家之手，而归了日人林熊光，此后又流往美国。缪遵义是缪日藻之子，题跋时在乾隆辛卯（1771 年）。此画并不见缪日藻的《寓意编》著录，想是因《寓意编》成书于雍正癸丑（1733 年），时间太早的原故。林熊光根据本幅右上角一宋官印，由此推论，认为即是周公谨《云烟过眼录》中所提及宋内府藏的李成重岩寒溜图，似乎引申得太远了一些。但不论如何，这是一幅极精的宋画。

宋许道宁高头渔父图卷（图6）

绢本。水墨。高 48.2 厘米，长 209.6 厘米。水面画渔艇及渡船，稍远画洲渚寒树，更远为峭壁危崖，列如屏障。山壑两麓相接处，画水口，汀洲交错，几乎有数十层次，愈远愈深，不由得使人望眼欲穿，这实在是山水画中描写远景最成功的一件。画无款，无题跋，"高头渔父"这个名称是依据《大观录》著录而来的，画前隔水有耿昭忠印。后隔水有安岐收藏印，民国二十年左右为汉奸周大文所有，由他卖给了美国。

宋理宗分题夏珪山水卷（图7）

绢本。水墨。高 27.9 厘米，长 230.5 厘米。简笔写北宗山水，笔法苍古，墨气淋漓，画景联属，但有楷书"遥山书雁"、"烟村归渡"、"渔笛清幽"、"烟堤晚泊"等字样，分题四景，每题并钤双龙小玺。卷尾有"臣夏珪画"四字，笔意自然，无做作气。卷后有邵亨贞、王谷祥、董其昌、王翚、端方、颜世清、

图6　宋许道宁高头渔父图卷（局部）

图7　宋理宗分题夏珪山水卷（局部）

吕景端等家跋。据端、吕二跋称，此画即《江村书画录》著录之夏禹玉山水卷，原为十二景，此系最后四景，而题字为宋理宗所书。吕景端并指出江村著录原件长一丈六尺三寸，今存七尺一寸，故断定前八景每景之篇幅，必短于后之四景。此卷本是通景，他的推测，自然是可能的。端、吕二家题画时在宣统元年左右，那时画为程听彝所有，此后如何流往美国，尚待考。

宋陈容五龙图卷（图8、9）

纸本水墨，无款。高34.3厘米，长59.6厘米。画龙图卷传为所翁作者，美洲有三本。波士顿博物馆所藏石渠著录之九龙图最佳。割裂为二，纽约大都会美术馆及波士顿博物馆各有其半者次之。明慕理所藏顷归普林斯顿大学者似为割裂卷之摹本，复次之。今计五龙图，共有四本矣。此图前为韫辉阁中物，曩过沪上，曾出相示。尺幅之间，五龙盘纡，真所谓"穷游泳蜿蜒之妙，得回蟠升降之宜"者。视九龙图之分章分景，各自成态，有异曲同工之妙。

宋人山水卷

绢本设色，无款。高23.8厘米，长483.9厘米。用小斧劈及长皴写山水，作山居、泛舟、行旅、闲游等景。长卷中丘壑甚富，非能手不能办，但有的地方又不免有疵病，如溪口的石块、水边的飞鸟等，太不经意，流于轻率。大体上说来，稍嫌琐碎。论其时代，由长皴密点上看来，已开周东村、唐六如一派，恐不能比南宋更早。不过仍不失为一幅有价值的画，尤其就丘壑布置上说，是一件非常好的粉本，据闻溥心畬当年便得力于此画不少。画上有安岐印，但未见《墨缘汇观》著录，乾隆时入清宫，后来赏给了成亲王，入民国后由溥心畬手流出，1935年为奈氏美术馆买去。

元李衎墨竹图卷（图10）

纸本水墨。高37.5厘米，长237.5厘米。款"仲宾为玄卿作"六字在卷尾。后有赵孟𫖯题玄卿所作七古一首，及元明善的题诗。画幅除拖尾有笋竹及坡石外，主题为竹子两丛，都取其中间一段，向左右伸出枝叶，大体上各成一个菱形的面积，不用竿枝交错掩搭来取势，不避重复，这是他章法大胆的地方，一般画家是不敢这样画的，在李衎传世的画竹中，也可称是最好的一卷。两丛竹子，在生理上完全不同，前者丛生较密，每组叶子匀排对生，尽端中间叶子一张，极有规律。后者竹竿每节有黑点，竿上另用墨染出直痕，叶子有卷转之意，不似前者之平直而有规律，这是它们主要不同的地方。根据赵孟𫖯所书玄卿诗的"慈竹可以厚伦纪，方竹可愧圆机士，筜有笋兮兰有芳……"等句，再与李衎《竹谱详录》卷三的慈竹插图一对，可以断定此卷的第一丛是为慈竹写照。第二丛可能是筜竹，但因《竹谱详录》没有为筜竹明确作图，无从比较。李衎是对各种竹子用过几十年调查研究工夫的，所以能如此地为它忠实传神，与后来的画家把竹子形式化了，"个"字"分"字都成了符号，是不可同日而语的。玄卿是藏此画的第一个主人，由其诗中"吾祖爱竹世所闻，敬之不名称此君"知其姓王，由元明善的题中，复知其曾官提举。此后收藏经过大致是由元代的顾安而至明初的张绅，二人都善画竹。此后归严世蕃，载《天水冰山录》，清代经耿昭忠、梁清标、宋荦、姚鼐、袁保恒诸人之手。近年来曾经谭和庵、张葱玉等家收藏，1948 年经卢芹斋之手，售与奈氏美术馆。

元刘贯道销夏图卷

绢本设色。高 30.5 厘米，长 71.1 厘米。画屏风前一榻，一老人高卧其

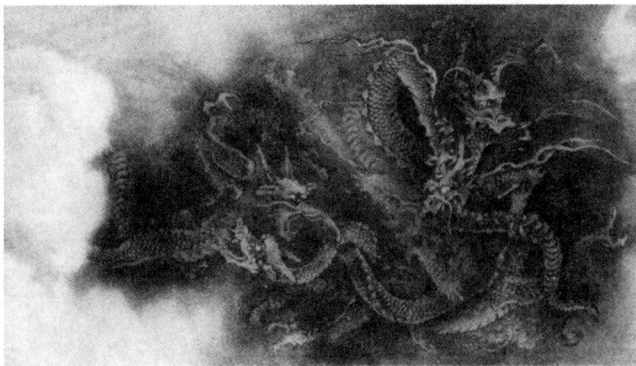

图 8　宋陈容五龙图卷

图 9　王世襄题陈容五龙图卷

上，手持麈尾。榻左方案，上置卷轴及瓶尊等陈设，案旁架上一冰盆，中贮瓜果。榻左稍远画二妇人侍立。画笔处处皆有法度，是元代人物画的精品。卷后

图 10　元李衎墨竹图卷（局部）

有虞谦题诗，及吴湖帆两跋。虞诗与画全无干涉，想是从他处移来。吴跋称此卷原与所谓刘松年梦蝶图合装一卷，载《江村书画目》，待在此卷卷尾竹叶下发现"贯道"二小字，始知为刘贯道笔。画上有"安岐"、"怡亲王宝"等收藏印，吴题跋时卷为张葱玉所有，1948 年由王季迁售与奈氏美术馆。

元盛懋山居清夏图轴

绢本青绿设色。纵 121.3 厘米，横 83.2 厘米。画一连楹瓦舍，跨筑流泉之上，舍内一人解衣纳凉，童子在旁侍立。绕舍树荫浓密，林后用荷叶及解索皴法画峦头，回折而上。构图熨帖，画笔爽健，在盛子昭画中，亦是精品。无款，左下角有"盛懋"、"子昭"二印，诗堂有董其昌题"元盛子昭真迹"六字。此图曾经李佐贤收藏，并在《书画鉴影》著录，此后画归何人，何时流往国外，均待考。

元张彦辅棘竹幽禽图轴

纸本水墨。纵 63.5 厘米，横 50.8 厘米。画嫩竹老竹各一竿，庭石一拳，石后荆棘枝上栖小鸟一双。斜坡之外，用淡墨作萱花，园林清绝之致，跃然纸上。左侧款两行："子昭偕周正巳过太乙宫，彦辅为作棘竹幽禽图以赠之，时至正癸未三月十七日也，濮人吴孟思书。"所以这画是公元 1343 年，张彦辅给他的画友盛子昭作，而吴孟思替他署款的。此外尚有杜本题跋，及潘纯、林泉生、凌翰、邵宏远等六家题诗。杜、潘都是同时人，其他四人想也是与他们诗文往来的朋友。按张彦辅号六一，善画山水，兼工画马。但他的画流传甚少，所见仅此一幅，他虽不是一位尽人皆知的大画家，但这幅画实在比大画家的作品还要宝贵些。

以上记甘泽滋城奈尔逊美术馆所藏十件

宋周东卿画鱼卷

纸本淡设色。高尺余，长约二丈，确实尺寸失记。画各色鱼，鲦、鲫、鲇、鲂、鲤、鳜等无不备具，此外还有几种不知名者，更杂以鱼苗和虾，用弱藻长荇，映带衬托，铺陈成为一个长卷。鱼及荇藻都极得势，有游潜回泳，随波漾荡之致。画法多用墨渍染，不甚见笔。

鱼睛及鳍尾略用淡红花青等色，中有两鱼是用红蓝两色染成斑纹的。款在最后，题曰："非鱼岂知乐，寓意写成图，欲探中庸奥，分明有象无。至元辛卯春仲临江周东卿作。"下钤"东卿"方印。字迹生率，不是书家书，但意态自然，不似伪作。周东卿与文天祥同时，是南宋人而入元者，所以这幅画是在至元二十八年（1291）画的。卷上有乾隆三玺，但不见石渠著录，首尾还有南海伍元蕙的收藏印，知道光、咸丰间此画在广东。纽约市美术馆是从英国人巴赫（A. W. Bahr）那里买来的。

元钱选归去来图卷

纸本青绿设色。高 26 厘米，长 106.7 厘米。卷左画一篷门，杨柳围绕，两童子立门前相迓。右半童子摇一篷船，陶渊明立船头，举手遥指。远山用青绿染，墨点上加绿，坡石岸侧墨笔勾后用金重一遍，画法古拙厚重，与观鹅图卷及现藏故宫的观梅图卷同一笔调。画后本幅上有舜举自题五言诗一章，幅中部乾隆题七绝一首。卷后有大德庚子（1300 年）鲜于伯机书归去来辞，字不佳，当是赝本。卷上项墨林收藏印有十数方之多，乾隆各玺亦累累。此卷张丑《真迹日录》二集三集及《石渠宝笈二编》均经著录。张丑称伯机字妙，后并有沈周、章宪二家题诗，今无之。或许是伯机字与沈、章二诗同时被人割去，而换了一个摹本在后面。纽约市美术馆得此画在民国初年，为福开森经手所购一大批中的一件。他们一向放在库房中，不加注意。闻近年王季迁去美，始为拣出。

以上记纽约大都会美术馆所藏二件

宋范子珉牧牛图卷

纸本水墨。高 26.2 厘米，长 275 厘米。写野塘沙岸，村童放牧的景致。起手画四童子各骑牛背上，两犊随行，稍后两童子划地赌棋，两童子持枝戏弄草蛇，群牛在地上卧立，更后四童子也骑在牛背上，两牛在水塘中，一牛欲下，一牛已达对岸，远景一牛犁田。画法半工半写，渍染要比勾勒来得多，气息确是宋人。款"子珉作"楷书三字，是后人添的。前半有乾隆题七言二绝句，卷后有牟巘、姚式、赵孟淳及袁克文等跋。牟巘跋中说到此画作者的一句，字迹被人刮去，但隐隐有道流等字样。是否为原文未刮尽，抑是刮后再添，特意来切合范子珉道士的身份，尚难断定，因此画虽为南宋人作，但究竟是否为范子珉，也待考了。至于收藏经过，书尾有"白雪楼"印，据袁克文考证为明诗人李于麟印记。乾隆时入清宫，在《石渠宝笈二编》著录。慈禧时赏与缪素筠，由缪转入袁克文手。芝加哥美术馆是 1941 年经美国人聂克逊（S. M. Nickerson）捐赠的。

以上记芝加哥美术馆所藏一件

宋人摹周文矩宫中图卷（图11）

原卷据现所知，被分割为四段。甲为潘雪维尼亚大学博物馆所藏，存人物二十二，曾目见，尺寸失记。乙为哈佛大学福格美术馆所藏，存人物二十三，曾目见。高 25.7 厘米，长 177 厘米。丙为美人拜伦逊（B. Berenson）所藏，存人物十六。拜伦逊久居意大利，此画已携往，仅见照片，未见原作，尺寸亦不详。丁为英人大维德（P. David）所藏，现在美国，未见原件，仅见缩小影本，

图11　宋人摹周文矩
宫中图卷（局部）

刊在伦敦中国艺展英文目录中，人物数目失记，尺寸亦待查。原卷后有张澂跋，现附甲段后，字迹为南宋人无疑。略称周文矩宫中图，写妇人小儿八十一人。相传是真迹，藏朱载家，而这本是有人临摹了送给他的云云。张澂跋于绍兴庚申（1140年），那么这本系南宋人所临，无可疑。乙段外签被人题作张萱宫女演乐图，不足信。原卷已往鉴赏家称之为周文矩唐宫春晓卷，见张丑《真迹日录》及《式古堂书画汇考》著录。《真迹日录》提到张澂跋，卞书则录跋文，且在标题下注明"一名宫中图"，所以确知唐宫春晓图即宫中图。画虽淡设色，实即一幅白描，衣纹简而有力，张丑称它像一件画稿，确有见地。妇女面貌丰满，高髻长襦，唐代的风格甚浓，这是因周文

矩去唐未远的原故。甲、乙、丙各段绢色不大一样，尤以甲段颜色最浅，于此可推知原卷被分割的时期一定很早，因收藏的情形不一样，绢色也就不同了。

以上记潘雪维尼亚大学博物馆所藏一件

元钱选草虫图卷

纸本设色。尺寸失记，据《虚斋名画录》著录为高八寸四分，长三尺七寸七分。画残荷水草，秋塘景色，蚱蜢、蜻蜓，以及细至蟛蟛，无不跃跃欲生。荷叶上画三青蛙，蹲坐及曳足欲前的情态，完全被画者攫得。总之此卷之中，无一物不从实地观察中来，而全幅色调之调和，也是它独到之处，在我国这一类题材的画中，是一件极重要的作品。但画虽绝佳，在传世可信为钱选画

中，无与此笔致相近者。款行书"吴兴钱选舜举"六字，在卷左上角，字亦可疑。卷有柳贯、应谦、岑师吉、柯九思、滕用亨、杨青、林俊、文嘉等八家跋。其中柳、柯、文等跋皆可断定为伪作。所以此画究竟是否为钱选作，现在大有疑问，但并不会因此而影响到画的价值。汪砢玉《珊瑚网》及《式古堂书画汇考》都著录钱选草虫图卷，有荥阳郑彝跋，当是另一本。第特洛收到此卷在1929年左右，是从庞虚斋手中买去的。

以上记第特洛美术馆所藏一件

宋刘寀落花游鱼图

绢本设色，无款及题跋。高26.4厘米，长252.4厘米。画桃花覆水面，游鯈成队，唼喋落花。画法与纽约大都会美术馆所藏周东卿画鱼卷有相近处，也以渍染为多，不甚见笔。外签为梁清标书"北宋刘寀落花游鱼，蕉林珍玩"十二字。美国人不知爱惜，用钢笔直接写编号及译名在题签上，可惜之至。引首有文彭隶书"落花游鱼"四大字，幅上钤梁清标收藏印，及"乾隆鉴赏"、"御书房鉴藏宝"等玺。更为值得一记者为此卷之紫地鸾兽缂丝包首，审其图案丝质，确是宋物。卷见《石渠宝笈初编》著录，何时自清宫中流出，及如何流出国外，均待考。

以上记圣路易美术馆所藏一件

宋李公麟华严变相图卷

纸本淡设色。蓝地水仙石榴花纹宋缂丝包首。高34.9厘米，长1112.5厘米。白描画诸变相，上各有楷书标名，人面手臂略用赭色染。观其衣褶及运笔，确属李龙眠体系。画后有苏庠、虞集两跋。

此画在中国绘画中是非常有名气的，元明清收藏印鉴有数十方之多，并经张丑《清河书画舫》、汪砢玉《珊瑚网画录》、卞永誉《式古堂书画汇考》、吴升《大观录》、高士奇《江村销夏录》及《秘殿珠林二编》等书著录。对于此卷的看法，以往的鉴赏家意见不太一致。张丑认为它是龙眠真迹，但比吴道子的天王送子及天龙八部两卷学力天分皆不如。项墨林则认为龙眠原本已不知流落何处，而此为旧摹本。(项原有题此卷一跋，载《式古堂书画汇考》，现卷后此跋已不存，想因说此卷为摹本，被后人割弃。)吴升则认为此卷真而且精，是无上逸品，并谓以项墨林收藏之富，而认为是假，说出这样外行话来，一定要被世人耻笑云云。仔细阅读原画之后，得出来的结论还是项墨林的看法为可信。假如我们以五马图为李龙眠画的标准，那么此卷实在比不上，一定是后人临摹，而非龙眠真迹。即以常理来推，此卷原为墨林所有，自己的收藏而肯说它是摹本，一般的收藏家是不肯说的，这倒是项墨林忠诚老实的地方。此画元代为周公谨所藏，明清两代曾经严持泰、吴城顾氏、项墨林、高江村等家收藏，乾隆时入清宫，是溥仪在东北散出的书画中的一件。我们姑且不论此卷是否为李龙眠真迹，以其在中国绘画中的名声及流传经过来说，已经够得上称为国宝。

元钱选观鹅图卷

纸本青绿设色。高23.5厘米，长91.4厘米。左侧画面水一亭，半为丛树所遮，一老人扶亭槛观水中游鹅，童子一人，在后侍立。右侧远景画平林茅屋，上有远山数叠。画后本幅上自题七绝一首，押鹅韵，款署"吴兴钱选舜举"。乾隆和诗一首，写在亭上空白间。引首乾隆书"山阴逸兴"四字。卷后有乾隆时代梁诗正、汪由敦等六家和诗。此后自陈宝琛起至商衍瀛止，和诗有四十余家之多，清末以来在溥仪左右的人物，差不多都在其内。最后几人书"康德"年号，是在伪满题的。此卷见《石渠宝笈初编》著录，列上等。自东北散出后，经王季迁手售出。

以上记卢芹斋处所见二件

原载《文物参考资料》1950 年第 11 期

1949 年由美回国不久，故宫博物院购得由清宫佚出的李衎梧竹兰石四清图卷。经张珩、徐邦达两先生鉴定，认为与奈尔逊美术馆所藏墨竹卷原为一卷，而"仲宾为玄卿作"六字乃后添。

1994 年 5 月世襄再记

西晋陆机《平复帖》流传考略

故宫博物院历代法书展览陈列在最前面的西晋陆机《平复帖》（图1），是一件历史上和艺术上有极端重要价值的国宝。我国的书法墨迹，除了发掘出土的战国竹简、缯书和汉代的木简等外，历代世上流传的，而且是出于有名书家之手的，要以陆机《平复帖》为最早。今天，上距陆机（261—303年）逝世已有一千六百五十多年。董其昌曾说过，"右军（王羲之）以前，元常（钟繇）以后，惟存此数行为希代宝"（平复帖跋）。实际上在清代弘历（乾隆）所刻的《三希堂法帖》中位居首席的钟繇《荐季直表》并不是真迹。明代鉴赏家詹景凤早就有"后人赝写"的论断。何况此卷自从在裴景福处被人盗去后，已经毁坏，无从得见。在传世的法书中，实在再也找不出比《平复帖》更早的了。

鉴于《平复帖》如此之重要，这篇短稿想简略地谈一谈它的传世经过。千百年来的史料不仅有力地证明了它是一件"流传有绪"的墨宝，同时还可以认识到前人对这件古代的名家法书是怎样珍惜重视的。

《平复帖》的流传，最早可以上溯到唐代的末年。据宋米芾的《书史》和明张丑的《真晋斋记》，《平复帖》是所谓《晋贤十四帖》中的一件，它原来与谢安《慰问帖》同轴，上面有唐末鉴赏家殷浩的印记。这方收藏印盖在帖本身字迹的后面，靠近边缘，长方形，朱文，颜色虽极暗淡，但"殷"字上半边，"浩"

图1　西晋陆机《平复帖》

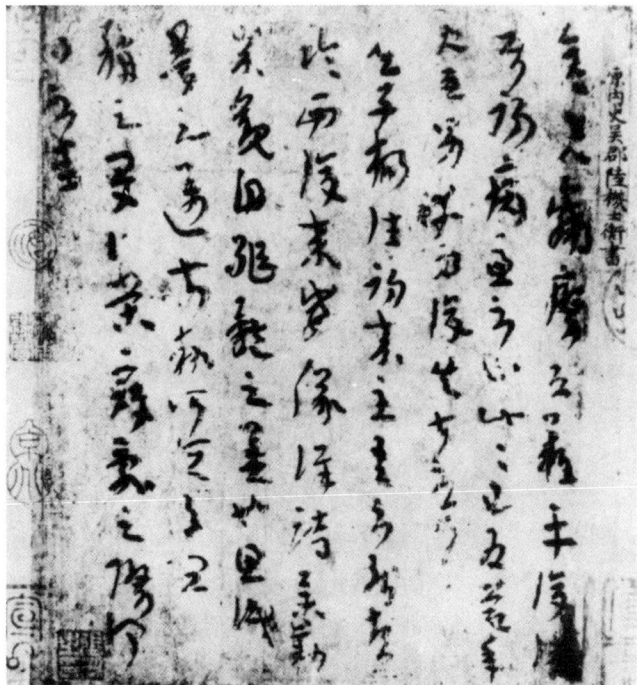

① "肯"，《吴其贞书画记》原作"青"，疑误。

② 卷中有白文"王纲私印"一章，盖在后隔水。原有较小的一印经剜去，而王纲印是补盖在上面。从该印的篆文及印色来看，像是明末清初时的图章。查清初时人王纲，字燕友，号思龄，合肥人，是一个理学先生，但并未查出他藏过《平复帖》。

字的右半尚隐约可辨。此外据说卷中还有王溥等人的印，现在未能找到，可能是因为盖在《慰问帖》或其他帖上的原故。

米芾在他的《宝章待访录》中，将《晋贤十四帖》列入目睹部分，而在他著书的时候（1086年），帖藏驸马都尉李玮家。李玮是从哪里将十四帖买到手的呢？《书史》记载他自侍中王贻永家购得。王贻永的祖父就是王溥。

说起王溥祖孙及李玮，都是历史上相当有名的人物。王溥字齐物，就是《唐会要》及《五代会要》的作者，在后汉、后周及宋历任显要职位。《宋史》称其好聚书，至万余卷，并多藏法书名画，原来是五代末宋初的一位大收藏家。王贻永字季长，是王贻正之子，原名克明，因娶宋太宗女郑国长公主而改名贻永，使他与父叔辈同排行，咸平中（约1000年）授右卫将军驸马都尉。他在当时防治水患的工程中有过一定的成绩。李玮字公炤，娶仁宗兖国公主，在辈分上要比王贻永小两辈。他是一位书画家，善水墨竹石，又能章草飞白，因此他对古人的法书是特别爱好的。

从上述的线索中，我们可以概略地知道《平复帖》自唐末殷浩的手中流出后，到了王溥家，在王家保存了三代，被李玮买了去。

李玮与宋代的帝室既有亲戚关系，他逝世又在哲宗之时（《宋史列传》："李玮卒，哲宗临奠哭之"），所以继哲宗即位的，对法书名画爱之入骨、刻意搜求的宋徽宗（赵佶），自然会注意到李玮的收藏。《平复帖》大约就在这个时候进入了宋御府。在宣和二年（1120年）成书的《宣和书谱》（从余绍宋先生说）

卷十四中著录了《平复帖》。赵佶除了在月白色的绢签上用泥金题了"晋陆机平复帖"瘦金书六个字（绢签现贴在前隔水的黄绢上）外，还在卷中盖了"双龙"、"政和"、"宣和"等玺。

《平复帖》在什么时候从宋御府中流出，确实年代未能考出，但知道元代初年，它在民间。吴其贞《书画记》著录得很清楚，济南张斯立、东郓杨肯堂①曾于至元乙酉（1285年）三月己亥在《平复帖》后题写观款，此外还有云间郭天锡、滏阳马昫的观款。至于他们题观款时《平复帖》的主人是谁，尚待查考。

明代万历年间，《平复帖》到了长洲韩世能的手中。世能字存良，隆庆二年（1568年）进士，是一位大收藏家。张丑编的《南阳法书表》和《南阳名画表》，中有一百几十件书画，就是韩氏一个人的收藏。

《平复帖》在韩世能的手中时，经过了许多位名家的鉴定。以文才敏捷著名的李维桢，在《答范生诗》中有"昨朝同尔过韩郎，陆机墨迹锦装潢，草草八行半漶灭，尚道千金非所屑"，说出了韩世能对于《平复帖》的珍视。詹景风在《玄览编》中也提到它，认为这是一件笔法古雅的真迹。在万历十九年（1591年）董其昌为《平复帖》题签，现在卷中的第三个题签——"晋陆机平复帖手迹神品"十字，未署名，也无印记，可能就是董其昌写的。十三年后，万历三十二年（1604年），董其昌又写了一段跋，现在还在《平复帖》的后面。陈继儒在《妮古录》中也讲到它，认为陆机用笔与索靖很相似。

韩世能死后，《平复帖》传给他的

儿子韩逢禧（号朝延）。韩逢禧与张丑是非常熟的朋友（张丑《南阳法书表序》："朝延以余耿尚，时接讨论"），在崇祯元年（1628 年）张丑从韩逢禧手中将《平复帖》买来。他在万分欣喜之下给自己取了一个室名——"真晋斋"，还做了一篇《真晋斋记》，载在《真迹日录二集》。记中他说古来以"宝晋"名斋，自米芾始，但据他看来，米芾未必得到真正晋人的墨迹。韩家的收藏虽富，但其他的名迹，都无法与《平复帖》比拟。获此鸿宝，他真有"踌躇满志"之慨。

崇祯癸未（1643 年），明代亡国，张丑在同一年逝世。又过了十七年，吴其贞于顺治庚子（1660 年）的五月二十二日在葛君常那里看到《平复帖》。这里，元代张斯立等四个人的观款，已被他割去卖给了归希之，配在赝本的勘马图后面。

《平复帖》在这个时候不仅遭到题跋被割裂的不幸，从吴其贞的语气中还可以看出当时一定有不少人认为《平复帖》是伪迹。因为《书画记》中有这样几句话："此帖人皆为弃物，予独爱赏，闻者哂焉。后归王际之，售于冯涿州，得钱三百缗，方为余吐气也。"

葛君常是何许人，尚未查出，大概是一个利欲熏心的古董鬼❷。王际之也待查，不知与卷中盖有收藏印的王纲是否是一人。冯涿州则为刻《快雪堂帖》的冯铨。

吴其贞的记载，确是有关《平复帖》的重要文献，它不仅告诉我们此帖在清初时的辗转经过，还说明了为什么现在帖中已找不到张斯立等元朝人的观款。

大约《平复帖》到冯铨之手不久，便归了真定的梁清标。安岐在他的《墨缘汇观》中讲到"余得见（《平复帖》——笔者注）于真定梁氏"。梁清标在卷中钤盖了多方收藏印记，并将《平复帖》收入他所摹刻的《秋碧堂帖》中。

安岐虽然只说在梁家看到《平复帖》，但《墨缘汇观》中所著录的书画，都是他自己的藏品，而且卷中的收藏印如"安仪周家珍藏"、"安氏仪周书画之章"，更可以证明此卷确曾为安岐所有。

梁清标（1620—1691 年）字玉立，一字苍岩，号棠村，又号蕉林，明崇祯进士，顺治初降清，官至保和殿大学士。安岐（1683—1746？）字仪周，号麓村，先世原是朝鲜人，入旗籍。这两个人都是清代前叶鼎鼎大名的收藏家兼鉴赏家。

《平复帖》从安岐家中散出，入清内府，确实时代，连成亲王永瑆都说"其年月不可考"（见《诒晋斋记》）。但大致的年代是可以推得出的，应该是在乾隆十一年丙寅（1746 年）或稍后。安岐在《墨缘汇观》中所提到的最后一个年代是乾隆甲子（1744 年），那年他六十二岁，还买进了钟繇的《荐季直表》；但他已有"久病杜门"及"衰朽余年"等语，可见身体已很不好。《石渠宝笈初编》著录的黄公望《富春山居图》，后面有弘历的题跋，中称："丙寅冬，安氏家中落，将出所藏古人旧迹，求售于人，持富春山居卷并羲之《袁生帖》、苏轼二赋、韩干画马、米友仁潇湘等图共若干种以示傅恒……"可能 1746 年时，安岐已逝世，而《平复帖》就在这一批书画中经傅恒的手卖给了弘历。

据永瑆《诒晋斋记》，《平复帖》原来陈设在寿康宫（即现在故宫博物院陶瓷馆所在地）。乾隆四十二年丁酉

（1777年），孝圣宪皇后钮祜禄氏（雍正帝胤禛之妻，弘历的生母，永瑆的祖母）逝世，《平复帖》作为"遗赐"赏给永瑆作为纪念品。从这时起《平复帖》到了成亲王府，永瑆给他自己"取了一个室名——'诒晋斋'，并曾作七律、七绝各一首"，均载《诒晋斋记》中。

一向也有人怀疑过，弘历酷爱书画，凡是名迹，无不经他一再题跋。为什么独有《平复帖》既未经弘历题写，也无内府诸玺，更没有刻入《三希堂法帖》❶。据傅增湘先生的推测，就是因为此卷陈设在皇太后所居的寿康宫，弘历就不便再去要回来欣赏题写的原故（见卷后傅增湘跋）。《清史稿》后妃传中讲到弘历曾为他的母亲钮祜禄氏做60岁、70岁、80岁三次大寿，每次寿礼都送大批奇珍异宝，其中包括法书名画。假如弘历得《平复帖》在1746年以后，而将它送给钮祜禄氏作为六十岁（乾隆十六年，1751年）的寿礼，那么其间就没有多少时间来供他仔细欣赏并题写跋语了❷。

《平复帖》在永瑆之后，载治曾钤盖了"载治之印"及"秘晋斋印"两方收藏图章。载治是奕纪的儿子，而过继给了奕纬；奕纪是绵懿的第三子；绵懿是永瑆的第二子，而过继给了永璋（永瑆的三哥）。从上列的世裔，可见《平复帖》如何从永瑆传给他的曾孙——载治的经过。

载治卒于光绪六年（1880年），那时他的两个儿子溥伦和溥侗才只有几岁。光绪帝载湉派奕䜣（道光帝旻宁第六子，封恭亲王）代管成王府的事务。奕䜣知道《平复帖》是一件重宝，托言溥伦等年幼，为慎重起见携至恭王府代

为保管。从此他便据为己有，卷中"皇六子和硕恭亲王图章"就是他的印记。这桩公案是听熟悉晚清宗室掌故的人说的，应该有一定的根据。证以翁同龢日记，他于辛巳（1881年，即载治逝世第二年）十月十日，在李鸿藻处见《平复帖》，那时已归恭王府所有，在时间上也是符合的。

宣统二年（1910年）奕䜣之孙溥伟在帖上自题一跋，称"谨以锡晋名斋"，他并将永瑆的《诒晋斋记》及七律、七绝各一首抄录在后面。

辛亥革命（1911年）推翻了清室，溥伟逃往青岛图谋复辟，《平复帖》就留给了他在北京的两个弟弟——溥儒、溥僡。1937年溥儒等因为母治丧，亟须款项，将《平复帖》以四万元的代价，售给张伯驹先生。次年正月及十月傅增湘及赵椿年两先生各在卷后题跋。傅跋在叙述此卷近世的流传大略之后，解释了何以此帖未经弘历品题及收入《三希堂法帖》的原因。赵跋则辨正翁同龢日记说此帖经恭亲王赠给李鸿藻，并非事实，只是借观数月而已。这一点是经询问了李鸿藻的长子李符曾才弄明白的。两篇题跋对考查《平复帖》的近代流传经过，都很有帮助。

民国三十一年（1942年）《平复帖》经清苑郭立志摄影印入《雍睦堂法书》，后附启功先生的释文。历来鉴赏家都认为《平复帖》"文字奇古，不可尽识"，张丑《真晋斋记》仅释读了十几个字，日本刊印的《书道全集》在卷末说明中，梅园方竹也只试释了六个字，而且还将第一行的"瘵"字误释作"虏"字。据我所知，启功先生是将《平复帖》的全文释读出来的第一人。

❶ 李兆洛《养一斋续编》"跋陆士衡平复帖"称"此帖刻于《三希堂法帖》中"，误。

❷ 或谓《平复帖》是钮祜禄氏陪嫁之物。查钮祜禄氏嫁胤禛在1703年，如《平复帖》果系陪嫁之物，便不可能再到安岐的手中，故上说不可信。

图2 陆机《平复帖》紫檀匣，1994年初在北京市场上出现，经史致广同志捐赠给故宫博物院

1956年1月，张伯驹先生将《平复帖》连同唐杜牧之书《张好好诗》卷，宋黄庭坚草书卷，蔡襄自书诗册，范仲淹《道服赞》卷，吴琚书杂诗卷，元赵孟𫖯草书《千字文》卷等法书名迹一齐捐献给政府。从此这些著名的墨迹将得到国家的保护，永远成为全国人民所共有的瑰宝。

关于《平复帖》的流传经过，作者大略地知道上面这一些。最后必须指出：像《平复帖》这样一件烜赫巨迹，文献材料是丰富的。由于作者对于书画方面的知识有限，又没有能深入调查研究，所以错误和遗漏一定难免。譬如元初至明万历年间约三百年的流传经过还是一段空白；清初时期曾经哪些人收藏过也知道得不够清楚。希望读者予以指正和补充。

原载《文物参考资料》1957年第1期

谈展子虔《游春图》

展子虔是北齐至隋之间（约550—600年）的一位大画家，擅长山水人物，《宣和画谱》称他："写江山远近之势尤工，故咫尺有千里趣。"

经赵佶（宋徽宗）题为展子虔作的《游春图》，是这位画家传下来的惟一作品。他在一幅两尺多长的绢素上，用妥善的经营，丰富的色调，画出了春光明媚的湖山景色。画卷初展，近处露出倚山俯水的一条斜径，两个人骑马，一前一后地跑来。路随山转，却被石坡遮住，直到有妇人伫立的竹篱门首，才又宽展。这里一人骑马，手勒丝缰，正要转弯，

画家攫捉住刹那间他蓦地回头的神态。更远一些，有一人骑马，右臂挟着弹弓，缓缓而行，朝前面一座朱栏的木桥走来，后面跟随着两个童子。山隈岸侧，树木映带，枝头点簇着繁花。这画起手一段，那些欣欣向荣的树和络绎喧炽人物的活泼气氛，就被这条路贯串到了一起。木桥的后面，山涧里飞泻着流泉。涧左有整齐的人家，涧右山坳环抱着寺观。再往上看去，尽是一叠一叠的青山和冉冉欲起的白云。

卷子中部画出了广阔的平波。一条木船，高篷四无遮碍，正宜远眺。船中

隋展子虔《游春图》

坐着三个女子，一人举手遥指，她们仿佛在谈论湖光山色。船尾的男子，从容不迫，荡着柔橹，处处都显示出了这是游艇，不是渡船。激滟的水势，斜着向左上角展开，愈远愈淡，直至与遥天冥然相接。

画幅左端邻下一角，又是陂陀花树，围绕着山庄。靠近水涯，两人袖手而立，也在欣赏这无边的春色。

看了这幅画，我们感觉到《宣和画谱》对他的评语"咫尺有千里趣"，信非虚誉。比起更早的山水画，所谓"水不容泛，人大于山"的画法，已经成熟很多了。

从布局来说，《游春图》是非常出色的，至于具体到树石人物的画法，它又是怎样的呢？明代鉴赏家詹景凤曾仔细观察过这个卷子。他写道："其山水重着青绿，山脚则用泥金。山上小林木以赭石写干，以水沲靛横点叶。大树则多勾勒，松不细写松针，直以苦绿沲点。松身界两笔，直以赭石填染而不作松鳞。人物直用粉点成后，加重色于上分衣褶，船屋亦然。此始开青绿山水之源，似精而笔实草草。大抵涉于拙，未入于巧，盖创体而未大就其时也。"

拿上面的一段文字与原画参校着看，詹氏的描述基本上是真实的。《游春图》的一个特点是只用勾勒而不用皴擦。在后代的山水画中，树石的皴擦是极端重要的表现手法。这件作品，空勾无皴，而对物质的表现仍能如此曲尽其妙，这一方面固由于它是以小幅写大景，树石的空白不多，处理较易；但设色的成功，在这里还是起了决定性的作用。

詹景凤说此画的山上小林木是"以水沲靛横点"的，这却与原画并

不符合。细看山上小树的画法是先用墨笔画细圈，三五个成一组，然后填花青❶。这种画法在后来的山水画中，却举不出更多的实例。他如沙洲汀脚是用细密的点子点成的；花树的枝干疏直，不用交搭取势；钩云齐整，近似图案；夹叶树有的像钉耙，有的像雀爪，这些都充满了古拙的趣味。总之，从画法上来说，它确是早期山水画中一幅有代表性的作品。

前代的鉴赏家如汤垕、詹景凤、张丑、安岐等人都曾说过展子虔开唐代李思训、李昭道金碧山水一派。古代名迹他们见得多，所下的结论是有根据的。在目前，李氏父子的画虽举不出准确可据的作品，但从传为唐人所作的《金碧山水殿阁图》及宋人摹李昭道的《九成宫图》❷等画中，还是可以看出展子虔怎样为唐代的这一画派开辟了途径。首先是画家将自身处在远方，以遥摄全景的方法作画；山水比例相当小，因而人物更小，改变了前代以人物为主的常例。其次是山石多用勾勒，金碧山水虽已不是空勾轮廓，但皴法还是不离勾勒的笔法。至于设色，重青绿及泥金的运用，更是受展子虔的直接影响。我们从金碧山水可以看出它是展子虔画法进一步的发展，及至南宋的赵伯驹、赵伯骕，勾皴设色，种种画法就更纷然大备了。

《游春图》是一件流传有绪并为历代鉴赏家所珍视的名画。它自从经赵佶题签之后，大约在宋室南迁之际，即行散出，经胡存斋、张子有❸等人之手而归贾似道所有，卷上盖有他的"悦生"葫芦章及"封"字等收藏印。宋亡，此画到元成宗之姊鲁国大长公主的手中，冯子振、赵岩、张珪等曾奉命赋诗，题

❶ 主峰右侧有一组小树圈而未填色，画法可以看得很清楚。

❷ 《金碧山水殿阁图》现藏故宫博物院，《九成宫图》现在美国波士顿美术馆。

❸ 见宋·周密《云烟过眼录》。

写卷后。明朝初年，此卷又为明内府所有❶；后又到了严嵩的家中。文嘉编的籍没严家的账目——《钤山堂书画记》中记载了这个卷子，约在万历年间，此卷为长洲收藏家韩世能所藏。张丑为韩氏编《南阳名画表》，在"山水界画"一栏中将它列居第一。世能去世，传给了他的儿子韩朝延，董其昌曾为题一跋，张丑也填"东风第一枝"词一阕，以"远水生光，遥山叠翠"来形容这卷的画境。随后此卷被张丑的侄子张诞嘉买去，因而张丑获得时常观览的机会。他称此画具备"十美"❷，堪称"天下画卷第一"。入清后，《游春图》经梁清标、安岐等人之手而归清内府。溥仪出宫，此卷被携至长春。东北解放，它又散出，为张伯驹购得，现藏故宫博物院。

上面是《游春图》流传的大略情形，传世经过，斑斑可考；但也还有两点值得提出谈一谈。其一是阮元著的《石渠随笔》及他参加编纂的《石渠宝笈续编》都说《游春图》就是唐裴孝源《贞观公私画史》所著录的展子虔《长安车马人物图》。这一说是不可信的。因为画中有马无车，且景物全是江南，绝无长安景象。同时张丑《清河书画舫》中明明两件一并著录，并称《长安车马人物图》在《游春图》上。另一点是此卷虽经赵佶题签，但《宣和画谱》所著系展子虔的二十件作品中却无《游春图》之名。这是什么缘故呢？一个可能是此卷进入宋内府已在《宣和画谱》成书之后，所以不及收入。但引人注意的是二十件之中有一幅名《挟弹游骑图》。安岐在《墨缘汇观》叙述此画时，特地讲到"游骑有四，内一挟弹者"。他虽未提到此图可能就是《宣和画谱》所著录的《挟弹游骑图》，但他在两句之中嵌用了"挟弹游骑"四字，分明是意有所指的。按理说，《宣和画谱》所著录的画名应该与赵佶的题签相合。但画原有名，而赵佶在题签时另为更易，也不是绝对不可能的事。就画论题，"挟弹游骑"与此卷的景物是吻合的，但"游春图"三字似乎更能概括整个画卷的情景和气氛。会不会就是因为这个缘故而赵佶为它改换了名称呢？当然，现在很难找到更多的证据来证实上面的臆测，而这里只当作一个线索提出来供大家参考而已。

原载《中国画》创刊号，1957 年第 1 期

纯阳殿、重阳殿的壁画

山西芮城县永乐宫的纯阳殿，又名混成殿，俗称吕祖殿，内有壁画共 203 平方米。

分布在东、西、北三壁上的是《纯阳帝君神游显化之图》，从吕洞宾降生起，择取有关他的传说故事，绘成组画 52 幅，合起来构成一部画传。壁画上下分栏，垂直着安排两幅，然后再横着展列下去。每幅自成章法，但幅与幅之间，又用山石云树巧妙地连接起来，不知不觉地由一幅过渡到另一幅。这种分幅而兼通景的画法，即使段落分明，全图又极为完整。在每幅的上角，有一方榜题，是画传的文字说明。

大家知道，吕洞宾的故事多荒诞无稽，封建迷信色彩极为浓厚，但其中许多是民间口头流传，经过长期积累，内容才丰富起来的。因而它必然会反映出阶级社会的形态面貌和思想感情。例如女尼产子，当时的卫道者拒绝她求宿，更不许进入醮坛，逼得她将孩子摔死。所谓"慈悲"竟是这样地狠心残酷。故事发展成为女尼腾空而去，显然人民对她的遭遇是深寄同情的[1]。宫中妖怪作祟，方士林灵素没有办法，却被吕洞宾治得服服帖帖。吕对皇帝说乃"陛下性尚奇怪，心多不正"所致。难道这不是对统治者的大胆讽刺[2]？类此的故事，宋代已经产生[3]。林灵素虽为徽宗宠信，人民却甚厌恶，所以抬出个吕仙来压倒他。读此就更可以明白为什么宣和初林灵素上城治水，险遭役夫梃击了[4]。饭肆中有仙人字迹，远近轰动，待太守去看时，却一无所见，而榜题以"太守无知空自呆"的诗句作结束[5]。这是百姓对官员的嘲弄。曹国舅搭渡船，将御赐金牌丢入水中，吕洞宾才肯收他作弟子[6]，说明恃权仗势，高高在上的人是成不了神仙的。吕仙在成都市上施舍丹药，备受世人欺凌，他笑道："人人都想求仙，待真仙来到，反无人识。"[7]这也是一则语意隽永的寓言。榜题中吕仙为人治疗疾病的故事不止一个，如绛囊裹药、愈疟百人[8]、掐纸治瘵[9]、点药医盲[10]等都表达出人们对疾病作斗争的愿望（图1）。当然另一方面也能看出上层阶级却利用人民这种良好但又愚昧的愿望，进行因果报应、迷信宿命的宣传，来巩固、加强他们的统治和剥削。透过荒诞无

① 《神化怀孕师尼》第 40，西壁。

② 《宫中剿祟》第 30，西壁。

③ 《宣和遗事》有吕洞宾斗林灵素故事。

④ 见《宋史》卷四六二《林灵素传》。

⑤ 《长溪觅斋》第 50，北壁西部。

⑥ 《神化度曹国舅》第 10，东壁。

⑦ 《成都施丹》第 28，西壁。

⑧ 《神化赐药马氏》第 17，东壁。

⑨ 《救赵监院》第 27，西壁。

⑩ 《救苟婆眼疾》第 25，北壁东部。

图 1　纯阳殿壁画北壁东部（点药医盲）

图 2　纯阳殿壁画西壁（神化赵相公）

图 3　纯阳殿壁画东壁（瑞应永乐第一）

稽的表面，我们还是可以从这些故事中看到一些封建社会的实质。

几乎每幅都会引人注意的是画家用写实的笔法描绘出当时的居室器用、服饰衣冠、生活习俗，为研究宋、元社会情况提供了很好的资料。吕仙武昌卖墨一幅，楼阁高耸，有飞梁与崇台相接，画家意在用黄鹤楼来突现当地的特色❶。千道大会，宫阙巍峨，连甍列栋，俨然是帝京景象❷。这些都是很好的建筑画。遇仙桥一带，池生菡萏，水狷鸥凫，胜景宜人，水榭虚亭，用纵横的平桥连接起来，真是耐人漫步❸。上清宫依山筑阁，卧水通桥，修竹便娟，垂柯掩映，墙垣低处，方亭翼然❹。都能将园林的意匠经营，传于画堵。他如道士设醮坛，位牌齐列，果供毕陈，与会之众，或拈香参拜，或拱笏朗宣，远处还有人忙着备馔食，将道场画得有声有色❺。赵相公门右有三间私塾，学童们并坐一排，若有所语。先生书卷在握，一儿立案前，深深躬揖，正是在背书前尊师施礼的情景(图2)❻。这些画都有浓厚的生活气息。

画家采用的是鸟瞰透视的传统技法，处处都能看出善于构图的本领，而保存得比较完整的若干幅，就更加显出了作者的才能。例如状写纯阳降生一幅，母亲坐在后堂床上，右侧两女为婴儿沐浴，瑞光五色缤纷，自儿身射出，与屋顶的祥云相接，上有白鹤，回翔欲下。院内过厅前，有童子举手仰瞩。大门外的乘马老叟与随从三人，视线也都集中在飞鹤上。这样就用重重呼应的手法突现了画中的主题。画家之所以能将榜题的"众见有一白鹤自天飞入房中"成功地刻画出来，是仗他妥帖的经营位置来取得的（图3）❼。为了描写何仙姑的日

常生活，近景画出一家药店，主人正在
酬应顾客。门外长松并立，高拂檐际。
松右几个幼童，荷锄挈篮，采药归来，
待向店中去卖。远景陂陀一转，岩壑中
吕仙趺坐，何仙姑跽地致辞，又是授桃
升仙的情景。布局层次自然，似乎毫不
费力便将不同的片段组织在一起❽。至
于壁画的具体笔法，山石皴擦不多，简
练有力，山头密树点簇，有范宽遗意。
树叶或勾或点，随宜而施，颇多变化。
人物衣纹，兼用钉头蚯线，富有概括
力。以上处处都能看出画法谨严，不失
矩矱。

　　画在殿门两侧南壁上的对幅人物
画，以道观生活为题材。东侧一幅近
景可能有三五人正在搬动供案，惜已
剥落。殿廊上道童七人，或挟经袱，
或捧画轴，或搴帘幔，或制香茶❾，或
削桃摆果碟，或用楔垫桌案，呈现出
准备斋供时一片忙碌景象（图4）。西
侧一幅近景亦有残缺，但供案旁的道
士乐队还很完整。稍上松畔五人，手
执麈扇旗幡之属。松后洞门半启，垂
瀑淙然，清幽的环境和音容并茂的科
仪形成鲜明的对比。正是在这两幅画
上题着禽昌朱好古门人张遵礼、田德
新和李弘宜、王士彦等两组画家的名
姓，并知此殿壁画是在至正十八年
（1358年）秋季完成的。从题名的位
置来看，很可能这两组画家分担绘制
了这殿东、西两半部的壁画。

　　殿中最精彩的一幅要数画在扇面墙
后壁的《钟离权度吕嵒图》（图5）了。
磐石上两人对坐，钟离权前胸袒露，足
着芒鞋，长髯飘然，肤色紫赤，神情则
坦率爽朗，淳朴可亲。吕洞宾白皙有须，
两目凝视，拱手恭听，虽外形静肃，但

图4　纯阳殿殿门东侧南壁壁画道观斋供图

图5　纯阳殿扇面墙后壁钟离权度吕嵒图

内心似有急剧的活动。画家竟能将他们
不同的思想情感，形于笔墨，刻画入微。
石后巨松夭矫，苍翠生寒。左侧山壑深
远，溪水蜿蜒而下。右侧古柏之外，亦
有流泉。近处则奇葩瑶草，错落丛生，
这就是所谓山中日长，尘寰远绝的神仙
境界。

　　以上三堵壁画由于局势宏敞，便于
放笔挥洒，似乎比那些组画收到更好的
效果。

　　朱好古，元襄陵画家，《山西通
志》、《平阳府志》、《襄陵县志》均有

❶《武昌货墨》第16，
东壁。

❷《神化赴千道会》第
43，西壁。

❸画传第20。在北壁东
部，榜题已剥蚀。从
画景为盛夏及桥上有
挑鱼人来看，与《度
孙卖鱼》故事相合，
见清刊本《吕祖年谱
海山奇遇仙迹》卷3。

❹《神化上清庙image》第
46，北壁西部。

❺《神化临晋瓜皮诗》
第38，西壁。

❻《神化赵相公》第39，
西壁。

❼《瑞应永乐第一》，东
壁。

❽《□度何仙姑》第11，
东壁。

❾道童捧牒状物，上有
"香茶"字样，正在
吹去上面的尘土。身
后的案上有同样的牒
状物，还有几具叠着
放的杯盏。此牒状物
似非经册而系砖茶。

1039

图6　重阳殿壁画（怀鱼变蟹）

传❶，当时颇有名，门徒甚众，山西稷山兴化寺就有他和张伯渊等于大德二年（1298年）合作的壁画。

我们知道，唐宋之际，壁画犹极盛行，据《历代名画记》《图画见闻志》《画继》等书所载，当时无虑千百。靖康之乱，宋室南渡，临安一带形成了新的文化中心，道释画家周季常、林庭珪、金大受、陆信忠等均有作品传世。他们虽多画卷轴，其源实出于壁画。留在北方的道释画家，也获得了一定的发展，壁画遗留，山西独多，朱好古正是继承了他们的传统。由于朱好古与周季常、林庭珪等在画派师承上有同出一源的关系，因而用笔布局，颇多似处❷。朱氏倘与同代的画家相拟，差近颜辉❸。晚于朱氏的，则明代的刘俊可能曾受其影响❹。所以朱好古及其门人，可以代表在北方传衍的元代民间道释画派，他们有渊源，也有影响，在画史上是应予以一定的地位的❺。

与《钟离权度吕嵒图》相对的还有在北门门楣上的《八仙过海图》和门两侧的《柳仙图》、《松仙图》。元明杂剧多以钟离权、吕洞宾、铁拐李、曹国舅、徐仙翁、蓝采和、张果老、韩湘子为八仙❻，过海图与此正合。将何仙姑列为八仙之一，在元代则为偶见。据浦江清的考证，何仙姑之于八仙在元代尚在游离状态中，到明嘉靖始确定加入❼。柳仙一说与桃仙成为配偶，经纯阳度化，即明初谷子敬杂剧《吕洞宾三度城南柳》故事；一说他本姓郭，年高体健，自号柳青，又号青青子❽。此图不画桃仙，并从其粗壮的形象来看，当属两说的后者。在柳仙图上有康熙十四年《重修混成殿记》，可知此殿西、北两壁经过修葺的部分是在1675年补画的。松仙与画传第八幅《度老松精》当为同一故事。在这幅画上有至正十八年季秋施钞花名的题记。这是一个重要的题记，因据此我们才知道画传的名称是《纯阳帝君神游显化之图》，同时还可以确定画传也是经张遵礼和李弘宜两组画家画的。

❶ 汉禽昌，北魏改名襄陵。嘉靖刊《山西通志》卷30《杂志上·技术》："朱好古，元时襄陵人，善画山水，于人物尤工，宛然有生态，与同邑张茂卿、杨云瑞（按雍正十二年修《山西通志》作畅云瑞）俱以画名家，人有得者若拱璧，当时号襄陵三画。"

❷ 传世作品有淳熙五年（1178）为明州佛寺画的罗汉轴，现在美国波士顿美术馆。

❸ 传世作品有铁拐仙像、虾蟆仙像。

❹ 传世作品有东方朔像、仙人像、二仙像等，人物树石，用笔与《钟离权度吕嵒图》绝似。

❺ 关于朱好古的画派渊源，这里采用张珩同志的看法。

❻ 如马致远《吕洞宾三醉岳阳楼》、明初谷子敬《吕洞宾三度城南柳》、明朱有燉《瑶池会八仙庆寿》、明教坊编演《争玉板八仙过沧海》等杂剧皆然，均见《古本戏曲丛刊》四集，1958年影印本。

❼ 见浦江清《八仙考》，载《浦江清文录》，1958年，人民文学出版社。

❽ 见清刊本《吕祖年谱海山奇遇仙迹》卷二。

*　*　*

纯阳殿后的重阳殿，以祀奉全真教创始人王重阳（嚞）及他的弟子而得名。王重阳有弟子七人，他们是：丹阳子马钰、长真子谭处端、长生子刘处玄、长春子丘处机、玉阳子王处一、广宁子郝大通、清净散人孙不二。故又称"七真殿"[9]。殿内有壁画150平方米。王重阳画传分布在东、北、西三壁，三清像画在扇面墙的后壁。

王重阳画传计49幅，绘述了他的一生。画面分幅而兼通景的处理方法，每幅上角有榜题，均与纯阳殿壁画同，并且也是以降生之图开始的。

关于王嚞之为人和全真教创立时的宗旨，陈垣先生在《南宋初河北新道教考》一书中已有详细的论证。他生于宋政和二年（1112年），卒于金大定十年（1170年），正是宋室南迁，北方为女真占领的年代。他的事迹如隧地穴居，封高数尺，自号"活死人"[10]；为了传布教化，远离乡里，行前放火烧庵，自己却婆娑起舞[11]；不以贫贱为辱，背负诗幅，沿街乞化，并用此来考验门徒，是否专诚入道，弃家相随[12]，种种行径，被人称为疯子。但他在山东各地，结纳了许多地主阶级的知识分子，成立五会，并有统一的规矩约束[13]，其性质恐已超出一般的宗教组织，不是一个神经失常的人所能办到的。所以与其说王重阳迹近癫狂，不如说是民族意识支使他去做出愤世嫉时的行动，较为合理。虽然丘处机终被元代统治者收买，成为羁縻汉族的工具，但这是变质后的末流贵盛，未必合全真立教的初旨，而从他们的阶级成分来看，这样的蜕变也是毫不足奇的。王重阳在抗金斗争中究竟是否起过作用，他的弟子们，又各有什么不同的表现，应当如何评价，这些历史问题是值得进一步分析研究的。49幅画传及榜题在这方面为我们提供了一些材料。

重阳画传能将当时社会的生活面貌历历绘出，和纯阳殿壁画全无二致，例如一家店肆，酒保当门而立，正在迎接顾客，妇人抱着孩子将要走入，这时小贩凑过来了，头上顶着一大盘包子，伸手作势，口中亦若吆喝有声[14]，种种动作，使人感到他是刹那间在这里出现的。另一处饭馆，案子上摆满了瓶罐盘盏，隔壁钩子上挂着肉，墩子上剁着刀，长竿垂悬店幌，上写"味招云外三千客，香引蓬莱洞□□"[15]。我们想象中的宋元城镇，仿佛就是这个样子。

整体说来，重阳殿壁画的艺术价值要比纯阳殿略逊一筹，有些地方，大片剥落，修补粗糙，影响画面，不过精彩的片段还是不时地出现。如王重阳游宁海，市人兰子疑心他不是神仙，怀中揣了七条鱼，试看他能否猜得着。王重阳硬说兰子揣的是七只蟹，兰子正要嘲笑他时，不料探怀取鱼，真个成了蟹。画家能将蟹行郭索和市人咤愕惊呼的情态生动地画出来（图6）[16]。介官人请求王重阳度化，长跪恳告，门外的马童坐在地上，等得不耐烦了，连马也带几分倦意[17]。从几处地狱变相[18]及山石的斧劈皴擦，林木的枝干楂杈，也能看出有深远的画法传统。三清像两旁的玉女，衣带当风，姿容雍穆，也是画得比较成功的。

据摹绘者说原画东壁中部在所绘的石碑上隐约有"洪武元年"（1368年）字样，很可能此殿壁画的时代，比纯阳殿要晚十来年，但画家的姓名竟未能发现。

原载《文物》1963年第8期

[9] "七真"有二说。金王粹《七真赞》，元徐琰《郝宗师道行碑》（并见元李道谦辑《甘水仙源录》卷二，《正统道藏》册611，1924年影印本），均以王重阳及马、谭、刘、丘、王、郝六人为七真。金刘祖谦《重阳仙迹记》（见《甘水仙源录》卷一）以王重阳为祖师，马、谭等六人外增清净散人孙不二为七真，北京白云观七真殿所祀与此同。

[10] 《南时作居》第5，东壁。

[11] 《刘蒋焚庵》第10，东壁。

[12] 《妆伴哥》第28，北壁西部。

[13] 《立会三州》第36，西壁。

[14] 《传授秘语》第3，东壁。

[15] 《别河辞岳》第12，东壁。

[16] 《沃雪朝元》第14，东壁。

[17] 《却介官人》第44，西壁。

[18] 《看采霞》第16及《洒净水》第22，均在北壁东部。

1041

麓台"五绝"
——读王原祁写杜甫诗意图轴

首先说明，所谓"五绝"，与旧体诗的五言绝句无涉，而是说这幅大轴（图1）在麓台画中，堪称"五绝"。画为绢本，高320厘米，宽91.4厘米，青绿设色。题记及款识为：

雷声忽送千峰雨，花气浑如百和香。

书法为艺术称首，晋唐以后，代有传人。间有一二右文之主，玉札飞白，史乘中载为盛事，未有如我皇上之天纵神奇，震古铄今者也。近者御书颁赐群臣，无不欢欣踊跃。原祁忝侧侍从之列，瞻仰宸翰，庆幸遭逢。因见文翁老先生所得十四字，缣素逾文，用唐杜律二句。结构精严，体势飞舞，擘窠妙笔，尤为巨观，真稀世之宝矣！同直诸先生佥云宜图诗意以识圣恩。文翁不轻付画史，专以为属，敢不竭蹶从事。谨仿高彦敬云山、赵松雪仙山楼阁笔法，经营盘砺，两月始竣，以当鼓吹颂扬之意。然笔痴腕弱，岂能摹写化工，益滋惶悚云尔。康熙岁次壬午孟秋七夕，娄东王原祁画并敬题。

我认为此图的第一绝绝在尺寸上。它高达3.2米，宽也接近1米，这显然是为了和玄烨的逾丈御书相配称。在我所见到的麓台画中，不论是纸本还是绢本，没有比它更高大的。

我认为此图的第二绝绝在设色上。麓台山水，水墨居多，其次是浅绛，设色的较少，青绿的则绝少。此图虽非青绿重设色，山峦及夹叶树都用了石绿，自属绝少之列。杜老的诗句是七律《即事》的三、四两句[1]。从原诗首句"暮春三月巫峡长"来看，所咏为季春景色，而麓台则画成夏景，幅底的莲叶田田，显然易见。画家作画，不必受全诗的拘束，尽可随意抒写，这当然是应有的自由。正是由于麓台要画夏景，表现雷雨中山林的苍翠华滋，所以才采用了青绿设色。这是和他的刻意求工、"敢不竭蹶从事"的心情相吻合的。

我认为此图的第三绝绝在丘壑的位置经营上。大家知道，清初四王之中，麓台是最不讲求丘壑变化的一位。他的小幅山水，往往是一层地、二层树、三层山而已。他自己就曾说："六法之妙，一曰气韵，二曰位置。若能气中发趣，

清王原祁写杜甫诗意图轴

虽位置稍有未当，亦不落于俗笔也。"❷
后代的画家对此也曾议及。吴修《青霞馆论画绝句》中王司农一首："石骨干皴到浑融，独将魄力写痴翁。怪来题语多平衍，难道千图意一同！"❸题语的平衍雷同不正是由于山水丘壑的平衍雷同吗？戴醇士题画："石谷无聊酬应，亦千丘万壑，布置精到。麓台晚年，专取笔力，大率任意涂抹，置畦径物象于不问。石谷之偏，神不胜形。麓台之偏，形不胜神。"❹此图作于康熙壬午（1702年），麓台六十一岁，已是晚年之作。但丘壑之繁复，画境之幽深，是可卧游终日的。幅底自莲塘开始，坡石长松之后，隐见山居。此上巏面层峦，将画景分隔为二。左侧栈道下流泉几叠，汇潴成潭。右侧坡岸交错拖伸，浅水可通，远穿松涧，直到垂柳人家。上半层峦弥远弥高，顶露平冈，围廊四匝，中耸崇楼。引领仰望，有气象万千之势。此后群峰出云，大有雨意。综观全图，可谓平、深、高三远，无不备具。如此布局，固因巨幅大帧，不得不尔，但重峦叠嶂，曲水萦泉，倏暗倏明，几开几合，在麓台的画中，不能不说是绝匹罕俦的。

我认为此图的第四绝绝在笔墨上。麓台一向主张干墨重笔皴擦，来取得混沦气象，尝自夸笔端有金刚杵❺。所著《雨窗漫笔》有一条讲到水墨画用笔要"从容不迫，由淡入浓。磊落者存之，甜俗者删之，纤弱者足之，板重者破之"❻。显然非用干笔层层皴擦不能做到存之、删之、足之、破之。至于设色画，麓台也还是要用墨笔干擦。闻人克大曾被麓台亲自邀去看他作画。下面是克大一连几日观看麓台画秋山晴爽图卷之后所作的详细记录："翌晨折简招克

❶ 杜甫：《杜工部集》卷十六页六下。光绪丙子广东翰墨园刊五家评本。

❷ 王原祁：《王司农题画录》卷上页二上。民国《甲戌丛编》排印本。

❸ 吴修：《青霞馆论画绝句》页三十九上。光绪二年葛氏啸园刊本。

❹ 戴熙：《习苦斋画絮》卷八页二上。光绪十九年惠氏刊本。

❺ 张庚：《国朝画征录》卷下页二上。清刊本。

❻ 王原祁：《雨窗漫笔》页四上，宣统间张祥河辑《四铜鼓斋论画集刻》本。

大过从曰：'子其看余点染。'乃展纸审顾良久，从淡墨略分轮廓，既而稍辨林壑之概。次立峰石层折，树木株干。每举一笔，必审顾反复，而日已夕矣。次日复招过第，取前卷少加皴擦，即用淡赭入藤黄少许，渲染山石，以一小熨斗贮微火熨之干，再以墨笔干擦石骨，疏点木叶，而山林屋宇，桥渡溪沙了然矣。然后以墨绿水疏疏缓缓，渲出阴阳向背，复加前熨之干，再勾、再勒、再染、再点，自淡及浓，自疏而密，半阅月而成。发端混仑，逐渐破碎。收拾破碎，复还混仑。"① 如取上述画法来和此图对比，我们会发现此图和麓台平日的用笔用墨，大相径庭。此图湿笔多而干笔少，更看不到笔墨层层干擦的痕迹。这虽和此图为绢本有关，但其他的麓台绢本设色山水，却很少像此图那样明润朗洁，而多少总是经过干墨皴擦的。故从用笔用墨来看，此图也是麓台稀有之作。

我认为此图的第五绝绝在参用了高彦敬、赵松雪两家笔法。明清画家每喜自题仿某家或拟某家笔意，实际上是我行我素，仍是自家画法，这不足为奇。

他们也往往自题仿荆关、仿董巨、仿倪黄，这也不足为奇。因为荆浩与关仝、董源与巨然、倪瓒与黄公望，笔法相近，说是仿两家，实际上等于仿一家。麓台此图则自称仿高、赵两家，这两家画法，却是有很大差异的。我们承认麓台此图保留了不少他的本来面目，但笔墨之滋润，设色之明净，不能不说他在意想中存在着鸥波的意趣。至于云山则确实是仿高房山，和二米一脉相承。因此他在一幅中确实参用了两家画法不同的笔法。这在麓台的画中也是绝少的。

总之，麓台写杜甫诗意大轴可以说是一件在多方面都和他的作品迥不相同的巨迹。不过把它称为"麓台五绝"，仍应反复强调乃是我个人的看法。这是因为我的见闻不广，曾经寓目的麓台山水为数不多。因此诸位方家见到拙文之后，很可能举出实例来证明我所认为的"绝"，并非真绝。果然如此，何殊抛砖引玉，将使我增长学识，受惠多矣！

原载《艺苑掇英》第 34 期

记修整壁画的"脱胎换骨法"

1948 年夏我去美国参观博物馆，在行前我所拟订的计划里，就想附带把修复壁画的方法学一学。9 月间到了加拿大的托朗多博物馆，便向该馆修整部的主持人陶德学习壁画粘布托裱的方法；在三个星期的中间，实习了一次，算是知道了一个大概。这种揭裱方法的特点是用麻布和木板来代替壁画背后的泥层，所以我叫它"脱胎换骨法"。先将这方法所使用的两种主要材料的性能介绍一下。

壁画年久，不仅画面会剥落，它所依附的泥层也要松脱，所以要铲去背后的泥层重新将它托裱在麻布和木板上，主要是给壁画重新换了一个较坚固而不走动的胎骨，以这个方法来延长它的寿命。工作的步骤大体上说来，第一阶段是先用纸和棉布粘贴壁画的正面，这为的是好将它背后的泥层铲去而画面不致破碎。第二阶段将壁画粘裱到刷了胶的麻布上去。第三阶段将粘裱在麻布上的壁画再粘裱到木板上去，壁画有了新换的而且坚硬的背层，便结实了，可以再钉到墙上去。总起来说，不过这三个大阶段而已。

进行这项工作最主要的两种材料是：

（一）透明胶 英文名为 Vinyl acetate，它是人造胶的一种。据称是用一种水银化合物为催化剂，从乙炔（Acetylene）和醋酸（Acetic acid）中提炼出来的。化学式是：$CH_2 = CH—COOCH_3$。它的性质是可以通过紫外线光，虽经强烈的日光也不会变黄或氧化。折射率非常之低，$n = 1.466—1.467$，因此用它刷在器物的表面不会使器物黑暗变色。它对防潮作用不甚适用，因有吸水的性能，但并不能在水中溶解，而只溶解在丙酮（Acetone）、酒精等液体中。干后粘合力极强，有韧性而不会酥脆。价值并不甚贵。因它有上述种种特点，透明胶已成为国外修整古物最常用的一种材料。英国 1947 年出版的可塑体目录（*An Encyclopaedia of Plastics, British Catalogue of Plastics*, National Trade Press, 1947）对于此种透明胶的性能用途和制法也有述及。

（二）木板 英文名为 Masonite，是人工压制建筑用木板的一种，用美国产的长针黄松木片经过高压和高温做成的。颜色紫黑如栗壳，一面光滑，一面有网纹。它的质地坚而密，不容易弯或走形。尺寸为四呎宽，长六呎到十二呎不等。

* * *

壁画从在原来的墙上分切成方块，起下来后，要经过下述的许多步骤才能"脱胎换骨"，重新装回到墙上去：

（甲）第一阶段（画面粘贴纸和棉布，以备铲剥壁画背后的泥层）。

（1）壁画自墙上起下后，边缘及裂缝等处，难免有小块松脱活动的地方，第一步必须加以粘补。方法是把壁画面向上平放在一大块木板上，将松脱的小块用刀慢慢起下，随即补回原处，起一块，安一块，以免错乱失所。粘补用的材料即用壁画本身背后的泥土，研细过箩，调水成糊使用，切忌加任何胶质。因为将来铲揭壁画背后泥层时，需要它全面有同一的坚固性，以后方容易磨平，倘若此时加胶，它的坚固性便不一致了。壁画泥层中的草梗和麻丝，粘补时往往支起，妨碍工作。如遇此情形，不妨向下挖少许，至不再支起为止。这一步工作要注意到画面的平整，粘补的地方凸出或凹入都是不好的。粘补后须待其干透，再进行下一步工作。

（2）用木质牙签卷棉花蘸百分之五十的酒精（50%Ethyl alchol）轻轻在画面上拂裹，去掉表面上的浮土。拂裹时切忌手重及来回的擦拭，以免将颜色揉起。

（3）用约三寸阔的软毛刷（我国可以用羊毛排笔），蘸百分之五的透明胶液（5%Vinyl acetate solution）刷画面，刷一次，待干，再刷，共刷五六次。一两日后再进行下一步。

所用的百分之一的透明胶液，配制的成分及方法如下：

50 c.c.Ethyl alchol

25 c.c.Ethylene dichloride

25 c.c.Diacetone alchol

以上三种液体共放入一玻璃瓶中，再放入五克固体透明胶，泡过夜，次日将玻璃瓶放入热水中炖，随手摇动，至溶化为止。

上述液体中有百分之二十五的Diacetone alchol，此种酒精比谷物制的酒精（Ethyl alchol）挥发得慢。因为刷液体透明胶的目的在使胶质能随酒精渗入画面，使其底层坚固起来。倘若挥发得太快，便不能达到上述目的了。

（4）用三寸阔的软毛刷蘸百分之十五的液体透明胶刷画面，待干再刷，共刷三次。

所用百分之十五的透明胶液，配制的成分及方法如下：

85 c.c.Ethyl alchol

15 c.c.Ethylene dichloride

以上两种液体中加十五克固体透明胶，溶化法如前。

上述所用的胶液比（3）浓厚，且百分之八十五是挥发性较高的谷制物酒精。因为这一步骤的目的在使画面之上，积起胶层，以后贴纸，方不致将画面粘落，目的与（3）不同，所以成分也不一样。以后配制不同浓度的透明胶液，都是用上列的两种液体来溶解。

（5）用棉花蘸陶土（Kaolin，即烧陶瓷坯子用的白色瓷土）擦画面上所积起的胶层，使它不太光滑，便于粘纸。

（6）用刷子蘸米粉打成的糯糊刷在胶层之上。糯糊必须相当稀，在将打成时加约百分之五的防腐剂（5%Semesan

Furgicide），以免长霉。

（7）将一种日本产的薄纸贴在壁画之上（英文名为米纸，Rice paper，很薄，纤维长而富有韧性），可按照我国拓碑上纸的方法用干刷子刷上去。

（8）将棉布先打湿，然后用鱼胶粘在纸上。布须较画面四周大出二时许，以便将来砸钉子。上布时必须扯紧绷平，紧度要一致，不可起褶。粘时应当用手掌搓擦，使处处粘着服帖。鱼胶不宜太浓，内须加糨糊少许，将来揭起时省力些。胶内也须加百分之五的防腐剂。

（9）待（8）所上的棉布干透后，照样再粘棉布一层，因一层布太单薄，恐吃不住钉子而被扯破。

（乙）第二阶段（将壁画背后的泥层铲剥后，把它粘裱在麻布上面）。

（10）另取一块大于画面的木板，上蒙绒布，绷平钉牢，绒面朝下，盖在壁画之上，两人将上下两块木板（壁画被夹在中间）端起，同时翻转，平置桌上然后将在上的一块木板撤去。至此壁画的画面已朝下，搁在衬垫绒布的木板之上了。

（11）将布向四面绷紧，折下去，用钉钉在木板的侧面。这样为的是免得钉子在正面支起，妨碍工作，同时木板的棱角可以增加阻力，减少钉子所吃的力量，不致将布扯破。

（12）用锯条将壁画背上的泥层纵横锯成寸余见方的格子，锯至距画面尚有约四分之一时的地方，即行停止（图1）。所用的锯条须特制。锯条有三个长圆形的孔，为的是可以用螺丝安装一根L形的铁条。铁条的功用在使锯口深度一致，并防止锯得过深，而长圆形孔可以将铁条上下活动安装，锯口浅深，能

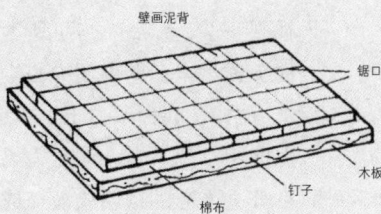

图1

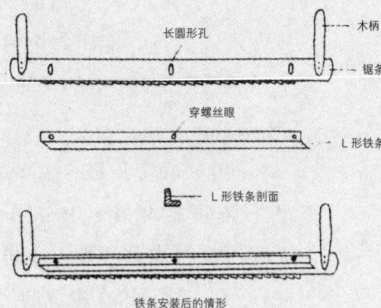

图2

随意控制（图2）。

（13）用薄刃凿子将寸余见方的泥块，一一剔去。

（14）距画面约四分之一时厚的泥层，用铲子轻轻刮去，一边刮，一边用小扫帚扫去刮下来的泥土，直至露出画层的背面为止。在进行这步工作时，倘若闻见酒精气味，便是壁画尚未干透，透明胶也没有凝固，应当立即停止工作，等待一两日后再进行。此时因背后泥层已大部剔去，比从前容易干得多了。

（15）画层背面未刮净的泥土用磨石干磨，先用粗石，后用细石。磨下细土，用吸尘器吸去，用软毫排笔掸刷。

（16）用百分之十浓度的透明胶液，内加陶土或粉笔末，调成白浆，在磨光的画层背面刷一道。这道粉浆为的是保持壁画原来所给人的感觉。因为壁画在当时落墨之前，必先刷一道白浆打底，

经此次剥磨，原来白浆已经去掉，如不补刷一层，以后（17）所上的黄色泥层便会透过来，壁画便失去本来面目。

（17）在白浆之上，再上薄泥一层。泥即用壁画本身的泥土，捣碎过箩，调百分之十五的透明胶液而成。泥层宜极薄，可用薄片刀刮着上，或用刷子刷上去。干后如有裂缝，可用泥再腻一次。

（18）另取大于画面的麻布一块，放在水内煮过，取出趁湿钉在一木框之上，待干，将麻布的两面各刷兽皮胶（Hideglue）。

（19）待兽皮胶干后，两面刷百分之十浓度的甲醛（10%Formaldehyde）。甲醛可使兽皮胶变硬，不再走样，但毒性颇烈，应戴面罩在专辟的房屋中工作。

（20）麻布两面的兽皮胶面上各刷百分之十五的透明胶液，每面各四五次，使两面都积起胶层。

（21）麻布一面的透明胶层上，上薄泥一层，法如（17）。

（22）用沙纸打平壁画背后的泥面和麻布的泥面。

（23）在（22）已经打平的两个泥面上各上三层或四层百分之十五的透明胶液。上完后应当测试胶质是否够。试法用手指蘸酒精。紧按胶面，少顷，然后抬手。如胶粘指便够，如不粘手，是胶尚不够，当再上透明胶液两三道。

（24）将（8）（9）所粘的两层布沿壁画的边缘用刀切开，使壁画与（11）所钉的木板分开。

（25）在（23）所上的两层透明胶面上各刷丙酮（Acetone）。

丙酮挥发最快，麻布与壁画须在夹板内粘合，才能紧严，用酒精有时干得慢，所以用丙酮。不过

较大幅的壁画，未待刷完丙酮已经要干，又不妨变更丙酮的成分，使它干得稍慢些，成分如下：

50%Acetone

50%Ethylene dichloride

（26）将壁画及麻布放入两块大木板之间，让（25）所刷丙酮的两个胶面对合起来，加压力夹紧，使麻布与壁画粘牢。此时麻布尚绷在木框之上，框内必须用纸张及木板垫得与木框的厚度相等，方能着实有力，否则麻布背面落空，是无法夹紧的。夹紧后至少须经过二十四小时，才能打开。

木夹板上下两块，各厚约二吋，尺寸必须大过壁画及绷麻布的木框。夹板对合的两面，各衬布几层，免得挤伤画面，同时使它略有弹性，可以夹得更紧一些，压力也匀一些。加压力的方法是用成对的铁条，两头打眼装螺丝穿钉，将铁条上在木夹板之外，再将螺丝旋紧。铁条的数量要看夹板的长短阔窄来定（图3）。

（27）壁画自夹板中取出后，便可将（7）（8）（9）所粘贴的纸及棉布揭下。揭的时候，用水润湿便可，但须一层一层地揭，切忌两层同时揭。

（28）棉布与纸揭去后，将麻布沿壁画的边缘切开，使它与木框脱离。

（29）用湿布将剩在画面上的糨糊

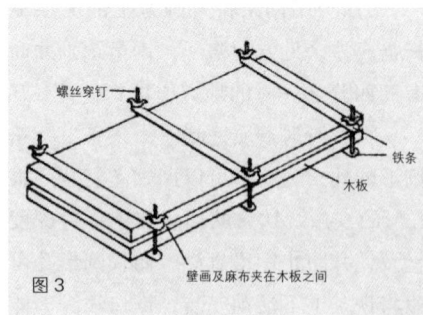

图3

去净。

假设一堵壁画从墙上起下来的时候，经分切成二十块，那么每块必须先经过以上二十九个步骤，待二十块全做齐了，才可以再进行下一步工作。

（丙）第三阶段（将粘裱在麻布上的壁画再粘裱到木板上去，然后依照原来位置钉到墙上去）。

（30）在一大间有地板的房屋中（房间面积须大于全堵壁画的面积），将坚韧而涨缩性较小的牛皮纸，一张一张纸缝对严，平铺地面，用钉钉住，不使移动。

（31）将各块壁画依照原来在墙上的位置次序放在牛皮纸上，像儿童玩拼图木板似的，摆齐为止。此时如壁画边缘的麻布未切干净，侵占了另一块壁画的位置，可用剪刀剪去。

（32）用带齿轮的滚子沿着每块壁画的边缘在牛皮纸上滚出齿痕。

（33）将壁画编号，写在每块壁画的背面。在印有齿轮痕迹的牛皮纸上，也按壁画的位置一一标注编号，使二者可以对号。

（34）将牛皮纸从地板上起下，铺在木板的光滑一面之上，用齿轮滚子依已有的轮迹再滚一次，使板上也印上了轮迹，并在板上记壁画的编号。到此时某一块壁画要粘到某一块木板上去，我们已经知道了。在一块木板上我们要粘一块或几块壁画，这是要看木夹板的大小和壁画排列的位置来决定的。譬如某三块壁画，它们的排列位置是紧挨着的，同时三块合起来的大小，又是木夹板所能夹得过来的，那么便不妨将三块壁画粘在一块板上。因为这样不但减省上夹板及往墙上钉时的工作，并且可以

减少将来钉眼的数目，少伤画面。

（35）根据（34）所作的决定，将木板依齿轮痕迹锯下。

（36）在壁画的背面，也就是麻布的透明胶面上，加薄泥一层，法如（17）。

（37）在（36）所上的泥面之上，上百分之十五的透明胶液四五次。

（38）在木板的光面上，上百分之十五的透明胶液四五次。

（39）试（37）（38）所上的胶是否够，法如（23）。

（40）在（37）（38）所上的胶面上刷丙酮，法如（25）。

（41）将（40）所刷丙酮的两面对合起来，比齐，放入木夹板中，法如（26）。不过此时画面已经没有棉布和纸，所以应当多垫两层布，并衬隔蜡纸一张，免得胶面与夹板的衬布粘着。过二十四小时取出，壁画已经和木板粘合在一起。壁画的脱胎换骨至此已告一段落，此后是怎样将它安回到墙上去的工作了。

（42）依全堵壁画的大小，用木条做成方格子（形状极似中国式房屋糊纸用的天花格子，俗称棚算子），纵横相交的地方须咬准，免得日久松脱。木条宽约二时，厚一时，格子孔二时见方。

（43）格子做好，钉到准备安装壁画的墙上去。墙上可挖洞钉木塞，格子再钉在木塞上。在国外博物馆所见到的两堵壁画，都安装在新式建筑的楼上，潮湿问题并不严重，如果要安装在我国的古代建筑物内，那么在钉格子时必须考虑到上下左右如何留气眼，及如何防潮等问题。

（44）用摇钻在壁画上选择重要的地方钻成小孔，用铜螺丝钉将壁画依其

位置钉在木格子上。

（45）用百分之十五透明胶液和泥，和得非常之厚，像做饺子面的硬度，填补壁画接缝的地方及螺丝钉眼。

（46）用颜色补画新填补的地方。到此时壁画已经按照原来的样子安回到墙上了。

（47）经过一年之后，壁画里的透明胶已经完全干透。当初（4）在表面所刷的一层胶面，因有反光，与壁画的本来面目究竟有些不同，所以应当还将它去掉。去时用棉花蘸酒精在胶面上按擦，胶软化后，可以用木制的小刀刮去一大部分，刮不尽的，再用棉花蘸酒精轻轻裹拂。酒精成分可用：

80%Ethyl alchol

20%Ethylene dichloride

经过上述的四十七个步骤，壁画的脱胎换骨复原安装工作，算是全部完成。

最后我还须要说明一点，假如壁画上有蛎粉堆起的部分，如人物头饰，楼阁的鸱吻等等，高出画面，入夹板一夹，可能因挤压而致损坏。遇有此等情形，可在（8）（9）两层棉布粘好之后，用溶化的蜡，将凹下去的地方填平，然后再入夹板，便不致将有蛎粉的部分压坏了。

原载《文物参考资料》1957 年第 3 期

《据几曾看》读后记

日寇入侵，危及华北，清华大学南迁，邓丈叔存先生移居城内砖塔胡同。时襄方习读前人画论，趋谒求教，蒙授谈艺诸稿，出示所藏明清书画，聆听謦欬。每由虚及实，复由实及虚，理论得与笔墨相印证。不觉时移，忽已日暮。前后约两载，受赐实多。

1943年秋，束装入川。诣邓丈辞行，承告次兄仲纯先生主持江津医院，甥葛君康俞，潜心书画艺术，亦在江津任教。倘有机缘，不妨往访。次年1月，经中国营造学社录用，由重庆赴李庄。溯江而上，首晚即泊江津。登岸拜见仲纯先生，又得与康俞兄畅谈竟夕。相见恨晚，从此订交。

故宫南迁，书画曾在重庆展出，与康俞兄均有幸获观。自来李庄，书札往来，月有一二，赏析名迹，各言所见，每多契合。僻壤穷乡，斯为第一快事。又蒙惠寄墨笔山水小帧，恬逸简澹，使我心折，什袭至今。先慈遗稿《濠梁知乐集》携在行箧，恐失坠，油灯下手录付石印。定格式、拟后记，亦曾就正于兄。此皆难忘之交谊也。

日寇投降，受命北上，清理平津区战时文物损失，又赴日运回被劫图书，直至1949年秋访美归来，行踪始稍定。康俞兄适于此时莅京，握手促膝，快慰平生。惟不数月即应安徽大学之聘南归，别时似见倦容，道珍重再三。不意翌年转任南京大学艺术系教授，病肺加剧，竟于1952年冬逝世，享年仅四十有一。痛失挚友，哀哉！

襄初不知兄有《据几曾看》之作，近年始得捧读。上起西汉，下逮晚清，记所见法书名画一百九十有六，内容体制近似名迹跋，属著录类，但与斤斤于质地尺寸、印章、题识者大异。鉴赏品题，实为作者之主旨。回忆曩年曾读之书，对考证事物、寻绎源流、记述作法、描绘景物、探索创作意识、赏析成就原由之作，每不忍释手。至今印象犹深者三：宋董迪《广川画跋》、明詹景凤《玄览编》、清张庚《图画精意识》是也。吾兄撰述宗旨，实与三家相合。其难能可贵，尤在奄有前人之长。

《广川画跋》，《四库提要》称其皆考证之文。余越园先生《书画书录解题》称其考据论议俱极朴实。《据几曾看》黄居寀山鹧棘雀一则（见页41）对图中

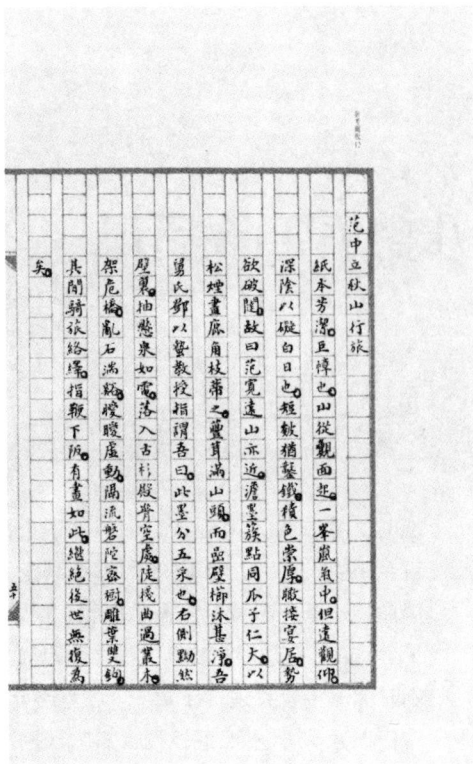

葛康俞《据几曾看》书影

秋山行旅图

动植，虽无可辨正，却自此引出画史重要问题，即绘画如何由唐人蜀，又由蜀入宋。文中统计隋唐五代寺观壁画间数、入蜀入宋画家人数，及其传授师承，阐明画道隆替之迹。言之有据，令人信服，诚考证谨严之作也。

《玄览编》著录董北苑《龙绣交鸣图》，记景物画法甚详，惟对画名则谓不知所谓。康俞兄则自陈继儒《太平清话》言南宋行都事，悟出画名四字乃"笼袖骄民"传声之讹（见页36），所绘乃一时之游乐，与董其昌所谓宋艺祖下江南，民臣郊里以迎无涉。詹氏成书在前，而后来者尚矣。

《图画精意识》卷首《肯堂李庵题辞》有句曰："好学与深思，心务知其意"；又曰："遂以读史法，阐幽于绘事"；又曰："吾友怀若谷，以虚发神智；吾友心如发，以细穷深粹。"越园先生解题则称此书：

对每画必记其丘壑布置，及用墨用笔之法，以明其妙处，兼及作者经营之苦心。故曰"精意识"。昔人著录名画无此体例，后人亦无仿之者，盖非浦山之学识不能作也。

今迻录浦山范中立《秋山行旅图》一则于下，俾与康俞兄之作对照阅读：

《秋山行旅图》，范华原巨障缩本也。一大山宽居幅五之四，高居幅之半，不衬远山，盖无隙可容矣。亦山极高，不能再见他山也，伟然屹然，岚气丰茸沉厚。山巅树木茂密，望之令人气壮，大观也。其下大石二并置，俱作两层。石

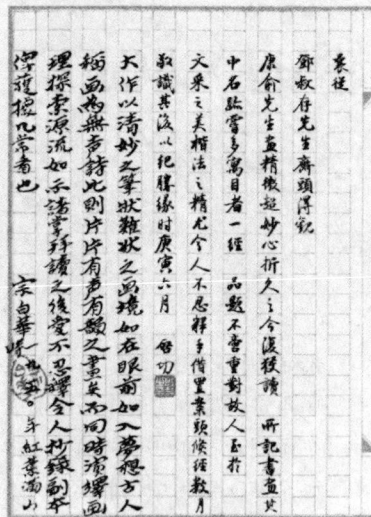

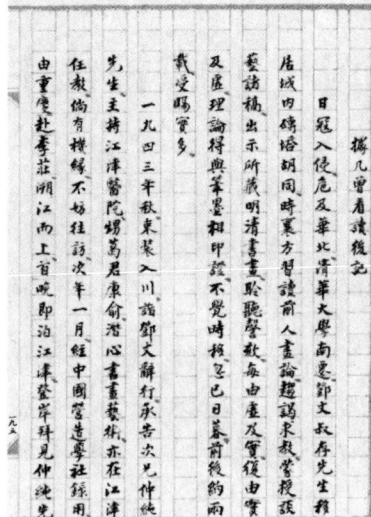

后大路横亘，不作曲折，路上蹇驴络绎，大树行列，树顶山寺涌出。路旁小石台，台上丛木与大山承接。山右披瀑水幽深而出，直泻而下，作万丈之势，而以山寺殿脊隐住。左披小山两层承大山，略烘断，下有曲涧危桥、密林乱石，若有径在石台后通山寺者。构局如此，空前绝后矣。设色以赭用淡墨入苦绿染之，树多夹叶。

康俞兄记此图景物（见页50），不及浦山层次分明，巨细兼备。惟山从觌面起，一峰岚气中，但远观仰，深阴以碍白日也，却能道出全幅气势。而丰茸满山头，岩壁栉沐甚净，抽悬泉如电，乱石湍溪，暖暖虚动数语，状物遣词，又有浦山所未及。倘披览《据几曾看》全帙，读者将随处感受作者以轶凡之文采，揭示微妙之领悟，道人所不能道。故吾以为取肯堂题辞中句，转赠康俞兄，实当之无愧。而越园先生若见此书，亦将更易非浦山之学识不能作之论矣。

顷闻《据几曾看》影印有期，并将增入图版，沉浮数十载终获传世，手书绝妙，得与古人名迹，互映交辉，亦云幸矣。顾欣慰之余，复感伤焉。缘识兄以来，自信为知交，迨读斯作，始愧何尝知兄学识之什一。天胡不仁，慳予兄寿，弗许尽展其才学而终，不禁潸然泪下，欷歔长嗟也。

二千又一年四月畅安弟王世襄谨撰并书

时年八十有六

欣闻《中国古代书画图目》出版

由国家文物局主办的"中国古代书画鉴定"是一项伟大的工程。随着这项工程的圆满完成，由文物出版社编辑出版了三部重要图籍。

三部图籍各自成书又有机地结合，缺一不可。第一部《中国古代书画目录》是经过鉴定、去伪存真、舍粗取精后所选出的古代书画的总目录。第二部《中国古代书画图目》是将入选第一部的古代书画影印成多卷本的图录。第三

《中国古代书画图目》
第十九册外函

部《中国古代书画精品录》是从第二部中再选出最重要的作品精印成大型彩版书画图录，亦可分别编成《中国收藏名画全集》和《中国收藏法书全集》。三部之中，规模最大，卷帙最繁，工作最艰巨的是第二部《中国古代书画图目》。它又是当前最需要、使用价值最高最广、对今后影响最深远的一部。

为了清查、整理我国古书画收藏的家底，早在20世纪50年代就已成立"古代书画鉴定组"，由全国最具权威性的专家组成。全部工作历时八载，行程万里，对二十五个省、市、自治区，一百二十一个市县的二百零八个文物收藏机构，和部分私人藏品进行全面而系统的鉴定、著录，确定每一件的真伪及其历史、艺术、科学价值。一共审查书画六万一千多件，制作资料卡片三万四千多份。这样就基本上掌握了我国（台湾除外）古代书画收藏情况。规模之宏大，方法之科学合理，记录之周详，均属空前，故确实是一项伟大工程。而这三部图籍也完全能体现工程的伟大。

第一部《目录》将鉴定选出的全

部书画按地区及收藏机构编成总目以便查检，数年前已问世。现在第二部《图目》也已完成出版。这部大书将入选的二万零一百一十七件，五万七千多幅图全部影印出来，编成二十三巨册。这一艰巨繁重的工作过去不但不敢做，甚至不敢想。有了这部《图目》，为全国的书画收藏留影建档，使其无可遁形，对今后的典藏、保护将起难以估计的安全作用。有了这部《图目》等于建造了一座蕴蓄浩瀚的宝库，为书画研究者、艺术创作者及爱好者、文史工作者提供了大量的学习、参考、研究材料。丰富、便利都是过去难以想象的。书画上的款识、题跋、印章全部印入，更是过去著录书无法做到的。其中还不知道埋藏着多少珍贵的文史资料，可供我们发掘、探索、分析、研究。当然，由于《图目》所收书画数量过多，只能用优质铜版纸单色影印。惟我国书画主要凭藉线条、笔触来表现形象，和西方绘画大异，故从黑白图已能基本上看清其大貌。好在还有彩色精印第三部《精品录》来弥补其不足。从这里也可以看到三部图籍的相辅相成。

笔者从事文物工作有年，每以未能追随各位专家之后饱览全国书画，失去难得的学习机会为憾。不过我对"中国古代书画鉴定"整体工程意义之重大，工作之艰巨，尤其是对编印第二部《图目》所付出的长期辛勤的劳动，深有认识和体会。今欣见其成，又完成得如此精美，值得庆贺，值得感谢，更值得向广大读者介绍推荐。

飲食

鲍　鱼

"平生浪说江瑶柱，大嚼从今不论数"❶，是金时人刘迎称赞鳆（音 fù）鱼味美的诗句。他说有了鳆鱼，吃起来没个够，过去总夸江瑶柱，现在和鳆鱼一比，简直不在话下了。按江瑶柱即干贝，而鳆鱼就是鲍鱼。

刘迎，字无党，家在东莱，即山东登州、蓬莱一带，正是盛产鲍鱼的地方。鲍鱼是一种软体动物，似蛤蜊而只半边有壳，吸着在海内崖石上。壳名石决明，是一味常用的明目补肝药。李时珍《本草纲目》称石决明与鲍鱼是"一种二类，故功用相同"❷。可见鲍鱼不仅味美，并有医疗之功。

我国食用鲍鱼有悠久历史，至迟自汉代起已因味美而见珍。史籍载王莽事将败，愁得吃不下饭，但还是饮酒啖鲍鱼❸。东汉初，张步兄弟拥兵据山东，光武帝刘秀派大夫伏隆去招降。张步等遣使随伏隆入朝，上书并进献了鲍鱼❹。曹操也爱吃鲍鱼，这是在他死后，因曹植在《求祭先王表》中讲到而得知的❺。

《南史·褚彦回传》有这样一段记载：一自刘宋失去了淮北土地，江南已无法得到山东的鲍鱼。如冒艰险，辗转运来，每枚可值数千钱。当时有人送给褚彦回三十枚，门生向他献计，不如卖了它，可得十万钱。彦回听了变色道：我只知道鲍鱼是食品，不是财货，更没听说它能卖钱！人家送来，既然收下，再穷也不能把它拿去换钱呀！他取出与左右的人共享，一下子全都吃光了❻。

五代吴越有个好事文人叫毛胜，他居近湖海，餍享群鲜，常以"天馋居士"自名，写了一本《水族加恩簿》❼，把各种鱼虾海错，一一下令封官，其中就有鲍鱼，锡名为"辅庖生"；对它的评语是："疗饥无术，清醉有材。"毛胜的意思不难理解：鲍鱼可以醒酒，不能饱人。这难道还不是"大嚼从今不论数"，吃起来老没个够吗？

北宋大诗人苏东坡，自号"老饕"，精于膳食，爱吃鲍鱼，并用以保养目力，深得食疗之道。他写过一首七古《鳆鱼行》❽，下面录引其中的一些诗句：

君不闻蓬莱阁下驼棋岛，

八月边风备胡獠。

舶船跋浪鼋鼍震，

长镵铲处崖谷倒。

这是说蓬莱渔民冒风浪，驾小船，用长

❶ 刘迎《鳆鱼》诗。见《古今图书集成·禽虫典》卷一五九。

❷ 李时珍《本草纲目》卷四六。

❸《王莽传》。见《汉书》卷九九下。

❹《伏隆传》。见《后汉书》卷二六。

❺《全三国文》卷一五。

❻《褚彦回传》。见《南史》卷二八。

❼ 毛胜：《水族加恩簿》。见《说郛》卷七六。

❽ 苏轼：《鳆鱼行》。见《苏文忠公诗集编注集成》卷二六。

❾ 见周密：《癸辛杂识后集》"桐荤鳆鱼"条。

镵在海中崖礁上铲采鲍鱼。

> 膳夫善治荐华堂，
> 坐令雕俎生辉光。
> 肉芝石耳不足数，
> 醋芼鱼皮真倚墙。

这是说有了鲍鱼这样的珍贵海鲜，使砧板都增光生色。厨师烹调好了送到席上，一切珍馐都算不了啥了。

> 吾生东归收一斛，
> 苍苴未肯钻华屋。
> 分送羹材作眼明，
> 却取细书防老读。

这是东坡最后说到他自己弄到了一筐鲍鱼，但不肯巴结权贵，拿去作为钻营进取的礼物。还是分赠给朋友做羹汤，用来保养我们的目力吧。

南宋周密在《癸辛杂识》中有一条："余尝于张称深座间，有以活鳆鱼为献，其美盖百倍于槁干者。"❾可见鲜鲍鱼的味道远远超过干后水发的，但当时也是很难吃到的。

明清以来，鲍鱼更成为最名贵的海味之一。我国的烹调艺术，后来居上，鲍鱼的吃法、做法也越来越多，或红烧、或煨炖、或爆炒、或汆汤、或糟腌、或油浸，乃至蒸后切薄片，白嘴吃如嚼鸭肫肝。青岛菜中还有蚝油鲍鱼、麻汁紫鲍等名色。至于与其他荤素食品配成菜肴，就更不胜备举了。就本人曾品尝过的而言，有两次印象较深。四十年前随父叔和他们的几位老友去吃谭家菜，那时琭青先生健在，席间他欣然说，请尝尝我家的烧紫鲍。只见端上来一大盘，只只均如鸡子大，堆起如隆丘，色泽红亮，汤汁不多，入口软而不烂，容人咀嚼，火候恰到好处，色、香、味三绝之外，还须加上一个"质"字，方能尽其妙。东兴楼少东小安子，因养鸽而和他相识。一次聚餐，他推荐龙须菜扒鲍鱼。龙须菜用的是美国黛尔芒的方听罐头，白嫩粗苗，切成寸余长段，根部还弃去一截不用。鲍鱼用的是日本制清汤圆听，只只如指肚大。厨师用地道的山东奶汤扒法，将海味园蔬成功地配成一道佳肴，端上来汤汁晶莹，洁白悦目。如果说烧紫鲍味鲜而浓厚，那么此品味鲜而清隽。值得指出的是两种主要原料均为舶来品，而妙手烹来，却纯粹是中国风味。但又与烧紫鲍品格迥别，堪称异曲同工。我国烹调艺术之高超伟大，也可以说表现在这里，至于鲜鲍鱼，在香港筵席上也曾吃到过几次。按理说，它应当远胜水发及罐头鲍鱼，但却不能超过我上面的回忆，而且切得极薄，不容咀嚼，不禁使人想起前人的打油诗"厨娘不敢开窗看，恐被风吹入太湖"了。

记全国烹饪名师技术表演鉴定会

历时八天的全国烹饪表演鉴定会于11月中旬在人民大会堂胜利闭幕了。这是一个空前的盛会。本人躬逢其盛，忝居顾问之末，特草此小文，提出一些体会和建议。一得之愚，聊当芹献。

我国菜肴，讲究色、香、味、形、器，五者都很重要，但其间仍有主次。最重要的还是味。色、香与味本有密切联系。一般说来，味如果好，色、香也不会差。色败香消，又安得有佳味！形则有原料本身的形（如全鸡、整鸭、烤猪之类），一般刀工的形（如条、片、丝、丁、块、方、筒、卷等）和特殊加工的形（即将菜肴做成种种物体形象）。其后者如运用得当，对精馔佳肴能起锦上添花的作用，但不可弄巧成拙，只有有助至少无损于味才是可取的。器是盛装菜肴的容具，既适用又美观自然最好，如未能兼备，则适用比美观更为重要。因为不适用便会影响到味。总之菜肴供人食用，是舌根鼻观美的享受，故自应以味当先。

若用上述的观点来品评由八十多位名厨制作的近四百种冷热菜及点心，几天来真是高潮迭起，美不胜数。如果一定要举一些例子的话，使人立即想到的

有：香浓味厚，色灿如金，保留着谭家菜风味的"黄焖鱼翅"。原汤尽在，鲜美醇厚，裙边腴而不腻的"气锅圆鱼"。上桌才用上汤沏浇，毫无搭配，全凭本身的质嫩味鲜使人叫绝的"余闽江海蚌"。鸡白如雪，装裹着晚霞似的红糟，以细切萝卜、蜇皮为佐，色能炫目，味促朵颐，香堪沁齿的"三丝拌糟鸡"。虾肉明透，宛如白色琉璃，清炒无汁，只撒上些鲜绿茶旗枪的"龙井虾仁"。汤清如水，品之初淡而渐浓，乍薄而转厚，但又不掩晚菘本味的"开水白菜"。羊腿瘦嫩，裹衣煎炸，却浑然鼓起，薄如细縠轻纱，入口又酥松自化的新疆"带泡生烧肉"。竹筒蒸鱼，内填竹叶，味美香清，饶有南国民间风味的"竹香青鱼"。豆腐乃经特制，宽条油煎，外结金衣，中包琼浆，往复倾仄，上下流动，浸以上汤，使人全忘肉味的"口袋豆腐"。糖醋黄河鲤鱼有四五位厨师表演了这道菜，都达到了酥脆香甜的上好标准，而"金毛狮子鱼"在平剖的刀口里又加上一条条的竖切，炸后蓬起，仿佛是雄狮的鬃鬣，不仅美化了外形，也使鱼肉更加酥脆，浇汁更能入味。至于

点心,可惜我品尝到的种类不多,但"叉烧蝴蝶酥"的松软和炙肉的甜香,"水果花篮"的玲珑小巧,形象逼真,都给我留下了深刻的印象。好了,深愧我语拙辞穷,即使搜索枯肠,把最美好的词汇用尽,也不能将名菜佳肴,一一如实地加以描绘。何况隽永之味,舌能辨而口难言,更不是笔墨所能形容的了。

在列举了用料珍贵、制作考究的高级菜肴之后,不能不提到参加鉴定的两个家常菜——"过油肉"和"炒腰花"。前者用后臀尖切片,略俏玉兰尖和青菜心,不同于北京一般饭馆的过油肉,宽汁加海参片,而是干炒不勾芡,露油不露汁,格外醇香有味。后者用蓑衣刀斜切,上火翻卷,细密如麦穗,以菠菜及木耳为佐,味纯香正,绝无腰臊气。或嫌脆嫩稍逊,这是因为从灶口到鉴定台有百米之遥,还要经过登记填表和拍照,不能出勺后立即品尝的缘故。这两位厨师我认为基本工绝对过硬,否则不敢在山珍海味盈盘充盆的评比会上拿出这样朴质无华的家常菜来。我愿诚恳地向正在进修的青年厨师进一言,好好向这两位师傅学习,先扎扎实实地学好基本功,做好家常菜,这不仅能为广大群众服务,同时也能为做高级菜肴打下坚实的基础。

从比重来看,这次参加鉴定会的素菜似乎少了一些,不过还是有佳妙之品。名为"炒素山鸡片"的一味,原料是色泽洁白的鲜冬蘑,配几片碧绿的柿子椒。初冬菌蘑,质味双绝,非一般培植的可比,十分名贵,远在山鸡片之上,故菜名不如直称之为"素炒鲜冬蘑"。本人建议不仅素菜馆要精心研究素食烹调,一般餐厅也应加以重视。素菜要少

走一味摹仿荤菜外形的路子,而要在如何显出素菜本身真味上下工夫。素菜真味绝不是荤菜所能代替的,知味者或不致河汉斯言。

粗粗统计一下,这次会上采用鸡泥、鱼泥(加肥膘、蛋清、芡粉制成)为原料的菜不下二三十种。出现这一情况是完全可以理解的,因为鸡泥、鱼泥质嫩味鲜,颜色漂亮,又可随心所欲,做成各种形象,故便于用它制作所谓的创新菜。本人平时很喜欢吃芙蓉鸡片、清汤鱼丸一类用鸡泥、鱼泥做的菜,不少朋友也有同嗜。不过值得考虑的是在大型的评比会上如果一连多少道都用同类原料,尽管金鱼蛱蝶、知了青蛙,形态上有许多变化,但味道上难免相似雷同。菜肴的创新主要在味不在形,只在造型上有变化,很难算得上是真正的创新。如要做到味新则必须在原料、配料和烹调技法上如何选择变换、损益加减多动脑筋,多下工夫。有时很一般的家常菜,只是在作料或做法上有些变化,便使人有新鲜感。例如这次有一味"腐乳爆肉片",是从腐乳炖肉变化出来的,但改炖为炒,便觉色香顿异,至少对我说来是颇为别致,风味不凡的。

蛋清抽打,堆起如雪,西式糕点,用作奶油的代用品,现在也被用到中国菜肴上来。例如"雪里藏蛟"是红烧鳝背放在盘心,四围堆起高高的蛋清。"鸳鸯戏水游飞龙"是上汤汆飞龙片,汤面漂浮用蛋清做的鸳鸯。"雪花蟹斗"是蟹粉装入原壳,上面堆起一团蛋清。这三道菜的蛋清曾试品尝,甚少加味,有的可能还没有加热。本人如在筵席上遇到这三道菜,前两道下箸时可以避开蛋清,后一道则必须先把蛋清拨掉才能入

口。可见如此用蛋清除装饰外对菜肴本身没有什么帮助。何况生蛋清不能保证卫生安全，这就不但无益而有损了。抽打的蛋清既常见于西点，中餐也理应可用。不过如何用才能使它既好看又好吃，本人愧无妙策，希望师傅们加以研究并不吝赐教。

这次展出的冷菜拼盘真是精工巧思，斗艳争奇，纷呈异彩，蔚为大观。不过发展这种"样子菜"、"工夫菜"或美其名曰"艺术菜"，必然会产生看与吃及华与实的矛盾，即越中看就可能越不中吃，越华美就难免越不实惠。本人认为艺术菜值得研究，也应当发展，惟其规模大小、华美程度应视不同的场合、不同的筵席而有等差。如果是特别盛大的国宴或招待元首贵宾，不妨在主要的席面陈置大型精雕细琢的艺术菜。它可以表达我们的隆情盛意，活跃宴会气氛，增添筵席趣味，同时也能显示我国厨师的高超技艺。不过这样的艺术菜只能象征性地尝一尝，或根本不去触动它，其用途就是为看而不为吃。规模不是十分盛大的宴会，冷盘要求好看好吃、华而且实。为了解决这不易调和的矛盾，不如索性采用两种不同类型的冷盘，合成一组。即中间的大件主要为看，周围的小盘主要为吃。我欣喜地看到已经有厨师做到了这一点。如"比翼双飞"，中间是一个素白的椭圆大盘，疏朗地摆出翱翔双燕和迎风杨柳，很有画意。周围六个小盘为爆虾、白肉、腰片、黄瓜、鱼松等，整整齐齐，非常实惠。又如"咸菜什锦"，中间大件以紫姜作枝，上栖小鸟，电池联结着鸣禽装置，不时会发出悦耳的叫声，可谓绚丽新奇之至。围着大件的二十个小碟则全部是泡菜、花生、榨菜、酥豆等川中小菜，无一荤膻，真又是朴素至极。至于一般的宴会乃至旅游餐席，除非顾客有此要求，花样冷盘似可从简。因为它毕竟太费工夫，华而不实，而且食品一再在手中摆弄，并不卫生。何况传统冷荤中好吃而未必好看的品色甚多，如酥鱼、卤雀之类，在艺术冷盘中是不容易把它们摆进去的。

菜肴名称本人倾向于明白了当，原料和做法，一见便知为好。巧立名目，就难免牵强附会，乃至菜单名色，满目琳琅，但不知入口时将是何物。将不堪吃的装饰形象，用作菜名，事近浮夸，似更不妥。烧海鲜加上生红薯雕的龙头尾，名曰"蛟龙献珍"，便是一例。如是盛大宴会，名称需要华美一些，也不妨在下面注明原料。这次有的菜名似乎值得商榷，如鱼卷中嵌火腿，名曰"鱼藏剑"，就餐时想到进鱼行刺故事，恐难引起食欲。又如九转肥肠加豆腐，名曰"九转肠腐"。一个"腐"字不能用作豆腐的简称，而只会引起不够雅洁的感觉。

看到上菜使用的器具，感到也有值得改进的地方。一是宜多用白瓷素陶，衬出菜肴本色。或酌量采用无纹单色盘碗，根据菜色来选用瓷色。花瓷彩釉，对形色俱佳的菜肴往往是一种干扰，以不用或少用为宜。如果能说明上述意图，即使在国宴上不用彩瓷，我相信贵宾也会首肯。二是要定烧一些两格、三格乃至多格的盘碗来盛放两吃、三吃或多吃的冷热菜。例如"罗汉大虾"是两吃菜，这次上桌时用椭圆盘，半盛爆大虾，半码琵琶虾，中用黄瓜条来间隔。两吃一爆一炸，前者以带红油汁为佳，

王世襄在鉴定会上

后者非干吃不可。尽管油汁未敢多盛，还是从黄瓜下流了过来，致使琵琶虾疲软。实际上只要盘子中间有一道隔墙就可以圆满地解决这个问题。

最后有一点建议，就是这次盛会是对全国专业厨师的一次大检阅，但我们一定会意识到各地的家庭主妇、城镇老饕，能口传妙谱，手制佳肴的大有人在。我们应当效法医药界在研究整理官方、局方的同时，还要发掘、采访、搜集民间的偏方、验方。经过一番努力，将来组织一次非专业人员的烹饪能手表演会并不是不可能的。这对发扬我国的传统文化应当也是一项有意义的工作。

原载《中国烹饪》1984 年第 2 期

许地山饼与常三小馆

当年燕京大学校址在北京西郊。校东门外有家小馆，因掌柜的姓常行三而被称为"常三"，擅长做一种面点，名曰"许地山饼"，颇有名气。

近年孙旭升先生写过一篇文章，题为《称许饼》，讲到 30 年代我为"常三"写的一副对联并还记得其中的一句："天竺传来称许饼"。半个多世纪前的游戏之作，居然还给人留下印象，这当然是由于许地山先生的道德文章，深入人心。而区区附骥，也与有荣焉！

当年我送给"常三"的对联不是一副而是两副。其一是：

葱屑灿黄金，西土传来称许饼。

槐阴涤绿玉，东门相对是常家。

这许饼确实是地山先生从印度学来传授给"常三"的，所以又名"印度饼"。后来竟脍炙人口，成为该馆食单上的保留节目。它的做法是先炒鸡蛋，用铲铲碎，放在一旁备用。另起油锅炒葱头末，煸后加咖喱，盛出备用。再起油锅炒猪肉末，七成瘦，三成肥，变色后加入炒好的鸡蛋及葱头末，加食盐和白糖少许。因不用酱油，色泽金黄，故曰"葱屑灿黄金"。以此作馅，擀皮包

成长方形的饼，近似褡裢火烧而较宽，上铛烙熟。烙时须两面刷油，所以实际上是一种馅儿饼。原料易得，操作简单，故家家可做。记得 1956 年黄苗子、郁风夫妇和张光宇、正宇昆仲惠临舍间，我就做了许饼和清汤馄饨相飨，居然多年后他们还说味道不错。印度古称"天竺"，写入联中，自然更为贴切。不过我要点出"东门"，所以上联只好用"西土"以求对仗工稳了。下联也不妨解释一下。燕大东门恰好和"常三"相对，中间隔一条马路和水渠。渠上盖三块条石，拼成平桥。沿着渠东侧有一行槐树，枝叶甚茂，俯荫渠水。夏秋雨过，流水有声，故有"槐阴涤绿玉"之句。

第二副是：

葛菜卢鸡，今有客夸长盛馆。

潘鱼江豉，更无人问广和居。

"长盛馆"是"常三"的字号名称。只因"常三"出了名，字号反罕有人知。"葛菜"又叫"葛先生菜"，由一位姓葛的学长传授给"常三"。当年虽曾品尝过，今已印象模糊。"卢鸡"是一位广东女同学卢惠卿教给"常三"的。我吃过多次并看"常三"的大徒弟炒过，即

烹子鸡块和葱头丝。作料用姜末、酱油、黄酒、白糖和纯胡椒粉，十分可口。"潘鱼"即"潘炳年鱼"，原料用羊肉汤、活鱼。"江豉"因江某所传而得名。两人都是晚清名士。20世纪初，北京广和居这两道名菜几乎无人不晓。我上学时，广和居已歇业有年矣。

两副对联我用工楷写在荣宝斋裱好的洒金笺对子上，朱丝栏格子是我自己打的。常三大喜，悬之店堂，并特意请我在柜房里吃大螃蟹。时属深秋，他知道我不爱吃团脐，所以只只都是白膏盈壳的雄蟹。我在燕大上了七年学，和常三成了老朋友，但并不经常光顾。原因是本科四年在食堂包伙，周末走出东门，也不一定去"常三"，因为附近成府街还有一家倪家饭铺，也很不错，而且便宜。进了研究院，住在校外，自己开伙。只偶尔想吃爆火的菜，如爆肚仁，才自备原料，到"常三"灶上借勺颠两下。常三也不拒绝，对我总算是破例了。

"常三"是一个中为长方院，四周有房，院内带住家的饭馆。从路东的随墙进去，门道以南是灶房，门道以北是散座，北房三间是雅座，南房存货物工具，东房住家。西南角设杂货铺，另开门脸。糖果烟酒，罐头鲜果，汽水冰淇淋等应有尽有。它算不了什么高级餐馆，以肉菜为主，鸡未必每天有，鸭子、海参等根本不准备。但对虾季节，烹虾段却做得极好，远非当今某些大饭馆所能比。因为那年头对虾不是什么稀罕之物，既新鲜，又便宜。大掌柜常三，二掌柜常四，都身体魁梧，笑口常开，态度和蔼。一家老小，无不参加劳动，管理得井井有条。论价钱和当年一般的中低档饭馆差不多，或许略高。但用料地道，菜肉新鲜，而且保质保量，长期不变，所以生意很好。

"常三"当年卖得最多的菜是常四拉长了嗓子叫喊的"来一卖软炸里脊——糖、醋、烹"。末三个字分开喊，一个比一个重，到"烹"字又特别短促，喷口有力，猛然顿住。有时还要应顾客的要求，带上一句"多加菠菜"。此外比较别致的菜是肉末炒松花和糖醋溜松花。前者妙在皮蛋上佳，色深而软，姜味甚浓。后者切块后在鸡蛋清中拉一下，稍炸后再碰糖醋汁。其他如焦熘土豆丝、炒木樨肉、海米白菜汤等都堪称物美价廉。白案的家常饼烙得极好，层多香软。焦炒面抻得头发那样细，不煮，直入油锅，炸好后浇宽汁的炒肉丝，确是美味。

凡在燕大上过学的，或多或少，都曾光顾过"常三"，它总会给顾客留下印象。现在遇到老同学，谈来谈去，往往就谈到了"常三"，旅居海外的同学也是如此。有位已在美国定居的学长，回国探亲，在北京住了两周，临行时对我说："吃了北京不少家大餐厅、酒店，反倒使我怀念起'常三'来。"我问为什么？他说："'常三'的菜没有山珍海味，更没有望而生畏、令人作呕的所谓'艺术拼盘'。它好在老老实实，朴质无华，吃什么是什么味儿。房间很简单，不花里胡哨，也不忙乱，不嘈杂，吃饭时心里踏实，有在家的亲切感。我对国外的某些格调不高的饭馆很厌烦，没想到国内的饭馆竟去学它们。这不能不使我怀念'常三'！"我无言以对，只好说："你到底是位美学家，语多哲理，可能和明代书画家的观点有相通处，所谓'绚烂之极，乃归平淡'吧。不过要请你原谅，一个人要是没有经过绚烂，恐怕也不可能领略平淡之妙。你对它们的要求也未免太高了。"

燕京大学的同学遍天下，如果看到我这篇短文，或许会勾起对往日的一丝回忆吧！

原载《中国烹饪》1986 年第 8 期

饭馆对联

我的国学启蒙老师是一位在外家教家馆的老学究。入学时，几个表哥都已经在学作诗，我则先学对对子，从背诵"天对地，北对东，夏雨对秋风……"一套顺口溜开始。我倒挺喜欢这玩艺儿，往往放学前主动请老师出对子，回家对好，第二天呈送给老师看。长大一些后，学作律诗和试帖诗，还跟着大人学作诗钟，实际上都是在对对子。给饭馆作对联，已是上大学的事了，送给"常三"的两副就是那时候作的。

大学毕业后，长达四十多年没有给饭馆写过对联。北京沦陷时期，在大后方颠沛流离时期，为清理文物奔走及出国考察时期，1949年回国后一个运动接一个运动时期，都不会也不可能为哪一家饭馆作对联。只有在拨乱反正之后，清除了极"左"，承认我国的烹调是文化、是艺术、是宝贵文化遗产，讲饮食、评饭馆不会再被扣上资产阶级生活方式的帽子之后，才有斗胆再给饭馆写对联。看来这虽只是一件小事，却有关国家气运，不亦伟乎！？

自1980年以来，我也只给饭馆写过三副对联。第一副赠美术馆附近的悦宾。这是一家最早的个体户小院，出于对新鲜事物的好奇，一个人跑去试试，要了盘鱼香肉丝和锅煸豆腐。价钱不算贵，原料也不错，至少都是瘦肉，味道还可以，态度热诚，比许多公营小馆肉菜全用肥膘，态度不咋的要强。一高兴写了一副相赠。联曰：

> 悦我皆因风味好，
> 宾归端赖色颜和。

第二副写给得月楼。今年元旦，天津古文化街落成，由于朱家溍兄和我都给街内的文物店写了匾额和楹联，被邀参加开幕式，并请在食品一条街的苏州得月楼吃饭。

那天得月楼的师傅们很卖力气，把最好的东西都拿出来了，十几道菜中有清蒸圆鱼、虾子海参、烹大虾、糖醋鳜鱼等。大虾不脆，是原料问题，不是做得不好。鳜鱼则色、香、味、形俱佳，非常新鲜，是我1973年离开湖北咸宁干校后吃到的最好的鳜鱼。

饭后经理和师傅们都上楼来，拿出宣纸要求即席题字。"得"、"月"两字都是入声，放在上下联之首本无伤格律。但一个是动词，一个是名词，故半响未能成句，眼看要轮到我写了，不免抓耳挠腮起来。忽然由姑苏想到了寒山寺，改变了原来的主意，得联如下：

听钟犹忆寒山寺，

品馔今夸得月楼。

家潘兄在一旁笑了，悄悄地对我说："寒山寺救了你的驾！"

第三副今年春节祝贺同和居新楼开业。联曰：

同味齐称甘旨，

和羹善用盐梅。

上联用《孟子·告子》"口之于味也，有同嗜焉"，下联用《尚书·说命》"若作和羹，尔惟盐梅"。我虽把"同"、"和"两字冠在了联首，但同和居菜肴的特点没有能写出来，所以没有做好。

原载《中国烹饪》1986 年第 10 期

1986 年以后饭馆对联写得多一些，想得起来的有：

赠无锡馆新苑酒家：

梅芳艇系鼋头渚，

姜嫩丝堆鳝脆盘。

赠福州馆华腾酒家：

华筵美酿倾千石，

腾馥嘉肴出八闽。

赠悦宾分号悦仙小馆：

举杯皆喜悦，

到此即神仙。

1993 年 10 月，我和荃猷访台过港，承功德林主人柳和青、王丹凤伉俪盛情款待，品尝素食。菜肴有鲜蘑百合、菊花茄子、炖野生口蘑汤等，天然本色而形味俱佳。予我印象最深的却是用玉蜀黍须烹制的冷碟，不仅晶莹洁白，味亦清爽隽永。后来我送给他们一联，还开个小小的玩笑：

不上梧枝栖翠柳，

巧烹黍穗作银丝。

1994 年 6 月又记

老舍先生吃过我做的菜

抗战胜利后我得到去美国、加拿大考察博物馆的机会。1948年秋和1949年春两度在纽约逗留了一段时期,当时在那里旅居的燕京学长有瞿同祖、赵曾玖夫妇。我是走到哪里都想找地方做菜的,他们两位又欢迎我去,所以不用事先约好,早晨买到东西便提着包进了瞿家的厨房。我和老舍先生第一次见面是在瞿家。就在那天中午老舍先生吃到了我做的菜。

我还记得那天做的两个菜是面包虾和鸡片炒龙须菜。

美国的面包品种繁多,只要买切薄片的无糖白面包,切掉边,改成四小块就可以往上堆虾泥了。虾用小包的冻虾仁,化冻后斩成泥,调入打好的鸡蛋清和玉米粉,加入葱、姜末及作料就行了。往上撒些洋火腿末并粘一片外国香菜叶。炸油是提炼过的棉花子油。这个菜几十年前上海就流行,叫虾仁吐司。"吐司"是英文toast的译音。虾泥中可以加一点剁碎的荸荠,那时纽约不好买就免了。

国外买鸡可以按需要的部位选购。剔好的鸡脯只须去膜片薄便可上浆过油。鸡骨架也单卖,煮后可当高汤用。成捆的龙须菜又肥又白,斜刀切片,根部不用。少数茎尖微红,炒后呈浅绿色,白绿相间,煞是好看。龙须菜炒后还有点脆,和鸡味很调和,但微苦。爱吃的人认为好就好在这微苦上。

在吃饭的时候,我和老舍先生谈起龙须菜来。我说龙须菜(Asparagus)是北方的名称,南方叫芦笋,正规的名称叫"石刁柏",可以入药。过去北京的饭庄子往往用拌龙须菜作为筵席上冷盘,开水焯过,切成一寸多长的段,堆码在盘中,上浇三和油。原来它是野生的,未经土培,故细长而深绿,龙须也由此得名。当年天坛杂草丛生,却以产益母草和龙须菜著名,因产量不多,所以成为名贵的蔬菜了。其实不只是天坛才有,在四郊有松柏树的坟圈子内都能采到。老舍先生感到有点诧异,问起我的知识是从哪里得到的。我说这是因为当年我喜欢八旗子弟的老玩艺儿,用狗到坟圈子去咬獾(俗称"逛獾")的缘故。咬獾在夜里,但白天必须把獾窝和周围的地形都看好才行,要一连去几天才能把獾的行踪摸清,故行家有"勤瞧

懒逛"之说。这一下子老舍先生可来了
劲儿了，一顿饭的时间和我聊的都是关
于养狗捉獾的事。恐怕连我做的菜是什
么滋味他也没有尝出来。要不是瞿大嫂
在旁夸了我几句，我还真有点下不来
台呢。

原载《中国烹饪》1986 年第 11 期

从冷碟的争论说起

1948年冬，我用了两个多月的时间参观研究波士顿美术馆中的中国文物，和那里的一位青年馆员交上朋友。工作之余，话题有时从博物馆业务扯到生活饮食上来。他的外祖母出自俄国沙皇旁裔，最擅长烹制俄式大餐及各种小吃（相当于我国的冷荤或冷碟）。也是由于当时波士顿唐人街的中国餐馆还是以 Chop-suey（炒杂碎及盖浇炒面）为主，这位朋友非常看不起中国菜。他说别的先不说，中国冷碟再好也好不过俄式小吃，一摆就是几十样，满满一桌子。我当时不以为然，因为抗日胜利后东单附近一位俄国老太太家的地道俄式大餐和薄雪老吃过不少次，小吃我也领教过几十样。所以我很自信地对他说："中国地大物博，历史悠久，到处都有特殊风味的冷碟，真是丰富到了极点。俄国历史虽然也不短，讲到饮食文明，比起中国来，恐怕还要退避三舍。"两个人争得面红耳赤，谁也说服不了谁。因为他端不出他外祖母做的小吃来给我尝，我也不可能做出中国冷碟来请他吃。最后订了一个君子协定：有朝一日他到北京来，我一定做几味冷碟来验证验证我的话。

一晃就是三十多年，一天早晨忽然接到这位朋友打来的电话，说当天中午就要到我家来吃饭。这一下子真使我慌了手脚，只好请老伴去春明买些泥肠、肝肠和洋火腿，我在家打开豆豉鲮鱼、油焖笋和四鲜烤麸罐头，又凑上两个热菜来应急。那位朋友坐下后，尚未拿起筷子就笑了。他说："没想到您这位擅长做冷碟的'烹调大师'竟靠吃现成的熟菜和罐头过日子。"我郑重声明，今天不算数，因为没有准备。下次你再来，事先通知我，一定做几样让你见识见识。他连忙站起来道歉："都怪我不好，给您来了个突然袭击，太不礼貌了，请多多原谅。"

隔了一年，他果然又来了。这次一周前就接到来信。时届冬令，我做了南味的酥鱼和羊糕，福州的炸油菜松和冬菇冒笋，北京的炒素菜丝和仿虾米居的野兔脯，浙江的糟鸡，南北都有的糖醋辣白菜墩及酱瓜炒山鸡丁等。这一下子他就服了。他承认中国冷碟有荤有素，原料用得宽，色、香、味变化大。尤其是素菜不仅特别好吃，还合乎卫生要求。俄国小吃充实而浓厚，但缺少淡雅隽永之品，相形之下，就显得粗了一点，这在中国的山水画和俄国的古典的重彩油画之间也能体会到它们之间的差距。中国不愧是东方文明古国，烹调艺术真了不起！

这位朋友的两次光临，使我产生了一些感想。第一次我用熟菜和罐头待客，那是出于不得已，临时应付，情有可原。第二次则四出采购，亲入厨下，总算为中国菜肴争回了一点名誉，受累、花钱也是值得的。不过从这里我想起当今某些高级饭馆，不禁感到忧虑和羞愧。二百五至三百元一桌的筵席，热菜先不说，摆在桌面上的是中间一个大拼盘，四周若干小冷碟。望过去满目琳琅，花枝招展；定睛一看在大拼盘中萝卜花和芹菜叶占据了主要位置。那气死姚黄的一大朵还是用颜料染成的。酱牛肉肯定是外边买来的，可还不是月盛斋的。通脊片和酱鸭哪里来的，我未敢肯定。看来拌海蜇、腐竹、炝黄瓜多少还是加了加工。四周却原来是一碟凤尾鱼，一碟蒜味肠，一碟松花配洋火腿，一碟烤麸镶橘子瓣；那边是菠萝片上顶樱桃，这边是蘑菇堆旁码芦笋。算起来真正从本灶上做出来的冷碟至多不过三分之一。谁都知道，吃饭馆吃的是风味特点。上面说的那些冷碟如果还有特点的话，那只能是长城、天坛、梅林、珠江等罐头厂和某某熟肉车间的特点，哪里还有您贵宝号的特点？！一般家庭来了不速之客，拿熟菜和罐头来应付，还情有可原，客人也完全谅解。至于饭馆，它的本职就是做菜给顾客吃的，放弃本职，该做不做，一年三百六十五天，天天拿熟菜和罐头来糊弄，那就说不过去

了。楼下散座，玻璃柜里准备些现成小菜，供人选购下酒，你爱买不买，也还可以，高级宴席也是如此，你爱吃不吃，那就更说不过去了。我看顾客有权问一句："你饭馆究竟是干什么吃的？！"

我也曾想过，为什么现在某些高级饭馆懒得做冷碟给顾客吃了呢，一个主要原因是把工夫都用在摆"艺术拼盘"上去了。这样切，那样削，细细雕，慢慢挖，如此摆，那般堆，张三来个喜鹊登梅，李四来个鸳鸯戏水，王五来个丹凤朝阳，刘六又来个孔雀开屏，一位比一位"高明"，一位比一位得意，仿佛真造出了亘古未有的艺术奇珍，报纸杂志还一个劲儿地给做宣传鼓吹，封面封底，彩版接二连三，弄得某些人飘飘然起来，真以为自己是艺术家了。实际上这是违背了菜肴主要是为吃而不是为看这一最基本的原则。何况真从艺术的角度来看，多数"艺术拼盘"并不艺术，而是庸俗丑陋的。叶浅予先生说得好："我看见'艺术拼盘'会发抖，会起鸡皮疙瘩。"这样搞下去，说得客气一点是本末倒置，走上了形式主义。说得坦率一些是瞎折腾，不务正业，走上了歪门邪道！

对"艺术拼盘"我还是保留过去的看法（参阅《记全国烹饪名师技术表演鉴定会》一文），在盛大的宴会上，为了表示隆情盛意，可以有，但它根本就是装饰品，不是为吃的。在一般的筵席上，则要求冷碟既好吃又好看，而好看必须服从好吃。这好看最好让食品本身的鲜和美来表现，而不是靠人工来摆摆弄弄。如果冷碟下降到依赖熟菜和罐头，把宝贵时间都浪费到不卫生、不能吃，同时也很不艺术的所谓"艺术拼盘"

上去，那只能称之为不正之风了。

亲爱的朋友们、师傅们、报刊编辑们以及饮食业的领导同志们，现在是到了必须纠正这股不正之风的时候了。否则的话，我国烹调的优良传统，将被断送在我们这一辈之手！出于对祖国饮食文明的热爱和爱护，我的话未免偏激了一些，或许过头了一些，不大受听。希望诸公能体谅到我的出发点是善意的，不以危言耸听为罪，则幸甚，幸甚！

原载《中国烹饪》1986 年第 12 期

春菰秋蕈总关情

戢戢寸玉嫩，累累万钉繁。
中涵烟霞气，外绝沙土痕。
下筋极隽永，加餐亦平温。

这是宋汪彦章的食蕈诗。"蕈"通"菌"，或称蘑菰，亦可写作蘑菇，其味确实隽永，且富营养，是厨蔬无上佳品。我素嗜此物，尤其是春秋两季野生的，备觉关情。

记得十一二岁时，随母亲暂住南浔外家。南浔位在太湖之滨、江浙两省交界处。镇虽不大，却住着不少大户人家。到这里来佣工的农家妇女，大都来自洞庭东、西山。服侍外婆的一位老妪，就是东山人。她每年深秋，都要从家带一甏"寒露蕈"来，清油中浸渍着一颗颗如纽扣大的蘑菰，还漂着几根灯草，据说有它可以解毒。这种野生菌只有寒露时节才出土，因而得名。其味之佳，可谓无与伦比。正因为它是外婆的珍馐，母亲不许我多吃，所以感到特别鲜美。

在燕京大学读书时，常常骑车去香山游玩，而香山是以产野生蘑菰闻名的。经过访问，在附近的一个村子四王府结识了一位人称"蘑菰王"的老者，那时他已年逾六旬了。他告诉我香山蘑菰有大小两种。小而色浅的叫"白丁香"，小而色深的叫"紫丁香"，春秋两季都有。他谈得有点神秘——采蘑菰要学会看"稍"（读作 sào），指生蘑菰的地脉。这"稍"从地面草木的长势可以看出来。他虽向我讲解了几遍，但我还是不能得其要领。看来所谓的"稍"，一半指草木的葱茏茂密，一半和埋在土内的菌丝有关。蘑菰落下孢子才生长菌丝，所以产菌的地方年年会有蘑菰长出来。使香山出名的是一种大白蘑，直径可以长到一尺多，像一只底朝天的白瓷盆。过去只要在山上发现此种幼菰，便搭窝棚在旁守护，昼夜不离，以防被他人采去。只须两三天便长成，取下来装入大捧盒送到宣武门外菜市口去卖，可得白银三五两，因为它是一种名贵贡品。"蘑菰王"感慨地说："这是前清的事了，近些年简直得见不着了。贵人吃贵物嘛。贵人没有了，大白蘑也就不长了。"他的话反映出他的封建意识。实际上逶迤的燕山，只要气候环境适宜，都可能生长此种大白蘑。60年代我去怀柔县黄坎村劳动，听老乡说当地山上就有，名叫"天花板"，并自古留下"天花板炖肉——

馋人"的歇后语，只是很稀少，不大容易遇到而已。我当时以为"天花板"只不过是一个当地土名，不料后来读到明人潘之恒的《广菌谱》，其中就有《天花蕈》一条，并称："出五台山，形如松花而大于斗，香气如蕈，白色，食之甚美。"可见那位老乡的话大有来历，顿时不禁对他肃然起敬而自惭孤陋了。

回忆一下，几十年来，北京的各大菜市场一直可以买到鲜蘑菇。查其品种，因时而异，60年代以前，市场上卖的都是野生鲜蘑菇。品种有二：一种叫"柳蘑"，蕈伞土褐色，簇聚而生，往往有大有小，相去悬殊。烹制时宜加黄酒，去其土腥味。烩、炒皆可，而烩胜于炒，用鸡丝加嫩豌豆烩，是一味佳肴。一种叫"鸡腿蘑"，菌柄较高，色泽稍浅，炒胜于烩。蘑菇的采集者多住在永定门、右安门外，每人都有几条熟悉的路线，隔几天便巡回采一次，生手自然很难找到。后来朝内、东单、西单几个菜市都买不到野鲜蘑，只有菜市口市场还有。据了解是一位姓张的老者隔几天送货一次。随后他找到了工作，在永定门外一所小学传达室值班，野生鲜蘑从此在北京菜市场上绝迹。我曾去拜访过张老汉问他为什么不干了。他说郊区都在建设，永定河也在整理，生态变了，蘑菇越来越难找了，只好转业了。60年代至70年代，几个菜市场有时可以买到人种的圆鲜蘑，和一般罐头蘑菇品种相同。近几年，这种人种圆鲜蘑菜市也不供应了，而是凤尾平菇的天下了。论其味与质，自然不及圆鲜蘑。

1948—1949年我在美国和加拿大，注意到蘑菇在西餐中的食用。那里的大城市很容易买到人种圆鲜蘑，餐馆的通常做法是用它做奶油浓汤，或放在奶汁烤鱼里，或碎切后摊鸡蛋饼或卷（mushroom omelette，也有人称之为"奄列"），比较好吃的是用黄油煎。作为一个穷书生，自然不可能品尝到名餐馆中的各种做法，但从烹调食谱中也可以了解不少，总觉得不及中国的蘑菇吃法来得多而好。最难下咽的是洋人生吃圆鲜蘑，切片放在沙拉内，实在是暴珍天物。在波士顿时，我常去老同学王伊同、娄安吉伉俪家去做油煸鲜蘑，略仿"寒露蕈"的制法而减少用油量。我曾带给租房给我住的美国老太太尝尝。她擅长西法烹调，竟对我的油煸蘑菇大为欣赏，认为比西餐中的许多做法要好，特意在小本子上记下了我的 recipe，并要我示范烧了两次。

已故老友张葱玉（珩）兄，是一位杰出的书画鉴定家，也是一位真正的美食家。他向我几次讲到上海红房子西餐馆的黄油煎蘑菇如何如何隽美，而离开上海后再也吃不到了。1959年有一天他请我在东安市场吉士林吃饭，特意点了这个菜，结果大失所望。我向他夸下海口，几时买到好蘑菇，做一回请他品尝。后来我一次用鸡腿蘑，一次用人种圆鲜蘑，都使他大快朵颐，连声说好。道理很简单，关键在黄油煎蘑菇必须用鲜蘑，最好是菌伞紧包着柄尚未张开的野生蘑。罐头蘑菇绝对不能用。它经高温煮过，水分已浸透，饶你再用黄油煎也无济于事，味、质皆非矣。

湖南的野生菌亦颇为人所乐道。在西南联大上过学的朋友往往谈起抗战时期长沙街头小馆的蕈子粉、蕈子面（即汤煮米粉或面条上加蕈子浇头）如何鲜美。九如斋的瓶装蕈油也常常被人带出来馈赠亲友。1956年我在中国音乐研究所工作，参加了湖南音乐普查之行，跑遍了大半个省。那一次的印象是长沙的薹子粉赶不及衡阳的好，而衡阳的又不及湘南偏远小镇的好。看来起决定作用的在薹子的品种好不好，而采得是否及时尤为重要。柄抽伞张，再好的薹子也没有吃头了。

当年从道县去江华的公路尚未修通，要步行两天才能到达。中途走到桥头铺，眼看一位大娘提着半篮刚刚采到的钮子薹送进一家小饭铺，我顿时不禁垂涎三尺。不过普查队的队长是一位"左"得十分"可爱"的同志，非常强调组织性、纪律性，还时时警告队员要注意影响。像我这样出身不好、受帝国主义教育毒害又很深的人，她自然觉得有责任对我随时进行监督改造。如果我不经过请示批准，擅自进小饭铺买碗粉吃，晚上的生活会就不愁没有内容了。好在一路之上我走在最前面，队长落在后头至少有三五里之遥，我多着胆子去吃了一碗薹子粉。哈哈！这是我在整个普查中吃到最好的野薹子！我很想来个第二碗，生怕被队长看见而没敢再吃，抹了抹嘴走出了小铺的门。

"文革"时期文化部干校在湖北咸宁甘棠附近。1971年以后，干校的戒律稍见松弛，被"改造"的人开始能有一点人的情趣。调查、采集、品尝野生蘑菇就是我的情趣之一。为了防止误食毒菌，首先向老乡们求教。经过了解，才知道当地食用菌有以下几种：

洁白而伞上呈绿色的叫绿豆菰，长在树林中，其味甚佳，但不易找到；

呈黄色的叫黄豆菰，味道稍差；

体大色红，草坡上络绎丛生的叫胭脂菰，须经过灶火熏才能吃，否则麻口。

此外还有丝茅菰、冬至菰等，而以冬至菰最为难得，味亦最佳。后来我从"四五二"高地进入湖区放牛，在沟渠边上发现紫色的平片蘑菰。起初还不敢吃，后来听秦岭云兄说可以食用才敢吃，味鲜质嫩，与鱼同煮尤美。回忆其形态，和现在人种的凤尾平菰相近，应该属于同一品种。

云南盛产各种蘑菰，我向往已久。1986年秋随政协文化组考查文物古迹，有机会作了几千公里的旅行，从昆明西行，直到畹町、瑞丽。一路上不论大小城镇，每日清晨菜市街道两旁，往往有几十人用筐篮设摊，唤卖菌子，一堆堆，大大小小，白、绿、褐、黄，间以朱紫，五光十色，目不暇接。其中最名贵的自然是"鸡㙡"（音 zōng）和"松茸"。按这"㙡"字有多种写法。现在一般写作"棕"，或作"鬃"，或作"踪"，恐怕都缺少根据。其实古人的写法也不一致。有人写作"㙡"（见《骈雅·释草》："鸡菌，鸡㙡也。"又杨慎《升庵文集》："云南名佳薹曰鸡㙡，鸟飞而敛足，菌形似之，故以鸡名。"），有人写作"㙡"（见李时珍《本草纲目》卷廿八《菜类》："鸡㙡出云南，生沙地间，丁蕈也。高脚微头，土人采烘寄远，以充方物。"）。我认为李时珍是一位科学家，正名用字，比文学家要谨严些，故今从之。

我们车经各地，时常看见收购鸡㙡、松茸的招贴。松茸每公斤高达四十元，但要求严，只收菌伞紧包尚未打开者。据说收到后立即冷冻出口，销往香港、日本等地。因而在街上能买到的、饭馆可以吃到的不是菌伞已经张开、菌柄已经抽长，便是过于纤细，尚未长成，

价格每公斤不过数元。至于晒干的鸡
堫，多为老菌，长柄如麻茎，茎伞如
败絮矣。

鸡堫、松茸之外的较好的蕈子有青
头蕈，我认为它和湖北的绿豆菰是同一
种。"见手青"因一经手触或刀削便变
成青绿色而得名；它质脆而吃火，如与
他蕈同烹，应先下锅，后下他蕈。牛肝
蕈颜色红黄相间，也算名贵品种。最奇
特的是干巴蕈，色灰黑而多孔隙，完全
脱离了蘑菰的形态，一块块像干瘪了的
马蜂窝。撕裂洗净，清炒或与肉同炒，
有特殊的香味和质感，堪称蕈中的珍异。
此外杂蕈尚多，形色各殊，虽曾询问名
称，未能一一记住。

云南多蕈，可谓得天独厚，但吃法
似乎还不够多种多样。鸡堫、松茸等除
用上汤炖煮或入汽锅与鸡块配佐外，一
般用肉片或鸡片加辣椒烹炒。昆明、楚
雄、大理、丽江等地都用此做法上席。
本人以为如在配料及烧法上加以变化，
一定能有所创新，发挥蕈子优势，使滇
菜更富有特色。

香港餐馆，不论它属于哪一菜系，
普遍大量使用菌类。其中的干香菰多来
自日本，肥大肉厚，可供咀嚼，但香味
似不及福建、江西的冬菰浓郁。人种圆
蘑及草菰，鲜品或罐头多来自福建、广
东。福建是我国人种蘑菰的主要产地，
曾在福州街头看见种菰户排队等待罐头
厂收购。有的不够规格，就地廉价处理，

每斤只几角钱，与一般蔬菜价格相差无
几。1986 年深秋还在江西婺源菜市上看
到出卖人种鲜香菰，每斤一元。上饶的
报纸上还刊登举办家庭香菰技术培训班
的大幅广告。北京的气候虽不及闽赣
适宜种菰，但我相信草菰、香菰完全
可以在暖房中培育出来。圆鲜蘑北京
过去早有栽培，今后更应恢复并扩大
生产。这样北京的食用鲜菌品种就不
至于单一了，对丰富市民及旅游者的
食品都有好处。

以上拉拉杂杂写了许多，或许有人
会问我："你平生吃到的蕈子以哪一次
为最好？"我会毫不迟疑地回答："最
好吃的是外婆的下粥小菜、母亲只准我
尝几颗的寒露蕈。其次是在江华途中只
吃了一碗、怕挨批没敢吃第二碗的蕈子
粉。"一个人的口味往往是爱吃而又未
能吃够的东西最好吃。某些大师傅做菜
的诀窍之一是每道菜严格限量，席上每
位只能吃一口，想下第二箸已经没有了，
以此来博得好评。这诀窍是根据人的口
味和心理总结出来的，所以有一定的道
理。不过最后我要声明一句：以上云云，
决无怂恿大师傅及餐馆缩小菜份的意
思。任何好菜，我都希望师傅们手下留
情，多给一些。我是一定会加倍称赞并
广为揄扬的。

原载《知味集》，中外文化出版公司，
1990 年 12 月

关于恢复老字号

大约三年前一家山东老饭馆在东直门内恢复开张。香港来的朋友一定要请我去吃饭，别无他意，就是要听我说说这家老字号恢复得怎么样。

可惜我当时并未想到今后会为《中国烹饪》写《饮啄篇》，所以没有在小本子上记下每一道菜。如果当时这样做了，现在这篇短文内容就会写得更充实，意见也会提得更具体。不过我对那家饭馆的总印象和个别的菜是不会忘记的。

那天每上一道菜香港朋友就问我一句："是不是老味儿？"我从头回答到末了，不仅没有一道菜是老味儿，连菜名也不是老名儿。只有"糟熘鱼片"是例外，和过去名称一样，但做法大异，当然也就谈不上老味儿了。

记得那天的菜肴中有"桃花泛"，使我立即想起1981年堂弟王世仪夫妇从美国回京探亲，家人在萃华楼请他们，席上就有桃花泛。当时使我大为诧异，因为这道菜是过去山东馆从来都没有的。萃华楼的桃花泛做得并不坏，色香味都说得过去，但它在萃华楼桌上出现，总觉得有点差样儿，有点"串味儿"。应该说名菜馆增加一些新品种也是奋发图强的一种表现，不过我认为增加不是本菜系的新品种，不如恢复本菜系的老品种。举例来说，"烩两鸡丝"是地地道道的山东菜，解放前萃华楼也做得极好，但近几年我在萃华楼要过几次，服务员同志都说"没有"。依我之见，萃华楼与其增添桃花泛，不如恢复烩两鸡丝等本帮菜。当我看到新恢复的山东馆老字号也上桃花泛时，不由得使人想到这是不是受了萃华楼的影响。大家都知道，每一家名菜馆都应当有它的出色当行的看家菜，而不应该见异思迁。我们不妨设想一下，假如所有的山东馆、广东馆、湖南馆、四川馆、福建馆、河南馆等等都添上了桃花泛，走进哪一家都有它，全是一个味儿，那桃花泛就应该改名叫"桃花泛滥"了！再说糟熘鱼片，过去的老味儿是鱼片洁白如雪，黑木耳垫底，宽汁中有葱丝，透亮晶莹，糟香浓郁而微甜，一箸到唇，已香溢齿颊，真是美不可言。那天的鱼片，色泽暗淡，芡汁太稠，全无糟香，不用木耳，而俏了几片青菜和胡萝卜，它当然不是山东味的糟熘鱼片，也说不上是哪一地方的风味菜，只是一般的炒鱼片罢了。做出这样一桌菜，如果也叫恢复老字号的话，那只能说是徒有其名，玷污了老字号，糟蹋

大全

了老字号！

我们应当认识到饭馆和其他工商业一样，要闯出一块牌子，建立良好信誉，脍炙人口，经久不衰，直到成了一家老字号，是非常非常不容易的。这意味着多少人的智慧结晶，多少年的艰苦奋斗。但要败坏它却容易得很，偷工减料，名是实非，不消几天，就可使往日盛名，付诸流水。因此我们应当对老字号特别珍惜，特别爱护，而珍惜爱护的惟一办法是严格保质保量，保证原来品种、原来风味，不离格，不走样。

我看外国的食品商是深深懂得这个道理的。一箱老牌饼干，一盒老牌巧克力，都要把它的创始人的照片印上，写明已有多少年历史并保证风味不变。他们把已经建立起来的招牌和信誉看作生命。因为他们知道砸了牌子，毁了信誉，那就什么都完了。记得1948年冬我在波士顿码头英国向新大陆移民时便已开设的一家美国老字号饭馆吃饭，它的一张菜单处处表明维护老传统，给我留下了深刻的印象。在点心栏里，草莓布丁后注明："本店为了保持传统风味，在没有草莓的季节里，此品恕不供应。"多么严肃认真的态度！它因没有常年供应草莓布丁而少卖了钱，但却因此而赢得了比金钱更可贵的信誉。我看这叫眼前利益服从长远利益。我们的饮食服务业，有的就不懂得这个道理，往往为了小小的眼前利益，竟断送了大到不可估量的长远利益！

随随便便、马马虎虎地就挂上了老字号的招牌，美其名曰恢复老字号，使过去吃过的人大失所望，使过去没有吃过的人认为"不过如此"，这是对不起前人，也对不起今人，一时蒙了顾客，随着也坑了自己，可算是最要不得、最亏最亏的事了！

不知道当事人是否还曾想到过这样做会产生损害中华饮食文明、烹饪王国的严重后果？！

要恢复老字号果真很难做到吗？我看也未必。过去在老字号掌过勺的人，跑过堂的人，爱去吃的人，难道都找不到了吗？绝对不会。分别去向他们访问请教，或把他们请到一起座谈座谈，大家凑一凑、斗一斗，开出一个老字号看家菜的菜单来，让大家提一提每个菜用什么原料，怎样操作，做得了什么样儿，吃起来什么味儿，经过几次试验，我看一定可以恢复个八九不离十。

恢复老字号不光是挂块招牌，而是一定要恢复它的老品种、老风味，这个道理不明白吗？我看不是。怎样才能恢复，应该采取什么措施和方法，难道想不出来吗？我看也不是。那么为什么恢复不好呢？我看这和当前必须改革掉的吃大锅饭有关。那就是老字号恢复好了，和个人的利益关系不大；恢复坏了，有国家兜着，对个人的损失也不大。抱这种态度，和资本主义国家食品商把招牌信誉视为自己的生命自然大不一样。我这样说并不是认为资本主义私有制好，而是说一方面我们要进行改革，另一方面更应该提高我们的觉悟。

对有待恢复而尚未恢复的老字号我想奉献几句至理名言。一叫"实事求是"，二叫"天下怕就怕认真二字"，三叫"不打无准备之仗"，四叫"树立主人翁态度"。四句中末一句最重要，有了它就自然会切切实实地去做到前三句，就一定能把老字号恢复好。那些已经恢复但还须改进的老字号，对以上四句话我看也是值得深思的。

原载《中国烹饪》1987年第5期

鳜鱼宴

世界上有许多国家都用酒来调味，不同的酒味有助于形成各地菜肴的特色。香糟是绍兴黄酒酿后的余滓，用它泡酒调味却是中国的一大发明，妙在糟香不同于酒香，做出菜来有它的特殊风味，决不是只用酒所能代替的。

山东流派的菜最擅长用香糟，各色众多，不下二三十种。由于我是一个老饕，既爱吃，又爱做，遇有学习机会决不肯放过。往年到东兴楼、泰丰楼等处吃饭，总要到灶边转转，和掌勺的师傅们寒暄几句，再请教技艺。亲友家办事请客，更舍不得离开厨房，宁可少吃两道，也要多看几眼，香糟菜就这样学到了几样。

其一是糟熘鱼片，最好用鳜鱼，其次是鲤鱼或梭鱼。鲜鱼去骨切成分许厚片，淀粉蛋清浆好，温油拖过。勺内高汤对用香糟泡的酒烧开，加姜汁、精盐、白糖等作料，下鱼片，勾湿淀粉，淋油使汤汁明亮，出勺倒在木耳垫底的汤盘里。鱼片洁白，木耳黝黑，汤汁晶莹，宛似初雪覆苍苔，淡雅之至。鳜鱼软滑，到口即融，香糟祛其腥而益其鲜，真堪称色、香、味三绝。

又一味是糟煨茭白或冬笋。夏、冬季节不同，用料亦异，做法则基本相似。茭白选用短粗脆嫩者，直向改刀后平刀拍成不规则的碎块。高汤加香糟酒煮开，加姜汁、精盐、白糖等作料，下茭白，开后勾薄芡，一沸即倒入海碗，茭白尽浮汤面。碗未登席，鼻观已开，一啜到口，芬溢齿颊。妙在糟香中有清香，仿佛身在莲塘菰蒲间。论其格调，信是无上逸品。厚味之后，有此一盏，弥觉口爽神怡。糟煨冬笋，笋宜先蒸再改刀拍碎。此二菜虽名曰"煨"，实际上都不宜大煮，很快就可以出勺。

自己做的香糟菜，和当年厨师做的相比，总觉得有些逊色。思考了一下，认识到汤与糟之间，有矛盾又有统一。高汤多糟少则味足而香不浓，高汤少糟多则香浓而味不足。香浓味足是二者矛盾的统一，其要求是高汤要真高，香糟酒要糟浓。当年厨师香糟酒的正规做法是用整坛黄酒泡一二十斤糟，放入布包，挂起来慢慢滤出清汁，加入桂花，澄清后再使用。过去的高汤是用鸡、鸭、肉等在深桶内熬好，再砸烂鸡脯放入桶内把汤吊清，清到一清如水。自己做香糟菜临时用黄酒泡糟，煮个鸡骨架就算高汤，怎能和当年厨师的正规做法相比呢？只好自叹弗如了。

但我也做过一次得意的香糟菜，只有一次，即使当年在东兴楼、泰丰楼也吃不到，那就是在湖北咸宁干校时做的"糟熘鳜鱼白加蒲菜"。

1973 年春夏间，五七干校已进入逍遥时期，不时有战友调回北京。一次饯别宴会，去窑嘴买了十四条约两斤重的鳜鱼，一律选公的，亦中亦西，做了七个菜：炒咖喱鱼片、干烧鳜鱼、炸鳜鱼排（用西式炸猪排法）、糖醋鳜鱼、清蒸鳜鱼、清汤鱼丸和上面讲到的鱼白熘蒲菜，一时被称为"鳜鱼宴"。直到现在还有人说起那次不寻常的宴会。

鳜鱼一律选公的，就是为了要鱼白，十四条凑起来有大半碗。从湖里割来一大捆茭白草，剥出嫩心就成为蒲菜，每根二寸来长，比济南大明湖产的毫无逊色。香糟酒是我从北京带去的。三者合一，做成后鱼白柔软鲜美，腴而不腻，蒲菜脆嫩清香，恍如青玉簪，加上香糟，其妙无比，妙在把糟熘鱼片和糟煨茭白

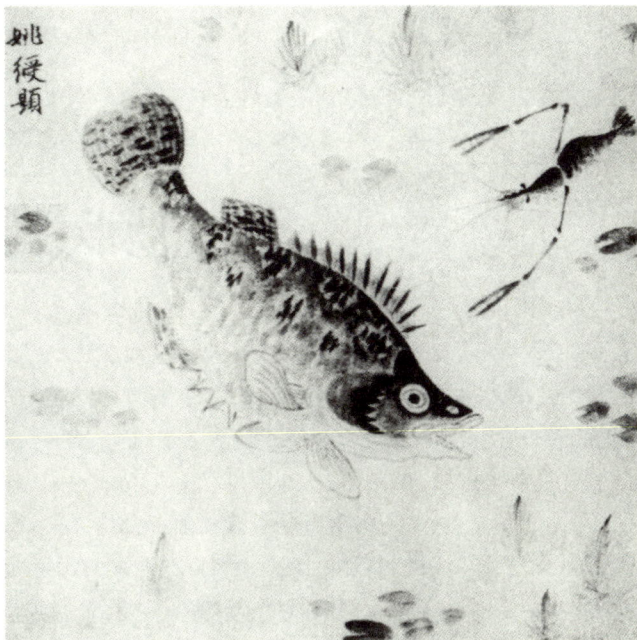

宋刘寀《春溪鱼藻图》中的鳜鱼

两个菜的妙处汇合到一个菜之中，吃得与会者眉飞色舞，大快朵颐。相形之下，其他几个菜就显得不过如此了。

其实做这个菜并不难，只是在北京一下子要搞到十四条活蹦乱跳的公鳜鱼和一大捆新割下来的茭白草却是不容易罢了。

《砍脍书》

明李日华《紫桃轩杂缀》有一条讲到兴趣广泛、喜爱花鸟鱼虫的玩家祝翁，因不问生产，以致一贫如洗。他家中却藏有一部唐代烹调专著——《砍脍书》。录引如下：

> 苕上祝翁，罨溪旧姓，自号闲忙道人。于生计俗交，一切不问，终日搜松剔石，树果运泉，笼鸣鸟，沼游鱼，斗虫弹雀，以为乐事。如此半生，而室如扫矣。幸余瓜垄数弓，仅支朝夕。其家传有唐人《砍脍书》一编，文极奇古，类陆季疵《茶经》。首篇制刀砧，次别鲜品，次列刀法，有"小晃白"、"大晃白"、"舞梨花"、"柳叶缕"、"对翻蛱蝶"、"千丈线"等名，大都称其运刃之势与所砍细薄之妙也。末有下豉醯及波沸之法，务取火齐与均和三味，疑必易牙之徒所为也。当时余爱其文，未及借录。今书与翁皆化乌有矣。《下豉醯篇》中云："剪香柔花叶为茝，取其殷红翠碧，与银丝相映，不独爽喉，兼亦艳目。"然竟不知香柔花为何花也。

十分可惜，这部唐人烹调专著到明代晚期已经失传了。幸经李日华的记述使我们还知道一个内容大概。

此书至少有五篇：第一篇讲菜刀和砧板的制作；第二篇讲选料，鉴别食品是否鲜美；第三篇讲刀工；第四篇讲酱醋等作料的使用；第五篇讲烹调技法与火候。它不仅相当全面，而且完全符合烹调的程序，体现了这门艺术的科学性和作者的逻辑性。

特别使我感兴趣的是各种刀法的名称。其具体的挥刀姿势和"砍"、"脍"后的食物形状，可能原书也没有详细说明或附有图式，准确地再现已不可能。但我们不妨通过现在还常用的刀法来推知其大概情况。"小晃白"、"大晃白"刀法可能相似而动作有大小之异。我们切鱼、肉等为了不使切下来的薄片粘在刀上，总是切一刀后把刀向外倒一下（北京称之曰抈 [音 gàng] 一下），使切片贴在砧板上。这一抈，雪白如银的刀岂不就晃一下。所切食物的大小关系到动作的大小，于是就有"小晃白"和"大晃白"之别了。"舞梨花"是作者用来形容快刀切白色菜蔬的情景。例如白萝卜或茭白之类，飞刀切去，薄薄的片会被刀带起，随即落到板上。这纷纷起落的白片，岂不有点像飞舞的梨花。"柳叶缕"形容把食物切成一条条有如柳叶。不仅切菜有此刀法，主食如山西刀削面，不还有"柳叶"这一名称吗。"对翻蛱蝶"也是现在常用的刀工，如切鱼生等火锅用料，为了取得大片，铺在碟上，美观齐整，切第一刀不切断，第二刀才切到底。切片摊开铺平，中间相连，纹理对称，宛如展开双翅的大蝴蝶。"千丈线"当然是指长丝细缕。除面食外，豆制品中的千张、百叶等，大片几经折叠，切后提起，便如连而不断的长线了。至于《下豉醢篇》，我相信作者是用豉（包括酱和酱油等）和醢（即醋）来概括各种调味作料，决不止咸酸两味。火工的"泼"，使我想起陕西的油泼法，如"油泼辣白菜"之类。"沸"则可以肯定是指慢工的煮和炖，当然又是举两种技法来概括多种火工。综上所述，至少可以得出这样一个结论，唐代的烹调技艺已经发展到很高的水平，和今天的刀工、火工有密切的关系，足见我国的烹饪艺术源远流长。

李日华最后引用了《下豉醢篇》中几句话："剪香柔花叶为笔，取其殷红翠碧，与银丝相映，不独爽喉，兼亦艳目。"可是这位工诗善画并以撰写多种笔记著称的大文人竟不知香柔花为何物。这只能解释为大文人、大艺术家未必对植物学也有研究。查李时珍《本草纲目》卷十四《草部》香薷条："'薷'，音'柔'。'薷'本作'柔'。《玉篇》云：'柔，菜苏之类是也。'其气香，其叶柔，故以名之。"在《集解》时珍又称："香薷有野生，有家莳，中州人三月种之，呼为香菜，以充蔬品。"可知香柔即香薷，又名菜苏，和烧鱼加入的紫苏叶、吃螃蟹用来搓手去腥的苏子叶是同一类植物。其子可以榨油，作为食用油，并可以调漆。

《斫脍书》用香柔的花和叶作羹（芼），我曾用苏叶作汤，味道不错。

饽饽铺 萨其马

北京的老饽饽铺，时常引起我怀念，因为从店铺外貌到柜内食品都很有特点，民族风味很浓，堪称中国文化的象征。

饽饽铺字号多以斋名，金匾大字，铺面装修极为考究，如果不是牌楼高耸，挑头远跳，就是屋顶三面曲尺栏杆，下有镂刻很精的挂檐板，用卷草、番莲、螭龙、花鸟等作纹饰，悬挂着"大小八件"、"百果花糕"、"中秋月饼"、"八宝南糖"等招幌。从金碧辉煌、细雕巧琢的铺面，已经使人联想到店内的糕点也一定是精心制作，味佳色美的。老饽饽铺还有一个特点，即店内不设货品柜、玻璃橱，因而连一块点心也看不到。以当年开设在东四八条口外的瑞芳斋为例，三间门面，店堂颇深，糕点都放在朱漆木箱内，贴着后墙一字儿排开。箱盖虽有竿支起，惟箱深壁高，距柜台又有一两丈远，顾客即使踮起脚也看不到糕点的踪影，只能"隔山买老牛"，说出名称，任凭店伙去取。但顾客却个个放心，因为货真价实，久已有口皆碑。

饽饽铺的糕点，名目繁多，有大八件、小八件，又各有翻毛、起酥、提浆、酒皮等不同做法。属于蛋糕一类有油糕、槽糕。起酥一类有桃酥、状元饼、枣泥酥、棋子。应时糕点有藤萝饼、月饼、重阳花糕、元宵等。有各色缸炉，包括物美价廉用点心渣回炉烤成的螺蛳缸炉。还有蜜供、小茶食、小炸食、鸡蛋卷等，不胜备述。其中我最爱吃的是萨其马。

"萨其马"本系满语。据元白尊兄（启功教授）见教：《清文鉴》有此名物，释为"狗奶子糖蘸"。萨其马用鸡蛋、油脂和面，细切后油炸，再用饴糖、蜂蜜搅拌沁透，故曰"糖蘸"。惟于狗奶子则殊费解。如果真是狗奶，需养多少条狗才够用！原来东北有一种野生浆果，以形似狗奶子得名，最初即用它作萨其马的果料，入关以后，逐渐被葡萄干、山楂糕、青梅、瓜子仁等所取代，而狗奶子也鲜为人知了。

当年我最爱吃的萨其马用奶油和面制成。奶油产自内蒙古，装在牛肚子内运来北京，经过一番发酵，已成为一种干酪（cheese）；和现在西式糕点通用的鲜奶油、黄油迥不相同。这一特殊风味并非人人都能受用，但爱吃它的则感到非此不足以大快朵颐。过去瑞芳斋主要供应京华的官宦士绅，就备有一般和奶油两种萨其马。前者切长方块，后者则作条形。开设在北新桥的泰华斋，蒙藏喇嘛是他们的主要顾客，所以萨其马的奶油味格外浓。地安门的桂英斋，离紫禁城不远，为了适合太监们的口味，较多保留宫廷点心房的传统，故各家自具特色。惟萨其马柔软香甜，入口即化则是一致的，因为这是最起码的标准。

北京的中式糕点，60年代以来真是每况愈下。开始是干而不酥，后来发展到硬不可当，而且东西南北城所售几乎都一样，似一手所制。因此社会上流传着一个笑话：汽车把桃酥轧进了沥青马路，用棍子去撬，没有撬动，棍子却折了。幸亏也买了中果条，用它一撬，桃酥出来了。这未免有些夸张，不过点心确实够硬的，吃起来不留神，很可能硌疼了上膛。说起萨其马，连我花钱买的人都感到羞愧，从东北传至关内，已有三百多年，北京虽不是发源地，也是它的老家了，为什么很长一段时间北京能买到的萨其马还不如天津清真字号桂顺斋的。就是上海、广州市上所谓的萨其马，切得方方正正，用透明纸包着，从味到形已非萨其马，而是另一种点心，但也比北京萨其马要软一些，可口一些。已有不少次当我想起瑞芳斋的奶油萨其马，真恍如隔世，觉得此味只应天上有，而要吃到它，恐怕是"他生未卜此生休"了。

可喜的是近两年来北京的中式糕点有所好转。记得1989年之初，已能在东单祥泰益买到软而不粘牙的萨其马。今年元月，《北京晚报》两次报道东直门外十字坡开设了一家由四个老字号（宝兰斋、桂福斋、致兰斋、聚庆斋）联合组成的荟萃园，力求恢复传统风味中式糕点。我特意前往观光品尝，品种相当齐全，味道也很不错，翻毛和酒皮的大小八件、油糕、穰饼、状元饼、桃酥等应有尽有，连过去桂福斋9月才应时的花糕也能买到，而且依然是老味。萨其马色泽浅黄，果料齐全，入口即化，全无渣滓，只有调料、炸条、拌糖每道工序都掌握得很好才能做出来。我一时欣喜，主动地为荟萃园做了一副对联写在一个小条幅上，其文如下：

卅载提防，糕硬常愁伤我颚！
四斋荟萃，饼酥又喜快吾颐。

予曾有句："萨其马硬能伤颚，名锡桃酥竟不酥！"北京糕点，不如人意，盖有年矣。今喜荟萃园依旧法精制，旨味重来，丽形再现。爰撰右联，以志忻悦。或问："有无横额？"答曰："'今已如昔'如何？"

己巳十二月畅安王世襄
原载《燕都》1990年第2期

答汪曾祺先生

汪曾祺先生为《学人谈吃》一书写了一篇序言（刊登在《中国烹饪》1990年第11期，题为《食道旧寻》），点了我的名，不禁使我诚惶诚恐。首先是我才疏学浅，怎敢侧身于学人之林。其次是讲到我的几点，有的虽确有其事，有的则为传闻之误，有的又言过其实。因此我不得不作一番解答了。

曾祺先生说我去朋友家做菜，主料、配料、酱油、黄酒……都是自己带去。这确有其事。因为朋友家日常用的，或是为我准备的，未必尽合我意。例如素油，我总要事先问一下是什么油。如是菜子油，我就自己带油去。因为目前菜子油还不能提炼得很纯，入口就能辨别出它的味道，把菜的本味都破坏掉了。过去我就曾向几家餐馆提过意见，几百元一桌的席，似乎不该再用菜子油了。再如黄酒，加饭固然好，北京黄也尚可用，所谓的"烹调料酒"就只能说不合本人的口味了。好胡椒粉这里也难买到，因此出远门总要带些回来。香菜也须在农贸市场上选购，细而长的不如短而茁壮的好。做一盘炒鳝糊，如果胡椒粉、香菜不合格，未免太煞风景了。

序中说我去朋友家做菜连圆桌面都是自己用自行车驮去的，这是传闻之误，我从未这样干过。记得几年前听吴晓铃兄说起，梨园行某位武生，能把圆桌面像扎靠旗似的绑在背上，骑车到亲友家担任义务厨师。不知怎的，将此韵事转移到在下身上。实在不敢掠美，有必要在此澄清，以免继续误传。又说我提了一捆葱去黄永玉家做了一个菜，永玉说把所有的菜都压下去了。这是言过其实。永玉夫人梅溪就精于烹调。那晚她做的南洋味的烧鸡块就隽美绝伦，至今印象犹深。永玉平日常吃夫人做的菜，自然不及偶尔尝一次我的烧葱来得新鲜，因此他才会有此言过其实的不公允的评论。

今年9、10月间我应美国几个博物馆之邀去讲一些工匠末技，而实际上接待愚夫妇的却是在美定居的华裔，真是盛情可感。上月他来京，我自然要略尽地主之谊。一周之内，几乎每餐都亲入厨下。豆汁、麻豆腐、炸酱面、水饺等不算，我做的菜中有下列几味。现略加叙述，为的是请曾祺先生看看，以便回答他在序中最后提出的一个问题——像我做的菜该叫个什么菜？

一、糟煨冬笋

这是过去东兴楼的看家菜，不知现在哪里还可以吃得到。具体做法拙文《从香糟说到鳜鱼宴》已言及（见《中国烹饪》1990年第6期），不复赘述。但愿敬告读者，多年买不到的香糟，现朝阳门内大街咸亨酒店有售，只是每斤已从十年前的三角涨到三元五角，上升了近十二倍。

二、炖牛舌

牛舌要在沸水中烫几分钟，将粗糙的外膜剥去。因此最好要新鲜的。如经久冻，外膜就难剥了。切厚片，入砂锅，武火转文火炖，需五六个小时方能入口即化。其间依次加入黄酒、精盐、酱油、姜片、葱头及滚刀块切成的胡萝卜。此菜多少吸取西餐的罐焖牛肉的做法，但用大量的胡萝卜，因为它有益身体健康。

三、油浸鲜蘑

只能用新鲜的白圆蘑，以小而肉紧，洁白如雪为佳，罐头蘑绝对不能用，鲜凤尾蘑效果也不佳。用较多的素油煸炒，加精盐、酱油及姜末。吃辣的可先炸干辣椒再下鲜蘑，或先煸蒜茸亦可，悉视个人的口味而定。要煸炒到大部分水分挥发掉再出勺，宜热吃更宜冷食，放入冰箱，可数日不变味。这是参酌吴县太湖地区洞庭东西山民间所谓"寒露菌油"的做法。

四、锅爆豆腐

黄酒泡虾子加精盐、酱油、白糖备用。如有高汤可加一两匙。

南豆腐半斤，切成三厘米见方的薄片，放入碗内。鸡蛋三枚打开，倒入豆腐碗中，再加少许煸熟的葱花拌匀。

炒勺（以比较平浅的为宜）内放素油，热后将豆腐、鸡蛋倒入，摊成圆饼，倾侧炒勺，转动煎爆，待底面全部上色，以黄而微焦为好。把盘扣在饼上，复入盘中。勺内再放油，热后将饼推入，如前煎爆另一面，亦待上色，倒入调好内有虾子的作料，用筷子在饼上戳洞，使作料渗入，即可出勺。

此菜从北京小饭馆学来而稍加损益。解放前沙滩马神庙路北的小饭铺就有此菜，北大师生不少人去吃。它和山东菜系的锅爆豆腐，每块蘸鸡蛋下锅煎爆的做法不同而别有风味。

五、酿柿子椒

柿子椒八个，以大小适中者为宜，去蒂挖籽，沸水中煮数分钟，捞出控水，码入铝饭盒，恰好装满，置一旁备用。

红透西红柿三斤，去皮油煸，要适当浓缩，加白糖、精盐。胡萝卜擦丝，葱头剁末，分别素油煸烂，各加糖、盐少许。留出西红柿浓汁半碗，余与煸好的胡萝卜、葱头拌匀，酿入柿子椒。留出西红柿汁灌隙溜缝。表面撒适量胡椒粉。饭盒去盖入烤箱烤二三十分钟即成。此菜冷热咸宜，乃从墨蝶林餐馆俄式小吃变化而来，却是纯素。

六、清蒸草鱼

活草鱼北京不难买到。收拾完毕，放入盘中，不加任何作料。蒸约八分钟（视鱼之大小，火之强弱，加减时间）。取出滗去盘内鱼汤，撒胡椒粉、葱姜丝、

❶ 请参阅启功:《戾家考——谈绘画史上的一个问题》,《文物》1963 年第 4 期。

香菜段码在鱼上。起油锅,热后烹入酱油、黄酒,急速浇淋鱼上即成。此粤式蒸鱼法,亦即广州、香港菜单上所谓的"清蒸鲩鱼"。它比江浙略加高汤的清蒸鱼更能保持本味,鲜嫩可口。

七、海米烧大葱

黄酒泡海米,泡开后仍须有酒剩余,加入酱油、盐、糖各少许。

大葱十棵,越粗越好,多剥去两层外皮,切成二寸多长段。每棵只用下端的两三段,余作他用。素油将葱段炸透,火不宜旺,以免炸焦。待色已黄,用筷夹时,感觉发软,且两端有下垂之势,是已炸透,夹出码入盘中。待全部炸好,推入空勺,将泡有海米的调料倒入,烧至收汤入味,即可出勺。此是当年谭家菜馆的常客金潜庵先生爱吃的菜,据说渊源于淮扬菜,不知确否。个人的经验是如请香港朋友吃,海米须改为干贝。因为香港海味太丰饶,海米被认为不堪下箸之物,难免一个个抛出来剩在碟中。还有此菜只宜冬季吃,深秋葱未长足,立春后葱

芽萌发,糠松泡软,味、质均变矣。

以上随便说了几样,为的是请曾祺先生看看,该叫个什么菜。"学人菜",我不同意。"名士菜",越发地不敢。依我之见,古代画家和戏曲家都有"行家"与"戾家"之说,也就是"内行"与"外行"之分❶。"戾"或写作"隶"、"利"、"力"。"小力把"、"力巴头"即由此而来。因此我认为凡是非专业厨师做的菜都可称之为"戾家菜"。如嫌此称不够通俗,冷僻难懂,则不妨称之为"票友菜"或"玩票菜"。具体到本人,因做菜不拘一格,勿论中外古今,东西南北,更不管是什么菜系,想吃什么就做什么,以意为之,实在没个谱儿。做得好吃算是蒙着了,做砸了朋友也不好意思责怪,还要勉强地说个"好"。用料从来也说不出分量,全凭所谓"估眼逮"("逮"读 dēi),兴之所至,难免混合变通,掺杂着做,胡乱地做,因此称我做的菜为"杂合菜",我看也是完全符合的。

原载《中国烹饪》1991 年第 4 期

学人中有不少是会自己做菜的。但都只能做一两只拿手小菜。学人中真正精于烹调的，据我所知，当推北京王世襄。世襄以此为一乐。有时朋友请他上家里做几个菜，主料、配料、酱油、黄酒……都是自己带去。据说过去连圆桌面都是自己用自行车驮去的。听黄永玉说，有一次有几个朋友在一家会餐，规定每人备料去表演一个菜。王世襄来了，提了一捆葱。他做了一个菜：焖葱。结果把所有的菜全压下去了。此事不知是否可靠。如不可靠，当由黄永玉负责！

客人不多，时间充裕，材料凑手，做几个菜是很愉快的事。成天伏案，改换一下身体的姿势，也是好的，——做菜都是站着的。做菜，得自己去买菜。买菜也是构思的过程。得看菜市上有什么菜，捉摸一下，才能掂配出几个菜来。不可能在家里想做几个什么菜，菜市上准有。想炒一个雪里蕻冬笋，没有冬笋，菜架上却有新到的荷兰豆，只好"改戏"。买菜，也多少是运动。我是很爱逛菜市场的。到了一个新地方，有人爱逛百货公司，有人爱逛书店，我宁可去逛逛菜市。看看生鸡活鸭、鲜鱼水菜，碧绿的黄瓜，通红的辣椒，热热闹闹，挨挨挤挤，让人感到一种生之乐趣。

学人所做的菜很难说有什么特点，但大都存本味，去增饰，不勾浓芡，少用明油，比较清淡，和馆子菜不同。北京菜有所谓"宫廷菜"（如仿膳）、"官府菜"（如谭家菜、"潘鱼"）。学人做的菜该叫个什么菜呢？叫做"学人菜"，不大好听，我想为之拟一名目，曰"名士菜"，不知王世襄等同志能同意否。

节录汪曾祺：《食道旧寻》，
见《中国烹饪》1990 年第 11 期

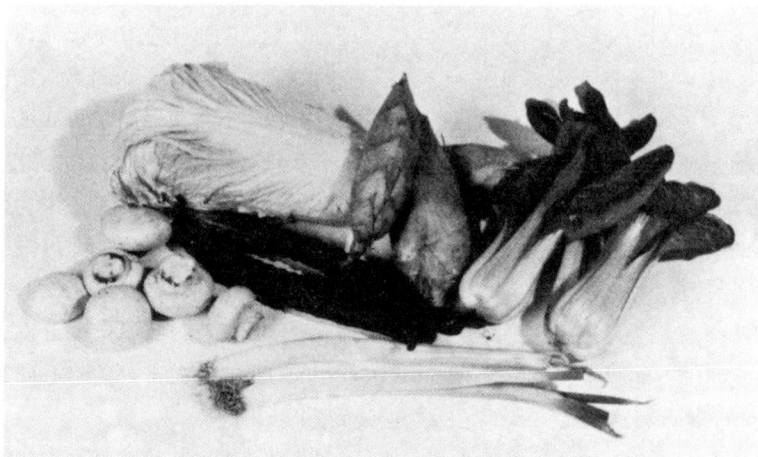

园蔬

金云臻《饾饤琐忆》

金琪，号云臻，清宗室，工诗文，著书专记20世纪前期北京各种小吃，题名《饾饤琐忆》。按方以智《通雅·饮食》："食经言五色小饼盛食盒累积曰斗饤。""斗饤"亦写作"饾饤"。又世谓文辞琐碎堆砌，不切合实际曰饾饤。故作者题名有自谦之意。1984年笔者将书稿推荐给博文书社，到1989年5月才出版。

《饾饤琐忆》是一本小书，三十二开，只有八十三页，共四十篇。书首有拙作七绝四首及小序数十字，格卑文俚，实难辞佛头着粪之讥。

金云臻先生世居北京，甫及中年，任职上海。近撰《饾饤琐忆》，记数十年前故都大众食品逾二百种，味形之外，并及吆喝叫卖，绘色绘声，引人入胜，使久居北京者有旧梦重温之感。值兹全国名产引入北京而北京食品又亟待提高之际，获读斯篇，为之惊喜，对发扬祖国饮食文明，大有裨益。不辞俚鄙，奉题四绝句，用以代序。

不谱丰肴供御筵，寻常百姓食为天。
《饾饤琐忆》何谦甚？鸿制堪称《丽味篇》！

京华知味旧王孙，巷贩街摊仔细论。
我亦频年萦苦忆，今朝展读梦重温。

萨其马硬能伤颚，名锡桃酥竟不酥。
寄语诸公齐着力，莫教今昔太悬殊！

见说名珍萃国都，国都风味又何如？
会看色色皆精美，盛世文明旷古无！

甲子除夕　畅安王世襄

云臻先生文笔典雅生动，引人入胜。评论饮食，与下走往往不谋而合，可谓先得我心。追述往事，周悉翔实，使我自叹勿如。下举两例，以见一斑。

我曾有这样的议论（或被人称为"谬论"）：一般说来，论菜肴，中餐比西餐好吃；论甜食，西式比中式好吃。但有一种北京传统甜食，我认为比西式的好，那就是"奶卷"。云臻先生也说过：奶卷"质佳味美，远非西式点心同类品所能望其项背"。

做奶卷要从牛奶表面撇取奶油，在盘形容器中凝积。将它揭出，平摊布上，是谓"奶皮"。将奶皮裁切成长方片，在上面并排堆放一长条山楂蜜糕和白糖芝麻屑作馅。奶皮两侧边缘向内卷转，形成对称的云头，两端还露出诱人的双色甜馅，十分绚丽，未到口已乳香扑鼻，吃起来更是甜香腴腻，美不可言。过去东安市场吉祥戏院迤北丰盛公乳品店就做得很好，可以在那里吃或带走，还可以看他们操作。

具体到制皮，云臻先生比我知道得多。他写道："一种叫盆皮，是用光滑的磁盆定型，表面平滑光洁，莹彻如玉；另一种叫文旦皮，是用粗糙的陶盆定型，因水分蒸发大，脂肪高，盆底糙，表面出现斑点，而且略呈淡黄，不是纯白，好像文旦皮一样，故称文旦皮。外貌不美，但奶味更浓郁。一般奶品店都用盆皮，文旦皮要定制，因为工料都费，价亦略昂。到1920年左右，这种文旦皮市上已很少乃至绝迹。"

奶卷就是我前面小诗要问的"国都风味又何如"的一种传统食品。前些时，我走进王府饭店附近的一家乳品店，牌子上居然写着有奶卷。买了一个尝尝，颜色淡黄，表面粗糙，心想：难道竟是文旦皮？谁知咬了一口，味同嚼蜡，口感则仿佛是豆腐皮。我问服务员，奶卷是用奶油做的吗？回答说"是"。如果她没有骗我，我倒要佩服他们竟能用奶油做出口味、质感都不像奶油的东西来！真是怪哉！怪哉！

《饾饤琐忆》讲到的冷饮之一是酸梅汤，并认为"远非目前一切西式冷饮可比"。

说起酸梅汤，我只知有信远斋。但金先生指出信远斋是味浓色深一路的代表。另外还有色淡的一路，以大栅栏九龙斋为代表，味更清远。此又非我所知也。

我对信远斋感到特别亲切，因为听父亲说，祖父去琉璃厂逛书铺古董店，卖酸梅汤的季节，总要到店堂坐下来喝一碗，父亲当然也去，到我已是第三代，可惜"文革"前已经关闭了。它坐落在东琉璃厂中部偏西路南，门面不大，只有两间，朱漆黑字门扇，白天营业时卸下来立在东壁，对联上句似为"信风吹到荼蘼径"，下句首两字为"远浦"，以下竟想不起来了。哪一位如还记得，愿有以教我。

信远斋的酸梅汤放在大瓷坛子里，冰块围拥到坛子口，几乎把它埋起来。店家用提子打出，倾入碗中，因凉侵齿牙，甜沁颊舌，所以要像品工夫茶那样小口呷饮。一碗未尽，已炎热全消，真是祛暑无上妙品。现在北京有不少家信远斋，都离开了原地。他们出售瓶装的酸梅卤，盒装的酸梅块，就是不卖过去那样的酸梅汤，真使人莫名其妙。我不禁又要问一句："国都风味又何如？！"

辣　菜

记得当年北京隆冬季节，天寒地冻，朔风凛冽，却从胡同里传来卖辣菜的吆喝声。卖者多为老头儿，肩挑两个坛子，分量不重，一天也卖不了多少钱，故壮夫不为。花一两毛钱（童时只须花两个铜板），盛上一碗，加些酱油、醋、白糖，滴几滴香油，吃起来别有风味，只觉得冷袭齿牙，辛辣之气，钻鼻而上，直冲脑髓，不禁流出了眼泪。说也奇怪，辣过之后，竟有一种说不出的舒适轻松感。尤其在大啖鱼肉厚味之后，吃上一些，爽口通窍，大有祛腥消腻之功。故北京家庭，必备此品，作为岁末年菜的一种。对它有偏嗜的则不仅买辣菜，而且自己做辣菜，不吃饭时也吃它。已故古琴国手管平湖先生喜欢拿它吃着玩，弹琴作画之际，夹上两筷子放进嘴里。

辣菜用料为芥菜头或芜菁。芜菁北方又叫蔓菁（读如"蛮荆"）。与芥菜头相似，原属同科。清吴其浚《植物名实图考》称："蔓菁根圆味甘而大，芥根味辛而小，形微长，北地呼为芥疙瘩；酱渍者为大头菜。腌而封之，辛辣刺鼻，谓之闭瓮菜；往往误买蔓菁，则味甘而无趣。"他说"味甘无趣"，可见"趣"在辣上，这正是有人爱吃辣菜的原因。不过"蔓菁根圆而大，芥根味辛而小"，却和我所知道的相反。北京农贸市场上能买到的芥菜头都比蔓菁圆而大。《名实图考》中那幅芥菜图，根实就又大又圆。至于辣味，蔓菁也绝不比芥菜头差。

辣菜的做法是将芥菜头或蔓菁洗净，切成薄片，用锅煮软（但不可煮烂），捞入坛子内。煮它的水，稍稍晾凉，倒入坛内，以没过薄片为度。卞萝卜擦成丝，均匀地覆盖在薄片之上，放在阴凉处，密封三四天即成。为什么一定要用卞萝卜，想必有原因。据说比用其他萝卜做成要辣些。

我想爱吃芥末的人都爱吃辣菜。芥末只是一种调料，而辣菜则是一道菜肴。

山　鸡

山鸡，又称野鸡或雉鸡，全国分布很广，自古以来为山珍佳肴。

我儿时就对它感兴趣，倒不是为了美味，而喜欢雄雉的长尾，拔下来插在帽子上，左摇右晃，自以为是群英会的周瑜了。过年亲戚家派老家人去各家送礼，四色之中有成对的山鸡。转眼之间，连有待送往他家的雄雉长尾也被我拔了下来，为的是凑成两根翎子。秃尾巴山鸡怎好当礼送，到处惹事，真成了"七岁八岁狗都嫌"了。淘气而害得老家人为难，该打屁股。

山鸡有多种吃法，袁子才《随园食单》就提到了六种：用网油包放在铁具上烤、切片炒、切丁炒、整只煨、油炸后拆丝凉拌、火锅涮。不过我以为最能突出其肥嫩细腻、一种家鸡所不具有的特殊香味而操作又简便的是切片炒。切丁炒甜酱瓜丁亦属可行，但只限于山鸡腿。因腿肉不甚洁白而且难切成片，故不妨这样做。如用胸脯炒便是大材小用了。当今餐馆喜欢将山鸡和猪肥膘捣成蓉，然后炸或蒸，加工添料越多越吃力不讨好，吃起来分不出是山鸡还是家鸡了。

过去北京冬季山鸡易得，但有个缺憾，时或有一种不悦人的异味，据说产自塞北围场，因吃了有气味草子的缘故。无上佳品当数江南刚猎到的山鸡，使我难忘的口福有两次。

1956年冬出差皖南屯溪访书，下车到街口便看到金黄色皮壳的冬笋，已使我心动。接着又碰到老乡肩搭体有余温的山鸡。于是一齐买下，和饭摊的老板商量好，让我炒一个冬笋山鸡片。和我同行的是一位孔门之后，平日虽很进步积极，但潜在的旧意识尚未改造好，故欣然和我共飨这一顿美餐。如果同行的是一位严格要求生活守纪律的干部，我就不敢如此放肆了。

1970年在湖北咸宁干校，因肺结核未愈，派我驱牛看守菜地。听到山坡外火枪响，跑去买了一只肥大雄山鸡。连忙挖了一些野荠菜，偷偷到老乡家借用灶火正正规规地炒了一盘荠菜山鸡片。鸡脯片用蛋清、荭粉、盐浆好，温油滑过。荠菜水焯切末，炒后再下滑好的鸡片，雪白翠绿，香浓而清，如此新鲜的原料，任何大餐馆也难吃到。自信比江苏的炒法加酱油（见1962年版《中国名菜谱》第八辑页66）好看，比安徽的炒法芥菜围在四周，不和鸡片混炒（见1988年版《中国名菜谱·安徽风味》页127）好吃。

北京市上死山鸡现已绝迹，当和保护野生动物有关。但有活的出售，乃经人工繁殖，每对人民币一百二十元。以香港的标准来说，不过是一只大闸蟹的价钱，不算贵。但我看只宜养在庭院观赏。把如此美丽的山禽杀来吃，太煞风景了。

前年香港朋友请我到中环一家著名法式餐馆吃红焖山鸡，肉干如柴，味同嚼蜡，乃冷冻太久之过。可见香港名餐馆也有完全不及格的菜肴。

豆　苗

和朋友在香港餐馆吃饭，如问我要什么素菜，我一定点一盘"清炒豆苗"。

我生长在北京，从小就爱吃豆苗。北京的豆苗和香港的不一样，在沙土中密植，长到四五寸高，连根拔起，下面还带着圆圆的豆粒，捆成小把儿卖，茎细而白，苗叶浅绿，并拢未舒，只能靠上切一刀，吃一寸多长的顶尖，余弃而不用。因所得无多，不堪一炒，只能作为菜肴羹汤的配料。诸如滑熘里脊、氽小丸子、氽生鸡片、榨菜肉丝汤、鸡汤馄饨等，碗里飘上几根，不仅颜色俏丽，而且清香扑鼻，汤味更鲜，增色不少。

抗战期间，来到四川，才吃上炒豆苗。记得很清楚，农历正月，田埂上的豌豆秧已长到一尺多高，掐尖炒着吃，真是肥腴而又爽口，味浓而又清香，乡镇路旁卖豆花饭的小摊，都可以吃到。坐下来要一碗"帽儿头米饭"（"帽"音同"猫"，一碗饭上面又扣上一碗，顶圆而高）和一盘"炒豆尖儿"（"尖"音同"巅"），真是美哉！美哉！

我因爱吃豆苗，也曾查过书。李时珍《本草纲目》卷二十七讲到的豆苗均取自野生豌豆，并有"大巢菜"、"小巢菜"之分。前者通称野碗豆，"蔓生，茎叶气味皆似豌豆，其藿（即叶）作蔬入羹皆宜"。后者又名"翘摇"，因柔婉"有翘摇之状，故名"。而"巢"字的来历则因苏东坡说过，"故人巢元修（名谷，眉山人，是东坡的老乡）嗜之"，故称之曰"巢菜"。

曾读到孙旭升先生发表在1993年第11期《烹调知识》上的一篇题为《大巢与小巢》的文章，录引陆游的《巢菜》诗序，才知道原来李时珍云云是以放翁的诗序为主要依据的。孙先生还提到他去年在富阳新登吃到开紫花的野豌豆苗，当为"小巢菜"，"鲜甜柔糯，滋味特别好"。不禁使我垂涎三尺！

看来可供炒来吃的豆苗至少有三种，其一：取自一般食用豌豆的秧，即家豌豆苗；其二：取自豌豆秧，即所谓"大巢菜"；其三：取自茎蔓柔婉翘摇的另一种野豌豆秧，即所谓"小巢菜"。当年在四川吃到的我认为是第一种。香港餐馆供应的豆苗，应当是用精选的家豌豆种出来的，也属于第一种。据闻乃用温室培育，水肥温度控制全部自动化，不多天即可生产一茬，及时割取，故十分鲜嫩。香港人一年四季都可以吃到，可谓口福不浅。现在北京几家大酒店偶尔也能吃到香港运来的豆苗，虽空中飞来，已割下两三天，殊欠新鲜。作为中国首都北京，似应早日修建现代化的温室，使豆苗和其他时蔬能经常在餐桌上出现。

如果有人问我哪一种豆苗味道最好，我没有发言权，因为两种野生豆苗还未尝过。若只就四川田埂的和香港温室的评比高下，那么还是四川田埂的好。因温室速成，茎叶水多于质，虽鲜嫩而口感香味均逊一筹。这可能和不少动植物一样，人工培育越多，越不如天然生长的好。

炒豆苗，尤其是炒温室生产的豆苗，一定要掌握火候，稍过便稀烂如泥，不堪下箸了。藏拙之法只有少炒。一次量少不够吃，何妨炒两次。曾见一大盘端上筵席，不出所料，色香味均受损，未免可惜。还有豆苗只宜清炒，加任何东西都是画蛇添足，弄巧成拙，不敢恭维是"知味"。

春天已经来临，当年蜀中生活清苦，也足使神驰，真想坐在路旁饭摊上，来一盘"炒豆尖儿"。

原载《银潮》1994 年第 5 期

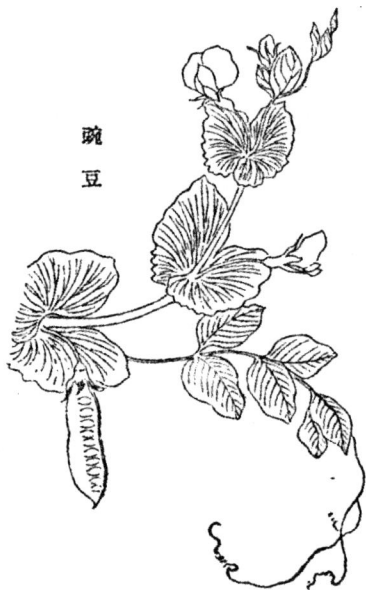

豆苗（清吴其濬《植物名实图考》插图）

序跋

《高松竹谱》跋

竹谱一册，首尾俱缺，以是撰人及锓板年月皆不明，仅于第四十四页勾勒竹法后，署"高松著"三字。高松名见《图绘宝鉴续编》、《画史会要》等画家传中。各书皆甚简略，不载何时人，且未尝言其有竹谱之作。松别有《变化永字七十二法》一书，邹圣脉收入《书画源流》，亦未道其生平事实。阅《文安县志》，得纪炅《高遁山传》，记之独详。始知其嘉靖间以资入官，当时书画驰誉海内，身后名不彰。崇祯初，乡人已罕知之者，有竹态、墨竹等谱行世。据此，

则全书出于遁山之手既无可疑，而锓书年月，亦知其当在嘉靖间矣。

画竹之有谱，肇于元李息斋《竹谱详录》。理法兼备，考物周审，秩然有条，信是巨制。第今日所习见者为鲍氏知不足斋本，屡经传摹，神采无存。而偏重偏轻一图，仅竹竿一节著叶，实不足示不停趁之病，颇讶其于理未合。此谱笔笔遒劲，叶叶铦利，结构交搭，不紊不苟，最见匠心。间有本息斋之处，适足资吾人玩味，以其相去未遥，真传犹在，欲得息斋之旧观，正可于此求之。且偏

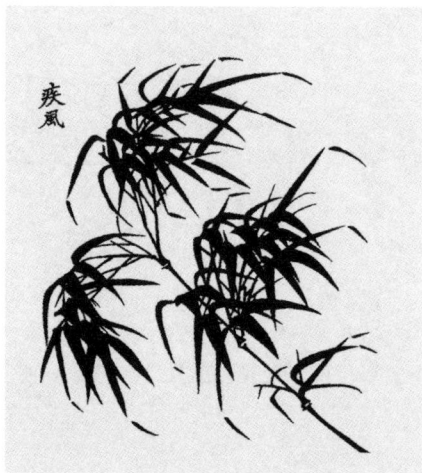

图1　高松竹谱图式之一（王世襄摹）

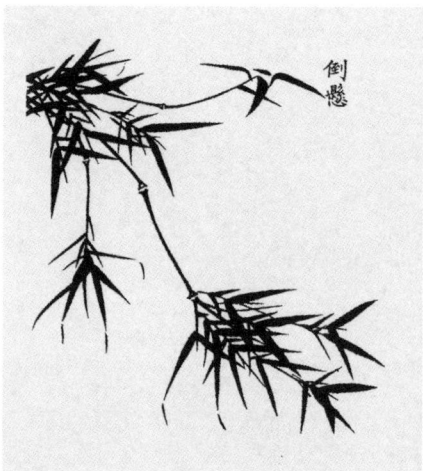

图2　高松竹谱图式之二（王世襄摹）

重偏轻一图，数节著叶，右多于左，与余所臆断者吻合，不禁为之狂喜也。明代竹谱向推周履靖之《淇园肖影》，虽不足与息斋抗衡，要亦一代合作。不期其间《墨竹赋》、写竹竿、安枝、下手二十八忌、画雪竹、勾勒法等口诀，悉见此谱。履靖《夷门广牍》自序于万历二十五年丁酉，必在遁山竹谱之后。今见此而履靖因袭剽窃之迹乃显。何况笔画冗弱，位置失妥，口诀图解，名实不符，相去不可以道里计。此谱上承息斋之书，下启明清诸作，以笔法布局论，更无出其右者。则其有功于后学亦伟矣。惜其流传甚罕，诸家书目，未见著录。日人薄井恭一生前搜罗吾国板画颇富，近其友好为其刊行《明清插图本图录》一书，收此谱成竹一帧。而目录题曰"无名氏编"。后注仅有竹忌二十八病至大段小段等叶，盖亦残帙。计其所存，不过今本十之二三，宜其不知为遁山所作。是则此本直可谓之为孤椠，顾不甚可宝耶！今夏于听雨斋中获观，为之神往，不能自已。复蒙假抄，以广其传，盛意可感也。原谱分墨竹（图1、2）、勾勒二种。勾勒无论矣，墨竹以勾填为之，臃肿自所不免，必用双勾之法，神采庶可略存。设仅有双勾，而废勾填，又与原本殊观，是以不得不二者兼备。而双勾之竹干枝叶，交亚穿插，往往以意定其前后，恐与作者之本意未必尽合，斯又无从避免者。摹抄之难，盖如是也。溽暑伏案，挥汗如雨，日以继夜，凡一阅月而蒇事。腕底目中，无非劲节清风，甫一交睫，修影即来，心爱好之，未尝以为苦。犹忆前年夏，客西郊槐树街，时正草《画论研究》元代竹谱一章。手

息斋丹丘诸谱，日日浸淫其中，尘嚣自远，不啻一剂清凉散。祛暑妙方，以斯为最，余与此君，信有殊缘也。壬午立秋前四日，鬯安王世襄跋于芳嘉园寓次。

竹谱摹竟十数载，书估又访得高松菊谱、翎毛谱，旋归北京图书馆，入藏善本部。按菊谱刊于嘉靖二十九年庚戌，翎毛谱刊于嘉靖三十三年甲寅，竹谱亦为嘉靖刊本，更无可疑。遁山翎毛全法林良，简练生动，画菊亦淳朴有致。画史称其墨竹之外，兼能小景并梅菊兰松之类，实非虚誉。丁卯元月，畅安王世襄再识。时上距摹谱之日，已忽忽四十五年矣。

原载 1988 年 6 月香港大业公司影印本
《遁山竹谱》

明刊《高松竹谱》版心纵、横均一尺有余，用郭鲈斋精制瓷谱纸手摹，衬以乾隆素笺，分订两大册，盛以锦函。卷首邵章《明高遁山竹谱》题耑。卷末有名公题跋：徐宗浩、郭则沄、张尔田、黄宾虹、傅增湘、吴湖帆、启功、邓以蛰、林志钧、吴诗初、叶恭绰、夏承焘共十二家。1958 年人民美术出版社影印出版此谱，摹者署名被改为"王畅安"。并认为题者都是"牛鬼蛇神"，故全部删去。1988 年再次在香港出版，书名《遁山竹谱》，摹者王世襄，名家题跋也得与世人相见。

手摹此谱已于 1996 年 6 月由本人捐赠给北京图书馆，收入善本部。

1999 年 5 月王世襄识

《绘事指蒙》后记

明邹德中编的《绘事指蒙》，是一部传本绝少的书。余绍宋先生《书画书录解题》列于未见类。最近出版的两种画学书目，编者似乎也未见原书❶。据目前所知，此书全国只有三部，两个不同的版本：（一）明洪楩刊本。书首署名两行："淄川静存居士邹德中编次。钱塘方泉道人洪楩校刊。"卷末有"成化癸巳东原记"❷一行七字。书中缺第三十七、四十两叶，第三十六、四十一两叶下半截。张珩先生藏。（二）明胡文焕刊本。书首署名前行与洪本同，次行易为："钱塘全庵道人胡文焕校正。"卷末无东原记等七字。北京大学图书馆❸、首都图书馆各藏一部。两个版本行款不同，文字也略有出入。

邹德中不是一位知名的画家，在画史及地方志中尚未找到有关他的记载。根据《绘事指蒙》及卷首张春序所提示的材料，我们知道他是山东淄川人，号静存居士，生在明代前期，靠卖画为业。要知道他的具体的时代和生平事实尚有待更多材料的发现❹。

洪楩字子美，钱塘人，是嘉靖时有名的藏书家、刻书家兼画家❺。《绘事指蒙》中有树叶十七式便是经他增补的❻。胡文焕字德甫，以编印《格致丛书》和《百名家书》著名。从时代上来推断，《绘事指蒙》经洪氏校刊，约在嘉靖中叶，恐已不是此书的第一次梓行❼。胡氏校刊约在万历年间❽，上距洪本不过四五十年。但从明万历时到现在，三百几十年来却没有再版过。

张珩先生藏的洪氏刊本，是宁波范氏天一阁的旧藏❾。不仅刊刻在前，可贵的是未经删改，有几处比胡本多出若干字，对了解此书的刊印及增订经过是有帮助的。这次刻印即以洪本为据，缺叶则用胡本补全。但也有几处错字已经胡本改正，则依胡本，而用小字注明洪本的原来字样。

我国的画谱到嘉靖以后才渐渐地多起来。《绘事指蒙》成书在嘉靖前，除了元代的竹谱外，在现存的画谱中它要算最早的一部。但《绘事指蒙》之所以重要，并不决定于它的时代，而主要在它的内容。

张春的序和书首的题名写得很清楚，邹德中不是此书的作者而是编者。书中罗列了多种多样的画法，往往同一物象，画法还不止一种；时代也有先有后，或唐、或宋、或元。文体绝大部分为白话，术语却很多，有些地方又近似歌诀。这些足以说明此书绝非出于士大夫之手，也不是一人所作，而是许多位画工，经过长期的积累，然后汇集成篇的。在邹德中编次之前，尚无更早的底本，其中某些部分，说不定还曾经过一定时期的口传心授的阶段。

由于此书是画工经验的总结，它为我们提供了一般画论中绝对找不到的材料。举例来说，如绘事变异名目一条中提到剪纸和五色彩帛贴出人物的方法[10]；江西小描用楮树汁贴金箔的方法；往墙壁上过画稿所谓"鬼过关"的方法；专为画神佛用的各种云头的画法[11]；画神像布置威仪一条中

不同神佛及其随从的画法；陈鉴如的染衣服法[12]；各种铠甲的画法；犀皮交椅及各种漆器的画法等等，真是不胜枚举。上述的那些对文人画家说来十分生疏的画法姑且不谈，即就看似平常的勾描着色而言，《绘事指蒙》所提出的方法和程序是：先描轮廓，背面用颜色衬，面上用颜色搽，最后开解斡染。它强调背衬（使颜色从绢素背面透过表面，得到仅在正面着色所不能得到的效果）和开解（即着色后再用色笔依轮廓细勾一遍），也与一般画论的说法不尽相同。总之，《绘事指蒙》所阐述的是画壁画、水陆、影像，以人物为主的民间画工们所习用的一套经验技法，自然是一般画论所没有的。在习见的画法书中，与《绘

❶《书画书录解题》将《绘事指蒙》写作《绘事发蒙》，1957年12月商务印书馆出版丁福保、周声云合编的《四部总录艺编》和1958年5月中国古典艺术出版社出版虞复编的《历代中国画学著述目录》也都写作《绘事发蒙》。

❷ 癸巳为成化九年（1473）。东原可能为杜琼。

❸ 北京大学图书馆藏本为明胡文焕编《游艺四家》的四种之一。其余三种为：唐韦续撰《墨薮》明岑乾撰《奕选》和胡文焕自辑的《文会堂琴谱》。实际上它们都是从《格致丛书》和《百名家书》中抽出来的。

❹ 卷首张春序作于"己巳春"。这个己巳当在嘉靖前，但目前尚难肯定是哪一年。在乾隆时修的《杭州府志》卷十八查到有名张春者，他于永乐六年（1408）任布政司左参政。但因缺乏证据，不

能断定他是否就是为邹德中作序的人。卷末东原题记虽知其书为成化九年，但它与前边的文字不相连属。可能邹德中编次并刊刻《绘事指蒙》在前，后来东原随手在卷末题诗，而洪楩再版时将它也收了进去。也可能东原题记在前，邹德中编次并刊刻在后。所以东原题记，也不能用来推断邹德中的时代。

❺ 明朱睦㮮《万卷堂书目》著录《洪子美书目》，即洪楩的藏书目。他所刻的书有《清平山堂话本》、《夷坚志》、《唐诗纪事》、《六臣注文选》、《路史》等等。嘉靖四十四年籍没严分宜财产中有洪楩所绘的山水轴和桃源问津轴，见文嘉《天水冰山录》。

❻ 叶七下有"今增十七等，方泉道人作"字样。

❼ 查洪楩所刻各书，多在嘉靖二十至三十年间（1541—1551）。他校刊《绘事指蒙》也应当在这个时期。但这次

校刊与张春序所说"而请梓之"，不是一回事。张春序作于己巳，而嘉靖四十五年中没有己巳；且张春序中也无只字提到洪楩。除非当时序而未梓；否则洪刻不可能为此书的第一次刊本。

❽《文会堂琴谱》有胡文焕自序，作于万历二十四年（1596）。胡刻《绘事指蒙》应当也在这个时期。

❾ 马廉影印天一阁旧藏《雨窗》、《欹枕集》序（载影印本《清平山堂话本》末）讲到于宁波买到洪氏所刻的《绘事指蒙》和十二篇话本。张珩先生现藏的即此本。

❿ 郎瑛《七修类稿》卷四十三《褾作画图》一条记贴画杨妃上马图，并提到《绘事指蒙》："……画谱有褾作而《绘事指蒙》有帖名，未之见也。昨见杨妃上马图袖轴一卷，真奇物。绢素可四尺长，上绘荷池、树石、珊瑚、宝贝，下方则栏杆、辇道，前露半

陛，后露半台，界画描金，五采妆金，已工致而绚烂夺目矣。复具二马一十六人，首乃明皇鞍鞯，俟妃执伞。引导者三勇士，执旌节者二人，传宣躬谒者二人，似中官。控御拥妃上马者四人，随行而挟枕被者三人，乃宫女也。衣裳冠履，环珮带服皆色锦粘褶，销以金丝细花，粉面眉目宛如生人，而且帝极贵态，妃尽丽容，服役者瞻顾承应之势，神气飞动，非笔意可到也。至于二马一青一白，不知何毛粘成，缓行跃动，真鬼工也。……"

⓫ "云有十二等"一条周履靖《画评会海》只采录其可用在山水画中的部分，而将人物道释画所用的画云法一律删去。

⓬ 陈鉴如，"居杭州，精于写神，国朝第一手也"。见元夏文彦《图绘宝鉴》。《秘殿珠林续编》著录其所画竹林大士出山图卷，作于元至正二十三年（1363）。

❶ 载陶宗仪《辍耕录》。

❷ "伏"、"服"同音。"仰伏于上"当为向上仰视，有敬服之意。

❸ 原书作"左"，当为"右"之误。

❹ 汪砢玉《珊瑚网画录》自序作于崇祯癸未（1643）。

事指蒙》性质相近的，只有元末王绎的《写像秘诀》和《采绘法》一种❶。但王氏专论写照传神，内容多、方面广，又不及此书远甚。

值得注意的是《绘事指蒙》不仅讲到具体的技法，其中也有经画工们提炼概括出来的规律和窍门。如布置条中指出"人在上者顾下，在下者仰伏❷于上"，这是为了人物神情的呼应贯穿，并突出主像所必须采用的要诀。画神像布置威仪条中讲到"对坐者东边右❸手微高些，西边右手微低些"，这是指画坐北朝南的壁画而言的。壁画画在墙上，观者站在地下，从下向上看，坐在东边的人物右手在后，坐在西边的人物左手在后，所以都要高一些，这里关联到透视的道理。又如画胡须，"人面下段不可小了，宁大些，染油须髯淡淡侵入些则恰好"，也是由经验总结出来的一种诀窍。

文人学士看不起工匠，对他们的作品和创作的经验不重视，口头上可能说不屑为此，实际上他们在这方面是无知的，是不能为的。壁画、水陆、影像等等的画法，他们自己写不出，但也不去访问、收集、记录。画工不善文墨，写起来要费事一些，有的可能还有自卑心理，能写也不写。因此工匠的论画著作，传世绝少，理由是很明显的。现在我们看到《绘事指蒙》这样一本书，真是难得的发现。它既丰富了我们的传统画法，值得当今从事创

《画学汇编》林宰平先生题扉页

作的人去学习研究；对理论工作者说来，为绘画史方面所提供的材料，同样也是十分珍贵的。另一方面，由于书中有锦纹、缬斑的图式，并讲到纻、纱、绣衣上的花纹名色，对工艺美术研究者也有参考价值。

《绘事指蒙》的发现，在探索画论、画谱的前后因袭和发展上，也是相当重要的。明周履靖《夷门广牍》中的《画评会海》和《天形道貌》绝大部分都因袭前人，这是大家都知道的，但独有其中的四景、搭天头地色法、论云十二等、画石名称、皴石法和描法十八种等节，在以往我们没有能找到它们的来历。《佩文斋书画谱》（卷十四）将上面提到的若干节认为是汪砢玉所作，显然是错误的，因为汪砢玉的时代比周履靖还要晚❹。现在我们明白了，原来周、汪两人所根据的都是《绘事指蒙》。康熙时此书不应该像现在这样难见，孙岳颁等没有查出《珊瑚网》引文的出处而直书"汪砢玉论画"，不能不说是一个疏失。又如《芥子园画传》的编者王概，张庚《画征录》称他"家于金陵，工山水，学龚半千笔法"。因而画传中的图式，我们会认为是由龚半千的画法册发展而来的。现在看到了《绘事指蒙》的树叶图式和《芥子园画传》十分相似，我们可以知道至少在叶式上邹、洪两家对王概有更大的影响。

《绘事指蒙》值得我们做深入的研究，应当拿它与古代的画迹，主要是民间画工的作品来参校印证。更为重要的则为通过画家们的实践，照它的方法来做试验，以便彻底弄清楚书中的术语和技法。这样才能吸收其中值得吸收的成分，使传统画法更好地为当今服务。

原载《画学汇编》1959年5月自刻油印本

《画解》后记

明钦抑撰画解二册，不分卷，清抄[1]墨格巾箱本，半页九行，行十九字。书中有庞青城[2]藏书印记，现藏中国科学院图书馆。

钦抑（画署款"抑"多作"揖"，《苏州府志》作"揖"，今依本书题名）字远猷，明末人，事迹见徐俟斋《画解》序及《苏州府志》传。他从刘原起学画，刘是钱谷的弟子，所以属文徵明一派。十几年前曾在玉池山房看到他画的山水轴，屋宇陂陀，四围密柳高荫，纸色渝敝，而神采不失。故宫博物院藏有他的蜀山行旅轴，纸本设色，笔法在大痴、叔明之间。雪景山水轴，纸本水墨，全学文徵明。这些作品都足以说明他作画不苟且，谨严有法度。钦抑作《画解》时已入清，而书中多避明讳[3]。他学问相当淹博，但没有出来做官，以教书卖画终其生，可见他是一位有民族气节的人。

《画解》世无刻本。远在一百多年前，程庭鹭《小松圆阁书画跋》已称此书"若在若亡"。依常情来推测，《画解》恐久已散佚。今天竟能发现首尾无缺的写本，真是一件喜出望外的事。

《画解》是一部专讲理论的著作，具体画法谈得不多。书凡七篇：论说第一。从画的起源、发展讲到谢赫六法和后来的宗派传授及画学论著。最后说明以下六篇的撰述目的，是统括全书的一篇导论。俗法第二。讲作画何以会俗的道理。赝古第三。讲法非古而冒充古的形形色色，并论其害尤甚于俗，是对文人画末流的批判。辩法第四。讲法的各种类型，以便学者知所适从。论善第五。讲法与善的关系。法经第六。讲骨法用笔和位置布局，部分涉及具体的方法。杂论第七。片段的言论，是以上各篇的补充或拾遗。书末附录有《答某公书》、《自题摹白岳图后》和《论倪元镇画》杂文三章。全书长达四万余言，议论不因袭前人而自成体系，内容经过组织，规模体例，皆有可观，这在明清两代画论中是不可多见的。

下面试谈钦抑在《画解》中所提出的一些主要的论点：

（一）钦抑极力反对俗。他所谓的俗是什么呢？他认为：

1. 俗法与正法是对立的，不相容的。从他的全书看来，所谓正法主要是

[1] 书中"曆"字写作"歴"、"寧"字不缺笔，当是乾隆、嘉庆间的抄本。

[2] 有"庞青城考藏印"、"乌程庞氏百匮楼藏书图记"等印。按庞青城为近代收藏家庞元济之弟，久居苏州，亦有收藏。

[3] 书中"常"（泰昌朱常洛）多写作"尝"、"由"（天启朱由校、崇祯朱由检）多写作"繇"，可见原稿多避明讳。

指古法（虽然他认为古法也有俗的）而言（原文见四上十六［即页四上行十六，下同］，六上十五，一一上十六）❶。

2. 俗法是只知作画而不知其道，只知其外而不知其内。所谓"外"是形，所谓"内"是神。故得其形似而不得其神者为俗法（六上十三，五上一）。

3. 学贵专精，不然则俗。惟有专精，始可以知其内，得其神（七下三一五，二九下十六一三〇上七）。

4. 画家没有自己的主张，一定的准则，阿逢世好，哗众取宠者必俗（七下六一七，二〇下三一六）。

5. 画贵集大成而忌杂学。集大成是备采众长，但不宜合者不相混。杂学是对古法不加分析辨别而将它们混杂在一起。这种人虽学古而仍俗。因为古人的面貌风格不一样，有可合者，有不可合者。不可合者，绝不允许胡乱掺杂。即使面貌风格相近的古法，其中也还有不可相混的（七下十一，八上九一十二）。

6. 画是士大夫的事，工人的画皆俗。他所谓的工人画，包括民间画工的人物、道释、兽畜等各种题材的作品（十下三，四三下十四一四四上一）。

（二）钦抑以为俗的还不止此。使他痛心疾首，并认为其为害更深，救药更难的是冒充古而实在是真俗的人们。即所谓"赝古"。赝古者既非真古，他们自需要一套花言巧语来作借口，一副乔装假扮的面孔来迷惑人。下面是钦抑对他们的无情的揭露。

1. 赝古者往往用"存士气"来作乔装和借口。他们扬言道我们要"存士气"。我们的优点，一般人所不能及的地方就在"存士气"。因此我们用不着学技法，同时也不可以学技法。一学技

❶ 此页号及行数，为油印本《画学汇编》中的页号及行数。当时在后记中注明页号及行数，是为了读者便于对照原文。

法，岂不丧失了士气，成了画工画匠（九下二一五）。

上面说的那种人作起画来，筋肉不习，心手相违，所以劣弱颓靡，如病如痴。他们的作品，在钦抑看来，实在可怜，简直像一个瘫痪了的人（九下十二，九下十六一十上二）。

可恨的是他们不以自己的劣弱颓靡为耻，反以为这是他们的特长，并进而歪曲古人，说古代佳手，就是如此。这也是赝古者的一种借口。由于他们颠倒是非黑白，所以钦抑称他们为"诬是非"。究其原因，不过是赝古者自己只能劣弱颓靡，而不能整饬严明，所以不惜污蔑古人来抬高自己而已（一八上十一一十四）。

2. 赝古者的又一种借口是要"出辙迹"，即超越古今，独往独来，无依无傍，不为众法所囿的意思（一一下八）。

钦抑首先指出所谓法，离不开：偏全、今古、雅俗、方圆。如果想跳出辙迹，那么出偏则入全，出全则入偏；出今则入古，出古则入今；出雅则入俗，出俗则入雅；出方则入圆，出圆则入方。所以照钦抑的看法，不入这个辙迹，便入那个辙迹，天下根本没有能出辙迹的道理（一一下八一一二上七）。

钦抑以为上面的说法，赝古者未必心服。他们可能会提出所谓出辙迹是说不为众法之形迹而自为形迹的意思。既能自为形迹，便自然不受众法的束缚（一二上九一十二）。

钦抑作了进一步的反驳，指出照上面的说法，实际上就是不要法。法原是好东西，不是坏东西。法原是教人如何摆脱束缚的，不是用来束缚人的。所以想要超越前人，荦然独存，必须依靠

法而不是不要法。不明白这个道理而硬要去掉法，则其结果必陷入野俗。何况天下人每每都想去法以自高，所以去法又自然形成了无法的辙迹。这就想跳出法的辙迹而恰好陷入野俗的无法的辙迹（一二上十五—一二下四）。

凡是不要古法而想自己立法的人，钦抑认为他们实际上是"不知法"。一切物象，用古法来图写，不求其形似，尚不失为法。相反地，如果不要古法而一味追求形似，必定鄙俗不足观。所以必须先掌握古法，然后一切物象的形象都可以成为法。形似与法度，两者相得而益彰（二八上十五—十六，一七下六—十二，三三下七）。

赝古者会提出另一种说法，说出辙迹是遗古人之糟粕，取古人之精华的意思（一二下十五—十六）。

钦抑并不反对弃糟粕，取精华，有选择地去接受。但他主张为要达到这个目的，必须先深入古法，将它们研究个透彻，然后才谈得到选择取舍。如果深恶古法，不敢沾惹，惟恐受其束缚，那么连它的糟粕都休想得到，还谈得到什么精华呢？所以弃糟粕、取精华还须从学古法入手（一三上八—十三）。

3. 赝古者的另一种借口是夸耀古画见得多。但钦抑指出只用眼睛看，不用手去练，这叫"徒阅古"，于事无补（一四上九）。

钦抑举了许多例子说明眼睛不能代替手，观察与操作是两回事，并对那些无真知灼见，以他人之耳目代自己的耳目的人作了尖锐的讽刺。他最后的结论是绝不可以徒阅，必须学而后阅。徒阅不学，等于不学。学而后阅，那么阅也就丰富了学。学必须专，阅不妨博。学专才能深入，阅博才能使眼界广阔（一六下十六—一七上一，一六下十五）。

（三）在讲法与善的关系方面，钦抑有不少言论。从这里也可以看出他对法的重视，并如何在能法之后向更高的阶段进展。

钦抑认为法与善的关系是十分密切的，不可分的，但两者不是一回事。法是手段，善是目的（二二上六—八，二三上五，二三上九，二四下二—三）。

他还认为善的标准只有一个，是一致的，而法是可变的。不但可变，而且必须变。可见在前面提到的他主张学贵专一，还是为初学者说法，不是对造诣已深的画家而言的（二四上十四—二四下一，三六上九—十，三六上十二）。

要达到善必须知法，而知法的人必定是能法的人。要想能法，惟一的办法在练法。待练法到炉火纯青的时候，便到了"无事"和"忘法"的境界。无事是画时并无求工求好之心，而画出来自然好。忘法是从心所欲，无可无不可（二四下十五—十六，二五上十三—二五下二，二五下十一—十四）。

读一读《画解》，使我们感到书中最为突出、明确，如同一条线似的从头贯穿到尾的是钦抑对法的重视。他甚至将画中的法，喻作人的生命（二一上二），并认为画要离开了法，便什么都不存在（二一上三—四）。他主张专诚守一，踏踏实实地去学。学成之后，再由守而至变。他不反对有选择地去接受古法，但有个先决问题是必须先深入进去，熟悉它、了解它，然后才谈得到取精华、弃糟粕。

《画解》差不多用了四分之一的篇幅来声讨赝古。翻翻前代画论，还找不出第二部书能像《画解》那样将文人画末流分析得那样针针见血，批判得那样体无完肤。明清之际，文人画末流已形成风尚。他们虽不是知名的画家，但对当时的艺坛也有一定的影响。这些人以去法为高，不学为雅。自命为荒率超逸，实际上是劣弱颓靡。其中有的因对古法无知，随波逐流而陷入泥沼，不能自拔。有的由于冀图沽名钓誉，不劳而获，所以也不想自拔，并且还要以此来互相标榜，颠倒是非，自欺欺人。因此钦抑认为其害甚大，有"古不亡于俗，亡于赝古"（九上）之叹。清代三百年中，文人画末流每况愈下，钦抑的话可以说是不幸而言中了。

形似与法度，钦抑认为二者是并重的，是可以相辅相成的。但比较起来，还是法度重于形似。从他的"不学古法，专求形似，则必鄙俗不足观"（一七下）和"笔简意多，求之形像之外"（三三下）两句话，更可以理解为所谓法度是指骨法用笔和对繁琐的物象概括提炼、摄取神情的方法。所谓专求形似是不讲求上述的那些方法，而维工维谨，一味刻画物象。外貌也许追求得很像，但是十分庸俗。

总的来说，钦抑是反对不要古法的，反对文人画末流的，反对专求形似的。

《画解》中所涉及的问题很多，不仅上述的几方面。法经中关于用笔、运腕、皴法、布置的方法，以及辩法、杂篇和附录三章中的议论，有不少都是值得我们研究参考的。

《画解》中自然也存在着缺点，有些论点显然是不全面或错误的。

钦抑看不起工匠画，不加区别，一律以俗画名之。同时还认为画是"士"所专有，农、工、商不得染指。这与唐张彦远所谓"自古善画者莫非衣冠贵胄，逸士高人，振妙一时，传芳千祀，非闾阎鄙贱之所能为也"完全一样，充分反映了他们的封建统治阶级立场。

在"不知法"一条中钦抑说："商鞅、韩非、六国游说诞幻之书，其事嗤击孔孟，诬罔贤圣，不可以为法。后世诵之，以其文之神，非以其事之法。"（一七下）嗤击孔孟，便不足为法，这是腐儒之言，姑置勿论。应当指出的是钦抑将形式与内容分割开来各自成为衡量好坏的标准。依照他的说法，文章的内容不好，但文笔好，仍不失为好文，那么不用说，有一幅画内容不好而技巧好将仍不失为一幅好画了。这自然是错误的。

钦抑的议论也有简单、偏激、逻辑性不强、辩而不能令人信服的地方。譬如"出辙迹上"一节，用偏全、今古、雅俗、方圆八个字来包括一切画法，并说不入此则入彼，因而无出辙迹之理。实际上天下画法岂仅这几个字所能包括。何况同一类型，其中自有多种多样的面目。如果依照他的说法，则画法中自从出现了偏全、今古、雅俗、方圆之后，便不会再有新的面目出现，那么将如何解释在悠久的绘画发展过程中，每朝每代都有出人窠臼、自具面目的画家呢？即以钦抑自己所说的作画到了"无事"、"忘法"的阶段，"知道而易其迹"的阶段，不是出辙迹又是什么呢？

钦抑虽然不止一次阐述了古未必尽好的看法，但从《画解》全书来看，复古、保守的色彩还是十分浓厚。不错，他主张对古法要专诚守一，踏踏实实地去学，其中有正确的一面。但他要求"学者旬年穷一法，则法尽而道明"（二九下）

或以数十年之力，追古人一点一画之神（三〇下），则未免强调得太过。上面提到的不能出辙迹的议论，也正反映了他缺乏主动创造的精神。我们同意他的反对不要古法的论点，但同时必须指出他的复古、保守也是有害的。

最为显著的一个缺点是钦抑的文风问题。他好掉弄笔墨，故弄玄虚。本来一两句话便能讲明白的，他却排偶铺陈，一比再喻，费了许多唇舌，反而讲不清楚，使人读起来异常吃力。《画解》中有不少地方正文若干行反不及小注两三句能说明问题。可知他并不是不能简练，而是故意要繁琐。掉弄笔墨可能是受了好名之累，这一点钦抑在《画解》自叙中已有所自白（叙三一四）。

不过无论如何《画解》总是一部有内容的画论。尽管其中有缺点，但是我们不应当超越钦抑的时代来要求他。《画解》已经隐晦了三百多年，现在我们能读到它，毕竟是一件可喜的事。

原载《画学汇编》
1959 年 5 月自刻油印本

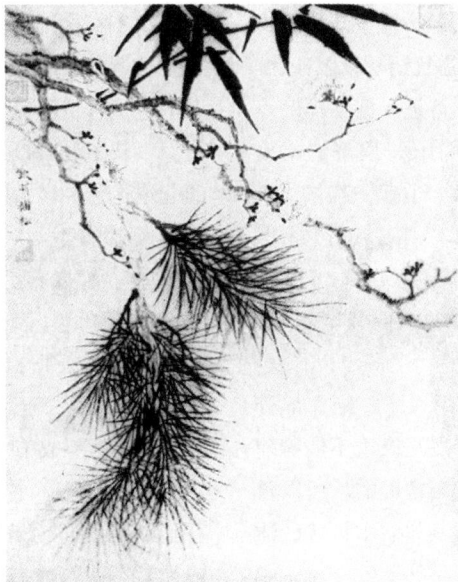

金梭明梅花钦抑补松

《折肱录》后记

《折肱录》一卷，清周济（1781—1839）撰。济字保绪，号介存，晚号止庵，荆溪人。他在书法及绘画上都曾下过很深的工夫，而尤以史学、词学名于世❶。至于其为人，在曹州曾和天理教的农民起义军打过仗，又曾在江淮间缉办私盐，自然是为封建统治阶级服务的。事迹详丁晏为他写的传记。据丁福保等编的《四部总录艺术编》，周济的文集在道光、光绪间曾三次刊行❷，都将《折肱录》收入，因而传本不应该太少。但余绍宋《书画书录解题》列此书于未见类，画论丛辑除抄本的《绘事睟言》❸外也未见收录。

《折肱录》共二十八条，绝大部分论山水画法。它的特点是议论不依傍前人，而有些见解是相当精辟的。所以蒋宝龄《墨林今话》称其"洞中肯窾，沾丐后学不浅"。

周济对于笔法极为重视，并认为作画用笔的要诀"疾"、"涩"、"活"，与书法用笔的诀窍是完全符合的（见《宋端已传》）。《折肱录》的第三条正是为这三个字作了一番注释："笔能幹出水墨，使之旁行。恐其浮也，则御之以顿挫。恐其偷也，则佐之以排荡。顿者卓锋使坚凝。挫者衄锋使转侧。排者铺豪以平其内。荡者掣管以行其外。幹之用疾，顿挫之用涩，排荡之用活，分而习之，合而用之。至于文成而用不显，惟见丰美流逸，则庶乎气运生动者矣。顺者下笔轻，行笔重，逆者下笔重，行笔轻。各有所宜，学当兼习。"从上文可以知道他主张一笔之中的起讫运行，转折顿挫，轻重徐疾，笔势笔姿都有不同的运用，因而每笔之中，寓有种种的变化。

一笔如此，笔与笔之间更要有变化。所以他接着便指出："左行之笔多，右行数笔以收之。下注之笔多，上钩数笔以收之。下势成于左行，上右行以发之。左势成于下行，右上行以发之。"画山石他认为当"钩皴间作，或先钩后皴，或先皴后钩。……若一例先钩后皴，每易平板"。这也是企图从不同的作法程序中来求得更多的变化。

山水皴法，前代画论多有论及，有的着重叙述画家宗派和皴法的嬗变，有的专讲各种皴法的形态。这些虽然是学画的人所需要知道的，但如果对它过于

❶ 著《晋略》六十卷，《止庵词》及论词著作多种。

❷《周止庵遗稿》，道光间刊本；《求志堂集》，光绪间刊本；《求志堂存稿汇编》，光绪壬辰刊本。

❸《绘事睟言》，清道光间邹钟灵编，共收画学书九十九种，存九十六种。李木斋旧藏，现藏北京大学图书馆。

拘执，反会受到束缚。周济则说明皴法本来用以状写山石的，一山之石，面貌不同，那末状写的方法自然也就不一样。他强调皴法是供人使用的，而不是反过来人受皴法的限制。

周济反对干皴。据他的描述，干皴之弊是："用墨则去水，用水则去墨，即其所用之水墨，亦不足以供笔之转折，支支节节，积累而成。"清代山水，自康、雍以后，四王的影响最大，而宗法麓台的，每以干皴毛笔，层层累积，作为画山水的惟一方法。画境千篇一律，只用他们所谓的"笔墨"（干笔皴擦）来标榜矜炫。周济直诋之为"破坏古法，迷误后贤"，对当时的画坛末流，作了有力的抨击。

关于山水画的取材，他一方面看不起择奇选胜，只画些树石小景。另一方面他也反对堆砌树石，凑成大幅。这说明他所认为真正的山水画，是深山大川，气象浩瀚。要有魄力、有内容，而对于经营位置的要求也是相当严格的。

"气韵生动"，周济认为当作"气运生动"。意思是画中有元气运行，动荡如意，而所以能如此，主要在笔法自然。"韵"字作"运"，在画史中，还没有找到根据，我们不敢相信谢赫六法，原即作"运"。但是周济此说至少可以代表他自己的看法。由于笔法的熟练自然而使人感到画中的气脉生机，活泼动荡，也确是一个相当高的境界。

其他几条如论画雪当辨方位，画流水当先用一笔定正溜，画山水当注意水口，画花卉宜细钩粗染等等，有的是从实际观察中得来，有的得自技法的探讨和经验的积累，有的干系到作画的格调的问题，也都是值得研究参考的。

当然周济的画法经验也有不宜学习的，或容易学出毛病来的。譬如画云用大团湿棉蘸颜色，按纸揉之。生纸着青绿用所谓"堆垛法"，在快干的时候用纸擦去浮色，乘湿再染，如此三次，最后用标色提。这些方法，效果是否真好，是值得怀疑的。

在《折肱录》序中周济讲到他曾和宋端已共同学画六七年。宋端已是一位专事摹拟前代名家的职业画师，对古法一定有相当深的研究，否则不能作伪，更不能"一本出，购者辄千金，为收藏赏鉴家所宝爱"（见《宋端已传》）。周济对他十分心折，关系又在师友之间，切磋既久，应当受益匪浅。周济的画，据《墨林今话》称："山水专师北宗，用笔沉厚，真力弥满，生硬中自具书卷之气，可与安邑宋芝山颉颃。尤爱画石，离奇瘦透，饶有别致。"清代后期，画学已十分凋敝。周济能不为时代所牢笼，并且立说甚高，有"画衰于文董而绝于恽王"之论，这与宋端已的影响是不能无关的。遗憾的是他们两个人的画现在都未见到，究竟造诣若何，无从评价。宋端已的作品多托名古人，即使世有传本，恐也很难辨认。周济的作品，则相信是可以发现的。将来如能看到他们的画本，一定能帮助我们对《折肱录》所提到的画法有进一步的理解。

原载《画学汇编》
1959 年 5 月自刻油印本

《胭脂录》后记

《胭脂录》是一部关于画牡丹的专著。辑者洪朴，号心园，字凤章，江苏青浦人。书前有王初桐、李保泰、李赓芸三家序和洪氏自序。自序作于嘉庆十一年丙寅（1806 年），提到从他的岳父许苏坡学画牡丹已二十年，而书中的画法部分就是根据许氏的传授整理出来的。按许苏坡名国柄，嘉定人，是张炜（芝瓢）的学生，善画牡丹，专师恽南田法，《墨香居画识》及《墨林今话》皆有传。

此书虽有刻本，但流传很少，不仅未经各家画论丛书收辑，也未见画学书目著录。书凡四卷：卷一品类，记牡丹名色共七十八种；卷二赋色，讲画法；卷三图考，汇集前人关于画牡丹的著录和记载；卷四题咏，辑录前人题画牡丹的诗。对学画的人说来，自然是卷二最有研究参考的价值。

我国的花卉画在历史上是不断发展的。到了清代，又出现了新的面目。尤其是恽南田没骨一派，运笔以轻盈灵活取胜，设色以明润鲜冶见长，当世即声名烜赫，而画风流布，效法的人更多。所以张浦山在《画征录》中说过："及武进恽寿平出，凡写生家俱却步矣。近日无论江南江北，莫不家南田而户正叔也。"在这种影响下，也就出现了像《胭脂录》这样的专讲恽派牡丹画法的论著。

《胭脂录》卷二除卷首小引外共二十七条，后附配合（调色法）二十四则。二十七条中有的讲经营结构，有的讲对花写生，有的讲布景点缀，有的讲托背衬色，都是很切实的画法。尤其值得注意的是论写花入画主张有剪裁和染花渍叶的几条。画花应有剪裁，不可照真花一味呆写，说出作画取材概括提炼的必要。染花时色笔水笔的同时运用，以及烘、提花瓣，带水渍叶等技法，在追求明润鲜冶的效果上是十分重要的。南田花卉之所以能明润鲜冶，主要在色泽变化多而自然，这是非借水来设色不能为功的。他的嫡派传人恽焯便曾总结出"善于用水"的四字经验❶。现在取上述的几条与南田的作品相印证，觉得方法与画迹是符合的。

《胭脂录》虽专为画牡丹而作，但各种设色花卉的基本方法是相通的。举一反三，从这里也可以领会到其他花卉

❶ 迮朗《三万六千顷湖中画船录》记恽少府画称："余素爱南田笔墨，每遇其子孙，必切问其传家之诀。……及见南林（恽焯），又与朝夕论画，至详且悉，并述乃祖设色鲜明之故，在善于用水耳。此语大泄此中玄秘，故特志之。"

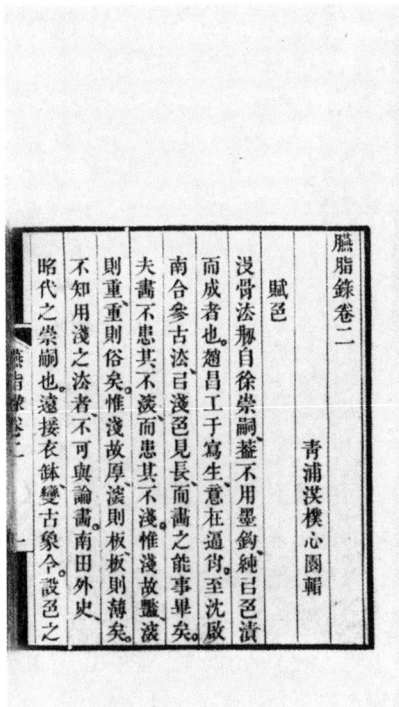
洪朴《胭脂录》书影

的恽派画法。另一方面，我们更不能忘记洪朴所讲的画法是专指恽派而言的，因而有它的局限性。譬如他说牡丹为富贵之花，不宜放纵。恽派牡丹，也许很难并且也不宜用它来表达放纵的情致。但徐文长、陈白阳画的牡丹，笔恣墨酣，放纵又何尝不好呢？倘因专尚南田一家而排斥别的画派的其他风格，那就是受了《胭脂录》的限制而会产生不应有的偏见。

恽派花卉的末流沦为甜软媚俗，有它的流弊。但这是学者之过，不能归罪南田。洪朴所讲的画法是否会导致甜软媚俗，也主要看学者在写生及研究南田真迹上下工夫。南田虽善花卉，《瓯香馆画跋》中讲花卉画法的却很少。因此《胭脂录》总不失为研究花卉画法尤其是恽派花卉画法的一种重要材料。

原载《画学汇编》
1959 年 5 月自刻油印本

《李一氓藏画选》序

《李一氓藏画选》编成，出版有期。氓老夫人王仪同志知道我多年来常登门向氓老求教，涉及书画、漆器、竹刻、家具等多种文物，为此要我为《藏画选》写一篇序言，我至为惶恐，但又感到义不容辞。

收入本册的均为明、清两朝绘画，读者如果观览一遍，不难发现这批藏画有它的特点。首先是石涛的作品甚多，不下五十余件，在当代海内私人收藏中恐怕是罕有其匹的。此外八大、石溪的绘画也有收藏，说明氓老对清初画僧的作品是十分欣赏的。其次是明清画家中赫赫有名的如周臣、文嘉、周之冕、丁云鹏、项圣谟、龚贤、王原祁、王翚、金农、郑燮等，其作品固然弥足珍贵，而所藏也颇有出自不甚知名画家之手的，属于此者，其内容题材或意境笔墨必有可取之处。这说明氓老有极高的鉴

赏力，购藏不计较作者的知名度而注重作品的艺术水平。第三是氓老原籍四川彭县，对乡土文献格外重视，所以搜集了不少蜀中画家的作品。其中如明遗民吕半隐（潜）的山水轴、张船山（问陶）的梅花册、刘咏之（彦冲）的山水扇面等都非常难得而被地方文化机构视同球璧的。总之，这二百余幅经过专家几次鉴定的名画得以编印出版，不仅为广大书画爱好者、研究者提供了宝贵资料，也是对氓老前辈的一种缅怀和纪念。

本册所收只是氓老藏画的一部分，经过鉴定而从未发表过的尚有多件。我们衷心盼望将编成续集问世。1991年9月3日后学王世襄谨序。

原载1992年江苏人民出版社《中国民间秘藏绘画珍品（3）》

《画法大成》后记

《画法大成》八卷，首题"明鲁泰王安宇朱寿镛、巨野府文字朱颐厓同著"。万历刊本，蓝墨精印。各卷有太仓钱氏染香楼藏书印，后归郑西谛先生，今藏北京图书馆善本部。

是书未经《千顷堂书目》著录。余越园《书画书录解题》列入《未见》。傅惜华《明代画谱解题》、《中国版画研究重要书目》亦未收。周青云《四部总录艺术编·补遗》误作王安宇撰，所见为上海历史文献图书馆藏本，残存仅一、二两卷。故此函信是孤本。

二十年前，《大成》得匆匆过目，对版画之多而精，印象深刻。文学内容则未暇浏览。直至近日，获读全书，各卷内容，始有所知，缕述如下：

书首有万历四十三年乙卯（1615年）张铨、汪圣敩两序。

卷一画论。文字十余篇，大都出自詹景风《画苑补益》所收诸书。如《画赋》，即荆浩《山水赋》。《画论》、《用笔用墨》、《画题》、《画格拾遗》，皆自郭熙《林泉高致》摘出。《山水诀》，乃就王维、李成两家之言糅合而成。《画分六法》取自郭若虚《图画见闻志》之《气韵非师》。《补益》之外，所收有《十二忌》，即饶自然《绘宗十二忌》。

卷二翎毛。首篇泛论花鸟蔬果画法。次为《写翎毛下手口诀》及《起手势》。高松《翎毛谱》嘉靖三十三年刊行，已有此歌诀及图式。

复次为花鸟三十八幅，署名"安宇"，钤"泰兴王图书"。前二十五幅为近景，斑鸠、燕子、画眉、鹊鸰等几大如生禽，花果描绘亦工（图1）。后十二幅为远景，宜作座屏风或通景屏画样。形象生动，构图有法。

卷末六幅，署名"河中韩奎"。画梅师法刘世儒（万历中刊《雪湖梅谱》）。画兰与《集雅斋兰谱》（万历黄凤池编）近似。当为同时期画家，行实待考。

卷三人物。《人物法》一篇，亦多掇拾前人成说。如论吴曹二体、贵贱气貌两则，分别取自《图画见闻志》之《论曹吴体法》及《论制作楷模》。此后列举不同人物神态、画像正背由九分直至一分等均见周履靖《天形道貌》（万历二十六年刊《夷门广牍》本）。衣褶描法十八等，现知最早见邹德中（明前期画家）《绘事指蒙》。晚明画

图 1 　《画法大成》花鸟图式

籍列举描法，多出是书。

《写意扇面册叶小景》，人物众多，高不及寸，随手点簇，笔简意赅。《天形道貌》有类似图式，详备勿如。

《行、立、坐、卧》四幅为近景人物，或动或静，或聚或独，形态各异，生动自然，最见神采（图2）。笔法颇似张平山（如人物故事画卷所见。天津市艺术博物馆藏），定出高手，惜无款识。此后《人物图像》三十七幅尽出洪应明《仙佛奇踪》。洪氏于万历三十年成书，早于《画法大成》十余年。

卷四山水。首篇《画山水坡石法》，多取自《林泉高致》及黄公望《写山水诀》。《画云四等》、《皴石法十二等》，分别就邹德中《绘事指蒙》删削、增益而成。《石名二十七等》则全录邹书。

树枝、松、夹叶、点叶图式四幅，详于《绘事指蒙》，不只示人以叶，且画本干枝梢，交错成林。《大成》与明代画谱相比，自有所长，而对康熙间成书之《芥子园画传》更有较大影响。山水三十一幅，署名"文字"，钤"颐厓"小印。幅幅摩古，曰仿某家。与顾炳《历代名公画谱》同一意旨。惟画笔与所仿之家，风格多不相侔，名曰仿古而实为随意挥毫之作。以此却得见文字自家面目（图3）。

卷末有寿镕等十人跋及彬斋、寿镕山水两幅。二人皆受业于颐厓。

卷五画论及画目。首为《着色法》等十四则。次为朱文字绘画目录。自序称髫年既耽绘事，平生所作无虑千数，编次付之剞劂云云。前代画家，尚未见有详记所图，编成专目者，文字堪称别开生面。据画目，山水人物，鸟兽虫鱼，

图2 《画法大成》人物图式

图3 《画法大成》朱文宇山水

花卉蔬果，界画楼台，一应俱全。顾未见画迹，未知是否无所不能耳。

后为册叶四十幅，有目无图，分画东壁、西园所蓄器用陈设，有茶鼎、商彝、古琴、蒲石盆、瘿杯、竹榻、纸帐、藤墩、禅椅等物。各赘数语言其制作之精，质色之美。凡此皆属研究明代文人趣味材料，可与文震亨《长物志》、高濂《遵生八笺》共读。

卷六史传。记远古以下各代画家，明诸藩画人有他书不载而见此卷者。

卷七"诗意题品"。汇辑前人写景诗句，借以动画思，发画兴，兼供题画时拈用。后为朱颐厓题耕织图诗及戴燧、汪圣敩题诗。

卷八山水。合朱观烌、朱以派两家山水于一卷。观烌所作十五幅，署名"中立"，前有任彦蒪序。以派所作十二幅，钤"乾山"印，前有自序。

《画法大成》题名朱寿镛、朱颐厓同著，但作者不止二人。寿镛为鲁荒王之后，明太祖九世孙，《宋元以来画人姓氏录》有传。颐厓为八世孙。观烌为七世孙，《图绘宝鉴续编》有传。以派

为十世孙，乃寿镛长子，清兵破兖州，自缢殉国者。故《大成》实为鲁藩四代人合集，并附族人、画友之作。

明人著书，因袭成风，晚明尤甚。《大成》论画，辑录前人，原不足异。至于图式，署名或钤印者，乃是本人之作。花鸟山水，于黄凤池诸谱，并不多让。人物四幅，则有胜之而无不及。即此已堪称版画精华，图谱珍异。何况孤本流传，垂四百载，首尾完好，纸墨不疲，自当珍重宝藏。而为防失坠，惟有影印出版，使化身千百，广传于世。此所以多年来乐为宣扬推广。顷欣闻尹宁先生集资出版是书，属撰《后记》。因曾创议，不敢言辞。稿未草成，已有二憾：对《大成》之评价，虽仍不愧为明代重要画谱，但已逊于前。此当年缺少调查研究之过。愚笔不文，拙于总结。更缘《大成》作者众多，内容不免纷杂。故踪迹根源，诠评得失，亦竟陷于繁琐。读者不以芜驳见责，见幸甚矣。

1994年7月畅安王世襄时年八十

《安徽省博物馆馆藏文房珍品》序

纸、墨、笔、砚是我国的传统书写工具，对发展祖国文化，传播中华文明贡献重大，故赢得"文房四宝"的美名。

安徽是集中生产文房四宝的一个省，历史悠久，工艺精湛，珍品众多，为全国之冠。

安徽省博物馆是典藏历史文物的宝库，肩负着研究、展览、教育、宣传的重任。由资深研究员朱世力先生编辑出版的文房珍品图录，自然得天独厚，出色当行，莫之与京。难怪我从此书获得的知识要比往日参观过的文房四宝展览为多。

首先说纸。宣纸始于隋，盛于唐，而图录有早到北凉、六朝的写经古纸。赫赫有名的南唐澄心堂纸，产于池、歙二州，梅尧臣有"寒溪浸楮春夜月"、"滑如春冰密如茧"的赞美诗句，乃取材楮皮经过研光加蜡而成。收入图录的宋金粟山藏经纸，用料加工与它相似。得此观察研究，有助我们对澄心堂纸的了解。南宋张即之用以写经的"白宣"，尤为重要，系用青檀树皮加稻草制成。千百年来盛名不衰的宣纸，沿用的还是上述材料，故它具有典型长在的意义。

明、清两朝，品种丰富，表面处理和花纹装饰变化繁多，千文万华，蔚为大观，使人目不暇给。

次言墨。该列册首，堪称宝中之宝的是宋"歙州黄山张谷"墨❶。张谷为张遇之子，而张遇和奚廷珪同为唐末名墨工，因避难从易水迁徙到歙州来的。谷子处厚亦为制墨名家，祖孙相传为业。墨出自合肥宋墓，故必真无疑。明代大家程君房、方于鲁墨，传世已稀，而图录各收五件之多。曹素功、汪近圣、汪节庵、胡开文清代四大家也各有代表作入选册内。此外还有金银为饰，彩漆緂衣，绚丽夺目的休宁吴天章集锦墨；和它恰好形成对比，朴质无华而实用价值独高的婺源詹氏制墨；奉旨虔造或特制进呈内府的御墨；精研朱砂、石绿、和胶模制的色墨等等。最后附镌镂如画的墨模，使人稍知制作之艰巨。浏览一过，不啻通读一部"墨史"。

复次言笔。四宝之中，笔最难保存，故不得不采用一些复制品，或求借于兄弟博物馆。可喜的是能看到伴张谷墨同出一墓的宋笔。其重要不仅在唐宋时期宣州是全国制笔中心，更因从用毫到制

❶ 此墨"歙州黄山张谷"下尚有四字模糊难辨。经考证当为"男处厚墨"四字。如辨认不误，墨为张谷之子张处厚所制。

作可看出正由柱心笔向散卓笔过渡。能为毛笔演变作历史见证的实物是可遇不可求的。元代以后，宣笔的煊赫地位被湖笔取代。尽管安徽制笔始终量大质高，但日用消耗品总难传世，这也是实物稀少的一个原因。清代中晚期所制，有的据刻字知确为宣笔，无论其为专业笔坊所造，还是墨庄兼营生产，都有关一方文化而值得重视。

最后说砚。安徽是歙砚之乡，选入图录者不下二十方。时代上起李唐，下至晚清。早期的多出墓葬，年代准确可靠。造型自箕而抄手，发展到天然随形或精雕细琢。石质则眉纹、刷丝、罗纹、鱼子、金星、银星、松皮，无不具备。钟情歙砚者，为了研究欣赏，很难找到比这一批更好的实物。图录所收，自不只此，端石、洮河、澄泥砚亦有上佳者。名家曾藏，或题名，或刻铭，固足珍贵，而乡前贤如包绶、黄左田、邓石如用砚，更是重要地方文物。

四宝之后，更以各种文房器用为殿。可供束管、架笔、涤毫、注砚、镇纸、搁臂、熏香、调色诸具，既可辅佐书画，亦堪摩挲把玩，悦目怡情。其中且不乏精品。如蹴球图笔筒，将宋代流行的运动游戏，再现在一段象齿之上。类此题材，十分罕见。青玉伏熊纸镇，丰颅阔吻，毛发毵毵，已被琢者人物化，憨稚之态，格外可爱。

图录的学术价值更体现在前有内容充实的《前言》，后有阐述周详的说明。《前言》分溯四宝的源起，旁及其他地区的概况而归于本省的进化发展，使读者有较全面的认识。说明标注朝代、尺寸外并记其重量。发现年代及地点更是出土文物必有的一项。解说文字要点悉在，详而不冗。有关人物，附有略传。编者心中时时有读者，乃得如此。

安徽省博物馆收藏宏富，衷心祝愿今后编辑出版更多的专题图录，嘉惠广大的中外文物爱好者。

原载《收藏家》1996 年第 1 期

《清代匠作则例汇编》序言

一

什么是"则例"？"则"是法则、准则或规则的意思，"例"是先例、成例或定例的意思。有人曾给则例下过这样一个定义："则例者，聚已成之事，删定编次之也。"❶因此它就是《规章制度丛钞》一类的书。清代则例，种类很多，部院衙署，往往每隔若干年即纂修一次。这里所谓的"匠作则例"，指有关营建制造的各作工匠的成规定例。

我国工匠在很早的时候就重视立规格、定标准。《周礼·考工记》列举百工取器物的某一部分作为比例标准，根据这个标准，来规定全器的各部的尺寸，那些数据就是一种则例。汉唐以来，已经散佚的工匠著作，可置勿论。宋李诫的《营造法式》，书名"法式"两字就具有则例的意思，而它也确是一部"于制度、功限、料例集营造之大成"的书❷。元初薛景石《梓人遗制》，收车辇、织机等七种，每种记其用材和功限；《元代画塑记》载画塑范铸所用材料；明午荣等编集的《鲁班经匠家镜》记家具的构件尺寸较详；嘉靖间李昭祥编的《龙江船厂志》，造船尺寸、物料价值及工限等，均列图表；各书在不同的程度上都具有则例的性质。尤其是万历间何士晋编纂的《工部厂库须知》，和清代官书工部则例更多相似之处。

各种匠作立规格、定标准，目的是很明确的，除了为的是将成功的经验确定下来之外，封建统治者要求事事有则例，便于计算开支，检查规格，以期质和量得到保证，将则例视作防奸杜弊的一种工具。我们只须读一下《营造法式》李诫的《自序》和《劄子》，以及《龙江船厂志》、《工部厂库须知》的序，都能看出这一点，而清代纂修工部则例，也迭次将"以重工程，以慎钱粮"，"不致吏胥高下其手，致滋弊窦"等作为最主要的理由❸。则例对承办人员说来，也有许多便利之处。他们可以放心援用，按章办事，免遭批驳，少招物议。但实际上却往往成为营私舞弊的保障。至于样房、算房的设计专家❹，以及巧工宿匠，为了便于估算及实施，也多将则例辑成秘本，备随时查考。

清代开国之初，未遑营建。经过康熙一朝的统治，奠定了政治和经济的基

❶ 见故宫博物院印行《总管内务府现行则例》序。

❷ 朱桂辛先生语，见《重刊营造法式后序》。

❸ 见《工程做法》果亲王允礼奏疏及嘉庆十七年正月二十六日工部奏疏。

❹ "明清大工，画图估算，出于样房、算房，本为世守之工，号称专家。"见朱桂辛《中国营造学社缘起》(《中国营造学社汇刊》第1卷第1期，1930年7月)。

础，宫室修缮，渐见增多，雍正十二年遂刊行了第一部工匠则例——《工程做法》。乾隆是清代鼎盛时期，宫殿苑囿，器用服饰，营造日繁，纂修则例，也以这时期为最多。嘉道以后，国力衰竭，官修则例虽然减少，但因时代较近，样房、算房及工匠的私辑底本，每多流传。据近年的初步访查，公私所藏的清代匠作则例，除去已查出为绝对重复者外，经统计共约有 70 种。这个数字当然很不完全，但也包括了前营造学社多年搜求所得，可以代表现存匠作则例相当大的一部分。

如上所述，清代匠作则例，大体上可以分为官修和私辑两大类，而官修则例又有"内工"和"外工"之别，即所谓"内而宫殿廷陛，外而仓库城垣"❶。在雍正和乾隆初期所修的则例中，《内庭工程做法》属于内工，《工程简明做法》属于外工。不过亦有内工外工兼备的，如《工程做法》及乾隆十四年编成的《工部则例》皆是。上列四种，连同在它们之后多次纂修的《工部则例》，都是刊刻颁行的。至于纯属内务府系统的圆明园、万寿山、热河等处内工则例便不同了❷，它们的纂辑年代，亦在乾隆，而终清之世，只缮录备用，未见刊行。这是因为工部则例，所收多为衙署仓廒、城垣营房、河工海塘、军器武备的营造条款，自不妨公诸于世。而内务府是皇室的管家，所经办的多为亭榭楼台、苑囿佛寺、装修陈设、画舫廊灯等观赏器物，公布出来，不啻是统治者剥削人民、奢华淫泆的自供，所以只能缮录备用，秘不流布了。至于样房、算房及工匠自辑的底本，往往偏重算例，袖珍小册，世守相传，也绝无刊本（图1—

❶ 见《工程做法》果亲王允礼奏疏。

❷《圆明园内工则例》骑缝有"总管内务府印"或"圆明园之条记"汉满文印，《万寿山工程则例》骑缝有"清漪园之条记"汉满文印，《热河工程则例》骑缝有"热河工程钤记"印，均足证为内务府所编缮。

4、则例书影四种）。

经初步统计，这七十种则例包括下列匠作（其中性质相近的排在一起）:（见下表）

1. 土作
2. 搭材作
3. 大木作
4. 石作　5. 瓦作　6. 琉璃作
7. 装修作（包括家具、陈设等）　8. 雕銮作　9. 旋作
10. 漆作　11. 泥金作　12. 油作
13. 画作　14. 裱作
15. 佛作　16. 门神作
17. 金作　18. 银作　19. 镀金作　20. 铜作　21. 锭铰作　22. 铁作　23. 锼作　24. 锡作
25. 玉作　26. 珐琅作
27. 竹作　28. 帘子作　29. 藤作　30. 棕作　31. 缠筋作　32. 灯作
33. 弓箭胞头作
34. 绣作　35. 裁缝作　36. 毛袄作　37. 绦作　38. 缨作　39. 皮作　40. 毡作
41. 墨作　42. 香作　43. 刻书作
44. 乘舆作仪仗　45. 船只　46. 军器（此三项均由若干作合作）

以上共计四十三作（乘舆仪仗等三项及某些零星工艺未能自成一作的，均未计入），归纳起来，不出建筑、工艺美术、手工业制造三个范围，而相互之间往往又有一定的联系。这七十种则例我们如汰除其中重复部分，依作别来分类汇编，有些作的条款多至一二千条，

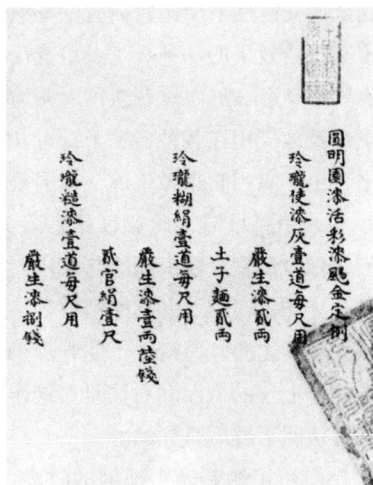

图1　内庭圆明园内工诸作现行则例（漆作　清写本）

玲珑使漆灰壹道 每尺用
　土子面贰两
　严生漆壹两壹钱
玲珑糊绢壹道 每尺用
　武官绢壹尺
　严生漆壹两贰钱
玲珑退漆壹道 每尺用
　严生漆捌钱
圆明园漆活彩漆贴金定例

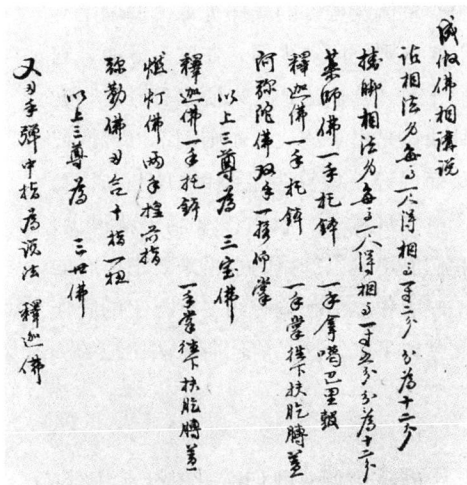

图3　各项工程做法（成做佛相讲说　清写本）

成做佛相讲说

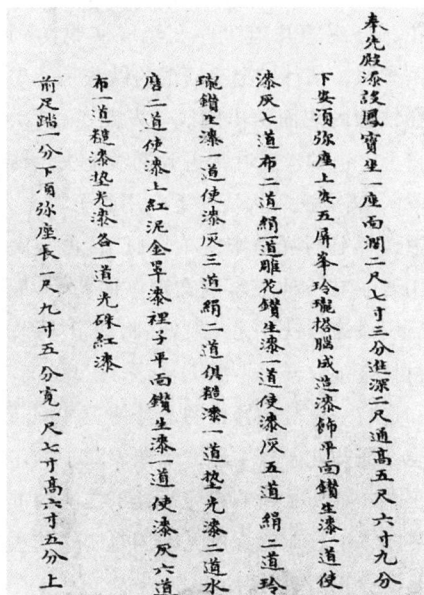

图2　奉先殿宝座供案陈设则例（清写本）

奉先殿漆设凤宝座一座 面润二尺七寸三分 进深二尺 通高五尺六寸九分

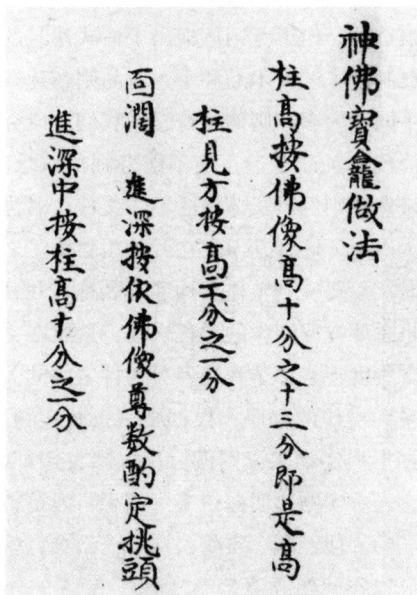

图4　营津全书（袖珍小册　清写本）

神佛宝龛做法
柱高按佛像高十分之十三分即是高
柱见方按高千分之一分
进深中按柱高十分之二分
百润　进深按依佛像尊数酌定挑头

二三十万字；最少的不过几条，数百字；而各作的总和当在二百万字左右。

由于各作的材料多少不同，其内容详略大有出入。有的作牵涉到工程计算（如大木作、瓦作、石作等），有的作须将立体的表面折为平方尺才能核算工料（如佛作），所以都有算例。有若干作附有价值例，标明物料的规格和银两（如大木作、琉璃作等）；轻重例、标明物料的尺寸及人力、畜力的搬运费用（如石作）。为一般作所共有的有用料例和用工例。

清代匠作则例有很大的局限性。例如我们最希望知道的操作程序，制造经

❶ 见刘敦桢《牌楼算例》绪言（《中国营造学社汇刊》第 4 卷第 1 期，1933 年 3 月）及梁思成编订《营造算例》初版序。

❷ 见明方以智《通雅》卷三十三。

❸ 《正字通》"撑"、"樘"音义并同。《集韵》"撑"与"樘"同。《说文》："樘，衺（斜）柱也。"徐铉曰："樘，今俗别作撑。"可见五代、宋时，"撑"是"樘"的别体。

❹ 《工部续增则例》卷八十一，嘉庆二十二年纂修。

❺ 乾隆四十九年十一月呈准："查亮铁作铁匠承办一切铁料活计，其所需锤、錾、钳、铧器具等项，……计开：炉作，炉四盘，每盘炉用头锤一把，用钢三斤，铁十斤，随木靶。上锤一把，用钢三斤，铁十斤，随木靶。榔头一把，用钢一斤，铁十斤，随木靶。手锤一把，用钢一斤，铁二斤八两，随木靶。钳子二把，用铁五斤。火扒一把，用铁十斤。火棍一根，用铁十斤。大铁柱一件，用铁一百斤。炉条九根，用铁十斤十二两。平作，器具四十分，每分用大锉一把，用钢一斤八两，铁五斤，随木靶稍杆。手锉一把，用钢一斤，铁二斤八两，随木靶。钳子一把，用铁三斤。截錾一把，用钢一斤，铁二斤。铣子一把，用钢八两，铁二斤八两，随木靶。板凳一条，稍环一个，用铁一斤二两。巴锔一个，用铁一斤十两。磨器，器

验，整体及构件的式样等等，偏偏是一般匠作则例所缺少的。在这些方面，它们比起《营造法式》来便大有逊色。这种缺点是由于清代匠作则例不以传授技法而以经济核算为主要目的所造成的。不过工匠术书，自古以来流传就很少，我们亦不能以李诚的水平来要求所有的工匠著作。清朝能有约二百万字的匠作文献留下来，这是前代所无法比拟的。

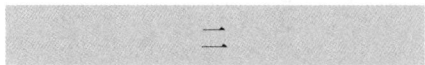

二

匠作则例对我们究竟有什么用处，是大家最关心的问题。尽管我们很难找到一处清代建筑完全是按照则例的规定盖造的，但毕竟则例提出了清式建筑的典制。工艺美术品和手工业品则与建筑不同，大多和则例相符合。我们要研究清代的工匠营造，绝不能舍则例以求。诚然，则例对具体做法不作交代，名称术语也无注释，但它在开列用料用工之时，总要提到整体及构件的名称，并且也总要按照制作的过程来提，这就在一定程度上告诉了我们各个构件之间的关系和操作的程序。根据则例去找实物，再根据实物来读则例，反复参校印证，比光看实物要明白得多。如果再能请教匠师，使经验、实物、文献三结合，就可以将问题弄清楚。"则例"就是三结合的一个环节。何况则例中还有算例，其价值远远超过只记工料的条款，古建筑专家们早有定评❶。如此看来，这 70 种则例实在是研究清代工匠的一批极为重要的材料。

下面试举一些具体的例子来说明则例的用处：

1. 则例能启示我们去理解制作的技法。

锼金或锼银是采用比较简省的办法来摹拟金银错效果的一种金工，可能汉代已有❷，宋元的实物尚有遗留，明清时，更广泛地应用在各种器物上。近几十年来，由于只用它来做笔筒、插屏等文玩小品，销路呆滞，此业日趋衰落。但我们相信今后锼金锼银如能与实用器物相结合（如做门窗、家具的饰件等），应当是大有前途的，值得手工业管理机构的注意。上述的概况和看法是对锼作工艺进行了访问了解后得到的。

在我们初接触到锼作则例的时候，并不知道还有人会做这种工艺，只是从条款中得知它有发路、锼罩、烧砑、钩花、点漆等几道工序。经取实物与则例参照，估计锼金或锼银的做法是：先在铁片的表面錾出网纹（发路），其次将金、银的丝或叶锤着到网纹上去（锼罩），再其次入火烧一下，用砑子将金、银纹样赶砑光滑牢实（烧砑），再其次用錾子在纹样上錾剔文理（钩花），最后用漆涂点铁片无花纹处，将地子抹黑，衬托金银纹样（点漆）。后来经过访询，知道有一位能做锼银的老师傅王文栋同志在通州花丝厂工作，承他表演了操作工艺，证实了我们事先对锼工技法的推测基本上是对的。可见则例对制作技法是能给我们不少启示的。

2. 则例能告诉我们器物构件的名称及构件之间的关系。

为了研究古代家具的形式，需要知道家具构件的名称，不仅是当今工匠习用的，也希望知道前人的术语。家具中最常见的构件之一，"枨子"的"枨"字，我过去就不会写。查了近人关于传统家具的文章，都写作"樘"或"撑"。按"樘"或"撑"原是支在建筑之外的斜柱❸，作

为家具本身之内的构件名称是不合适的，但又不知道此字前人究竟如何写。看了则例才知道清代工匠一律写作"枨"。我们自然应当沿用前人习惯的写法才对。又如圈椅是明代椅子的基本形式之一，清代也仍流行。想不到清代则例❹中竟开列了边、抹、心子板、托枨、腿子、踏枨、顺枨、横枨、牙带、荷包牙子、迎面欢门牙子、踏枨下螳螂牙子、月牙扶手、背板、金刚折柱、扶手前坐脚牙子等十六种构件的名称、件数及尺寸。最后连多少个透榫、半榫、平头榫、合角扣榫，板槽、穿带槽凑长若干，以及雕刻纹样番草结子花的做法等，都详细写出。我们完全可以按照则例绘制施工图并复制实物。除去则例，恐怕别处不容易找到这样具体的材料了。

3. 则例能为我们提供物料名称及规格、价格的清单。

在裱作则例中，纸的名称不下三四十种，有不少是带花纹装饰的。如果我们将这些纸名及其尺寸、价格等摘录下来，与故宫、颐和园各建筑所用的纸张及清宫遗留下来未曾用过的纸张进行比较核对，也许能使我们增添一些关于清代装饰用纸的知识。这个尝试对当前的纸张设计和制造也是有意义的。又如画作、佛作、漆作的则例都附有颜料价值例，统计起来约有四五十种。晚清以来，由于化学颜料的输入，不少传统颜料市场上久已绝迹，不免对它们就陌生了。譬如清代常用的"锅巴绿"，究竟是什么东西，至少本人说不出来。今天我们还须下一番工夫才能将传统颜料的品种、产地、制法、性能等搞清楚。这项工作对研究建筑史、工艺美术史、古物修整等都是有好处的。

4. 则例能告诉我们关于生产工具的概况。

《总管内务府现行则例·武备院》卷三载乾隆四十九年呈请领取亮铁作全分工具的清单❺。据原呈，亮铁作是承办一切铁料活计的作坊，而从这个清单我们知道亮铁作又分为炉作、平作、磨作、杂活作、镟作、蟒作六组。每组用工具若干分，每分若干件，每件用钢、用铁若干斤两，都有记载。这样我们就有可能推知这一作规模有多大，约用多少人，钢铁加工的工艺水平约达到什么程度等等。这种材料对工业史的研究可能有参考价值。

下面想再举一些例子，说明匠作则例中的材料过去并没有得到充分的利用，有些著作的内容是可以从这里得到补充的。

1957年由三联书店出版的周纬著《中国兵器史稿》，据说搜集、编写曾用三十年功夫，在《出版者说明》中肯定了它的资料价值，这一点我们也是同意的。但作者似乎并不知道嘉庆间有一部专讲兵器的《工部军器则例》，以致其中材料全未引用，而在《清代兵器》一节中一再强调清代缺乏这方面的材料。前北京中法汉学研究所曾用很大的力量收集我国的民间风俗画，并于1942年7月在北京举办"民间新年神像图画展览会"，以各省的门神为主要展品。这次展览有文献配合陈列，图书占了16个柜❻，可见也下了不少搜集工夫，但关于清宫门神他们只找到了《大清会典》中的材料，而并不知道则例中还有门神一作。秦岭云同志著的《民间画工史料》（1958年，中国古典艺术出版社），是一部通过调查采访，结合实物研究，专

具十分，每分用钳子一把，用铁三斤。手锉一把，用钢一斤，铁二斤八两，随木靶。板凳一条，稍环一个，用铁一斤二两。巴锔一个，用铁一斤十两。杂活作，用器具二分，每分用螺蛳板一分，计十九件，用钢二十斤，铁八十斤，计用一分。舞钻一把，用钢一斤，铁二斤。钳子一把，用铁二斤。大锉一把，用钢一斤八两，铁五斤，随木靶稍杆。手锉一把，用钢一斤，铁二斤八两，随木靶。板凳一条。稍环一个，用铁一斤二两。巴锔一个，用铁一斤十两。镟作，器具八分，每分用钳子一把，用铁三斤。火夹子一个，用铁二斤二两。板凳一条。蟒作，器具四十分，每分用小钳子一个，用铁一斤八两。锤子一把，用钢四两，铁十斤，随木靶。大小錾子五个，用钢二两。舞钻一把，用钢一斤，铁二斤。手锉一把，用钢一斤，铁七两，随木靶。计用松木条案十条。以上打造各作铁料家伙计共用钢三百九十八斤，铁一千七百五十斤八两，煤渣一万九千三百三十九斤八两。"

❻ 见北京中法汉学研究所编印的《民间新年神像图画展览会陈列说明》，1942年7月排印本。

讲民间雕塑、绘画技法的书。这种题材和工作方法是十分可贵的。他在《后记》中写道："由于资料少而且缺乏有体系的文献，越写越觉得困难重重。"可能佛作则例正是他所需要的材料。此次汇编佛作，共得976条，五六万字，内容涉及算例、木雕、石刻、泥塑、脱纱、包纱、装金、装銮、壁画、绢画、背光宝座等许多方面。本人自己也有过这样的经验，几年前为明黄成的《髹饰录》作解说，并不知道则例中关于漆作的材料有一两万字，其中有不少条可以用来注解明代的髹饰工艺。

则例的用处，除如上所述外，从政治、历史、经济的角度来看，其中也蕴藏着许多材料。如《工部则例》中的通例往往反映出夫役物料，取自民间，政府官吏，勒索中饱，民工运送物料，不给脚价等❶，这里就不多谈了。

三

清代匠作则例一向就受到重视，在清代已有人做过整理工作。李斗在乾隆晚年写成的《扬州画舫录》卷17《工段营造录》，即以《工程做法》及《圆明园内工则例》为主要材料。可能由于他受了笔记体裁的限制，所以只采用了摘录的方法。约在嘉、道之际，有人以内庭、圆明园、万寿山等处则例为底本，将其中同作的条款辑录在一起，名之曰《汇同则例》。所据则例虽只是有限的几种，却是最早的一次汇编工作。

最先对则例的价值有比较全面认识的是朱桂辛先生。他早在1929年于《中国营造学社缘起》一文中便阐述了对则例的估价，并指出应当通过考查实物、访问匠师、补绘图式、诠解术语等方法

来展开对则例的整理和研究。在朱先生的主持下，营造学社做了许多这方面的工作。如《营造算例》首先经该社的《汇刊》分期发表。刘敦桢同志又校编了《牌楼算例》，最后经梁思成同志统一编订，以专书的形式出版❷。《工程做法补图》也是该社的重要工作之一，绘制情况，迭见该社的纪事报道❸。王璧文同志的《清官式石桥做法》是以几种则例为依据，参考了陵寝的石桥图式，通过向匠师的访问才写成的❹。最重要的是梁思成同志编著的《清式营造则例》，是根据《工程做法》及《营造算例》"提滤"出来的一部关于清代官式建筑的专著❺。这些工作都对我国古建筑研究起很大的作用。

清代匠作则例既有人做了许多工作，但还是很不够的。仅就资料的整理及使用来说就显得很不够。概括起来，它表现在以下三方面：

1. 匠作则例最基本的资料整理工作，也就是比较全面的则例汇编还未见编印出来。

2. 过去只有人就匠作则例中有关建筑的部分进行了整理和研究，而对于工艺美术及手工业的部分则很少有人做过工作。

3. 匠作则例中有关建筑部分过去也只有人使用了《工程做法》和《营造算例》中的材料，许多有关内工的，属于内务府系统的如圆明园则例中的材料很少有人使用。

四

这里想先谈一谈怎样做最基本的资料整理工作，也就是则例的汇编工作。具体步骤，试拟如下：

❶ 见《工部则例》卷九十，嘉庆三年纂修本。

❷ 梁思成编订《营造算例》，1932年中国营造学社初版，1934年增改再版。

❸ 见《中国营造学社汇刊》第3卷第1期至第3卷第4期该社的《本社纪事》。

❹ 见《中国营造学社汇刊》第5卷第4期，1935年6月。

❺ 1934年6月中国营造学社出版。

1.广泛地收集则例，排出书目。

2.为每一种则例写一提要，作为则例汇编的叙录。

3.按作汇辑则例，每作自成一辑，每辑据条款的内容及性质作适当的编排，并校勘、标点。各作逐条编号，冠以该作的作名。各条注明出处。

4.为每作写一篇概述。

5.将各作的器物名称、工匠术语等摘出编入总索引，下注则例条号，并写简略的辞释。估计索引条数当以万计，可为我国建筑及工艺辞典提供一部分条目。

目前见到的七十种则例，抄本占一多半。即以已经刊行的则例来说，《工程做法》是比较常见的一种，而现在已很难买到。匠作则例如果经过汇编印行，把这些条款依作集中在一起，当为今后的使用者增添许多便利。何况名称术语，孤立地从某一条来看，往往不易明了。通过索引，从其多次出现及前后文义来探讨其意义，应当能得出比较正确的解释。

当然，汇编只是匠作则例整理研究的第一步。此后工作，应当根据需要，定出轻重缓急，分作进行，结合工匠访问及文献考证，用文字、照片、图绘等为各作作详尽的注释。而尤其重要的是通过调查研究和科学实验来提高我们的理性认识。只有如此才能一方面提炼出其中值得继承学习的精华，另一方面扬弃其中应该受到批判的糟粕，达到古为今用的目的。这样的工作自然不是少数人所能胜任，而需要许多人来完成。

为了通过工作来摸索经验，汇编则例曾做了一些尝试。现在已初步编完十几个作，约占总工作量的三分之一，但发现在取舍范围、分条起讫、次序安排、标点句读、索引摘编等方面都存在着一些问题。今后如有可能，准备分辑油印，提供给大家作为参考资料，而迫切希望的是能得到批评和指正，使汇编工作可以提高。

现在首先付印的是《佛作》和《门神作》，只能算是《清代匠作则例汇编》的一个小小的样品。关于校勘所用的符号等，请参阅后面的《校例》。

1963 年 6 月

原载 1963 年 6 月自刊油印本

合印兼葭丁卯两本《髹饰录》后记

明黄成著、杨明注《髹饰录》为我国现存惟一古代漆工专著。三四百年来仅有手写孤本藏日本兼葭堂，世称兼葭本。后归帝室博物馆，即今东京博物馆。民国初年，紫江朱桂辛先生（启钤）致函日本大村西崖氏，请为钞一副本惠寄。

桂老校订后，于1927年丁卯刻版付印，世称丁卯本。当时只印二百册，旋即随同《营造法式》刻版寄存上海商务印书馆涵芬楼。一·二八事变，日寇轰炸闸北，两书刻版，同付劫灰。

在丁卯本刻印之前，《髹饰录》吾

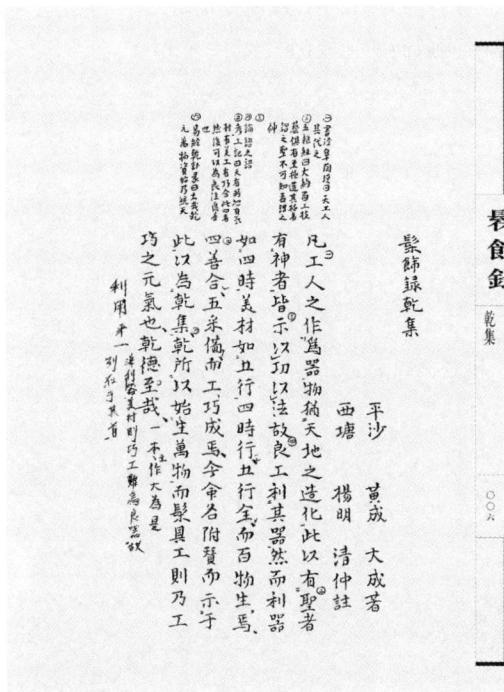

兼葭本《髹饰录》内页

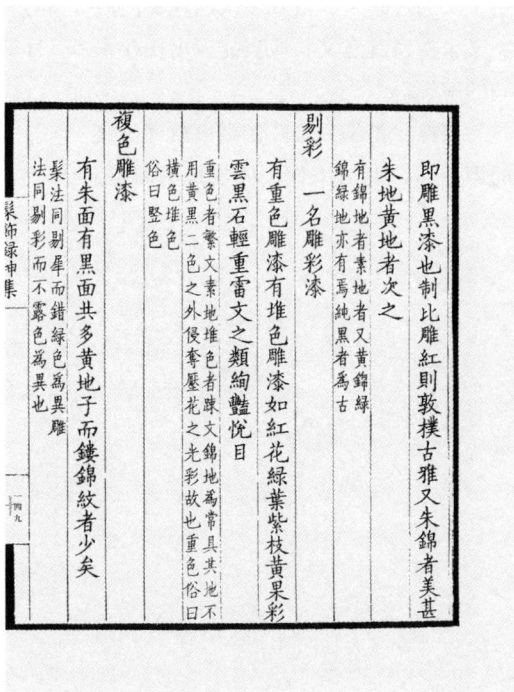

丁卯本《髹饰录》内页

人无从得见。刻印后，限于印数，不仅海内人士难求一读，更未闻曾传往台湾。迨1972年台北故宫博物院《图书季刊》据兼葭堂原印本复印本影印出版，彼岸人士始有幸获见此书。

兼葭本之影印出版当感谢老友索予明兄。几经辗转，通过其同仁李霖灿先生，得识东京国立文化研究所资料室长川上泾氏，始为复印原书。予明兄并撰影印后记，评述《髹饰录》之重要，盛赞黄、杨二位对传授漆工艺之特殊贡献。洋洋洒洒，不下万言，诚研究此书之重要文献。今合印兼葭、丁卯两本，仍刊载此文，可供详读，故不赘述。

桂老当年得西崖氏寄来钞本，欣悦可想。刊版竟遭焚毁，愤慨必多。台湾影印兼葭堂原书复印本，桂老已谢世。设公有知，又将为终见庐山真面而惊喜。三十年前，两岸文化交流尚多阻碍。祖国大陆又在"文化大革命"中，民不聊生，遑言学术文献。故该本之面世，

此间罕有人知。襄亦直至二千又一年蒙予明兄惠寄《季刊》抽印本，始为之额手称庆。惜同时告我此书绝版已久，台湾已难访求。

综上所述，可知20世纪《髹饰录》虽一次刊版，一次影印，但迄今仍为稀有之书。关心漆工者既不可得，又安能研究探索、恢复弘扬我国历史悠久、精美绝伦之髹饰工艺。桂老多年心愿未了，岂非一大憾事！因念吾今案头既有桂老手授之丁卯本，又有予明兄惠寄之兼葭本，曷不同付影印，合订成册，化身将以千计，藉可满足需求，诚当务之事也。合印且为逐字逐句校对两本，提供便利。经过一番仔细勘核，对此书之正文旁注，或将顿生启悟；于漆工技法，增添知识。

顷悉中国人民大学出版社同意印制合印本，上述设想，可望实现。对乐于玉成之美意，深表谢忱。

二千又三年七月王世襄谨识

《漆艺髹饰学》序

如果有人问我对哪一类古籍最感兴趣，我会毫不迟疑地回答对有关工艺技法的古籍最感兴趣。如果有人问我哪一类古籍最难得，我还会毫不迟疑地回答有关工艺技法的古籍最难得。我所谓的有关工艺技法的古籍，举最有代表性的名著来说，就是宋李诫编修的《营造法式》和明黄成撰写的《髹饰录》。

我对有关工艺技法的古籍感兴趣是出于个人的爱好，说它难得则是客观事实。它为什么少？我看是由于封建社会能著书立说的士大夫，大都缺乏工艺技法知识，他们蔑视劳动和劳动人民，不愿也不屑知道生产知识。像李诫那样对考工之事了然于心的，实在太少太少了。真正熟悉工艺技法的人自然是工匠，限于文化水平，著书立说又有困难。何况即使写成书，也未必能传下来。五代朱遵度著的《漆经》，自从《宋史·艺文志》著录之后，随即散佚，再也没有人说起曾见此书了。就是明代的《髹饰录》，也濒临佚失，明清以来只有抄本流传在日本。20世纪初经朱桂辛先生辗转借得，刊刻行世，我国现存惟一的古代漆工专著才这样幸存下来。

黄成总结了前人和自己的髹漆经验，从原料、工具、设备、禁忌、品种、制造、修复等各个方面进行阐述。其后又经嘉兴名漆工杨明为它作《序》并逐条注释，使内容更加翔实。黄、杨二位为继承和发扬我国髹漆工艺确实建树了不朽的功勋。不过后人读起来，感到此书还存在着缺点和不足之处。

《髹饰录》的缺点是采用了许多和髹漆本无关系的事物，以象征、譬喻的方法来作说明。殊不知比拟既然牵强附会，文字必然生涩隐晦，使人很难读懂。不足之处在过于简略，不能满足读者想要详细了解当时漆工艺的要求。由于我耽爱漆器，受求知欲的驱使，对《髹饰录》进行了研究。通过访问漆工，观察实物，查阅文献，前后经历三十年，《髹饰录解说》一稿才写成出版。惟深感不少条款、词句未能解说清楚，甚至存在谬误。一个主要原因是本人不是漆工，故对工艺技法终隔一层。

《髹饰录》给予我们的是明代和明代以前的漆工艺知识。黄成成书距今已四百多年了，自明以降，我国及邻近国家的漆工艺都在不断地发展变化。为了发扬光大对全世界都有影响的这一传统工艺，有必要从古到今，由中及外，对髹饰技法作全面的总结。这一继往开来的工作，其重要性和艰巨性都远远超过对《髹饰录》一书的研究。作者首先必须是一位谙悉各种髹法的真正漆工，同时又必须有阅读古籍的能力，而这仅仅是必须具备的条件。要实现宏伟的志愿，编写成书，必须有锲而不舍的坚强毅力，艰苦卓绝的工作作风，年复一年，持之以恒，始克有成。这就难怪新中国已经建立了四十年，才看到由何豪亮同志等写成的《漆艺髹饰学》这样一部专著问世。

从《漆艺髹饰学》的轮廓结构，可看到它和《髹饰录》的渊源关系。长篇的《通论》，其位置和涵义近似杨明为《髹饰录》写的《序》，惟内容所涉甚广，十分丰富。《上编》讲原料、工具、设备等，相当于《髹饰录》的《乾集》，所不同的是属于基本技法的胎骨制作也包括在内。对比之下，黄氏将《质法》置在书末，难免有割裂之嫌。对漆工有重要参考价值的是天然漆的精炼和不同胎骨的制作。黄、杨两位仅用数语道及的，在本书则广征博衍，各成章节。《中》《下》两编，分章阐述不同髹法。单色、罩明两章，详述推光、厚料、薄料、揩漆、擦漆诸法，澄清了长期以来容易混淆的问题，可谓发前人所未发。《髹饰录·纹䰀门》中的"刷丝"、"蓓蕾"和《填嵌门》中的"彰髹"、"犀皮"，漆面虽有平齐或高低、阴阳之别，其不以人工描绘为文图，而以天然文理为装饰则一。故将各品统统隶属在"彰髹"类下，是对黄氏分类的合理调整。取合成树脂压胎骨，蛋壳片屑作镶嵌，是新材料的应用；日本漆工对莳绘及变涂有较高的成就，书中都辟为专节。尤其是由漆艺与绘画结合而成的漆画，是一种生机勃勃、气象万千的新兴艺术，专章探讨，更足见作者对髹饰新工艺的重视和赞赏。综观全书，篇幅繁浩而体例谨严，故井然不紊，而文字解说，不厌其详，明晰准确，通俗易晓，恰好改正、弥补了《髹饰录》的缺点和不足之处。用作者自己的话来说："力图从漆艺的艺术与技术的结合，从设计创作与工艺制作的结合，从民间到宫廷，从古代到现代，从国内到国外，尽可能达到一定的广度和深度来编著好这本书。"我认为作者达到了他力求自己所要达到的目标。

我喜见何豪亮同志经过多年的辛勤耕耘，结出了丰硕的果实。谨赋七绝一首，聊当祝词，并作为这篇短序的结尾。

朱经劫后散如烟，
黄录灵光硕果传，
继往开来昌漆艺，
喜看今哲有新篇！

1989 年 3 月于北京

《美国加州中国古典家具
博物馆藏品选》前言

　　美国加州中国古典家具博物馆将于今年 6 月在旧金山举办藏品展览，精美的大型图录亦同时问世。这对中国古典家具研究者、收藏家乃至所有的艺术爱好者都是一个大喜讯。我更为之兴奋不已。

　　仅仅用了七八年的时间，中国古典家具博物馆已占了几个世界第一。它是第一家以收藏明式家具为主的专题博物馆。它编印的学报是当今惟一研究中国古典家具的刊物，已经出版了 16 期，受到学术界普遍的重视和高度的评价。它集中了十来位有志于中国古典家具研究的人员，一心从事实物的搜求、保管，资料的收集、整理，论文的撰写、翻译，学报的编辑、出版等多方面的工作。世界上现在还没有第二个这样的集体。其存在决定博物馆的一切工作能否进行，因此我对这个集体格外敬佩，深觉其难能可贵。作为一个中国人，我既为明式家具日益成为全人类的共同精神财富而自豪，同时也为许多中国应该做的工作现在落后于外国而惭愧。

　　承蒙不弃，中国古典家具博物馆要我参加图录的编写工作。不辞谫陋，我为每件器物写一简短的说明。尽管博物馆在收集的过程中时常把新入藏家具的照片寄给我看。为了了解实物我也曾三度到博物馆小住。但毕竟时间仓促，不可能对各件作详细的观察，深入的研究。错误也就自然难免。或许正因如此，我和艾弗斯先生的说明往往有看法不同、评价或异之处。这些只有留给读者去评议了。

　　中国古典家具博物馆举办展览和出版图录都是大好事。我衷心祝愿类此的大好事今后会不断地出现。

1995 年 4 月 17 日于北京

《清代家具》序

这是第一部关于清代家具的学术专著，研究、著述从填补尚付阙如的空白开始，并能达到如此规模，值得赞贺！

《清代家具》通读数遍，感到应予肯定的有以下几点：

一　本书明确了清代家具应有的范围

在一般情况下，说起清代家具，总是想到雍正、乾隆时期材美工良、装饰性很强、主要供宫廷使用的硬木家具，而把清前期的明式家具及典型犹在、开始呈现某些清代意趣的家具都归入明式家具，似乎忘记了它们的制作时期实为清代。嘉、道以降，工艺衰退，又很容易一笔抹杀，认为不足道而遭摒弃。流传在民间的非硬木家具，大都是清中期或更晚的制品，乡土气息浓郁，和明式家具关系颇为密切，而造型雕饰又时见新意。由于过去对全国的家具调查做得太少，直到近年才被估贩"发掘"出来而受到人们的重视。例如来自山西的所谓"晋做"，这自然也是清代家具中很重要的一类。如果我们研究清代家具有所偏废或遗漏，不把上述各类全部纳入

清代家具应有的范围，显然是有乖历史事实，看不见客观存在而有欠缺之憾。可喜的是田家青先生开卷就明确了清代家具应有的范围，文字与阐述和实物举例也注意到各类咸备，并随时结合时代背景和经济情况，作必要的探讨。因此我们不妨将《清代家具》视为"中国家具史"的一个篇章，它已远远超过了一本只堪供浏览欣赏的"清代家具图录"。

二　本书将提高对清代家具的评价

对某一时期家具评价高低，评价者的审美观和个人爱憎起决定性作用。不过先决条件是必须较全面地接触到、观察到这一时期的制品，否则其评价就不可能公允正确。尽管清代距离我们年代较近、实物较多，但能看到有代表性实物的人是少数，能看到不同种类有代表性实物的人则更少。因此采用清晰的图片和详审的文字作较为全面的介绍就十分必要了。《清代家具》是第一部用彩色照片和完美的印刷把精选过的、不同种类的、具有代表性的清代家具（甚至包括不成功的拙劣之作。这也有必要，不知其丑，安知其美）公诸于世。我们

相信本书的出版，将会消除一些人的偏见，并将提高对清代家具的评价。以我个人来说，虽已从事家具研究多年，由于民间家具调查当年只到过南方几个地区，故对"晋做"很陌生，自然也就不可能写入本人的著述，将其成就记在清代家具的账上。现在见到了"晋做"，对清代家具不免要刮目相看了。

我并不认为家青先生因为自己研究清代家具，故有意识地去抬高它的身价。只是他编写出版了这本专著，使更多人看到不同种类的有代表性的实物，人们就会自然而然地提高对清代家具的评价。

三　本书体现了作者的严肃科学态度

研究任何一门学问，持严肃的科学态度，十分必要。家青先生是学科学的，本书可以证明他把严肃的科学态度带到了家具研究中。列入《附录》的《紫檀与紫檀家具》一文，可以说是迄今所见对这一木材及其制品讲得最清楚、最实事求是、不模棱两可、不哗众取宠的一篇文章。他把实物观察、匠师经验、档案记录三者结合起来，再加上科学试验才写出来的。据我所知，祁丽君先生的《清代宫廷家具紫檀与新紫檀木材比较研究》一文之由来，也是家青先生为了解决自己的困惑，不得不请求林业大学专家大力支援，商定题目，经过实验研究，写成专题报告，才引用到自己的文中的。

四　本书有助于对家具的准确断代

传世家具的准确断代问题，直到现在也未能得到满意的解决。家青先生没有将《图版篇》的实例一一注明具体年代，不得视为知识贫乏，却说明他很老实，知道多少说多少。不过《清代家具》有不少章节讲的就是断代。例如对康熙时期十二幅"美人绢画"中的家具，逐件进行辨别分析，哪几件属于明代，哪几件带有明显的清式特点。这一研究不仅对清代家具断代，就是对明式家具断代也有帮助。又如他把清代家具分为"明清之际"、"清早期"、"清中期"、"清中晚期"、"清晚期"五个时期，这也比我在《明式家具研究》试图把明式家具分为明代早、中、晚和清前期要精密一些。《家具种类说明》特意把清代始有及较为流行的品种提出来，详论其功能、造型、结构、装饰与前此已有家具的差异。《紫檀与紫檀家具》指出采用木材解剖学，据吸收光谱曲线的不同，可以准确地把新旧紫檀区分开来。二者都是为断代提供依据和办法。总之，我们不能说《清代家具》对准确断代有了新的突破，但承认它有助于这个问题的解决，似乎并未言过其实。

家青先生从立意写书到完成出版只用了十来年时间，可以说是相当快的。这和他热爱家具，专心致志，追求知识，不遗余力是分不开的。不妨说一说我知道的一二事。北京首都博物馆有一批库存多年的清代家具，岁久失修，散脱残缺。家青先生为了通过修复，学到知识技艺，特请北京最好的师傅，共同制定修复方案，并严格要求施工配料，包括配雕活、编藤屉、镶嵌铜饰等，一丝不苟地把十几件一一修整完好。在修理过程中，做详细的笔记，拍摄数以百计的照片，为每件编写修缮记录，随同家具送交博物馆。前后历时一年有余，随后写出了专题论文。又如为了拍摄炎黄艺术馆的一件康熙紫檀大型多宝格，因不得移动，并须一日内完成，他请了三批专业摄影师，分别用汽车载运器材，到藏所依次拍摄，目的只希望确保得到一张可用以出版的彩片。十几年来，他以这种精神，先后拍摄了近千件明清家具的照片。这种干法（或称之为这种"玩法"更为确切），不仅花光了本人所有，连夫人留学回国，节省下来的一些积蓄也搭了进去。不怕费力气，不吝耗资财，这是什么精神？我看这是为了钻研一门学问，积累知识，以期有成，终得用以贡献给人民的一种必须具有的、不惜付出重大代价的精神！

家青先生年富力强，风华正茂，来到面前的正是可以勇猛精进的大好时机。以我国实物遗存之丰富，档案记录之翔实，民间待访地区之广袤，传统家具研究，大有可为。可以预言，家青先

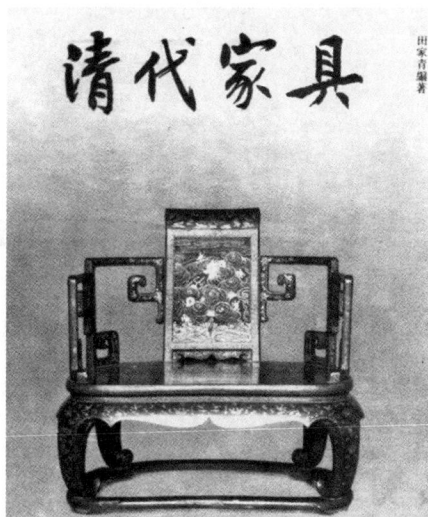

田家青著《清代家具》

生今后一定会不断地写出内容更充实、观点更精辟的学术专著来。

1995 年 10 月

《明式家具萃珍》序

本书所收明式家具及小型器物一百件原为美国加州中国古典家具博物馆的藏品，1995年在三藩市举办展览后已易新主。同年经中华艺文基金会集资出版英文图录，名曰《中国古典家具博物馆藏精品》(*Masterpieces from the Museum of Classical Chinese Furniture*, Chinese Art Foundation, Chicago and San Francisco, 1995)。

英文图录出版后，中华艺文基金会认为应当再编印一个中文本，题名《明式家具萃珍》，以飨中国读者，并希望我写一篇序。我十分赞同此举，故欣然从命。下面谨对中国古典家具博物馆的收集时间及本书对英文图录内容的取舍和增益作一些说明，借以对该馆的工作人员及几年来所完成的工作表示敬意和感谢。

读者可能想不到该馆将上百件精美的明式家具搜集到一起只用了短短六七年的时间（约1987—1994年）。这六七年对收藏者来说，却是千载难逢的有利时机。拙著《明式家具珍赏》1985年问世，次年英译本、法译本相继出版。明式家具很快地从世人瞩目发展成为"收藏热"。利之所在，人争趋之。约从

1986年起，人数众多、大大小小的倒爷们到全国各地搜寻明式家具，真如水银泻地，无孔不入。于是大量器物被偷运到港澳地区辗转流向海外。此景不长，到1994年前后，民间所藏被搜刮殆尽，香港嚤啰街老板们又惊呼明式家具来源渐呈枯竭之势。该馆在短时期内能有如此丰硕成果，是因它适逢其会和认真选购的结果。我们不能因其历史短暂而低估其重要性。因为这一批珍贵家具已称得上世罕其匹。我相信今后即使有人舍得花费更多的资财和时间，也难再建成这样一个收藏。五十年前我曾为古代家具的惨遭毁坏而落泪，近年又为被盗运一空、国内将绝迹而悲伤。拙作的问世，竟导致这样的后果，实非初料所及，只能使我徒唤奈何！

英文图录由中国古典家具博物馆承担摄影、编辑、设计等工作，是一本印得很精美的书。卷首有韩蕙女士（Ms. Sarah Handler）的一篇涉及中国家具史的文章。与图版相对，有我和该馆柯惕思·艾弗斯主任（Mr.Curtis Evarts）分别为每一件家具撰写的说明。卷末附注释、索引和词汇等。颇具新意的是为每

《明式家具萃珍》中文本外函   《明式家具萃珍》英文本外函

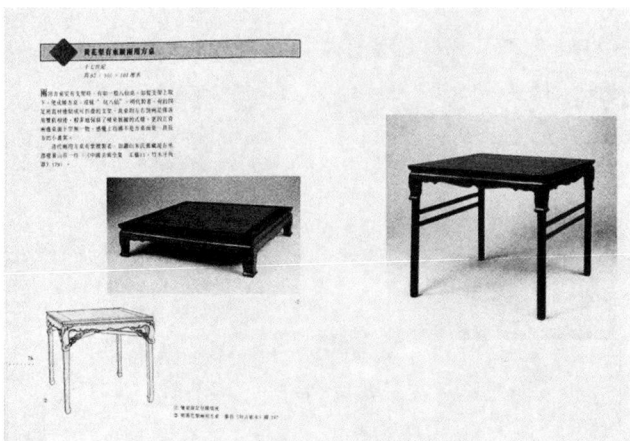

上图为《明式家具萃珍》英
文本（由王世襄与美国柯·艾
弗斯合著，加州中国古典家
具博物馆绘线图）页一〇六、
一〇七。右图为《明式家具
萃珍》中文本（王世襄著，
袁荃猷绘线图）页七六、
七七。对比两图可见英文本
只有一张方桌，而中文本方
桌之外还有从其上部取下之
矮桌，说明此器何以有"两
用方桌"之名。还有英文本
之线图所绘家具与两用方桌
并无关系。而中文本所绘则
为另一件两用方桌，可供比
较参考。如查阅中文本全书，
可以发现更多的优于英文本
的例证。

一幅图版配一张插图，是从大量的版画、绘画等形象资料中选出来的，对帮助理解古代家具的使用情况颇有裨益，成为此书的一个特点。以上都要归功于该馆的工作人员。他们除了承担馆务之外，还编辑出版馆刊学报，发表了不少篇有价值的文章，同时也为理解认识中国古代家具积累资料，并通过图录提供给读者。

中华艺文基金会编印中文图录，鉴于读者对象既然不同，所需亦异，因而不再刊载卷首的文章和卷末的注释词汇。家具说明因艾氏所作已在英文图录中发表，故只剩下我写的中文原稿。惟英文说明中倘有值得重视的内容而为我所未及的，则将其收入中文说明，并说明乃取自艾弗斯先生，以表不敢掠美之意。插图为了与实物结合得更加紧密，约有半数作了更换，描绘均出荃猷之手。查核版画出处曾求教于李之檀先生，谨于此志谢。中文本主要的改进在增加了大量图版。英文图录每件家具只有一图，不同角度、不同部位的画面以及雕饰特写等均付阙如，不免有美中不足之憾。中文本弥补了上述的缺点。

在这里愿敬告读者，我为这本书每件家具写的说明，差不多是和中国古典家具博物馆的收藏同步进行的。建馆之初，我已被邀参加日后图录的编写。馆中每增添一件家具，即寄我照片，要我写下对它的看法。为了了解实物，我曾三度赴加州，在博物馆小住，观察每一件藏品。但毕竟时间仓促，不能做深入的研究，更不可能像对自己所藏的那样拆开来看看，写说明自然就难免疏漏欠缺。谬误之处，敬希读者不吝教正。

最后我要表达对这批家具归属的关切之情。据闻易主之后，经过拍卖有不少件将为旅美和居台的中华人士所有。我衷心祝愿这些祖先遗留下来的艺术珍品，在炎黄子孙手中保留得越多越好！越多越好！

1996 年 5 月

《明清家具集萃》序

抗战时期，襄在川西李庄参加中国营造学社工作，因研读《营造法式》、清代匠作则例而对小木作及家具发生兴趣。日本投降后，回到北京，开始调查采访传统家具，遍及收藏名家、城乡住宅、古董店肆、晓市冷摊。以明式家具为主题从事述作之愿逐渐形成。为统计品种形式，领会风格韵趣，观察用料取材，绘制榫卯结构，不能须臾离开实物。爱好日增，遇有铭心美器，亦不惜倾囊以求。四十余年，搜集与研究同步并进，除"文革"期间外，虽在极端困难情况下亦未尝少辍。直至1985年出版第一部拙著《明式家具珍赏》，个人所藏七十九件全部收入。其中如宋牧仲旧藏明紫檀大画案，明紫檀黑髹面裹腿霸王枨画桌，明黄花梨独板面心大平头案，清前期绦环板围子紫檀罗汉床，明紫檀牡丹纹扇面形南官帽大椅四具成堂，明黄花梨圆后背交椅成对，明黄花梨透雕麒麟纹圈椅成对，均为传世重器。他如柜、架、几、杌、镜台、滚凳等亦不乏精品。此后中外人士纷纷惠临舍间观摩欣赏。虽因堆叠存放，无从见其神采，仍被许为在世界范围内亦属最重要之家具收藏之一。

搜集家具诚非易事，收藏保管实更艰难。新中国成立后，社会变革已使家中旧宅日益狭隘。"文革"后更沦为大杂院、贫民窟。且地处危房改建区，一旦通知搬迁，急于星火，故常惴惴不可终日，并深感所藏家具亦不可能长为己有。数十年心力所萃，只有由国家博物馆保管陈列，始不致流离分散，且可供人观赏研究，物尽其用，此实为最理想之归宿。时上海博物馆新厦在修建中，机缘巧合，吾友庄贵仑先生正筹划用捐献文物、开辟展馆之方式报效国家，并借以纪念其先人志宸、志刚两先生昔年在沪创办民族工业之业绩。承蒙不弃，枉驾相商。喜其志愿，契合素旨；更感其为公解囊，不为私有。于襄则但祈可以所得易市巷一廛，垂暮之年，堪以终老，此外实无他求。故不计所藏之值，欣然将七十九件全部割爱。1993年2月上海博物馆伤员来京，点收运沪。以上为搜集收藏，前后几达半个世纪，由我得之，由我遣之，化私为公，深庆得所之简略经过。

顷庄氏纪念馆开幕有期，贵仑先生

《明清家具集萃》封面

嘱为纪念捐赠上述家具而编印之图册《明清家具集萃》撰写序言。未待搦管，已有感焉。我国博物馆辟专室陈列古典家具，上博开其端。往日为只有外国博物馆有中国家具专门陈列，中国博物馆竟无有而愧疚，今可少瘥。在上博创导影响下，深信在全国范围内将有更多博物馆开辟专室。定将教育广大人民对优美精湛，卓越无俦，在世界工艺史上占有崇高地位之我国家具艺术有更多认识。当年庄氏先人在沪上有振兴民族工业之功，今日又将收宏扬祖国文化之益。可慰其在天之灵而无憾矣！是为序。

1998 年 2 月 28 日

未临沧海难言水

——《可乐居明清民间家具》序

本图册收家具百几十件，多来自山西中小城市及乡镇村庄，少数来自陕西、河南、河北等地。时代多为清制，少数早到明，个别的可能更早。木材不用珍贵硬木而是就地取材。榆、槐之外，还用楠、柏、梨、栎、银杏、核桃等木。它们和现在广为人知的主要用黄花梨制成的所谓"明式家具"（国外多称之为 Classical Chinese Furniture）在产地、使用者、用料等方面都明显不同，故今称之曰"民间家具"（国外多称之为 Vernacular Furniture）。

我国民间家具不论是南方的还是北方的，过去外出采访，都曾目审手抚。偶或购归一两件，但没有进行过专门的调查研究，故在印象中只有一些孤立的例子，未能形成系统的概念。现在能看到可乐居主人准备编入图册的百几十件，深感欣幸。这是他十年来从买到的若干千件中选出来的，而买到的若干千件又是从过目的若干万件中选出来的。故数量虽不算多，却有一定的代表性。

这批家具可分为三个部分。

第一部分造型结构，制作手法和黄花梨明式家具基本相同，截然不同的在木材为杂木而不是硬木。

高背小灯挂椅（图1）和成对四出头官帽椅（图2），如有人出示照片，告知为黄花梨制，我不敢贸然否定。又如插肩榫壶门牙条小翘头案（图3），构件偏细而比例适宜。没有想到用榆木也能做得如此峭然卓立，挺秀出群。再如长逾两米半插肩榫独木面大案（图4），浑厚古朴，气足神完。案足似有意避免常规，削出扁方马蹄，落在托子上。喜无蛇足之嫌，却收稳重之效。故不论为何种木材制成，均为上乘佳器。

第二部分言其大貌仍是明式，但一眼望去，对其某些部位感到特殊，故虽远观亦知其非黄花梨制品。

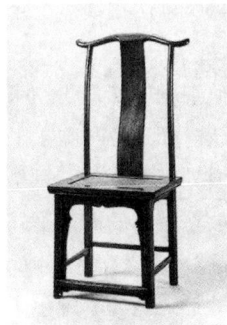

图1　高背小灯挂椅　　　图2　四出头官帽椅

图 3　插肩榫壸门牙条小翘头案

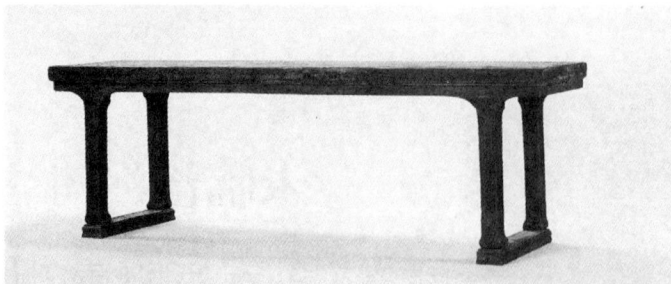

图 4　插肩榫独木面大案

图 5　圈椅

图 6　罗汉床

圈椅（图 5），靠背及扶手过大，有失权衡，仿佛是从大小两椅，各取其半，安装成一具。罗汉床（图 6），纹饰甚晚，因雕痕极浅，远观并不显著。独板围子，则是明式。出乎意料的是马蹄竟采用在清式中也属简率庸俗的一种，与床身无法协调。以上有损整体的现象，我以为制作者不可能不理会，也不难更改，只不过是他执意要如此制造而已。

一具半桌（图 7），显然在结体上企图有所创新。面板两端长出，有吊头，分明是案形结体，但细看下部却是一张腿足位在四角的桌子。牙条也与腿子上端格角相交，不再向外延伸，它不过是将一块较大的桌面放在较小的四面平式桌上，视觉上让人感到是案形结体而已。腿足挖缺做，着地的两瓣马蹄也十分奇特。

一般明式条案挡板常用整板雕镂图案，或镶四框，从底框翻起云头，从未见在托子之上留有透空。小翘头案（图 8）却把椅具靠背、屏扇下底的"亮脚"搬到托子之上，于是云头不得不上移，致使条案两个侧面完全改观。扶手椅（图 9）靠背四截攒成。框外上下均有角牙。在下一对，造型竟如抵夹座屏风或衣架的"站牙"（清代匠作则例称之为"瓶壶牙子"），其下还特设两段小栏杆来承托它。上述两例，前者大胆地改变了某一重要部位的空间分割，后者用扩大、添加附件来崇饰增华，虽都未远离传统的造型，却出现了明显的变化。

第三部分为数最多，形形色色，众态纷呈，只因它们都和黄花梨家具大不相同而归成一类。有的品种流行于晋、陕地区，不流行于江南，自然非黄花梨

图 7　半桌

图 8　小翘头案

图 9　扶手椅

家具所能有，至少是十分罕见。有的取法于常见形式，由于改变常规造型和构件位置而收推陈出新之效。有的为了增加实用功能而大大改变其结构。有的独出心裁，以我为主，和第二部分某些例子一样，体现了创新变革的精神。

栏杆榻、供桌、长交椅是流行于晋、陕的三个品种。称之曰"品种"是因为并非只出现一件两件，而是有多件流散出来。

榻三面设栏杆。有的正面两端还各设一段方形栏杆。榻身案形结体，腿足缩进安装，直者多于弯者，用插肩榫与榻面连接。

栏杆床榻，可上溯到信阳长台关、荆门包山战国楚墓发现的大床。惟年代邈远，很难说和民间还在使用的有何直接的联系。不过只要注意到在内蒙古解

放营子辽墓❶、大同阎德源金墓❷、襄汾明墓❸发现的殉葬器物（图 11 至图 13），就会看到它们之间的渊源关系，并相信在山西南北一带至少已流行上千年了。

在黄花梨家具中，供桌罕见，供案恐更难逢。晋、陕一带流出的则是腿足缩进安装的供案（图 14、图 15）。面板以下界成长方格，格内装绦环板或设抽屉。此下有长牙条。腿足上截垂直，内缘贴着长方格，外缘与案面形成直角，安挂牙。此下腿足向外鼓出大弯后，向内回收，至足底又向外卷转。外鼓的内侧及外卷的上端雕镂卷草纹饰。有的还利用腿内边材做成竹节纹立柱。足底削出圆球落在须弥座式台座上。台座立柱分格装镂透孔的绦环板。

上述类型供案，南北各地均曾发现实物或形象材料。拙作《明式家具研究》

❶ 翁牛特旗文化馆等：《内蒙古解放营子辽墓发掘简报》，图四。《考古》1979 年 4 期，页332。

❷ 大同市博物馆：《大同金代阎德源墓发掘简报》，《文物》1978 年 4 期，图版壹，5。

❸ 陶富海：《山西襄汾县出土明洪武时期的木床》，图一，《文物》1979 年 8 期，页 25。

図 10 栏杆床

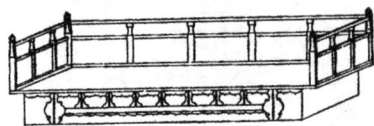

图 11 内蒙古解放营子辽墓出土栏杆床

图 12 山西大同阎德源金墓出土栏杆床

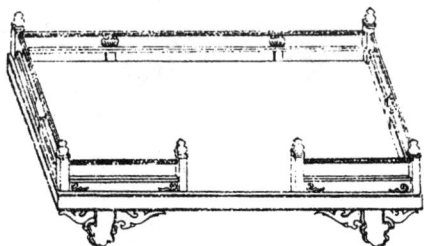

图 13 山西襄汾洪武墓出土栏杆床

即收有遵义宋墓石刻浮雕，武当山铜殿明铸供案和明朱檀墓出土杂木供案等❶。北京西郊法海寺也有类此实物，只是未见有黄花梨制者。

长交椅是一个很特殊的品种，两具、三具乃至四具相连，可供人并坐（图16）。椅面进深浅，用料不大，便于搬动及存放。脚踏做法与圆后背交椅相同。椅背横材之间加荷叶式卡子花，形制颇古，接近宋元栏杆和楼梯扶手所见。

长形有靠背坐具，《鲁班经匠家镜》有琴凳，实为靠背长凳。长交椅只流行于晋南地区，据闻用于观剧。把单只的交椅连起来，当然也是一种创造，它始于何时，不详。早期实物和形象材料尚有待发现。

食盒木胎黑漆朱里，内分隔成格（图17）。盒下又设带插门长方盒，容纳折叠

腿足。抽掉插门，放下腿足，食盒得借以支承。折叠腿足当从折叠炕桌得到启发，用于食盒，便于出行，堪称创举。不仅未见黄花梨制者，民间用具可能也是绝无仅有的一件。按食盒古有"槅"、"楪"等名。杨泓先生据南昌晋墓出土一具底有朱漆铭文"吴氏楪"三字❷，认为当定名为"楪"。考虑到"楪"之一称，民间恐久已不存在，故今从俗，仍称之曰"食盒"。

圆凳，黄花梨制者极少。有之，造型设计多乞灵于坐墩、香几等圆形结体，而不敢取法于四足的方形结体。当然不是没有，而是不容易获得成功。册中的一件（图18），利用四足上端比较集中，可向外开张，加大侧脚，形象便与一般圆凳不同，且增加了稳定感。镂空牙条，在方形椅子上本来贴着在坐盘之下。圆

❶ 王世襄：《明式家具研究》，香港三联书店1989年7月，《文字卷》页71，《图版卷》乙138。

❷ 江西省博物馆：《江西南昌晋墓》，《考古》1974年6期，页375。

凳为了亮出这一装饰构件，特加一根横枨，将牙条移下安装，枨上还加一根单矮老。此下两面安踏脚枨，两面安双直枨，完全采用了椅子下部的做法。这些构件我们都十分熟悉，由于整体造型的改变，部分构件的易位，使圆凳显得典雅清新，而且非常牢固耐用。

造型新奇出我意想的是一个酒坛式坐墩（图19）。匠师或定制者想必是一个贪杯者，故坐也要坐在酒坛子上。为了实用，墩面不得不大于一般的坛子口。传统坐墩，多开透光，也被保留。但是他想告诉人的是："我的生活起居和杯中物是密不可分的。"这一中心思想还是成功地表达了出来。

衣架（图20）制作精到细致。灵芝出跳搭脑、挂牙、角牙、站牙等均合法度。中牌子、搭脑间安矮老，两侧各有花牙，状似有柄执扇，明式未见有此构件。最大的特点则在由单具衣架改变为两具重叠，并立在加长的墩子上，其间用多根短材连接。这样就大大增加了它的稳定性和实用性。见此实物，我曾自问，为什么我就没有想到可以做一件双层的衣架？

以上四件都见新意，有创造性，而且是比较成功的例子。

另一件炕几（图21），制作者可能看到一种只有两三寸长的墨床和案头小几，两端的回文转折是一木镟成的，引起他再现之于大形炕几之上。做法当然只能用平板直角斗接。不言而喻，此几不仅费料耗工，易损坏，难修理，且致使空灵疏透的一平两直几变得沉重闷郁，一无是处。与之差似的是一件条桌（图22），两端底部用方形平板作托，上树直棂，连以横材，做成栅栏式样。面板以下则以两根长材横贯束腰牙条部位。构

图 14　供案

图 15　供案

图 16　三人交椅

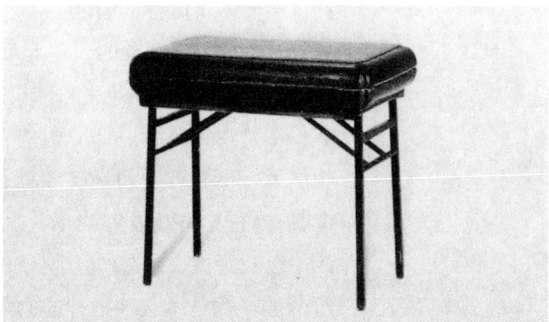

图 17　食盒

图 18　圆凳

图 19　酒坛式坐墩

图 20　衣架

思新奇，但不伦不类，毫无意义。以上两件，无法承认是成功的作品。

看过这批家具，产生以下一些看法。

（一）民间家具有一部分和黄花梨家具的造型结构、制作手法基本相同，它们是否出于一手呢？我以为由于地区、用料的不同，出于一手的可能性极小。相同家具的出现是因为明式家具在南宋时已基本定型。元明以降，不同地区的工匠都在继承仿效。如果工匠的审美观念、趣味好尚相似，制作出来的家具自然会不谋而合，如出一手。

（二）我更注意的、也是我更感兴趣的是民间家具的推陈出新和自我创新，正是在第二、三部分中能看到的一些例子。十分可贵的是好像只有在民间家具中才表现得最鲜明的一种独出心裁，以我为主，想怎样干就怎样干的创新精神。就是靠这种精神才会创造出前人想不到、做不出的作品来。惟其创作

意图虽表达在作品上，而观看者却一时不能了解其题材内容、思想内涵，自然就会产生耐人寻味，莫测高深的感觉。例如一件带翘头架几案（图23），几子开透光，分别镂刻系着肚兜的儿童骑兽（身躯肥硕，但密布五瓣花纹，有角已断折，疑是梅花鹿），骑狮、骑大鸟（尾似孔雀）等，手持器物各殊，其一拿的可能是个葫芦。雕刻的内容很可能是流行在晋陕一带、含有繁衍子孙之意的抓髻娃娃（图24）❶和葫芦娃娃（图25）❷。但仍待进一步调查研究，才能作出比较合理的解释和评价。还有传统的榫、卯、楔、销，从来就是灵活多变。以民间家具的敢于创新，一定有非常精彩的设计。惟不经拆卸，无从窥其奥妙。这也只有等有心人巧遇机缘，得以分解构件，再去仔细研究了。

创新的家具，从审美的角度来看，有的是成功的，有的并不成功。即使不

❶《绵绵瓜瓞》上，台北汉声杂志社，1971年10月，页79。

❷ 同上注，页22。

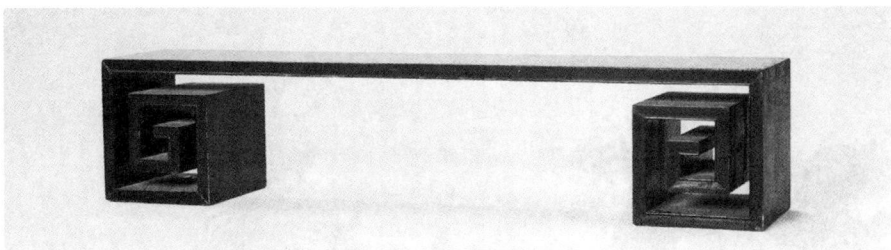

图 21　炕几

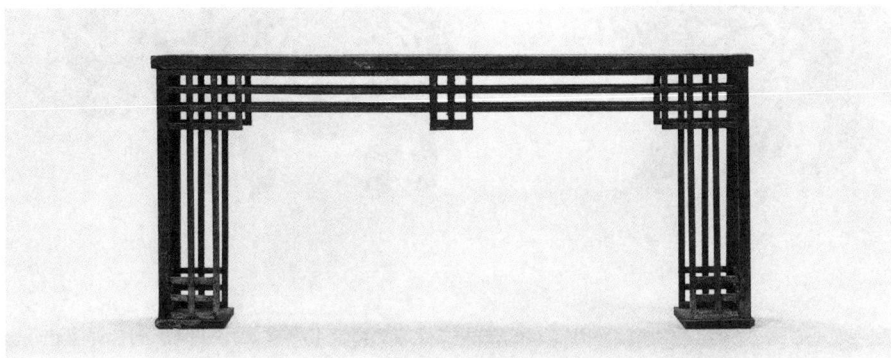

图 22　条桌

图 23　翘头架几案及局部雕刻开光

成功，我仍认为精神可嘉。民间家具能开阔视野，令人惊奇，引起探索兴趣，增强求知欲望，这正是它的魅力所在。

（三）考察民间家具造型纹饰水平，估算用料耗工费用，了解日常使用情况，均必不可少，同时也能为研究当地的文化、经济、习俗提供参考资料。不过搜集资料必须在家具所在地进行，一旦离开故土，许多本来可以获得的知识便湮失殆尽，岂不十分可惜。因此加速去各地采访调查实为当务之急。收购经营家具者如能亲临其地，细心观察、口问笔记，也能为学术研究作出贡献。

在我准备为本册写序时，有朋友问我："你对被誉为达到传统家具最高峰的明式黄花梨家具已经研究了几十年，现在又来看民间家具，应当是'曾经沧海难为水'吧？"我连忙说："不是，不是，绝对不是！"黄花梨家具只是某一时期、某些地区的产物。以我国

图 24　抓髻娃娃

图 25　葫芦娃娃

历史之悠久，疆域之广袤，民族之众多，家具之丰富，放眼来看，黄花梨家具所占的位置就很有限了。研究中国家具岂能仅仅有此而不见其余呢？正如我国陶瓷，明清之际景德镇官窑青花诚然达到了高峰，但如有人只知此而无视历代名瓷和广布各地的民窑，那还能算是陶瓷研究者吗？因此，我此时的心情不是"曾经沧海难为水"，而是"未临沧海难言水"！

我真希望垂老之年还能多学到一些家具知识，尤其是民间家具知识。

1999 年 2 月时年八十有五

《中国家具史图说》序

我一直有如下认识：为和我们生活关系密切的事物写史，难度极大。与生活密切，莫若衣、食、住、行。故写《中国服饰史》、《中国饮食史》、《中国建筑史》、《中国交通史》都很难。家具，也和生活密不可分，居家出行都要用。写《中国家具史》自然也十分艰巨。

我国历史悠久，幅员广袤，民族众多而分散，阶级尊卑而各异。不同时代，不同地区，不同种族，不同阶层，为生活需要而创造制作出来的家具，真是形形色色，万万千千。为其写史，理应较全面而又有重点地予以阐述；发现其共性，突出其特点，观察其与生活及环境的关系，评议其使用价值和艺术价值；归纳总结，分析研究，以期认识其出现、嬗变、进化的规律，写出比较接近客观真实的历史来。它将有力地证明我国家具文化灿烂辉煌，昂然卓立于世界之林，并指引今后我国乃至世界家具的发展方向。惟不言而喻，为了写史必须先收集资料。只有踏踏实实、长期不懈地纵向到浩如烟海的文字、图像、实物中去搜寻择取，横向深入到各地区各民族去采访调查，记录拍摄，方能为写史打好基础。故必须意志坚强，精力充沛，锲而不舍，无怨无悔，方能有成。这已经是大难大难了。

说起来惭愧，过去我也曾有写家具史的愿望。只是工作了几年，感到需要收集的资料越收越多，有待涉及的面越来越广，浩无涯涘，知难而退，从此不敢再言家具史了。

近几年高兴地看到有关家具史的著作已有若干种问世。就曾经过目的几种而言，以李宗山先生编写的《中国家具史图说》所收资料最为丰富。举凡传世实物，文献记载，图绘形象，考古发现，无不广收博采。涉及有关的面也较广，诸如建筑环境，民族生活，竹木髹漆，制作工具，金银错嵌，席毯织物等都兼收并蓄，足以说明作者为编写《图说》付出了艰巨的劳动。《前言》中他讲道："本书力求在客观、翔实、准确的基础上，全面反映中国家具的宏伟历程，把各个时期的家具特征、使用方法和制作工艺等，尽可能形象地介绍给读者。让更多的人了解中国家具，热爱中国历史，弘扬中华民族文化。"我认为在一定程度上他已实现了对自己的期望和要求。

《中国家具史图说》的编成，宗山先生已为进一步撰写《中国家具史》打下了基础，搭起了框架，同时也为广大读者送上一部大有参考价值的工具书。我两年前见到初稿，已有此预感，故向湖北美术出版社推荐，承蒙同意出版。

顷闻付印有期，宗山先生又来问序于我，虽年老体衰，思路钝滞，也不顾目眊手战，力疾草此短文，藉表我欣喜之情。

2001 年 6 月

序发

《中国美术工艺师辞典》序

襄自幼耽爱传世工艺品，又缘造诣而愿知其人。但多年来所用工具书仅李放《中国艺术家征略》一种。李氏成书较早，有开创之功，惟用八音分类，何殊作茧自缚。艺术品用材甚广，岂八音所能尽赅。故又增书画、天文、轮挽、装潢、雕刻、髹漆、杂技诸类，体例未免驳杂，而所收艺术家又为数不多，故难满足需求。

1987 年钱定一先生编著之《中国民间美术艺人志》出版，区为十三类，艺匠工师，不论显晦，大都可从中检得，遂成案头常备之书，而《征略》插诸架上矣。

1989 年吴山先生主编《中国工艺美术大辞典》问世。厚册长达一千五百页，分门别类，应有尽有，可谓皇皇巨制。第可供查检艺术家者仅《名匠、名师、名家》一类。正因全书求大求全，个别篇章反受制约，不可能广事搜罗。经统计所收前朝艺术家不过五六百人，此后为较谂悉之当代人物。故人数实远远少于《美术艺人志》。

读定一先生《美术艺人志·前言》，初稿于 1962 年已完成。其始作自远在此之前。又据 1981 年 9 月《补记》，原稿"文革"中遭劫夺，拨乱反正后幸得归还。惜失去其中补充部分，不得不再作大量之增补与修改。七年后始获出版，上距成书之日已二十五载。当年著作搁置之久，戒律之繁，阻挠之多，出版之难，来自旧社会之知识分子定同有刻骨铭心之感受！

近日忽奉定一先生惠书，告知上海古籍出版社准备重印《美术艺人志》，拟易名为《中国美术工艺师辞典》，并将增加 50% 新资料及前本所无之彩色图版。承蒙不弃，兼有索序之意。欣喜之余，又不免至感惶恐。

定一先生为记录历代工艺美术家行实至少已付出五六十年之辛勤积累。资料来源不仅辑自史籍或发掘报告，不少得自深入民间调查采访，其艰苦不问可知。尤可贵者，直至耄耋之年，犹孜孜矻矻，再三增益，修订重刊，为中国工艺美术史放一异彩。先生诚为人瑞，大著信是鸿篇。襄于此谨表欣慰之意，抒敬佩之情，实不敢言序也。

影印手写本《刻竹小言》后记

20 世纪中期之前，有关竹刻之书，仅金元钰《竹人录》、褚德彝《竹人续录》两种，以记载前朝竹刻家传记为主，并未研讨阐述明清不同时期之雕刻风格；采集竹材，应如何选择裁截运送，煮晒防蛀；所有工具，除锄锯外，如何选用或自制不同大小、形状之刀具及讲求磨刀之法。《小言》做法一章，内容尤为丰富，有十四则之多。先列表分列阴阳凹凸、深浅高低各种刀法名称，一一讲授运刀之法；再言宜用数法，藉求变化并增强表现力。论题材则书画之外，更宜状写天然事物形态。或自创、或临摹、或出书画家之手，如何用刀始神采不失。更应善用竹材，根斑虫蚀，皆可为我所用，浑然天成，化媸为妍。以上种种经验心得，前人著作，均付阙如。画家惠孝同先生题词绝句一曰：

竹人两录有遗篇，
未与金针度刻镂。
五百年来传绝学，
小言字字是真诠！

已明确指出，此书之可贵在尽道前人所未道。蓝玉崧先生亦谓："《竹人录》诸书不过胪次作者，录为鬼簿，……于艺术史固无与焉。兹篇虽云小史，实启刻竹史之先河，功殆不泯。……世之言竹刻艺术者将以此为必读之书。"正复因此，竹刻收藏家叶义先生称誉此书："对竹雕做出最全面之研究者，可说是金西厓于 1948 年所写的《刻竹小言》。"（见所著《中国竹刻艺术》上册页 14，1978 年香港艺术馆印本。）

近年以来，有关竹刻之书渐多，但尚未见精辟翔实超过《刻竹小言》者。这正是现在出版单行本的主要原因。

吴缶老（昌硕）书赠西厓先生"锲不舍斋"横额照片，承蒙黄玄龙先生提供，谨表谢忱。

二千又三年九月王世襄谨识

《鸽经鸽谱》序

1924年，襄10岁，始养鸽。1928年于非厂先生《都门豢鸽记》[1]问世，日手一册，读之不辍。稍长，曾以非厂先生画花鸟而未精绘鸽谱，实为憾事。进修研究院，见张万钟《鸽经》于《檀几丛书》，以为古可证今，今可溯古，得笔之于书也。旋以南行而未果。年届八旬，始先后获观故宫博物院所藏《清宫鸽谱》四种。彩笔写真，出名家之手，绘制年代，历康、雍至同、光，共二百二十四幅，其侧标有鸽名者一百八十四幅。古今中外，绝无仅有，不禁为之狂喜。于是萌经、谱、于记三者一而贯之之想，时萦吾怀，乃至不可终日。

同声相应，同气相求，忽蒙友好相告，山东省农业科学院研究所赵传集先生早在十余年前已撰文考证张万钟事略并注释、今译《鸽经》，分别刊载于1986年3月上海《中华信鸽》杂志及1986—1987年成都《鸽友》杂志。驰书求示所作，不仅注译详审，且有《中国养鸽史》《张万钟生平考》两文，真可谓先得我心。因而献议曷不《鸽经》在前，《鸽谱》居后，两人分别撰述，合成一函。承蒙欣然慨允，并重新修订注译旧稿。

襄虽老眼昏眊，亦尽数月之力，草成《鸽谱叙录》《鸽谱图说》两篇。此后影印《鸽谱》彩图，以拙作《鸽话》为殿。

译经说谱，固出于平生爱鸽，未能忘情，实亦有所感而作。每日之始，中央电视台"东方时空"晨曲，有白色鸽，穿长城券门飞来。及近，乃一长嘴西洋食用鸽，即所谓大王鸽，又名落地王。以传统观赏鸽衡之，实丑陋不堪入目。又常见倩女手握白鸽，曼声长歌，一阕将终，纵鸽飞去。此鸽仍是食用落地王。当今各大城市，竞养广场鸽，已成为新兴事物，电视亦时有报道。大众借得接近自然，其意至善。惜所见非一色白色食用鸽，即食用鸽与灰色野鸽混杂成群。我国貌美色妍、品质高雅之观赏鸽何以竟不得跻身于电视屏幕，实大惑不解。岂全不知我国有绝佳之观赏鸽耶？或知之、见之而以为无足轻重邪？抑知之重之而不知何以求之耶？我国观赏鸽处处遭西洋食用鸽僭越，甚感不平，且伤我自尊心。国家社会迭经动乱变革，亦危及传统观赏鸽。努力抢救，尚有可为。采取各种措施，使世界尽知我国有悠久卓越鸽文化[2]，实为当务之急。此所以

[1] 于照（1888—1959），当代著名工笔重彩花鸟画家。笔名非闇、非厂。北京人，满族。著有《都门豢鸽记》，署名"于照非厂"，1928年北京晨报出版部出版。

[2] 1976年殷墟妇好墓出土的玉雕鸽，是三千三百年前制成的精美艺术品。证明我国鸽文化起源久远，世罕其匹。

《明代鸽经　清宫鸽谱》书影

有本书之作也。

　　鸽谱乃名家奉召之作，精心描绘，惟妙惟肖，写形传神，叹为观止。诸如行止饮啄，翻滚飞翔，舒翅拳足，剔爪梳翎，亦闲亦适，相昵相亲；更佐以园花径草，磐石清泉，新篁解箨，老树垂柯，可谓百态纷呈，无景不备。此诚写翎毛之范本，学画鸽之津梁。一旦印行，定为艺苑所珍，不只是研究鸽文化之要籍。三年前，初有编写本书之议，河北教育出版社已见示可考虑出版。今甫脱稿，竟蒙不惜耗赀影印全部彩图。兴奋感荷，难以言表。不禁为之手舞足蹈，欢喜无状也。是为序。

1997 年 9 月畅安王世襄
于芳草地西巷时年八十有三

《中国观赏鸽谱》序

中国观赏鸽文化，源远流长。公元前 13 世纪的殷墟妇好墓出土玉雕鸽，嘴短头圆，竟已符合中国观赏鸽形象的要求。西周以降，出土玉鸽，何止一件。东汉有青玉琢成正在哺食的母子鸽，生动传神，只有在养家鸽巢中才能观察得如此仔细，刻画得如此成功。唐宋之际，工笔花鸟画家黄筌父子一再把金盆浴鸽作为画材，经《宣和画谱》著录的就有八幅之多。图中景物佐以花卉竹石，绚丽非凡。可以肯定入画的一定是貌美色妍的观赏鸽。不过自古以来，观赏鸽一直被人钟爱养育，但有关它的专著却屈指可数。

第一种自然是晚明张万钟的《鸽经》，和世界同类著作相比，不仅时代较早，所收花色品种之多，史料文献之富，恐亦无出其右。

第二种是作于民国时期的《都门豢鸽记》，详述当时北京观赏鸽常见品种和喂养、放飞等法。著者于非厂（闇），擅工笔花鸟，有不少鸽画传世。可惜该书只有若干张示意图，实属憾事。

第三种是赵传集先生和本人合编的《明代鸽经　清宫鸽谱》。它是第一部有精绘彩图的鸽书，也是第一部用古人的鸽书与鸽画相互诠释论证之作。鸽谱的可贵之处在描绘了一些业已消失的品种；不足之处在遗漏了若干重要品种，或所画并非该种的上佳之鸽。

第四种就是本书——郭随成先生编著的《中国观赏鸽谱》。它是第一部精选生禽拍摄彩片制版印成的鸽书。与

《中国观赏鸽谱》

黑点子

墨环

黑玉翅

紫环

黑乌

紫乌

前一种不同在图中所见并非出自彩笔模写。模写不论如何忠实，如何工细，总不如用活生生的鸽子拍照为好，其价值亦在此。

生禽拍照，胜于对鸽模写，我岂不知。十年前80岁时，就曾邀请摄影师同访北京市区、通州几处鸽市，所见大为失望。信鸽已占大半天下，观赏鸽只有点子较多，但佳者绝少。其他品种，即使可见一二，均不堪入选。与"文革"前北京鸽市所见相比，顿生观赏鸽行将绝灭的危机感。我虽知去全国各地搜求，当能有收获，惟因年迈，力不从心。编谱志愿，只能放弃，徒唤奈何。此后在故宫博物院发现清宫鸽谱，遂利用前人画本，编排成书。受材料限制，未能达到曾经设想的规模，只能说差强人意而已。

为了延续、发扬我国鸽文化，保护抢救观赏鸽，集中精力访求传统佳种，培育繁殖，自然最为重要。而编印鸽谱，使更多人认识观赏鸽之美，参加到保护抢救的行列中来，亦为当务之急。欣闻随成先生见告，本书出版之后，尚有进一步扩大规模精修鸽谱的计划。一旦问世，真可谓了我未了之愿。人生快事，孰胜于斯。谨预祝工作顺利，圆满成功。

2004年1月王世襄时年九十

《双飞录》序

含饴弄孙，把卷授读，都是人生乐事。可是孙儿王正降生，我已76岁。待他上小学又随父母迁居方庄，离芳嘉园较远。当时我正忙于编写有关明式家具诸作和出国访问讲学，未能教他认字读书。

王正天性好静，喜欢独自看书。八九岁时开始看《西游记》《封神榜》，

《双飞录》

不久又迷上金庸的武侠小说，读完全集。从此一发而不可收，连梁羽生、古龙等人的作品也都看个遍。此外还看了不少当代作家的小说。

2003年秋，他13岁，忽然想自己写一部武侠小说，名曰《双飞录》。我也就姑妄听之。半年后脱稿，拿来一看，完全超出我的想象。文中不断出现文言文中常使用的成语和描绘景色、抒写情感的词汇。一般儿童未必能理解，而他竟能运用自如。我曾想如果我亲自教他，可能三五年都未必能学会，而他默默埋头看书，竟都能为他所用了。

回忆我的童年，十三四岁正是上房摇晃大竹竿轰鸽子飞盘儿、钻玉米地翻豆秧逮蛐蛐的时候。幸亏请了国学耆宿，常年有家教，总算多少学到了一点，能写一般文言文，作一两首绝句和小令。但大好光阴都被我浪费掉了，所得远非我所应得。这有力地说明自己愿不愿学、肯不肯学是能否有长进的关键。起主要作用的还在个人对学习感兴趣、有追求。

我粗粗地翻了一遍《双飞录》，觉得情节相当复杂。对武打过招和男女之间的恩恩怨怨都刻画得很细致。我因多

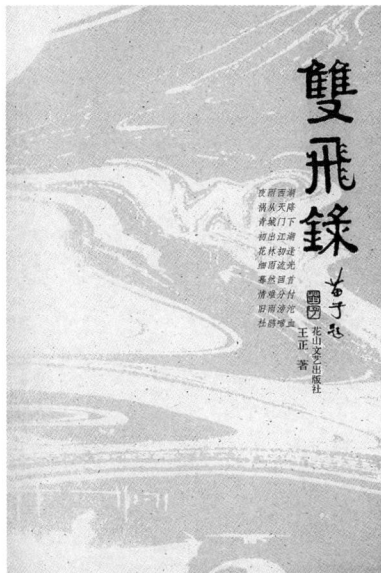

年来只对文物、考古感兴趣，不看当代人的小说，因而也就难以评比了。他曾说写作贵在创新，不管他能做到多少，有此要求，也算是难能可贵了。

近日他又对唐诗宋词、西洋古代史和中译外国小说等觉得有兴趣。我看这样的孩子还是让他随意探索自由发展为好。

我已 90 岁整，体衰目眇，丧失写作能力。过去虽无含饴、授读之乐，而耄耋之年能为 14 岁孙儿的处女作写一篇短序，实在比含饴、授读更感到欣喜和快乐。

畅翁王世襄　2004 年 9 月

《故宫退食录》序

北京政协文史资料委员会约我为朱家溍兄的文集写一篇序，我们两人是总角之交，故欣然从命。

家溍兄，字季黄，浙江萧山人。但和我这个福州人一样，是在北京长大的。在他居室的一槽冰梅纹碧纱橱横楣上有一斋额，是许姬传先生写的"宝襄斋"，对面山墙门上有启元白兄写的"蜗居"二字。季黄兄这本文集，并没有用上面的室名命名，而题名曰《故宫退食录》，我认为很恰当。因为这些随笔性的文章是多年来在故宫"退食之暇"写的。更因为书中涉及的门类很多，如：书法、名画、碑帖、珐琅彩瓷器、掐丝珐琅、铜胎画珐琅、漆器、木器、图书、古砚、古建筑、明清室内装修陈设、园冶、明清历史、戏曲史、饮食等等，所以无法根据文章内容来取书名，而只有用这样一个名称才合适。

可能有些读者要问：怎么看不出这位作者是研究什么的？在学校读的是哪一系？算是问着了，因为我对作者非常了解。朱老伯翼庵先生对儿子们念书的安排是这样的，在读中学的期间，除学校的功课外，在家中还要背诵经书，点

读全部《资治通鉴》，学作古文、诗、词。季黄兄在中学时这些作业都已完成。但同时我也知道他在那段时期的数、理、化有时凑合及格，有时竟不及格。高中毕业会考只勉强过关。考大学时，他的大、二两位兄长命他报考唐山交大水利系和北洋大学机械系，结果当然没考上。两位兄长又决定："你年纪还小，今年考不上，好好用一年功，明年再考。"他自己明知再考也不可能考取，可是只能遵命。两年之后兄长不再坚持了，他还是进了文学院，在辅仁大学国文系得到学士学位。他在大学期间，古文字学家沈兼士先生、史学家陈垣先生、目录学家余嘉锡先生、训诂学家陆宗达先生都对他很器重。在多位名教授的指导下，这位在中学数、理、化不及格的学子，在大学却成为出色的高才生。不过在大学所学的课目，对其后来的工作，虽可收左右逢源之益，却又不是直截了当的对口挂钩，因为当时大学没有文物考古专业。即使现在有此专业，又何尝能尽括文物的各门各类呢。

近年发行的《收藏家》杂志，自创刊号到现在，连载《介祉堂藏书画器物

目录》、《欧斋藏碑帖目录》、《六唐人斋藏书录》已有多期。从目录所罗列翼庵先生的藏品，就可知朱家溍是在什么样的环境中长大的。这三部目录就是他青年时代编写的，也就看到他对各类文物爱好的根源。顺便说一下，他家全部藏品早已无偿捐献给国家了。

抗日战争中，他在重庆粮食部任职，马衡院长曾借调他为故宫书画展览担任临时工作。日本投降后回到北平，我们两个都成为故宫工作人员。从此，如入宝山，目不暇给，正如《兰亭序》所云："俯察品类之盛，所以游目骋怀。"实际上季黄兄"游目骋怀"的还超出他文集所涉及的内容。例如1949年春他在天津海关检查德国侨民数十箱仿旧铜器，扣留了其中一件真的商代大铙，说明他对青铜器有很高的鉴别力，但文集中未见有关于青铜器的文章。

1992年国家文物局为了确认全国各省市呈报的一级文物，特成立一个专家组去各省市博物馆和考古所鉴定一级文物。这个组中有专看陶瓷的、专看青铜器的、专看玉器的，三类以外的文物则都由朱家溍来看。自1992年从河南省开始，每年春秋两季共约四个月的时间进行这项工作。现在除西藏地区尚未进行外，全国各地已经看完。我听季黄兄说："前所未见的好东西太多了。"我说："你如果写入随笔，可以题名为《寰宇鉴古录》。"他谦虚而又诚恳地说："在人家那里收藏保管的好东西，还应该由人家来写。"可见这本文集，并不能概括他所过目的品类。这不妨作为题名《退食录》的又一解。

自十一届三中全会以来，博物馆编纂图籍出现新气象，允许主编署名，不

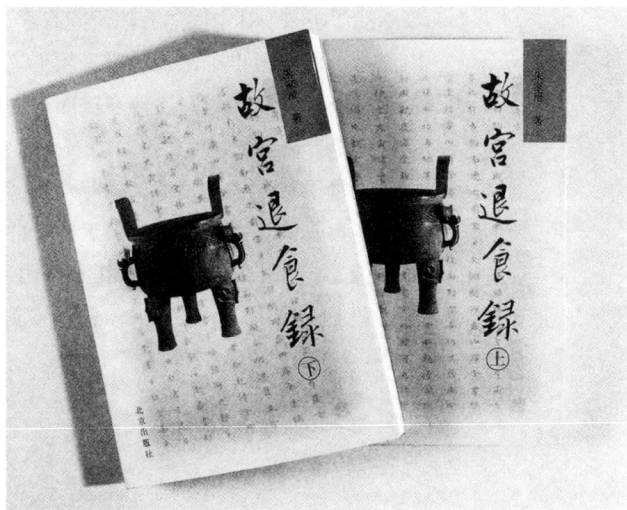

《故宫退食录》书影

光是干巴巴一个单位名称。具体到季黄兄的著述，就是1983年商务印书馆香港分公司出版的《国宝》，内容包括青铜器、法书、绘画、瓷器、玉器、漆器、珐琅、木器、织绣等门类。1983年法兰克福国际书展将此书列为本年度第一流图书。我国领导人赠送外国元首礼品也常有此书。我还曾写过一篇《〈国宝〉述评》，刊登在《故宫博物院院刊》1985年第3期。此后他为故宫主编的《两朝御览图书》、《明清帝后宝玺》、《清代后妃首饰》、《历代著录法书目》等，均由紫禁城出版社出版。中宣部主持编印的《中国美术全集》六十册中，有他和我合编的《竹木牙角器》、《漆器》两册，早已面世并出版了英文本。《中国美术分类全集》四百册有十二册由他主编，两册已出版。在编纂中的还有大型丛书《故宫藏珍本图书丛刊》和《故宫博物院藏文物珍品全集》六十册。季黄兄是后一书的编委，在认选文物门类时，他先请别位择选，把最后无人认选的《清代武备》、《明清家具》、《清代戏曲服饰》

等承揽了下来。其中固然有他研究有素、出色当行的，但也有比较冷僻，须下工夫搜集资料才能完成的。他迎难而上的精神是十分可贵的。

尽管季黄兄工作繁重，在业余时间还有他自我怡悦的活动。如最近山东曲阜请他鉴定文物，完成后即壮游泰山，步行登上玉皇顶。回家后未休息即应邀拍摄戏曲纪录片，登台示范久已绝迹舞台的武戏《别母乱箭》和文戏《天官赐福》。很难想象年逾八旬的人还能这样乐此不疲，老当益壮。我谨以后一出戏文中的两句吉祥语"百福骈臻"、"寿算弥高"来为他祝福！

1998 年 7 月

辛友

《中国名菜谱·北京风味》序言

《中国名菜谱》（北京风味）完稿之际，编写单位北京市饮食服务总公司、北京市旅游事业管理局邀我写一篇序言刊在书首。作为一个土生土长而且比较喜欢吃的北京市民，写一篇这方面的文章，似乎并不难，所以未加思索地答应了。不料等真提笔去写时问题却来了，敢情不是像平时想的那样简单，对某些问题不仅需要作一番思考，而且还得做些调查和考证，所以要花费点力气才行。

首先有待考证的问题是究竟哪些菜算是"北京菜"？

大家知道，北京既是历史悠久的古都，又是明、清两代的政治中心，尤其是新中国成立后建都于此，已成为世界上最重要的都会之一。多少世纪以来北京就是中华各民族聚居之地，八方人士荟萃之区。只就烹饪饮食方面而言，不论哪一个地方菜系，都曾传入北京。不过只有传入年代较久，在操作和调味等方面有了发展和变化，已深入人民生活之中，广泛为人民所接受，很自然地让大家感到它就是当地的风味，我们才有理由承认它是北京菜。因此，现在有人认为北京菜是由适合北京人口味的山东菜、以牛羊肉为主的清真菜和从明清皇家又回到民间的宫廷菜组合而成，我看是符合实际情况的。除此之外，我们还应把极个别的起源于福建、广东、四川等地的菜肴归入北京菜。那是因为它传入北京也已多年，而且有了很大程度的变化和发展，在北京所享的盛名已超过其原有声誉的缘故。

其次，有待研究的问题是北京菜既然吸收并融会了一些外地菜肴，不像全国其他菜系那样单纯，那么它是否还有特色？如果有的话，形成特色的条件又是什么？

现在，先从山东菜说起，因为山东菜在北京菜中占很大的比重，对北京菜的形成至关重要。

山东古为齐鲁之邦，是中华文化最重要的发源地之一，饮食文明在春秋战国时已达到高度的水平。经历汉、唐、宋、元，下逮朱明，山东菜已发展成为北方菜系的杰出代表。明太监刘若愚在《酌中志》中讲到万历皇帝喜欢把海参、鲍鱼、鲨鱼筋、肥鸡、猪蹄筋共烩一处进食，这是胶东烩海鲜进入明代宫廷之证。明、清之际，山东菜更广泛地传到北方民间，尤其是帝都北京。我们知道，山东菜分胶东和济南两个流派，亦称"东派"和"西派"。由于当时的达官名士不少是山东人，这对两派山东菜的传入北京有一定的关系。例如清初官至左侍郎、以收藏书画闻名于世的孙承泽，是胶东道的益都人。两代官至大学士、太子太保的刘统勋、刘墉，是胶东道诸城人。刘墉的《文清公遗集》中有蒲笋诗。所谓蒲笋就是山东盛产的夏季名蔬蒲菜。一代诗宗，官至刑部尚书的王士祯是济南府新城人。他的名句"金盘错落雪花飞，细缕银丝妙入微"，是对"历下银丝鲊"的盛情称赞。不仅一般菜肴，就连明、清宫廷也视为无上珍馐的烤鸭，我认为也是经山东厨师传入北京的。如谓不然，那么为什么自清代以来，凡是以烤鸭闻名的饭馆几乎全都是山东馆。为了了解明、清时期山东菜传入北京的详情细节，虽还值得作进一步的探索，但总的情况是已经清楚的了。

20世纪初到全国解放这一段时间，北京规模最大的饭馆是承办红白喜事的饭庄子。其中名气较大的有：地安门大街的庆和堂、什刹海的会贤堂、报子胡同的聚贤堂、金鱼胡同的福寿堂、五老胡同的万寿堂、钱粮胡同的聚寿堂、前门外肉市的天福堂、观音寺街的惠丰堂、锦什坊街的富庆堂、长巷头条的庆丰堂等。它们无一不是山东馆。当时名饭馆还有八大居和八大楼之说。八大居是：广和居、同和居、和顺居、泰丰居、万福居、阳春居、恩承居、福兴居。八大楼是：东兴楼、安福楼、致美楼、正阳楼、新丰楼、泰丰楼、鸿兴楼、春华楼。八大居中确知至少广和居和同和居是山东馆，八大楼中只有春华楼以经营江苏

风味菜肴为主，其余均是山东馆。此外不以"居"、"楼"为字号的著名山东馆还有隆福寺的福全馆，煤市街的丰泽园、致美斋，西柳树井的明湖春等。再加上以烤鸭为主的山东馆有便宜坊、全聚德等。可见当时山东馆在北京名菜馆中占压倒的优势。

上述山东馆的厨师有的来自胶东（东派），有的来自济南（西派），有的一馆同时有两派厨师，有的一馆在不同年代，先后各由一派厨师掌勺。20世纪初到40年代末的几十年，实际上是东西两派在北京大交流的几十年。东派擅长爆、炸、扒、熘、蒸，突出本味，偏于清淡。西派以汤为百鲜之源，爆、炒、烧、爆、炸，乃其所长，在清、鲜、脆、嫩之外兼有浓厚之味。经过交流的山东菜，可谓奄有两派之长，更加适合各方人士的口味。就这样，出现了与东西两派均不相同、自具特色、堪称北京风味的山东菜。

记得1930年前后开设在东华门大街路北的东兴楼，是当时最大、最有名的一家山东馆，生意兴隆，座客常满，不论筵席小吃，一视同仁，可谓货真价实，宾至如归。山海奇珍，我当年吃到的次数不多，但若干品色，如酱爆鸡丁、芙蓉鸡片、烩两鸡丝、烩乌鱼蛋割雏、扒三白、糟熘鱼片、糟煨冬笋、芫爆肚仁、醋椒鱼等，都是"保留节目"，几乎每席必点，百吃不厌。至今忆及，齿颊尚有余芬。如果吃烤鸭，当然去全聚德或便宜坊。我相信所吃到的肯定超过明、清帝后所吃到的。因为那年头既没有培养出"北京填鸭"那样优良的品种，厨师们也没有掌握像近年这样在现代科学指导下的烤鸭技术。这两家的冷热菜，如糟熘鸭条、拌鸭掌、炸胗肝、糟蒸或

糟熘鸭肝等，也是十分精美的。

全国解放后，北京风味的山东菜又有了一些变化。如锅熘豆腐，山东的原来做法用酱油，故颜色灰暗；北京的做法不用酱油，故色泽金黄悦目。又如酱爆鸡丁，山东的原来做法一律用甜面酱，现在北京的做法则用黄酱（外地称为"京酱"）或黄酱加甜面酱。面酱甜而不香，黄酱香而不甜。如用黄酱加糖，可收到既香且甜的效果。再如炒虾仁，过去东兴楼芡衣较稠，炸后结薄壳。现在则融会了一些江苏炒虾仁的手法，衣子较稀，故脆而嫩。以我个人的口味来说，倾向于后者。以上足以说明北京风味的山东菜仍在变化和发展。尽管变而不离其宗，但其特色却是在这不断的改进中形成的。

清真菜，即回族菜肴，在北京菜中也占有相当大的比重。

早在公元7世纪，西域回民已到中原各地定居，并由定点居住发展到回汉杂居，回族饮食渐对汉族产生影响。元代天历年间（约1330年），任饮膳太医的忽思慧向皇帝表进《饮膳正要》一书。在卷一《聚珍异馔》中既有汉族的传统菜肴，也收回族的清真食品。元末时刊行的《居家必用事类全集》是一部家庭日用手册，在《庚集·饮食类》中，辟有《回回食品》一目，说明回族饮食在一般家庭中已相当普遍。世业厨行，在北京牛街已居住了七八代的梁德山师傅，上溯其祖于明永乐时随燕王扫北，因治膳称旨，得到朱棣的嘉奖，赐号"大顺堂梁"。这是清真菜进入明代宫廷之证。

清末到民国时期，由于经济的发展和社会的需要，清真菜在北京得到很大

的推广和提高。当时先后在前门外开设的羊肉馆有元兴堂、又一村、两益轩、同和轩、同益轩、西域馆、西圣馆、庆宴楼、萃芳园、畅悦楼、又一顺、同居馆（馅饼周）、东恩元居（穆家寨炒疙瘩）等。在西长安街的则有西来顺，在中山公园的则有瑞珍厚，在东安市场的则有东来顺。清真馆过去不讲究汤水，调味偏重，用芡过多。到此时则吸取了一些山东及江南烹调的基本方法，用牛肉和鸡鸭吊汤，力求原汁原味，纯正不膻，浓厚清淡，因菜而异，形成了北京清真菜的特殊风味。在一系列的改革中，名厨师褚连祥曾起过重要作用，并培养出许多位高徒，故至今为人怀念，受到尊敬。

提到清真菜会立即使人想到涮羊肉和烤肉，实际上是吸收了不同民族及地区的涮、烤吃法，加以提高而形成北京清真涮、烤的特殊风味。

涮羊肉至少已有四百多年的历史。明松江人宋文夫（诩）著《竹屿山房杂部》，在其《养生部》中讲到"生爨（音cuàn）羊"："视横理薄切煤（即薄片），用酒、酱、花椒沃片时，投宽猛火汤中速起。"可知古代的涮羊肉已要求横丝薄切，水要宽汤而大开，用酒、酱等调料。只是羊肉先浸后涮，吃时难免有口轻之嫌。

入清之后，涮羊肉成为宫廷府邸筵席的一部分。据清宫档案，千叟宴不论是一等宴席还是次等宴席，都备有火锅及羊肉片。不过涮羊肉真正成为驰名中外的美味是近几十年的事。因为只有经过洗羊、选肉、精切、制汤，再加上十多种调料和佐餐食品（如糖蒜）才使它尽美尽善。它的发展与提高，全从实践

中来，正阳楼和东来顺的师傅们为它耗费了心血，付出了劳动。

烤肉与涮肉，可谓异曲同工。"烤"是将食品拿到火上烧炙，其始甚古。《礼记·内则》已经讲到"牛炙"和"羊炙"。《齐民要术》"腩炙"条的原文是："牛羊獐鹿肉皆得，方寸脔（音luán）切，葱白研令碎，和盐豉汁，仅令相腌，少时便炙。"讲到切方块，先喂作料，后上火烤。只是否已用"炙子"（即烤肉用的铁箅子），不得而知。烤肉用炙子是一大进步，因经过长期使用，炙子的空当已被肉屑、油脂腻塞，只露缝隙，再用以烤肉，既能稍透明火，炙而生香，又可留住大部汤汁，不致漏泄。这是新炙子无法比拟的。记得五十年前每次去烤肉宛，总是等那副老炙子腾出空儿时才去烤，一足蹬板凳，一手执长筷，随烤随吃。宛家大掌柜边按肉挥刀，边朗声递加由二掌柜报来顾客食用的数量，心算口宣，账目绝无差误。特殊风味，固然大快朵颐，这屋矮如船，松烟氤氲的特殊环境，对我也是一种享受。

最后还须提到烧羊肉，以白魁、月盛斋最负盛名。道光时杨静亭的《都门杂咏》中有一绝句："煨羊肥嫩数京中，酱用清汤色煮红。日午烧来焦且烂，喜无膻味腻喉咙。"原来它制作讲究，各种细香料、粗香料及调味品有二十四种之多，须经过吊汤、紧肉、码肉、煮肉、煨肉等几道工序，最后才是炸肉，故能味厚香浓，既烂且焦。

接着说宫廷菜。

我们承认烹饪是一种艺术。就宫廷菜而言，烹饪也完全符合艺术的一般规律。因为不论中外古今，宫廷艺术都来自民间，它终于又从宫廷回到民间。

现在我们讲的宫廷菜，自然指的是从清代宫廷中传出来的菜肴。爱新觉罗氏在入关以前，其饮食本来自东北民间。入关以后，明代的宫廷饮食就对清朝的御膳产生了影响。不过明代宫廷饮食又何尝不是来自民间？康、雍两朝，汉化有增无减。乾隆多次南巡，江南菜肴更大量进入宫廷食谱。就是晚期慈禧，在仓皇西行中，一路上还是在享受民间的美食，回銮时还择其所好，带回宫中，依法制作。已经驰名了半个多世纪的仿膳食品，如肉末烧饼、炒麻豆腐、豌豆黄、芸豆卷、小窝头等，也无一不来自民间，只是加工加料，崇饰增华，改变了原来的味道，蒙上了宫廷色彩而已。

现在大家公认的两家宫廷菜馆是北海的仿膳饭庄和颐和园的听鹂馆，可以说宫廷菜又回到了民间。两家的共同之处是比通常做法的同名、同类菜肴选料更加考究，制作更加细致，这是符合宫廷菜的特点的。它们的某些品色我确信仍是晚清御膳房的做法。例如仿膳的"抓炒鱼片"、"抓炒里脊"，是被慈禧封为"抓炒王"的王玉山师傅传下来的拿手菜，色泽金黄，甜酸适度，十分可口。我有幸曾吃到过家住海淀成府另一位在御膳房服役过的英师傅的抓炒菜，其色、香、味、形和现在仿膳的非常一致。这就证明王、英两位的烹调手法乃出同源，确有来历。有些品色可能是晚近厨师根据御膳房的菜肴名称发掘整理的，我相信也可以恢复到八九不离十，有的或许有过之而无不及。因为宫廷菜并不神秘，只是在民间菜肴的基础上不惜工本，精益求精而已。

冠于宫廷名菜之首的是白肉。因为它是满洲贵族在入关以前就经常食用的。乾隆六年（1741 年）借西四定王府更房开设的和顺居（因用砂锅煮肉故通称"砂锅居"），就专以白肉及其他取自猪身的菜久负盛名，至今已有二百五十年的历史。民国以前，在很长一段时间内，每日只限一猪，卖完为止，去晚了就吃不到。因而嘉庆时诗人张子秋的竹枝词有"缸瓦市中吃白肉，日头才出已云迟"之句。现在则终日供应，直到夜宵，来者无向隅之叹矣。

北京有不少名菜来源于其他菜系，对此我谈一些个人的看法。

已"波涛于口海"一百多年的"潘鱼"，原是广和居的名菜，因歇业后厨师转到同和居而成了同和居的佳肴。如溯其源，潘鱼乃福州人潘炳年（晚清翰林，曾在四川任知府）所传，故属闽菜系统。我祖籍福州，闻诸乡前辈，潘鱼原用活青鱼，加羊肉清汤蒸，取"鱼"加"羊"为"鲜"之意，实际上它是在福州菜"神仙活鱼"的基础上又增添香菇、海米等发展而成的。现在同和居的潘鱼则用鸡汤蒸活鲤鱼。本人以为不论是活青鱼还是活鲤鱼，羊肉汤还是鸡汤，都是无上妙品。究竟哪一种好，可能要看个人的口味了。

黄焖鱼翅是北京官府菜中谭家菜的第一名菜，也是谭家菜传人、北京饭店特一级厨师彭长海的拿手菜。溯其源属于广东菜系。其特点一在下料精而狠，必须用黄肉翅（即所谓吕宋翅）及鸡、鸭、干贝、火腿等方能做成；二在火候足，要煒六七个小时，无怪乎六七十年来它位居各种鱼翅菜之首。

北京康乐餐馆的桃花泛，其源来自杭州楼外楼的番茄虾仁锅巴。这道苏浙菜实从四川的锅巴肉片得到启发，把糖醋汁里脊改为番茄汁虾仁，可谓推陈出新。不过到了康乐，在番茄虾仁中又加进了玉兰片丁、香菇丁等，这就更加香醇适口，形成了桃花泛的特色。

干煸牛肉丝原是川菜，要下大量的郫县豆瓣酱，故辛猛可以灼舌，而北京制作此菜时，豆瓣酱酌量减少，俏头也有一些改变，于是更加适合一般人的口味。

综上所述，可见有的菜肴虽然发源于其他菜系，但传到北京后才真正出了名，而且越来越显赫。有的则在选料上、配料上变换加减，在做法上融会变通，而加减变通的目的，主要是为提高。既然有所提高，我们自然应当承认它们是北京的风味菜了。如果要概括地说一说北京菜的特点，那么我认为无愧于北京称号的北京菜（粗制滥造的菜肴当然不在此列），应当是原料及工艺都达到较高水平，而且比任何一个派系的菜肴更适合各方人士的口味，包括海外人士的口味，也就是有很强的适应性。

《中国名菜谱·北京风味》封面

是什么条件使北京菜能形成水平高而适应性强的特色？这当然和北京的历史背景、政治地位及经济基础都有密切的关系。这里面可以讲出许多大道理，不过我倒不准备多加叙述，而只想举一些切实而具体的条件，那就是丰富而齐全的原料供应；献身于烹饪事业的大量优秀厨师；善于品评而勇于提建设性意见的美食家和广大食客，都是使北京菜形成特色的重要的乃至起决定性作用的条件。

尽管各个菜系在不同的程度上也具备一些上述的条件，但谁也不会否认北京是得天独厚的，因为北京毕竟是我国的首都嘛！

向前展望，北京菜的提高是大有潜力可挖的。随着科学的发展，某些尚未脱离感性认识阶段的事物，通过分析研究，可使上升到理性认识的阶段。例如北京菜的营养是十分丰富的，但究竟丰富到什么程度，需要有准确的数据来表明；在原料选用上、技法操作上，是否还有值得改进的地方，使它风味不变，但更加符合营养学的要求。再如蔬菜瓜果的培植和引进，禽蛋品种的优选和改良，海淡水产的繁殖和放养等等，如何才能做到大规模的科学生产，来满足首都对鲜美食品日益增长的需要，这些都有待烹调饮食家和科学家们的密切合作。总之，中国烹饪遗产之优厚是世无伦比的，这从北京菜也得到证实。时代的前进，必然推动遗产与科学的结合而呈放出新时代的异彩。我相信北京菜将做得更好，更有特色，成为我国最有代表性的菜系之一而驰名于世界。

原载《中国名菜谱·北京风味》卷，中国财政经济出版社，1988 年 6 月

《中国名菜谱·福建风味》序言

福建菜又称"闽菜"，历史悠久，源远流长，是中国著名菜系之一，在中华民族烹饪文化宝库中，占有重要的一席。它不仅继承了中国烹饪的优良传统，而且独具浓厚的南国地方风味。闽菜历来以擅制山珍海味著称，尤以巧烹琳琅满目的海鲜佳肴见长；并且在色、香、味、形、质兼顾的前提下，以"味"为纲，具有淡雅、鲜嫩、和醇、隽永的风味特色，在烹饪派系中独树一帜。

福建省简称"闽"，它的来由，最早出现于周朝，《周礼·职方》有"四夷、八蛮、七闽、九貉、五戎、六狄"的记载，七闽系指居住在福建各地的七支闽族。"闽"的意思，据汉代许慎《说文解字》说："闽，为东南越蛇种。"福建地处亚热带，自古多蛇，居住福建的古代氏族是以蛇作为图腾崇拜的。秦始皇设郡时不泛称"东越"，而改称为"闽"。沿习至今，故有"闽菜"之称。

福建省位于我国东南部，负山倚海，气候温和，雨量充沛，四季如春。其广袤的海域、漫长的浅海滩湾，鱼、虾、螺、蚌、蚝、蜉等海鲜佳品常年不绝。明屠本畯《闽中海错录》所记，鳞、介两部就有二百五十七种之多。清初人周亮工《闽小纪》中有多条讲到福建的海味，并认为"西施舌当列神品，江瑶柱为逸品"。苍茫的山林溪涧，盛产茶叶、竹笋、香菇、银耳、莲子和麂、石鳞、河鳗、甲鱼、穿山甲等山珍野味。辽阔的江河平原，则盛产稻米、糖蔗、蔬菜，尤以柑橘、龙眼、荔枝、橄榄、香蕉、菠萝、枇杷等佳果誉满中外。对此，《福建通志》早有"茶笋山木之饶遍天下"、"鱼盐蜃蛤匹富青齐"的记载。诸如"两信潮生海接天，鱼虾入市不论钱"；"蛏蚶蚌蛤西施舌，入馔甘鲜海味多"等诗句，都是古人对闽海富庶的高度赞美。这些富饶的物产，为福建人民提供了得天独厚的烹饪资源，早在一千多年前就被劳动人民开发利用，烹制出珍馐佳肴，脍炙人口，逐步形成别具一格的闽菜。

宋代泉州人林洪的《山家清供》，对闽菜的烹调技法已有精辟的阐释。其后，典籍史乘，颇有载述，笔记杂著，更为繁富。如《海错百一录》记述的"鲨鱼宜为脍，或切丝和肉丝拌姜醋，再取其汤，切芥蓝菜为羹亦美品"和《闽产录异》的"雪鱼佐酒，鲜者、炸者、腌者、冻者俱可"、"梅鱼以姜、蒜、冬菜、火腿炖之，或红糟、酸菜、雪里蕻煮之皆美品"，以及《福建通志》的"用油熟物曰煎，加粉曰炸，加豉油曰炒"、"已熟之物再蒸之曰馏，再煮曰荡"等烹调方法的记载，都不同程度地反映了福建烹饪的历史面目。相传至今，如"酸菜灯梅鱼"、"葱烧雪鱼"等肴馔，仍为人们所采用。

早在两晋、南北朝时期，由于北方的动乱不安，大量向福建逃亡的汉人，由上层到下层，形成三次入闽高潮，这就是历史上所谓的"衣冠南渡"。它对于福建文化的进一步开发，繁荣经济，无不产生促进作用。特别是唐、宋以来，随着泉州、福州、厦门先后对外通商，四方商贾云集，经济贸易及文化交往日益繁荣，京、广、苏、杭等地烹饪技术也相随传入。闽菜在继承传统技艺的基础上，博采各路菜肴之精华，对粗糙、油腻的习俗，加以调整变易，逐渐朝着精细、清淡、典雅的品格演变，以至发展成为格调甚高的闽菜体系。到了清末、民初，福州、厦门等地饮食风尚，日益讲求精美，先后涌现出一大批富有地方特色的名店和真才实艺的名厨。闽菜技艺之高，声誉之隆，行业之盛，都发展到前所未有的阶段。当时福州名菜馆有"聚春园"、"惠如鲈"、"广裕楼"、"嘉宾"、"别有天"；厦门"南轩"、"乐琼林"、"全福楼"、"双全"等三十几家，或以满汉席著称，或以官场菜见长，或以地方风味享有盛誉，有的则以精制汤菜而闻名，各有擅长。特别是福州"聚春园"，饱经沧桑，百年常盛；厦门"南轩"，备历坎坷，七十载不衰，他们拥有雄厚的厨师队伍，经营特色卓著，服务形式灵活，菜品款式新颖，有较强的适应性，风味闻名遐迩。如"佛跳墙"、"鸡茸金丝笋"、"八宝芙蓉蝤"、"爆脆蜇皮"等，均为他们早负盛名的佳肴。历史上，"聚春园"、"南轩"有值得夸耀的郑春发、陈水妹、强祖淦、黄惠柳、胡西庄等老一辈闽菜大师，也有扬名在台湾、香港地区和菲律宾、华盛顿、纽约、日本及东南亚诸国的强祖铿、杨四妹、陈宾丁、赵秀禄、强则棋、朱依松等闽菜巨匠。而今出身于"聚春园"的第四、五代名厨姚宽余、郑玉椿、强木根、强曲曲等，厨艺有过前辈而无不及。1980年他们一行出访香港献技，博得好评。1983年，强木根、强曲曲代表福建厨师，赴首都参加全国烹饪名师技术表演鉴定会，双双荣获"全国最佳厨师"称号。他们还多次在北京钓鱼台国宾馆主持承办宴请外国元首的国宾宴，为国内外宾主所赞赏。

由于福、厦两地厨艺的广泛影响，闽菜的格调、风味日益集中和统一。然而，由于地方交通、文化、经济开发先后不齐，以及自然条件、原料品种和民间食俗之差异，加上边远地区受外来的影响，故闽菜的构成，可明显区分为福州、闽南、闽西三路地方菜别。福州菜，是闽菜的主流，除盛行于福州外，也在闽东、闽中、闽北一带广泛流传。其菜肴特点是清爽、鲜嫩、淡雅，偏于酸甜，汤菜居多。它善用红糟为作料，尤其讲究调汤，予人"百汤百味"和糟香袭鼻之感，不仅为当地群众所喜爱，也深受海外侨胞的欢迎。如"茸汤广肚"、"肉米鱼唇"、"鸡丝燕窝"、"糟汁氽海蚌"、"煎糟鳗鱼"、"淡糟鲜竹蛏"等菜肴，均具有浓厚的地方色彩。闽南菜，盛行于厦门和晋江、龙溪地区，东及台湾。其菜肴具有鲜醇、香嫩、清淡的特色，并且以讲究作料，善用香辣而著称，在使用沙茶、芥末、橘汁以及药物、佳果等方面均有独到之处。如“炒沙茶牛肉”、“青菜鲍鱼”、“东壁龙珠”、“桂圆红蟳”、“当归牛腩”等菜肴，都较为突出地反映了闽南浓郁的食趣。闽西菜，盛行于广袤的“客家话”地区，菜肴有鲜润、浓香、醇厚之特色，以烹制山珍野味见长，略偏咸、油，在使用香辣作料方面更为突出。如“油焖石鳞”、“姜鸡”、“爆炒地猴”、“卜兔”、“麒麟象肚”、“白斩河田鸡”、“涮九品”等肴馔，均鲜明地体现了山乡的传统食俗与烹饪风格，富有浓烈的地方色彩。

尽管闽菜有不同菜别之分，但就其菜肴的特色而言，共性多而异性少，仍为完整而统一的体系。存在的不同，只会使人感到它变换有方，损益得法，常食常新，百尝不厌。归纳起来，闽菜烹饪具有以下四个特征：

一、刀工巧妙，寓趣于味。闽菜的刀工从来以细腻、严谨著称。它反对华而不实，更不屑盲目徒劳、矫揉造作，而是一切服从于“味”。它运用细致入微的片、切、剞等刀法，使原料大小均匀，厚薄相等，长短无差，剞划一致。原料经过这样的加工，烹成菜肴，不论其质地为酥烂或脆嫩，都可以达到滋味沁深融透，成形自然大方、火候表里如一的效果。因此，闽菜佳肴“荔枝肉”、“淡糟香螺片”、“鸡茸金丝笋”、“葱爆羊肉丝”等，不仅芬留腮颊，余味不尽，还予人剞花如荔、切丝如发、片薄如纸的美感。

二、汤菜考究，变化无穷。闽菜重视汤菜，由来已久，这种烹饪特性，与福建丰富的海鲜资源及其传统食俗有关。从营养的观点出发，闽人始终把烹调和确保质鲜、味纯、滋补紧密联系在一起。根据长期的饮食经验，世人公认在繁多的烹调技法中，最能体现菜肴本质和原味的，厥惟汤菜。擅长烹制海鲜的闽菜，将这一传统法宝充分地加以继承发扬，自然符合科学原理。通过精选各种主辅料加以调制，使不同原料的腥、膻、苦、涩等异味得以消除，保留下来的恰好是汤味各具特色。因此，闽菜不仅有“重汤”、“无汤不行”的特点，而且有“一汤十变”的美誉。如“鸡汤汆海蚌”、“芋奶煨羊肘”、“奶汤草䑋”、“葱烧蹄筋”、“香露全鸡”等佳肴，有的汤清似水，色鲜味美；有的白如奶汁，甜润爽口；有的金黄澄透，馥郁芳香；有的汤稠色酽，味厚香浓。

三、调味奇特，别是一方。闽菜的调味，偏于甜、酸、淡。这一特征的形成，也与烹调原料多取自山珍海味有关。善用糖，甜去腥膻；巧用醋，酸能爽口；味清淡，则可保存原料的本味，并且以甜而不腻，酸而不峻，淡而不薄享有盛名。此外，闽菜还善用红糟、虾油、酒、沙茶、辣椒酱、芥末、橘汁以及姜、蒜等作料，烹调技法也灵活多变，仅红糟的妙用就有炝糟、拉糟、煎糟、灯糟、醉糟等十多种。这些奇特的调味，各具防腐、去腥、增香、调色、醒脾、开胃的功能，构成闽菜别具一格的风味。如“酸甜竹节肉”、“蚝生”、“醉糟鸡”、“橘汁加力鱼”、“芥末鸡丝”、“芽姜山鸡片”、“沙茶焖鸭块”等，均从调味的各方面，突出地反映了闽菜的特色。

四、烹调细腻，雅致大方。闽菜的

烹调技艺，不仅熘、爆、炸、焖、氽、焗、灴等法独具特色，而尤以炒、蒸、煨等技术著称。烹调细腻反映在选料精细、泡发恰妥、调味精确、制汤考究、火候适宜诸方面。如"炒西施舌"、"清蒸加力鱼"和名扬中外的"佛跳墙"等美馔佳肴，都是这一特征的代表作。尤其是"佛跳墙"，它具有选料考究，加工严密，讲究火种与时效，以及注重煨制器皿等。因此，它独具浓香四溢、味道醇厚、质地软嫩、入口即化的特色。闽菜雅致大方，表现在菜肴形态的自然美。如"龙身凤尾虾"、"白炒鲜竹蛏"、"生炒黄螺片"等珍馐美味，天然本色，却显得更加绚丽多姿，灿然夺目。同时，闽菜的食用器皿也别具一格，多采用小巧玲珑、古朴大方的大、中、小盖碗，愈加体现雅洁、轻便、秀丽的格局和风貌。

建国以来，福建省各界烹饪名师、技术人员，在继承和发扬闽菜传统技艺与特色的同时，努力学习现代烹饪科学知识，吸取国内外的先进经验，从色、香、味、形、质、器、营养、食疗诸方面进一步总结、提高、发展闽菜，大胆创新，勇于探索，创制出不少色味兼优的佳肴。如"梅开二度"、"燕子归巢"、"绿岛百花脯"、"灵芝恋玉蝉"、"五彩珍珠"等，大大丰富了闽菜内容。党的十一届三中全会以来，随着开放、改革方针的深入贯彻，有益于丰富人民物质生活和精神生活的烹饪事业，得到空前的重视，专业技术人员的辛勤劳动和奋发精神，获得应有的尊重和鼓励。因此闽菜定将在中国烹饪的百花园中，开放得更加鲜艳夺目，绚丽多彩。

本人祖籍闽侯，生长在北京。幼年即违背"君子远庖厨"的古训，而心窃好之。当时在京亲长如陈虙老、林贻老及郭啸麓、沈昆三诸先生都庖有名厨。先父宴客，必请同乡高手陈依泗治馔。襄不仅用心观察，问长问短，还不时操作实践，故于闽菜，有所会心。年逾六十，始几次返乡，每次都巡游市场，光顾餐馆，考察烹饪，仔细品尝。尤以1984年冬追随政协诸公南下参观，郑玉椿师傅及强门二杰都亲入厨下，飨我盛筵，对闽菜的晚近发展，有进一步的了解。惟终以久离家乡，故所知甚少。这次出版《中国名菜谱》，竟不揣孤陋，试为闽菜撰写序言，幸得福建省饮食服务公司几位同志为我提供许多具体材料，始克勉强成篇。敬告读者，以表不敢掠美之意。至于谬误疏漏之处，乃襄不学之过，敬祈方家里手，批评指正，不胜欣幸之至。

原载《中国名菜谱·福建风味》卷，中国财政经济出版社，1988 年 6 月

兴旺楼外楼

——《名人笔下的楼外楼》序

1921—1922 年，我 8 岁。母亲带我寄居上海舅父家。她不喜欢闸北的喧嚣，一年要去西湖两三次，住在葛岭下的尼庵里。时常小艇划出断桥，便去光顾楼外楼。醋鱼每饭必尝，春笋夏莼，应时不爽，而我总是吵着要吃"响铃儿"。这是当时堂倌叫的名称，还记得那"儿"字的杭州音特别重。我爱吃随碟上桌的甜面酱，也爱听清脆的咬嚼声。

再去西湖已是 1955 年秋，中国音乐研究所派我去看虞和钦旧藏存在浙江文管会的十几张古琴。此行和朱豫卿（家济）兄盘桓数日。我请他吃虾蟹过桥面，他请我吃楼外楼醋鱼。响铃旧梦，亦得重温。

1984 年全国标准会议在杭州召开，因清代匠作则例多少和标准有点关系，邀我去讲一次。会址远在六和塔附近，我还是跑到楼外楼吃响铃和醋鱼。那时已迁至新址，高筑飞檐，美轮美奂，今非昔比了。

1996 年和老伴去慈溪、宁波看传统家具，往返都经过杭州。两次楼外楼盛宴都有炸响铃，还品尝到团团圆圆、桃花鳜鱼等创新菜。感到和 1984 年的不同是光临的顾客更加踊跃，服务人员更加繁忙，室内装潢更加华丽，筵席用具更加精美。红红火火，攘攘熙熙，大有气象万千之慨。

以上是我七十多年来和楼外楼结下的朵颐缘。

最近徐城北兄送来一本集子，名曰《名人笔下的楼外楼》。可能他知道此书会引起我童年的回忆，要我写篇序。刚看目录就吓我一跳，作者中清代大学问家有俞曲园先生，当代前辈有俞平伯、余越园、马叙伦、郁达夫、梁实秋、顾起潜等先生。衷心敬佩，交谊在师友间的有启元白先生。风华正茂、健笔凌云的作家更是屈指难数。诸公哪一位不是文章高手，美食名家。这样的集子，我来写序，岂不是佛头着粪！我只好连声惭愧，敬谢不敏了。

城北兄走后我想了一下，我之所以不敢写序是因有"我"在。珠玉在前，自然惭我形秽。如能忘我而去问一个为什么楼外楼长盛不衰，越开越兴旺，成为国内外少有的名店，或许就敢唠叨上几句了。

我认为菜馆职在供人膳食，因而最

重要的是菜肴。菜肴好，其他方面差一点，吃客不会太介意。菜肴差，其他方面再好，吃客也要从此"拜拜"。如菜肴和其他方面都好，那就不用说了。菜肴好，重要在保证质量，尤其是保证拿手看家菜的色香味长期不变。创新菜、引进菜不妨有一些，但只有在做好看家菜的前提下，才能收锦上添花之效。否则便是见异思迁，吃客不会满意。弄巧成拙，终致声誉一落千丈。菜肴好，生意才红火。生意红火，才谈得上修建楼厦，陈设厅堂。只有本末摆正，才能走上健康之路。上面讲的道理很简单，谁都懂。但一家菜馆管理、执行得好，不违反这些道理，而且一个半世纪不出偏差，那就太不容易了。这当归功于楼外楼几代人以及杭州市饮食业管理人员的正确领导。我曾写过《关于恢复老字号》一文，刊登在《中国烹饪》1987 年第 5 期，为某些老字号徒有其名、惜无其实而苦口忠告，不幸而言中，那几家已沦为毫无特色的一般餐馆，玷污了曾闪闪发光的老招牌。

以上我用大白话回答了楼外楼为什么长盛不衰，越开越兴旺的问题。不过马上又感到这完全是多余的。因为集子中的每一篇文章，每一首诗词，都早已回答了这个问题。它们在不同时期，从不同角度，回答得更有文采，更饶画意诗情，因而更有说服力，使读者感受更深。既然如此，又何必我来饶舌呢？要忘我诚非易事。白纸黑字，一对比，立刻见高低，不免又惭愧起来。衮衮诸公和区区下走，雅俗之分，文野之异，其在斯乎！其在斯乎！

恨无百尺珊瑚树，换取梧桐十仞枝

——由一则传闻引起的回忆

读 8 月 21 日中国文物第七版张志和先生撰写的《谈古琴鉴赏》一文，使我想起一个有趣的轶闻。20 世纪中叶，徐世襄先生（恰好和我同名，他是徐世昌号水竹邨人之弟，人称徐八爷）家在厂桥，和住在南锣鼓巷朱翼庵先生的家，相去不远。两位前辈都喜欢收藏文物，交往颇密。徐八爷尤爱铜炉，当时翼庵先生藏有号称天下第一宣炉，供在客厅大条案上。直径近尺，铜色静穆，精光内含，而遍体大金片，高起分许，灿烂夺目。徐八爷几次求让，翼庵先生未肯割爱。一日，徐八爷匆匆忙忙来到朱家，进入客厅，见到翼庵先生，一言不发、跪地磕了一个响头，抱起铜炉就走。翼庵先生奈何他不得，只好目送他走出大门，从此铜炉易主。以上是翼庵先生哲嗣季黄兄（家潘）讲给我听的，自然确有其事。可见好古之人，见到特别心爱之物，会做出不讲理而失态的事来。不过志和先生听说我向张伯驹先生下跪，求让一幅元人名画用来换取唐琴九霄环佩，虽事出有因，却传闻有误，与事实不符。

1948 年夏，故宫博物院批准我接受洛氏基金会的资助，赴美国、加拿大一年，参观访问博物馆。因等候船期，在上海小住。听说贵池刘惠之先生（世珩）藏有名琴九霄环佩，深知价值连城，不敢问鼎，但甚盼有缘拜观。求人代为先容，不意回言道："如无求让之意，也就用不着看了。"为此不得不试问售价。回答是"两条"，即黄金二十两。我想即使把我全家都卖了也凑不上此数，看琴只好作罢。一直到解放后，九霄环佩和大小忽雷都入藏故宫博物馆，我才有幸获观。

可笑的是我在离沪之前，自作多情，恭恭敬敬用正楷上书刘老先生，大意是此次行期仓促，甚以为憾。今后归来，定当晋谒求教。信后附七绝两首，记得一首的后两句是："恨无百尺珊瑚树，换取梧桐十仞枝。"当时的痴心妄想是或许刘老念我爱琴，会慷慨一下，做出惊人之举。为了他便于赐复，附上一个写好我在美地址的信封，随函邮奉。不过此后竟未得到刘老只字。志和先生听说我曾跪地向伯驹先生求画，用以易琴，可作为谈助，亦可传为佳话，不过既非事实，我也就不敢冒领了。再者，1948年夏伯驹先生在京，未去上海。刘老先

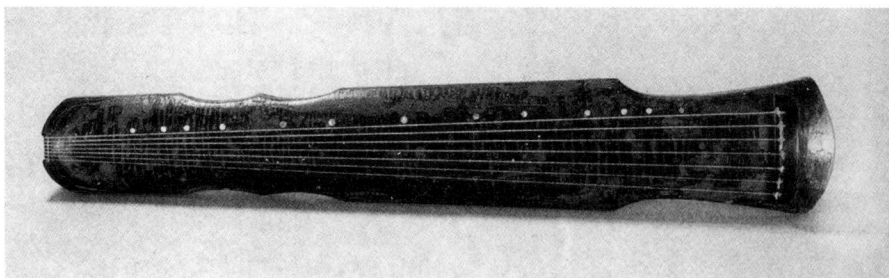

九霄环佩琴（正面）

九霄环佩琴（背面）

生对藏琴十分珍视，除非是重宝如展子虔《游春图》，或许他会同意交换。若是元人之作，即使画得好，他也不屑一顾。难道我竟敢向伯驹先生求让《游春图》？有人借我斗大的胆子我也不敢！以上都足以证明我未曾求画易琴。

2002 年 8 月 21 日夜

雜稿

燕园景物略

曩年就读燕京大学，教师讲授晚明文，季终课业，戏作此篇，岁久已全忘却。近检"文革"后发还故纸，蠹稿竟在，遂寄《燕都》，塞责逋欠。公安竟陵，纤佻诡仄，原不足道，遑论效颦。惟自北京大学迁入燕园，馆舍倍增，砖石秽杂，难于清理。当年风采，大为减色。此篇聊供重游者低回追忆，而于校园整饬，或有参考之一助也。

1992 年 1 月畅安记

甚矣景物之难言也！景以时变，顷刻万态。吾知春夏秋冬之不同也，风月雨雪之各异也，晨昏阴晴之尽殊也。斯时而有斯景，斯景而会我心，非春夏秋冬、风月雨雪、晨昏阴晴而尽历之，不足以知其变而悟其妙也。

予来燕京四年，不惮霜雪，不避风雨，不分昼夜，每于人不游处游，人不至时至，期有会心，自悦而已。

燕园擅景物之胜，偶记所见，以示诸君，亦彼所习稔者。颇以自疑，或有胜景，予未以时至。乃知名山大川，诡谲奇伟之观，未为人见者多矣。天公亦秘矣哉！天公亦吝矣哉！

莲塘

园中有莲塘四，其趣各异。

一在穆楼西北，去春新辟者，匿于土山后，予喜其不尽示于人。盛夏，高盖纷披，望如绿幢，风来翻偃，时露粉萼，皆往来石桥上，不经意时，于阜坳林豁中见之。往来无意看花，花亦无意示于人，两各无心，默然相契。"采菊东篱下，悠然见南山"，当是此境界。

一在睿楼南，两塘夹柳，柳行夹路，路萦纡尽历两塘胜处。宜夕阳，风曳长条，烁灼金碧，拂花掠水，似有声韵。宜入夜听蝉，亦婉亦涩，唱答了了。或有见月惊飞，随声俱远。

一在园西南隅，菰蒲交杂，苇荻丛生，荒寒非园林所有。尝于秋夜狩獾野墓，越垣而归。月朦胧，有鬼气，藕已无花，老盖皆擎雨所剩，半欹折向水。仓卒过之，回首一片空明，淡烟疏雾而已。

一在临湖轩东，山势忽降，有池焉。池不以莲名，而却有花，花不繁，傍岸三五茎而已。予以不期见花处见花，故喜之。

鱼池

芳草茸茸，匝池如茵，春已阑，日卓午，此桥上看鱼时也。风暖而柔，水纹如縠，鱼上浮，向日暄其脊，朱鳞灿金，光彩炫目。投以饼饵，群趋赴之，左则左，右则右，于是静而动矣。咀呷吞吐，跳达拨刺，鱼无定态，水无定波，漾荡涟洄，尚映红酣。桥上人渐多，谈笑嘈杂，指顾为乐。鱼不畏人，愈肆跃扑。饵不尽，鱼不静，不知饱与疲也。尝有句记之：

长桥低卧跨横渠，一鉴芳塘半亩余。

都向玉阑干畔立，半看人影半看鱼。

盖曰看鱼而真看鱼者少也。

华表

燕园华表，圆明园故物也。予来也晚，不知何时始树于此，亦未询人，不知昔在圆明园何处。往来观瞻，但觉其可爱耳。

石镂雕极工，虬龙夭矫，云物复叠，上有屼兽，下立灵石，工整类宋缂丝。严谨而生动，一凿一錾，皆具匠心。

华表皆面南，意其在圆明园时，必非西向。今则有晴嶂烟岚，送爽挹翠，嘘吸吐纳，不虚晨夕，虽失南面之尊，亦良得也。

钟亭

钟，金声之美者也。佛寺晨昏三两击，意在发人深省，已觉其多事，况以记刻晷，倾耳计其数，则韵味尽失，听而实未之听也。

夜深岑寂，明月在天，石径曲折，拾级而上。以指叩钟，锵然鸣，清越弥长，如空谷回音，久久不绝。有风入松，沉吟倏发，声与钟合，悠然俱杳。听钟只须一指，何劳巨杵。

亭六角，旁多柯石，闲雅有致。上覆长松，似马远画。

文水陂

燕园景物，四时无不宜者，文水陂也。与陂相属者，岛也，塔也，石舫也，吾将各为之说。

予独喜夏日骤风雨，远挟江海，倾盆而至。岸上杨柳，翻舞不能自主，似狂龙奋鬣，拿天欲去。有顷，势稍杀，而雨兴犹酣。珠跳水面，一白无际。望隔岸，缥缈难极。向每恨燕园湖水不旷衮，至是则莫穷其涯涘。雨广湖水，亦广吾眼界。雨过亦有诗，诗曰：

客去灯昏梦未遑，南楼彻夜雨声骄。

晓来水急添溪势，一片萍花涨过桥。

湖岛

湖有岛大小各一，小者无足言。

大岛有亭，亭亦无足言。未能忘情者岛上桃花、藤萝、松及枫耳。

岛上桃花五六株，以西南一树斜出当路者为最盛。稍东傍岸一石，可欹倚，似为看花而设。花时寒尚峭，坐久手足皆冷。风来不少矜惜，缤纷落，掠面而过，悉落水上，波粼粼，与之起伏。此景最凄恻，令人寡欢。

藤萝在岛西岸，木桠杈为架，低而邃。人在花下行，如以紫幔，张作衢隧。婆娑缨络，千垂万垂，当额拂鬓皆花也。馨馥浓郁，蜂蝶狂聚，返复穿游，喧阗腾溢，着一"闹"字，似较"红杏枝头"尤当。

亭畔有松，枝干最密，密能受雪，风撼不坠。常见人画松上雪，画厚易，得臃肿之态难。画下垂易，画枝重难。笔墨夺造化，信非易事。

岛或以枫名，但枫多而红者少。仅西北一株，经霜如火，临流俯影，自是妍茜。

石舫

石舫在湖岛东岸，窗楹已佚，轩豁敞朗，无却胜有，是看月钓鱼绝好去处。

夏日月之十五六，日落便往。月自塔后升，才露半面，转瞬忽在中天，金盘照耀，水岸如昼。待月曾有诗：

定舫徘徊待月迟，文陂一片碧琉璃。

会看塔影湖心重，便是穿云欲上时。

袒腹卧船尾，看月出没云间，牛马峰峦，奇踪幻变，月助其态，更栩栩欲活矣。月西倾，身在岛上树影中，枝间叶隙，流光尚射吾面，不知衣袂之为露湿也。

湖中蓄鱼，禁人垂钓。石舫夜无巡望，亦曾违戒。屈铁为钩，纶长而无竿，饵以蒲苴，潜伏舷际，默觇静动。岸隈多芦苇，鱼来啮其根，咂咂有声，度其左右，沉吾钩饵，屏息不动。惟鱼至黠，得殊不易。饥蚊馁蚋，早张怒吻，饱啜吾血而去矣。

塔

儿时游西子湖，喜看保俶、雷峰。今来此间，得恣观赏，久而无厌。

东方欲曙，云霞半天，背衬塔影，蔚为蓝紫。湖水扬波，似共流动。雷峰在湖西，故曰夕照，此在湖东，自宜朝旭。二者异曲，实乃同工。

昨闻人言，塔初落成，拟饰华彩，以资绌而中止。予曰幸然，否则将掩目过之。

塔颠巢悍隼，曾攫吾佳鸽。弓弩虽强，终莫能及，为之悻悻。

原载《燕都》1992年第3期

四川南溪李庄宋墓

墓在南溪李庄镇南唐家湾，依隆丘之麓，北向略西偏。墓共三区（图1），西端者倾圮已久，丰草乱石，不甚引人注目。偏东两区并列相去不数尺。三十三年春乡人筑路发之取石始为人见。迨吾人发现有保存价值而加以阻止时，东端一区，已仅存其后龛及西壁矣。

居中一区，现尚完整，据之可推测东墓已毁部分。墓顶西北角，石板洞启，今即自此入墓。墓长5.40米，阔约1.50米，高2.65米。就内部两壁石柱之排列观之，类似面阔两间之建筑，而两山与墓门及后龛相连属，统成为一狭长形之墓室（图2）。柱间门凡四，东西相向，其中仅东壁邻北一门可关启，余均为假门，石板深扃，中缝微错，具门之形式而已。东墓门之安置与此无少异，惟其真门在西壁邻北，正与中墓真门相对。其间有隧道，用以贯通两室。当年必为夫妇双冢，故其构制若此也。

若言此墓地建筑上及艺术上之价值，厥在结构及雕饰两端。

1. 结构

全墓约可分为四部，顷已略言之，即正门，中室二间，后龛及隧道是也。兹分别叙述之于后：

（一）正门　正门下有横石平置，是为地栿，两端立颊对峙，上覆以庑殿式之顶，上平不见瓦垄，三面出浅檐，后与中室山尖相接，迎面观之殊若歇山式之结构。门在立颊后，向内开，宽度较门道略广，上下有镶入靴臼，与门一石凿成。墓口之外，以条石平置叠封，直至檐际，今自墓内向外窥之，了然易见。

（二）中室　中室二间三柱，下以

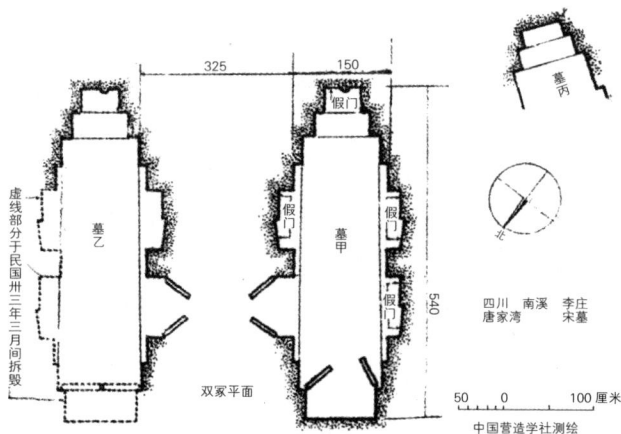

图1　四川南溪李庄唐家湾宋墓双冢平面图

四川 南溪 李庄
唐家湾 宋墓

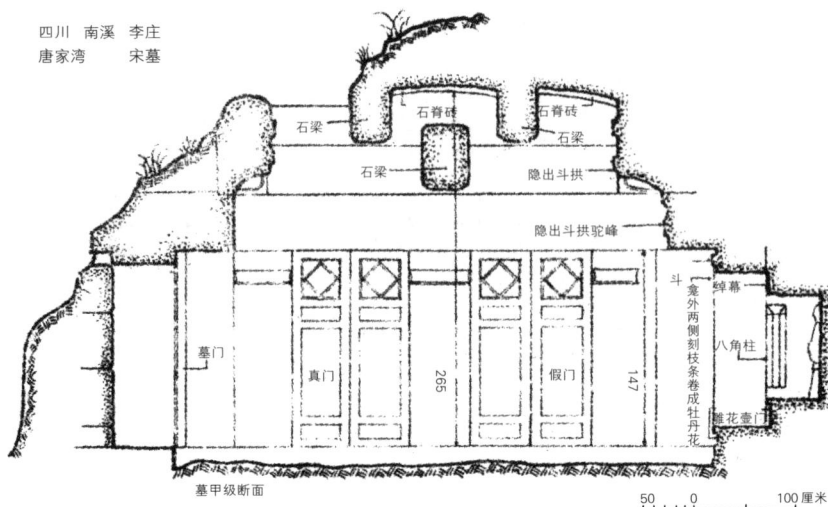

石梁　　石脊砖　脊砖
石梁　　　　　石梁
石梁　　　　隐出斗拱
　　　　　隐出斗拱驼峰
　　　　　　　　斗　绰幕
　　　　　　　　龛外两侧刻枝条卷成牡丹花
墓门　　　　　　　八角柱
真门　265　假门　147　雕花壹门
墓甲级断面

50　0　　　100厘米

图2　四川南溪李庄唐
家湾宋墓甲墓纵断面图

条石为基，上承横楣。柱扁方形，头雕
栌斗，其位置及形制与宜宾旧州坝宋墓
之外层柱相类（见本期《宜宾旧州坝白塔宋墓》
一文），同为倚柱而非四无依傍者也。横
楣之上，横跨而与之成直角交者凡三石。
中为月梁，其位置在居中一柱之上而略
偏南，梁下及上背，皆有微颤，势颇圜和。
在楣之南北端，各立五边形石，上锐下
阔，近于三角形，顶尖有半圆形槽碗（图
3），设言木建筑物之位置，盖相当于山
墙上部山尖之三角部分也。月梁两头，
留出较梁身稍窄之梁首，余凿为向内倾
侧之斜坡，与李氏《营造法式》所规定
之月梁斜项向外倾侧者正相反。宋式之
做法在使其梁首能插入斗口，而此梁首
斜坡，别有直接承重之机能。横楣之上
顺身斜置石板，其两头即交代在梁首之
斜坡及五边形石邻近底边之斜面，木建
筑物两樗间之橡架，此石板遂取而代之
矣。石板之上，又跨月梁两道，将面阔
两间之广度，分为三段。二梁两头之斜
坡，与下层月梁制法同，俾得更承斜置
之石板，此处石板之分位，盖与脊樗上

平樗间之橡架相等。梁背剜刻半圆形槽
碗以架脊樗。东西两面石板各三段，与
脊樗三根合搭，遂成券形之墓顶。自顶
部观之，因有脊樗三根顺列，又宛系面
阔三开间之做法（图2）。上层月梁不与
下柱相对，故构成此等支架。斯固木建
筑物所无，即石建筑物中，亦为不可多
得之例。吾国工匠运用石材终不肯放弃
摹仿木构，究因木石异质，又不得不时
时加以变通使其有实现之可能。今日研
究墓内结构，于此又得一佐证矣。

中室本有淤土，调查时曾略加清除。
距柱下条石面25厘米许，发现地面石
粗糙不平且似经人启掘移动。地面石下
埋有立植之石脊两道，南北行，殆用以
承地面石者也。

（三）后龛　后龛有额，与中室柱
上之楣同高，位置亦复相等，此下重龛
退入，予人深邃之印象。第一层台在两
侧立颊之间，立颊上承横石平列雕五斗。
第二层台在两立颊下，立颊雕作八角倚
柱，上承横石雕成绰幕头。龛内为假门，
西侧一扇，露半身妇人，作逡巡欲出状

（图 3）。龛之雕饰虽繁，其结构则殊简单，胥以石平竖叠立，层层顶压，缘石质既重，更无庸榫卯等居间牵制，然亦有极见匠心处，如龛之下阔，不问其为前层抑后层，咸较其上部之宽度为巨，盖利用向内倾侧之重量，及墓外土壤之挤压，使其稳固而耐久。吾人调查之始，骤至墓中，对其向上之侧脚，并未感觉，及至草样在纸，一一填补各部位之尺寸时，始恍然知其上下宽度之有异。爰思希腊有晃朗之晴空，晔昱之日光，故其建筑，如廊柱之收杀，楣额之微颤，细至于一线一混，无不殚精极思，呈露其微妙于神明毫忽之间。今言此墓，虽规模宏细有差，未宜并论，要亦足为精巧之手法也。

（四）隧道 隧道顶已倾覆，发掘时观察各石块在土中之位置，可推断当时之结构。双冢之间，先筑两壁为巷道。壁以三石构成，两立颊，中夹石板。石板向外展出数厘米，与立颊不在同一直线，意在呼应墓内柱间各门之退入。南北壁各平压条石，条石上再承石板，即其顶也。条石两端有斜坡，可知隧道当时亦仿券形，而非平顶者。

2. 雕饰

墓中雕饰虽不甚精工，然颇足代表当时石工之作风及其惯用之题材。试取与《营造法式》中诸制作较，当更可确信。分别详之，亦可区为下列数类：

（一）门 后龛假门为四斜球文格眼式，四桯双腰串，中有腰华版，下有障水版，——皆与《法式》格子门之制度吻合，仅细部略有出入。如《法式》规定"四角各令一瓣入角"，此则所有直角悉经用 45°斜角切去，而球文之瓣便不得直插入角矣。腰华版雕卷草纹，

图 3　四川南溪李庄唐家湾宋墓甲墓后龛假门草图

障水版刻类似壸门之图案，内作下收上张之花纹，察其母题，亦自植物来者。全门矮而阔，广与高之比例约为五与六之比而强，其权衡乃介乎《法式》之格子门及堂阁内截间格子之间也。

门蔽半身之妇人，为全墓最易引人注意之点。貌奇丑，耳际垂两鬓，御右衽窄袖衫，百褶裙，其形制与宜宾旧州坝宋墓所见者，颇多似处，可见为当时极普遍之装饰❶。考此制之由来，或可上溯至汉代。任氏乃强曾在西康芦山县发现汉王晖墓，见《芦山新汉石图考》一文，载《康导月刊》第四卷第六七期合刊。王晖石棺前和之右部即刻半身童子，手抚门桯，左部则勒铭记❷。是此类雕饰，其创用原在棺椁之前❸，至何时始移而为墓中之装饰，位之于后龛，则其间必曾经过若干演变之程序。兹以缺乏实物证据，一切尚在待考之列。

柱间四门，以东壁邻南之假门镌刻

❶ 宋代绘画，亦有用此题材者。邓椿《画继》卷十《论近》云："尝见一轴，甚可爱玩。画一殿廊，金碧晃耀，朱门半开，一宫女露半身于户外，以箕贮果皮，作弃掷状。如鸭脚、荔枝、胡桃、榧、栗、榛、芡之属，一一可辨，各不相因。笔墨精微，有如是者。"

❷ 铭记曰："故上计史王晖伯昭以建安拾陆，岁在辛卯，九月下旬卒。其拾七年六月甲戌葬。呜呼哀哉！"建安十六年为公元211年。

❸ 川中墓阙，亦有以半身妇人为雕饰者，见渠县王家坪无铭阙。惟观其手法似在汉后，有晚至六朝之可能。

较为精到。门作四桯三腰串，划分成四格。最上一格为正方形，方格之内又套方格，其四角正在第一方格四边线之中。格内作卷草花，重蕊卷瓣，枝条圆转，婉婉有致。格外所余之四等腰直角三角形，则刻球文。察其用意，盖以球文作地，而卷草乃上添之花也。第二格为扁方，方内套菱形格，格内镌圆瓣花，左右各有枝叶入菱形锐角，布白颇匀称。第三格作长方形，图案外廓，似壶门，与后龛格子门障水版所刻者相类，惟其中之植物花纹简而小耳。最下一格又为扁方，中刻壶门，左右有角下弯，直似菱角，中亦有植物花纹（图2）。柱间其他各门，刻工咸不及此，往往曲线左右不对称，且有率略未完工处。

墓口正门分格及格内题材与上述者略似，其主要之不同为将最低之扁方格，移置最上，划分作扁方格二，各刻一飞凤，面相向，而降为第二格之正方格，压在球文上之卷草花，又易作盆莲耳。

（二）龛下层台及两侧立颊之雕刻（图3）　后龛第一层台划作四格，两旁二格视居中者之广度为狭。中二格刻卷草花，花头近牡丹，而丰腴则不及。两旁格中刻树木枝干，各有幼儿猱援其上；作攀折状。光面皆西向，不相对。

第二层台亦划作四格，阔狭约相等。中二格各刻踞兽，面相对，口衔植物枝叶，似是芝草，漫漶未能详辨。两旁方格中刻壶门，内雕旋转形花纹。

两侧两颊刻枝条，卷成牡丹花，由瓶口出，凡六卷而达顶，肥瓣密叶，富丽繁缛，几似意大利文艺复兴时期之作品。惜镌刻未竟，西颊最下一花仅有轮廓，而东颊之瓶亦付阙如，岂当日兴工之际，墓主遽逝，仓促入葬，未能待其毕工耶？

（三）月梁　月梁三道，其下皆有雕刻。下层横跨楣上者，刻三菱形相叠，中作圆花，团圞如盘，背衬巨叶，其大逾掌，似是向日葵。四周平行边框内刻卷草花，花朵内向，皆含苞未放者。

上层月梁两道，刻菱形框格。邻南一道作牡丹一枝，邻北者作花两朵，各自菱形锐角发枝，面面相对。

（四）仿木建筑之雕刻　木建筑物中诸名物，如斗拱，如绰幕，如驼峰，在结构上，胥有其必要之机能，是以不得归之于装饰物件之列。但今施之于此墓者，悉失其原来之意义，纯属点缀，无关结构，故不妨置此论之。

中室柱头及第一层龛上横石，皆雕巨斗，前已述及，其形式咸就石上剔出，并非自成机体，另行安置者，是以毫无承重性能之可言。

中室两山尖之五边形石上，各隐出一斗三升斗拱一朵，石之底边剜刻一弧形空当，就中留出绰幕头，意在承其上之斗拱，此下更隐刻驼峰（图3）。驼峰翼然孤悬，其下距石边尚余十数厘米之高度，竟别无他物支撑，是不仅无承重之机能，即意识上亦未能予人有承重之感觉。转视东墓后龛，则驼峰下更隐出横枋一道。意当时此墓图样，或亦如是，殆又因仓促而未能完工也。

后龛第二层两八角倚柱，上承绰幕头二，其间约余有一梯形之空隙，刻卷草花纹。绰幕头意在承重，卷草纹意在表示龛之前额，两种不同意义之装饰，交错而各无抵触，复混然有一统之和谐，亦有足多者。

墓之各部，经述说如上，但犹有亟待解决之悬案，一时尚难置答者。（一）造墓之年月。墓之时代，虽可据其各部形制、雕刻手法，及李庄乾道八年宜宾旧州坝二墓，定为宋物（见《宜宾旧州坝白塔宋墓》一文），但未能作更精确之推断。墓中无文字志年月及葬者姓氏，自难稽诸典籍，冀求搜获与此有关之记载。（二）棺具安放问题。宜宾及李庄诸墓并未发现棺椁。各墓墓室咸为长方形，复观其内部外部石工精粗之悬殊，推断其棺具原即置在室中，虽属可信，然地面石上绝无残余之痕迹，终不无可疑。若谓棺在墓外或地面石下，则业经全部拆掘之乾道八年墓，已足为推翻此种臆测之有力证据，若从棺在墓中之说，则蜀中潮湿，棺木久已朽化，将为惟一之解释也。

尝闻久居此处者言，年来颇曾发现与此类似之石冢，或辟为路，或犁为田，不旋踵而迹已荡然。吾人深望续继有所发现，多得调查之机会，多获互相参证之材料，则于此类冢墓之结构、年代以及棺具位置诸问题，必可得较丰富之知识而下较精当之推论也。

原载《中国营造学社汇刊》第七卷第一期，

1944 年 6 月

我爱江华

在几个月前，我因参加中央音乐学院民族音乐研究所的湖南音乐采访队，有机会去湘南的江华瑶族自治县旅行。这个自治县是1955年11月才成立的。现在的江华是原来的水口镇，南距旧江华九十里。旧江华现名沱江镇。我们去时，从湘桂铁路线上的冷水滩下车，坐一天的汽车到道县。由道县到江华一百八十里，那时公路已开始修建，但还不能通车；水路是上水，起码要走半个月，因此只能步行。在到道县的第二天早晨，我们请了两位搬运员，挑着行李和录音机，踏上征途。

第一天只走六十五里，宿于桥头铺。次日，天还没亮，在微雨中出发，约十时到沱江镇。打过尖，再往南行，走了二十里，公路路基越来越高，把我们带进了山中。直到竹园寨附近，才离开公路，沿着小路走下山谷。到竹园寨时，一条急流横在前面，是东江将要流出山峡的地方。原来潇江在道县以上称为沱江，沱江在沱江镇以上又分两岔：从西南流来、发源于广西的叫西江；从东南流来、发源于广东的叫东江。

在竹园寨渡过东江，沿着江东岸的窄径前行。江面有几十米宽，水流得特别急。两岸山岭连绵，一般估计只有二三百米高，但陡得厉害，至少有70°。山上长满了青得发黑的杉林，密密麻麻的，远远望去，好似匍匐在水边的两条大苍龙；而我们则在龙肚子边上行进。走五里后，到了山峡中第一个小镇雾江，由岭际到江面，弥漫着一片湿重的雾气，据当地人说，这里就是天晴日出，雾气也是不会全消的，真是名符其实的雾江了。从雾江起，公路路基又出现，它是在山坡上硬凿出来的，路上满是倒下的树木和石头，增加了我们行路的困难。这天共走七十五里，夜宿花江。

第三天，只剩四十里路，心情轻松得多，大家放慢了脚步，浏览路上风景。东江里的船只，有满载货物却轻如一片叶子的下水船；有六七人背纤、四五人跳在水中抵住船身与急流搏斗的上水船；有由几百根杉木扎成向下溜去的木排。最安闲的要算渔船了，篷上及两舷蹲着黑色的大鱼鹰子，有的缩着头睡觉，有的用嘴梳理翎翅，它们要到夜晚才开始一天的工作。一路植物茂盛，绝大多数叫不出名字。有一种秋海棠，石壁上一长就是一片,它的花叶比普通人家种的都要细弱些,但花茎瘦长,风姿很幽媚。还有野荼蘼,白色繁花,像一匹轻纱似的搭在三四丈高的树上,爬过树梢,又倒垂下来,低拂水面,江风吹过,香气散满山林。

到江华了。一眼望去,这个原名水口的山镇,正位于一条小河与东江汇合的三角尖上。临水一排吊脚楼,只有几十家门面,楼房的缺口处,扎着一个木牌坊,下面是用石阶叠成的码头。码头前面,一艘载着来往乘客的渡船,正向岸边拢来。左右浅滩上泊着十几只木船。上流全是木排,许多人还在用篾条编扎。一座簇新的长桥横跨河上,把两岸的市街衔接在一起。

那天正是江华的"闹子"(即集日),从四乡来的人特别多,石板街的两旁摆满了大大小小的筐子、篮子,是瑶族妇女在出售各种农产品。她们身上都穿着一副用银链从项间挂下、而在腰上束住的粗布围裙。街上的铺子,不管是百货公司、布店、饭铺、面馆,都挤满了人。最忙的是缝纫生产合作社,十几架缝纫机,车得山响,墙上挂满了衣料,地上也堆满了花布。街上还有邮局、土产收购站、新华书店、诊疗所、药房等等。

江华自治县文化科及文化馆招待我们住在县人民委员会。到后就由文化馆馆长谢琦同志陪同去访问县长赵自现同志。这位五十多岁的县长,是一位瑶胞,头发已有些斑白,但精神却十分饱满。他告诉我们:在解放前,国民党反动派除向瑶胞压榨勒索外,再不接近瑶胞,所以县政府不妨远远设在汉族聚居的旧江华。解放后,在人民政府民族政策的光辉照耀下,瑶胞的事,由瑶胞自己来

管。水口是瑶胞所住林区的中心,因此,必须把县人民委员会迁到这里来。当然,水口的其他条件是很不够的,首先是交通太不方便,修筑公路有困难,同时因为山窝里根本没有平地,造屋也不容易。但为了瑶胞的利益,政府尽一切办法解决这些困难。半年多来,这里的人口已由二三百人增加到将近一千人,许多商店由邻县迁来,市面热闹多了。瑶胞生活上的变化,与解放前简直没法比。

当天下午,谢琦同志带我们四人去访问住在屋背冲的瑶胞。屋背冲离江华只十里路,翻过小河对岸的山岭就是。上山的路只有一尺来宽,由于终年被杉树荫蔽着,所以长满了苔藓,从山下望上去,好像没有路似的。山很陡,绕着山腰渐渐向上盘旋,转折特别多。上山的诀窍是只可往前看,往上看,如向山下看,腿会发软的。大家都小心翼翼地往上爬,一脚踏稳才敢抬起另一只脚。谢同志说:在这样的路上,瑶胞们还要挑上一百多斤的东西飞跑呢!

这一带山土肥沃,空气湿润,适宜杉树生长,树苗栽下后大约二十年就可砍伐一次。树长得很密很直,树根与树梢的围径差度也小。山中又有河流,可以把木排直接放出来。据专家意见,这是很好的林区。

爬到岭背上,雾气忽然大起来,下看来时的道路,早已消失在一片空濛里;就是我们几个人,相隔只有七八步,看过去也是模糊的。大家紧紧跟着谢同志走,忽然眼前出现一簇竹林,和几丛茶树,绕过竹林,走进一座杉木栅栏,就是屋背冲的盘家了。在门口碰到几个孩子,不论大小,每人口袋上别着一支钢笔。跟着大人也出来了,在谢同志的介

绍下，我们受到了屋主人的欢迎。

这是一幢朝南的一字三间的新盖房子，杉木皮盖的屋顶，门窗墙壁，也一律用杉木做成，刨光的木板上泛出黄亮的光泽。靠着东西两间的山墙，每边又搭了一间棚子，使整个房子成了五开间的格式。堂屋在正中，约有一丈见方，进门迎面是供祖先的神龛，墙壁上挂满了红色的对联，是房子落成时亲友们送的。东西二间的前后檐部分住人。西间有一道宽大的楼梯通到楼上，粮食和农具就放在那里。厨房和浴室在西边的棚子里，东边的棚子是牛栏、猪圈、鸡窝及厕所。这样的安排是很经济而实用的。

我们和主人坐下扯起家常来。他们都会讲"客话"（瑶胞称汉语为客话），口音接近西南官话，和我们交谈并没有什么困难。那位六十来岁的老先生叫盘盛朝，中年妇女是他的女儿，高高的个子三十多岁的男子叫盘代清，是他的女婿，现任屋背冲高级农业生产合作社的生产组组长。他们有三个孩子，全家一共六口人。原来瑶胞也有纳赘的风俗，男子在结婚后，便在女家住下来，成为一家人。

讲起他们的生活情况，老爷儿俩的话可就开了闸了。老先生说："你看，这所新房子是1953年盖的，要不是解放，我们做梦也住不了新房呀！你知道，现在盖新房的不是我们一家，我们整个瑶山都翻身了！"老先生激动的心情，也表现在墙上的那副对联上，联上说："好生活都蒙共产党所赐，今解放才得新楼房安居！"

盘代清接着说："解放前，山地都是山主的。我们好容易开了荒，插上了杉树签，受苦受累，盼着树长成后能分到几棵，可是没等成材，树苗就被逼卖出去，眼看着亲手栽的树长大了都归人家。解放后可好了，我们每人分到二十七两码子（木材的计算单位，每两码子等于2.5立方米木材），现在山跟树都是我们自己的，再也没有人剥削我们了。要不然，哪能盖新房呢？

"自从成立了高级合作社，我们每年做二百五十个劳动日，光工分就用不完，再加上早晚砍些柴卖，一挑就是一元五角钱，今年（1956年）谷子卖六元四一担，只要几挑柴就能换回一担谷子。所以现在我们瑶山里都能吃饱穿暖，孩子们也能上学了。"

女主人端出洗脸水请我们洗脸，搪瓷脸盆是新的，雪白的手巾，胰子盒里还放着香皂。过一阵，又请我们去洗澡。浴室是用杉木圈成的一个围子，西北角有一个大水桶，竹筒引着山泉日夜往桶里流；东边有一座专烧洗澡水的灶头；中间放着浴桶，有半人多高，洗澡水冒着热气。我们在长沙时就听民族事务委员会的同志讲过，瑶胞请客人洗澡是表示亲热之意，客人一定要接受这种邀请，否则，就会被主人认为见外的。

天还没有大黑，主人点亮了盖着白玻璃罩的大煤油灯，挂在堂屋中央，接着就摆出一席丰盛的晚餐：两大碗腊肉、一碗腊鸡，四碗豆腐，和一碗和着蒜泥的辣椒酱。豆腐边用油微微煎黄，蘸着辣椒酱吃，味道很美。每人面前还有一盅红芋酒，微苦，咽后却又回出甜味来，还带一些烤白薯的香味。白米饭，每碗盛得出尖。主人殷勤让客，我们毫不拘束地大嚼了一顿。

饭后饮了主人自己焙的绿茶。江华的茶是有名的，味像龙井而还要猛一些。

这时，屋背冲的几家邻舍都来了，堂屋里坐满了一圈人。他们听说我们是从北京来采访音乐的，很快就组织了一个精彩的晚会。盘盛朝的本家哥哥盘盛兴是这村的唢呐名手，几个小伙子，夹着锣鼓铙钹，随着他来了。他先给我们奏了几支瑶族唢呐曲，其中有火炽欢腾的《万马过桥》，抒情的《蜜蜂过岭》和《毛票花》等。曲调和汉族的唢呐曲虽有相似之处，但还是有它自己的高亢开朗的风格。

大家越玩越高兴了。盘代清从箱子里取出传家的民族服装来给跳长鼓舞的人穿。瑶胞的民族服装可真好看呀！头帕、裾子、围裙和裤子是一套，在那深蓝色的粗布上用红绿白线绣着各种花纹，很美丽，也很谐调自然。长鼓舞是瑶胞在举行盛大仪典"盘王宴"时跳的舞，由四人或两人集体表演。舞者穿着美丽的服装，一手拿长鼓，一手打节拍，并做出盖顶、围肩、缠腰、绕膝种种舞姿。这时乐队奏起唢呐，敲着锣鼓，曲声、锣鼓声由徐而疾，舞蹈也跟着逐节发展；到达最高潮后，忽然又慢下来，终于回到了轻盈婆娑的步伐。这种有着悠久传统的民族舞蹈，充分表达了瑶胞热爱生活的快乐健康的感情。

长鼓舞罢，接着唱起《盘王歌》来，曼长而嘹亮的歌声，非常动人。我翻了一下《盘王宴歌书》，它是用瑶语和汉语夹杂写成的，虽不能完全看懂，但约略可知书中大意。开始是讲瑶族祖先的历史，记述他们如何与自然灾害作斗争；后面则是平时爱唱的山歌。我记出这样一首："后生年少少年时，不作风流到几时？不信便看黄竹叶，落了何曾转杵（上）枝？"这首歌词难道不能和著名的古诗《金缕衣》——"花开堪折直须折，莫待无花空折枝"媲美吗？

晚会进行到深夜才曲终人散。热情的主人把最好的两间卧室让我们住。新棉被，新褥子，初夏的山中夜晚，还是用得到的。这晚我睡得很香甜。

黎明的时候，山鸟叫醒了我，披衣走出房门，不禁大叫起来。看吧，面前是茫茫的云海，吞吐着无数峰峦，一阵山风吹过，白云飞来了，山峰露了面。又一会儿，忽又飘来一幅轻纱，缓缓地舒展、舒展，在山边边上绕了一个圈子，而后和山峰下升起来的云雾连成一片，整个山空，又给笼罩了起来。云雾的动荡使人觉得峰峦也在摇晃，一切都仿佛是幻景，然而却是大自然的真实。

由于山下还有采访任务，我们不能多留，这天就向主人告别。临行时送给孩子们一些糖果，并按当地规定交了粮票和膳费。主人怕下山路滑，砍了几根紫竹子送给我们做手杖，还一直送到山脊才分手。

原载《旅行家》1957 年第 3 期

唐张嘉贞《石桥铭序》译注

❶ 这个故事见于《太平御览》和《述异记》，大意说，秦始皇在海上造石桥，想要渡桥观看太阳升起的地方（扶桑）。有神仙为他驱石，山石稍一缓慢，神仙就把它们鞭出了血。

❷ 梁慧皎《高僧传》说，南朝宋有个不知姓名的和尚，可以乘坐一个木杯渡河，所以当时人就称他为"杯度"。

❸ 古代的神话传说，每年七月七日，织女渡过鹊桥与牛郎相会。乌鹊经过人的践踏，所以羽毛都脱落了。

❹《论衡·吉验篇》说，古代橐离国王的婢女生子叫东明。东明长于射箭，国王怕他夺取天下，要杀死他。东明南逃至掩㴲水，不能过去，他用弓拍击水面，于是鱼鳖浮聚成桥，才得以渡过。

[原文] 赵郡歊河石桥，隋匠李春之迹也。制造奇特，人不知其所以为。

试观乎用石之妙：楞平砧斗，方版促郁，绒穹隆崇，谽然无楹。吁，可怪也！又详乎叉插骈垒，磨砻致密，甃百象一，仍糊灰璺宝，腰铁栓䙆。两涯嵌四穴，盖以杀怒水之荡突，虽怀山而固护焉。非夫深智远虑，莫能创是。其栏槛华柱，锤研龙兽之状，蟠绕拏踞，睢盱翕炎欠，若飞若动，又足畏乎！

夫通济利涉，三才一致。故辰象昭回，天河临乎析木。鬼神幽助，海石到乎扶桑❶。亦有停杯渡河❷，羽毛填塞❸。引弓击水，鳞甲攒会者❹。徒闻于耳，不觌于目。目所觌者，工所难者，比于是者，莫之与京。

[说明]《石桥铭序》分为两部分。前一部分是"序"，作者张嘉贞；后一部分是"铭"，作者柳涣。这里选录的是"序"。

张嘉贞，生于唐高宗乾封元年，死于唐玄宗开元十七年（666—729 年），是唐代前期的一个高级官僚，曾经做到中书令（相当于宰相）的职位，《旧唐书》和《新唐书》都有他的传记。

《石桥铭序》全文只有二百多字。它的重要性在于最早记录了石桥工程的主持者李春的姓名。同时，序文对石桥作了概括而形象的描绘，可以帮助我们窥见石桥早期的面貌。

《石桥铭序》的原石今已不存，现在根据文献记载录出。由于序文中不少词句相当生僻，这里把它译成现代汉语，并对其中一些典故作了简单注释。

[译意] 赵州浇河的大石桥，是隋代工匠李春留下的工程。这座桥造得很奇特，人们竟不知道它是怎样修成的。

我们试看它运用石料的技巧是何等的精妙：边棱平直，一块块像砧石似的砌在一起，方方地排列得既严密、又整齐，构成一个又大又高的主拱，开朗敞亮，连一根桥柱都没有。嗬，可真够奇怪的！让我们再来仔细看看主拱券石和一道道交错并列的拱圈吧：它们都被磨琢得非常细致精密，数以百计的石头竟全砌得像一整块石头一样，还调了灰浆把缝子勾抹好，用银锭式的"腰铁"嵌塞到券石里，把它们紧紧地联结在一起。

河北赵县安济桥

桥的两边嵌着四个小拱，这是用来减弱洪水的激荡和冲击，即使遭遇泛滥到山陵的特大洪水也能保住桥的巩固安全。要不是有高度的智慧和深远的思虑，是不可能创建出这样好的桥来的。桥上的栏杆、栏板和华美的柱子，雕刻出龙兽的形状，有的回盘，有的缠绕，有的伸爪，有的蹲坐，有的张目怒视，有的呼吸吞吐。它们好像在飞舞，好像在游动。看了这样高超的雕刻技术，真叫人叹服！

架设桥梁，以便利渡河涉水，是天上、人间都要解决的问题。日月星辰在不停地运转着，传说银河到了析木星的地方才可以通渡。秦始皇造桥，得到神仙相助，驱石下海，把桥一直架到了日出的扶桑。在南朝宋还有个和尚乘木杯渡河的故事，神话中织女会牛郎是乌鹊填河搭成的桥。古代橐离国王之子东明出逃，用弓打击河水，鱼鳖浮聚成桥，他得以渡河免难。不过以上都只是听到的，谁也没有看见过。亲眼能见到的，工程又极为艰巨的，有哪一座桥梁比得上这座石桥的宏伟呢！

原载《文物》1976 年第 5 期

小中见大，盆景与山水画相通

盆景原为我国特有的一种园林艺术，有悠久的历史。它在发展过程中，成为庭院布置、室内陈设的一个重要构成部分，具有鲜明的民族特色和优美的造型风格。经过文化交流，盆景对邻近国家也产生影响，并成为东方园艺的一个象征。

关于盆景的历史，是一个值得考证和探讨的问题，随着考古材料的不断发现，今后一定能逐渐把这个问题搞清楚。不过用推理来判断，应当先有盆栽，后有盆景；盆景是当盆栽不能使人满足时，才进一步发展起来的。它们的区别是：盆栽只是把植物栽种入盆。盆景则着重在"景"，一件佳品必须是大自然美妙景色的缩影，而且更集中、更典型，能小中见大，可以身入其境，神游其间，故不是一览无余，而是趣味隽永。因此盆景显然是盆栽的提高和升华。说到这里，必须指出日本人把盆景称为"盆栽"，这是非常不恰当的，只能说明他们对盆景艺术的真谛还缺乏认识。

中国的盆栽始于何时呢？我们只能说现知的较早材料是河北望都东汉墓壁画中所见的一具长着六枝红花的圆盆。

它口有卷沿，和今天种花的瓦盆已无大异，下面还有方形架座，可以说它是一件为观赏用的盆栽。

超出盆栽而堪称盆景的形象材料，据今所知以初唐李贤（章怀太子）墓（葬于706年）壁画中所见的为最早。它是捧在内侍手中的一具黄色浅盆，里面有三五块小石头，石上长着两株小树，还结了红绿两色的果实。后来的盆景有"石附"一种，盆树附石而生，借蟠屈的老根攫拿着陷裂的石隙来取景。现在从壁画中找到了它的前身。

早期盆景材料的又一例是西安中堡村盛唐墓出土的唐三彩砚。它的底部是一具平扁的浅盆，前半留作水池，后半群峰环立，如列屏障，山上还有树木及小鸟。这件高仅18厘米的陶砚，展示在人们眼前的却是粼粼湖水，叠叠遥山。制砚陶人不是凭空想象的，所反映的正是当时的盆景艺术。现在所谓的"山水盆景"可以溯源至此。

以独株老桩为主的盆景可能出现得稍晚一些，不过宋人画中已有很美的盆树了。例如故宫内藏的《十八学士图》四轴，有两轴各画盆松，盖偃枝盘，针

❶ 韩拙的原文是："或耸而进枝者，或曲折而俯仰者，或躬而若揖者，或如醉人狂舞者，或如披头仗剑者，皆松也。又若怒龙惊虬之势，腾龙伏虎之形，似狂怪而飘逸，似偃蹇而躬身，或坡侧倒起，饮于水中，或峻岭倒悬，而身复起，为松之仪也。"他又说："皮宜转纽，捧节有纹，多枝少叶，节眼嵌空，势若蛟龙，身去复回，荡迭纵横，乃古柏之状也。"

如屈铁，悬根出土，老本生鳞，已俨然数百年物了。

今天常见的盆景大体上可以分为两类：（一）山水盆景，（二）树木盆景。它们和山水画一样都是大自然的缩影，因此盆景和绘画从来就是相通的。古代许多有关山水画的理论，不仅可以帮助我们去欣赏盆景，也可以辅导我们去制作培育盆景。

元饶自然《绘宗十二忌》把"山无气脉"、"水无源流"列为两忌。他主张作画"应先定一山为主，从主山分布起伏，余皆气脉相连，形势映带"。在制作山水盆景选用石材时，同样应先定主山，然后再经营位置周围的峰峦岩石，使彼此气脉相连，顾盼有情。至于山泉溪涧，只要位山得法，自然来源去流，转折皆活，使人仿佛可循流揽胜，直至山外的浅濑平沙。

画山水有"三远"之说，即"高远、深远、平远"，具体的解释，几家还略有出入。不过概括起来，不外乎指出画山水要把高度、深度和远度画出来。制作一件山水盆景如同时能把这三远表现出来，自然是上品，即使不能，也不妨着重表现其中的一远或两远。有这样的立意，自然要比漫无章法的任意堆砌要高明得多。

树木盆景要求能用狭盆浅壤培育出苍古矫健、姿态动人的老树来，树种以松柏为上。恰好宋韩拙《山水纯全集》对松柏的形态有生动的描写❶，如果译成语体文，大意是："有的挺身高耸到上面又向四方进枝，有的几经曲折，又俯又仰，有的像在躬身作揖，有的像醉鬼在狂舞，有的像披头散发手中拿着宝剑，这些都是松树的姿态。又有的像受

老桩盆景

老桩盆景

惊发怒的蛟龙，有的像腾空伏地的龙虎。它们似乎狂怪但又很潇洒，似乎高傲却又躬着身子。有的从山坡一侧倒着立起，却又弯下来去喝涧中的水，有的从峻岭上倒挂下来，却又转身翘起，这些都是松树的仪表。"对古柏的形状他又说："树皮宜纽转，树疤多旋纹，枝多叶却少，老节要透空，势若蛟龙，身去又弯回，尽荡逸纵横之态。"这些描写对登

山涉野去选掘什么样的老树桩，选用何等样的盆盎栽种并如何栽种，枝干的去留，树根的搜提，直至细枝的修剪盘扎，都有一定的指导意义。

盆景和绘画从来就是相通的。如果说一位画家是用笔墨颜色在纸绢上重现自然，并在更高的高度上概括自然的话，那么一位园艺家是用更接近真实但是具体而微的材料在盆盎中来重现自然和概括自然。园艺家和画家一样必须付出辛勤的劳动。这劳动不仅是去观察、认识、重现和概括自然，外加上还有选掘、栽种、灌溉、剪扎、培育等一系列的繁重劳动。如果我们遇见一件好盆景，能使观赏者流连片刻，于此少得佳趣，我们不应当忘记制作培育者所付出的大量劳动！

原载《旅游》1979 年第 10 期

盆景起源于何时

盆景是我国有悠久历史的一种传统艺术。它究竟起源于何时，尚待做一番考证，找到可靠的依据，才能得出接近史实的答案。不过我们相信它的兴起与盛行，和我国爱好自然的艺术思想及山水画的发展是有密切关联的。

南北朝是我国山水画开始发展的时期。当时名画家宗炳遍图平生经历过的山水，张于一室，以供卧游。他写过一篇《画山水序》，中有这样几句："昆阆之形，可围于方寸之内。竖划三寸，当千仞之高，横墨数尺，体百里之迥。"也就是说，名山大川可以按比例缩小，使画上的三寸，相当于真山的千仞，画面的数尺，相当于真景的百里。这种对大自然的酷爱和小中可以见大的体会，使艺术家产生了创作的热情，既能促使他把山水树石缩在绢素上成为山水画，也可以启发他缩入盆盎中成为盆景。盆景不是和绘画一样，可以足不出户，高枕卧游吗？

唐代初期，山水画有了很大的发展，盆景也成为宫廷贵族和士大夫常备的欣赏品了。何以见得？有李贤墓的壁画为证。在前甬道东壁，画工描绘一名内侍，手捧黄色圆盆，里面有数石如拳，长着两棵小树，还结了红绿两色、已熟和未熟的果实。这是当时盆景的极好写照（图1）。为什么敢武断地说士大夫家也会有盆景呢？因为选石植树，虽然要花费工夫，但它绝不是稀世之珍，一定要宫廷府邸才能有。

还有一件盛唐墓出土的三彩陶器

图1　唐李贤墓壁画
（内侍手捧盆景）

图2　西安中堡村唐墓出土三彩砚

图3　宋赵佶《祥龙石》图

（图2）也值得我们注意。它的底部近似一具平扁的浅盆，前半留作水池，后半则山峰列如屏障，施蓝、绿、黄、赭等色釉，皴褶多皱，山上还有树木花草及小鸟，通高只有18厘米。这件三彩器经定名为陶砚。它究竟是件明器还是实用品，可置勿论，有一点却可以肯定，即其意匠设计反映了唐代的盆景艺术，后代流行的所谓"山水盆景"是和它一脉相承的。

清初刘銮在《五石瓠》里有盆景一条，他说："今人以盆盎间树石为玩物，长者屈而短之，大者削而约之，或肤寸而结果实，或咫尺而蓄鱼虫，概标盆景，想亦始自平泉、艮岳矣。"他除了把盆景开始的时间说得太晚，我们未能同意外，认为平泉、艮岳都有盆景却是有根据的。所谓平泉是指唐宰相李德裕的平泉庄。传称庄"周围十里，天下奇花异卉，珍松怪石，靡不毕致其间"。李德裕自己还撰有《平泉树石记》。艮岳就是赵佶（宋徽宗）堆筑的万寿山，花石纲聚敛来的珍花异石，多贮藏于此。《宋史·朱勔传》讲到浙中为赵佶进花木，"初致黄杨三本，帝嘉之，后岁岁增加"，而黄杨正是适宜用来做盆景的树种之一。证以赵佶所绘的《祥龙石》图（图3），玲珑多孔的奇峰，左上侧有一个石窠，边缘用小卵石堆叠，使能稍积土壤，里面长着一大一小两棵树。右下侧有较深一穴，从中长出花草来。后来装饰点缀山石盆景完全用的是这种手法。石下虽没有把盆画进去，但赵佶题诗有"水润清辉更不同"之句，可见"祥龙"属于上水石一类，而石下本有盛水的石盆。赵佶自然是一个祸国殃民的昏君，不过把他作为一个艺术家来分析，喜爱盆景还是可以理解的。

从南宋人画中可以看到不少用独株老松栽成的盆景，《十八学士图》两轴中所见，姿态都很优美。尤以秋景一轴（图4），盆松摆在大理石案上，长枝探出盆外，覆荫着小缶菖蒲，把一角园林，装点得格外生色。这些画反映盆景在当时有进一步的发展。

到了元代，盆景有了一个别致的名称，叫"些子景"。"些子"就是一丁点儿的意思。元末回族诗人丁鹤年就有《为平江韫上人赋些子景》诗。诗曰：

> 尺树盆池曲槛前，老禅清兴拟林泉。
> 气吞渤澥波盈掬，势压崆峒石一拳。
> 仿佛烟霞生隙地，分明日月在壶天。
> 旁人莫讶胸襟隘，毫发从来立大千！

律诗反复刻画的还是盆景所具备的小中见大的特色，原来气吞渤海的波涛只不过浅浅一掬水，势压崆峒的山岳只不过小小一拳石而已！

明代关于盆景的材料就更多了。诗文、笔记中的文字记载，图绘、版画中的形象描写，真是多不胜收（图5）。这里只讲几位在绘画、雕刻方面有高度成就又兼以培育盆景闻名的艺术家。

晚明嘉定李流芳，诗画篆刻，工力甚深，并以种盆景自娱。诗人赵俞称他善叠宣州石，剪树作盆景，为海内所重，并有诗记之。

以竹刻著名的三代竹人（祖朱松邻，父朱小松，孙朱三松），我们已知至少有两代是培育盆景的高手。程庭鹭在《练水画征录》中说："小松能以画意剪裁小树，供盆盎之玩。今论盆树者必以吾邑（指嘉定）为最，盖犹传小松画派也。"陆廷灿《南村随笔》记载："邑人朱三松，择花树修剪，高不盈尺，而奇秀苍古，具虬龙百尺之势，培养数十年方成，或有逾百年者。栽以佳盎，伴以白石，列之几案间，或北苑，或河阳，或大痴、云林，俨然置身长林深壑中。三松之法，不独枝干粗细上下相称，更搜剔其根，使屈曲必露，如山中千年老树，此非会心人未能遽领其微妙也！"

从历史来看，喜爱盆景的都是一些酷爱大自然，工绘事，善雕刻的艺术家，更足以说明盆景和我国的各种造型艺术有

图4　南宋人绘十八学士图轴（左下角有盆松）

图5　明人山水庭院图中的盆景

图6　17世纪无款人物风俗图卷中的盆景园

密切关系，在传统的民族文化中有它的特殊地位。如果有过去名家亲手培育的盆景能保存到今天，它既有艺术价值，也有历史价值，自应当作一件文物来看待了。

最后还要说明一点，日本人称盆景曰"盆栽"，谬种流传，连西方国家也跟着这样叫。我们坚决反对，一定要把名称正过来。尤有甚者，有的日本人还争发明权，竟说盆景始于日本，岂不可笑之至。本文追溯盆景历史虽很简略，亦足以驳斥妄诞而使其噤声了。

原载香港《大公报》

1979年12月1日、2日

清代的相扑

故宫博物院藏有一件清人绘工笔重彩《塞宴四事图》巨帧，上有于敏中书弘历（乾隆帝）御制诗四首并序。所谓“四事”，是弘历在承德避暑山庄举行的四项活动，它们是：诈马，即幼童赛马；什榜，即蒙古器乐合奏；相扑，即摔跤比赛；教駣，即套马控骑，使之驯服。这里只谈谈其中的相扑一事。

图中所示（图1），皇上盘足坐在主位上，后一柱擎盖，状如巨伞。侍臣分列左右，中铺地毯，四人穿白衣，分两对在上面摔跤。下方又有白衣四人，跪地举杯，受官员注酒。稍远平地上，有赤膊两人角力，一人已倒地，对方还扭住不放。穿袍戴帽者八人，跪成一行，面前各放一大盘，他们从中抓取食物，纳口大嚼，仿佛吱咤有声。上述场面，弘历的诗及序为我们作了解说，现录如下：

相扑之戏，蒙古所最重，筵宴时必陈之。国朝亦以是练习健士，谓之“布库”。蒙古语谓之“布克”。脱帽短褠，两两相角，以搏踤仆地决胜负，胜者劳以卮酒。“厄鲁特”则袒裼而扑，虽蹶不释，必控首屈肩至地乃为胜。彼嘉其壮，赐之羊臑，则拱臂探掬，顾盼呿吞，声若饮歠，其旧俗如此，因以示惠云。

健儿揎袖短后衣，席前相扑呈雄嬉。

捭拖拗拉矜拎攕，跮踱踞蹋踉且　，
乘间伺怠出以奇，忽然踬蹶力不支，
胜者赐酒跽饮之。别有厄鲁均新附，
其扑法乃异旧部，露身赤脚惟着袴，
撇捩跳踔空拳赴。失计忽仆伏地据，
腾跳翻作康王跨。两肩着地头倒竖，
方得谓之决胜负。胜者扬扬意实欢，
负者反求微　颜。宣传典属呼来前，
上方肥羊出厨盘。长胾硕臑如举山，
匕箸不设俾恣餐。谁识不足君所言，
快哉大嚼真壮观。岂对屠门空望悬，
跪振双臂攫且抟，右哆左噏直下咽，
倏似长鲸吸百川，意气自若殊昂轩，
均令染指果腹便。小哉食肥张齐贤，
是盖卫拉旧俗传，示恩奖勇一试旃。
食罢命前面询焉，弗兹食者阅十年。

从诗及序，我们得知图中画的是两种相扑：

一种叫“布库”（图2），光头穿白色短上衣和深色靴子，只要摔倒在地，就算输了。胜者赏给酒喝。

另一种叫“厄鲁特”（图3），赤膊

图1 清人绘《塞宴四事图》（局部——相扑）

图2 《塞宴四事图》（相扑——"布库"）

图3 《塞宴四事图》（相扑——"厄鲁特"）

光脚进行比赛，即使把对方摔倒，也不能叫赢，必须按住对方的脑袋，使其双肩着地，才算得胜。比赛后赏给大盘煮羊肉，不用刀筷，用手抓着吃，不论胜负都有份，以示嘉奖。

弘历的诗和序虽然把两种相扑讲得很清楚，但当时曾经参加过塞上活动的诗人赵瓯北（翼）却写了一首题目相同而更引人入胜的七古，把"布库"这一种相扑描绘得生动细致，有声有色，似乎是一位熟练的摔跤运动员，说得头头是道。他的诗使我回忆起幼年从几位摔跤者宿那里听到的一些有关相扑的事，现在不妨拿来为赵诗作诠注。下面我们分段来读一读赵瓯北的《相扑》诗：

黄幄高张传布库，数十白衣白于鹭。
衣才及尻露裈裆，千条线缝十层布。

瑞五、乌二衮、姚秀三位都是清代最后一批等级摔跤运动员——布库（北京习惯写作"扑户"或"扑护"，按即"布库"，均为满语译音，写法不同而已），30年代还健在。他们说清代有东西善扑两营，布库分一、二、三等，每年比赛两次，每次都有数十人参加，胜者升级。不过清晚期武备颓弛，皇帝久已不亲自去看相扑，因而他们没有讲到有"黄幄高张"那样的隆重场面。

摔跤用的运动服叫"褡裢"，短而厚，由多层白布密行实纳而成，与"千条线缝十层布"正合。据说清代晚期的褡裢，胸膛袒露，脚上穿的是半高筒前后出尖的刀螂肚靴子，和老年间有所不同。今见《塞宴四事图》才明白，原来乾隆时的褡裢胸前对襟缝牢，而靴子则是直筒的。

> 不持寸铁以手搏，手如铁锻足铁铸。
> 班分左右以偶进，桓桓劲敌猝相遇。

相扑是一种徒手竞技，不持寸铁。不过手和脚都必须经过严格的锻炼。实纳的褡裢非常坚硬，手上没有功夫就揪不住对方，所以学摔跤还须先练"铁沙掌"一类功夫。更重要的是练腿，即所谓"下桩必须有根"，才不容易被摔倒。要苦练推砖，摆好蹲裆骑马式，两手各持砖或石锁，向前方推出又收回，一练就是千百下。"手如铁锻足铁铸"，不仅称赞练就了的本领，似乎也包括平时的刻苦练功。善扑营成员比赛时都分列两行，一对决出胜负后再上去一对。"桓桓劲敌猝相遇"，正是描写一对对雄赳赳、气昂昂的布库出来对阵相角的威武气概。

> 未敢轻身便陷坚，各自回旋健踏步。
> 注目审势睚不交，握拳作力筋骨露。

这四句是讲两雄初遇，都不敢贸然进攻，施展绊子，正像打仗一样，不可轻易深入敌阵，而只宜摆动双臂，回旋地腾跃踏步，术语叫"跳黄瓜架"，借以窥伺破绽，寻觅战机。两人都全神贯注，连眼睛也不眨一下。双臂虽然开张，两手却虚握成拳，以防被对方攥住手指，要吃大亏。

> 伺隙忽为叠阵冲，捣虚又遏夹寨固。
> 明修暗度诡道攻，声东击西多方误。

忽然找到了冲锋陷阵的战机，不料又被阻遏住了，形成两寨的对峙。因此不得不有明有暗，或虚或实，声东击西，兵不厌诈，用种种的假动作来迷惑对方。

> 少焉肉薄紧交纽，要决雌雄肯相顾。
> 翻身侧入若擘鹚，拗肩急避似脱兔。

一下子贴身肉搏真扭成了团，在紧要关头只有一心决胜负而顾不了其他。蓦地来个鹚子翻身，垫步侧入，不料被拗肩一闪，竟如狡兔脱身逸去。赵瓯北真是一位摔跤的行家，他懂使"勾子"、"别子"等大绊子，必须入身进腰才能使上劲、得战果，而武艺高强的对手却能以虚破实，以柔克刚，化险为夷。

> 垂胜或败弱或强，顷刻利钝难逆睹。
> 忽然得间乘便利，拉胁摧胸倏已仆。
> 胜者跪饮酒一卮，不胜者愧不敢怒。

别看使绊子占上风的人眼看要赢跤，一瞬间矛盾转化，弱者却反败为胜。行话叫"绊子最怕被人留下"，啪嚓一声，使绊子的反被高高地摞倒在地！

> 由来角抵古所传，百戏中独近戎务。
> 技逾蹴鞠练脚力，事异拔河供玩具。
> 国家重此有深意，所以习劳裕平素。
> 君不见教坊子弟也随行，经月不陈默相妒。

赵瓯北非常赞成相扑，认为比搞其他体育项目如踢球、拔河更有助于战备训练。安不忘危，正是乾隆时提倡"布库"的深远用意。至于当时只供帝王娱乐的教坊梨园，就更不能和它相比了。

赵瓯北是封建时代的文人，我不相信他对相扑真会有什么切身的体验。不过读他的诗却不能不佩服他对外界事物有敏锐的观察力，而付诸吟咏又有惊人的表现力。他和弘历写的都是相扑诗，对比之下，皇上的御制就显得索然寡味了。王鸣盛曾为《瓯北诗集》作序说："其出塞之作，境奇诗益奇，皆人耳所未闻，目所未睹，恍挟我之尻轮神马而翱翔乎万里之外，快矣哉，鄙吝为之顿消，而神智为之顿扩也。"他的评价倒是确有所见的由衷之言，而并不是一般序文中常有的谀辞虚誉。

原载《紫禁城》1981 年第 1 期

《国宝》述评

1984 年《人民日报》屡次刊载关于李先念主席出国访问的报道,随行携带赠送给外国元首的礼物是《国宝》,电视台也播放过同样的新闻内容。曾有一位朋友问我:"顾名思义这本书的内容当然是国家之宝,但书店里从未见过,不知究竟是怎样一本书,也不知道是谁编的,哪一家出版社出版的?"当时,我作了简单的回答。事后,我想到《国宝》在国外已成为畅销书,1983 年西德法兰克福的世界书展上陈列在第一流图书的行列,香港、澳门地区及新加坡等地报刊也有不少赞美这本书的文章。前些时,还预告将出版《国宝》英文版和日文版。但是,在国内除少数大博物馆、图书馆业已购藏外,别处很难看到。因此我感到应该为国内的读者写一篇述评来介绍它。

《国宝》是 1983 年故宫博物院和商务印书馆香港分馆合作编印的一部综合性大型古代艺术品图录,朱家溍同志任主编。他精选了故宫所藏国宝级文物整一百件(计青铜器十件、法书八件、名画三十七件、瓷器十五件、工艺美术品二十件、织绣十件)。卷首有一篇《导言》,

阐述编写的目的及故宫文物收藏的简史,作为全书的《序》。每类文物有一篇二至三千字的概论,介绍各个时期的风格及发展。每件文物又有一篇五百至一千字的文章,介绍艺术特征、制作方法及艺术家的简历。为了便于读者了解艺术品的全貌,每一件都有全图和局部图,以及不同角度的特写,共计图片二百七十四幅。它给人的第一个印象是:深入浅出,巨细兼备,图文并茂,精美绝伦。

据说商务印书馆香港分馆总编李祖泽先生和执行编辑陈万雄先生在提出《国宝》这一选题时,曾有如下的想法:希望能为一般读者编印一本欣赏古代艺术的精美图录,在欣赏中了解中国美术史概况,增进历史、文物知识;同时,兼顾专业研究者的需要。故宫博物院过去出版的图册以专题的为多,并以专家读者为主要对象,这当然是完全必要的。惟因我国有几千年的历史,历代创造出丰富多彩的造型艺术,通过一些艺术珍品来认识和理解中国文化艺术,早已成为中外广大读者的迫切要求。商务印书馆提出的设想显然是符合时代需要的。

家溍同志在题为《编辑〈国宝〉画

册想到的一些事》的文章（发表在1983年9月8日香港《大公报》）上，讲到为了使上述想法具体化，他给自己定出一些"不成文的标准"。首先考虑到的是选择一般人比较容易接受、欣赏的国宝。例如，西晋陆机《平复帖》是传世法书年代最早的一件，但字体奇古，一般人不易辨识，因而选用了同是国宝但时代略晚的王珣《伯远帖》；工艺品中不选用古陶器而从瓷器开始，其中明、清名瓷又占较大的比重；绘画的数量多于其他几类文物，也是考虑到一般读者可以直觉地欣赏、领略。入选各件有的虽已发表过，但为了便于读者了解艺术的发展过程，又不能不把它们收进去。有的过去只发表过单色图片，而这次则以绚丽的彩版和读者相见。为了兼顾专业者的需要，每类中从未发表过的文物占十分之一。

翻开此书真是如入宝山，目不暇给，这里只能选几件从未发表过的国宝略作介绍。青铜器中的第一件乳钉三耳簋，耳下虽有垂珥，编者根据其斜方乳钉定为商器是完全正确的。全器最引我注目的是三耳上部的人面装饰，瞳睛努出，扁鼻阔口，古拙之至，和商墓出土的玉人十分相像，似乎亦可作为断代的一个佐证。九象尊，确是一件绝无仅有的国宝，长鼻高卷，耳向后背，夸张的眼睛，炯炯有神。四足虽只见其二，已把这笨重的巨兽蹒跚奔驰的神态巧妙地攫捉住了，使我对古代艺术家超凡的概括能力赞叹不已。从未发表过的绘画有五六件之多，都是有代表性的精品。明项圣谟的《放鹤洲图》，用平远的笔法把江南水乡描绘得如此恬逸清新，使人不由得移身其间，去领略这大好的秋光，或泛回湾曲港，扬帆远去，或循平堤小径，踏草穿林，过石桥，度略约，直访

有竹人家。观赏此图，对古人所谓的"卧游"，有了更深的体会。渐江上人的《陶庵图轴》，予人一种清气袭人的感觉，在新安画派中也独树一帜。编者所选上人的这幅作品，笔墨凝练，具有倪瓒的特点，而景色多变，引人入胜，又非云林的疏林亭子、浅水遥山所能比拟，可谓深中肯綮。王翚写赠笪重光的《岩栖高士图轴》，是一幅为知交精心绘制的杰作，丘壑的经营，笔墨的运用，咸臻绝诣。半个世纪以来论者每推崇"四僧"、"八怪"而诋蔑"四王"，不过像石谷在这幅山水轴中所显示的画艺，精能妙逸，无品不赅，在画史上又安能不予以重要的位置？编一本全面介绍中国艺术品的图录，自不应为某些偏见所左右而只宜持平允的态度来进行遴选。在工艺品中，黑漆嵌螺钿云龙纹平头案有万历年款。它的夹头榫结构，镂空挡板，都是常见的做法，甚见匠心的是嵌在牙头上的龙纹，尾部随着云头卷转，花纹与构件，结合巧妙。他如乾隆百宝嵌花卉挂屏，织绣中的清孔雀羽绣龙纹袍、广绣"三羊开泰"图等，似乎也都未曾刊印发表过。

当我读过《国宝》这本书，再和编者所谓的"标准"对照一下，觉得他确实做到了普及欣赏与专业研究兼顾并重，而且两者的分寸掌握得恰到好处。他没有被成千上万件的故宫瑰宝所迷眩而能编成这样一本书，可谓独具慧眼，煞费苦心。这和某些中外的大型图录，貌若皇皇巨著而实为饾饤之作是不可同日而语的。

十全十美，世所稀有，《国宝》也自然有可待提高、改进之处。法书没有释文，绘画上的款识诗文亦未见录引，倘将其一一抄出，加上标点并作简要的

解说，恐怕正是许多读者乐于看到的。印刷上的疏忽，致将石鼓的照片印反了；说明中的错字，未能校出，有的一页还不止一个。这些白玉微瑕，再版时一经改正，便成完璧。

为书刊写述评，往往兼及书刊的作者，现在不妨介绍一下《国宝》的主编朱家溍。他字季黄，原籍浙江萧山，著名收藏家、前故宫博物院专门委员朱翼盦先生第四子，因受家庭影响，嗜爱文物，青年时代已能鉴定书画碑帖。抗日胜利后，他到故宫博物院工作，在延禧宫、北五所库房担任提集、整理、编目及陈列的设计、布置工作，广泛接触各类文物。解放初期，书画鉴定家张珩、徐邦达同志尚未来京，故宫开启前法院为所谓易培基案而封存的文物伪品箱只，就是朱家溍从大批赝作中发现了宋徽宗的《听琴图》和马麟画的梅花《层叠冰绡图》，经断为真迹。陈列在当时的钟粹宫书画陈列室。1949年他到天津海关会同公安人员检查遣返外侨的随身物品，在数以百计的翻沙铜器中扣留下商代大铙，现在陈列在中国历史博物馆。其工作性质虽和编图录不同，却同样是在拣选国宝。吴仲超同志担任故宫博物院院长后，进一步开展文物整理、陈列工作。朱家溍除主持多项实际工作外，兼任书画鉴定委员会、文物征集委员会委员。可以说故宫原有的重要文物及后来新征集到的文物，无不经他过目。他常说："我不是什么专家，而是一个普通的博物馆工作者。不论摊到头上什么工作，都愿承当，遇到什么样的罕见文物，也愿打打交道。这是一个博物馆工作者的本分。"他从思想上喜欢兼收并蓄，细大不捐，因而完全具备编好一部综合性大型图录的条件。当然他的爱好与知识和他父亲多门类的丰富收藏也是分不开的。

1948年底北平解放前夕，朱家溍代理主持古物馆工作期间，接到地下城市工作部的通知，要点是坚守岗位，保护文物。他在马衡院长的领导下，想尽一切办法，拖延珍贵文物装箱工作，最后使国民政府行政院空运故宫文物的计划全部落空，把国宝留在人民的手中。至为难得的是他家兄弟四人把家藏的珍贵碑帖七百种于1954年全部无偿捐赠给国家，现藏故宫博物院。其中有不少为一级品文物，例如选入《国宝》的元拓石鼓文和"东里润色"四字完好的初拓本《张迁碑》。1976年他们将家藏明、清善本书二万册捐赠给中国社会科学院，此后又将明、清紫檀、花梨家具和端砚、宣炉等珍贵文物捐给承德避暑山庄。朱氏是近年捐赠文物质量最高、数量最多的有数几家之一。综上以观，如果说朱家溍是一位德才兼备的博物馆工作者，我认为并非过誉。

最后必须指出，《国宝》的出版不能归功于主编一人，而是一个集体劳动的成果，院里还有另外八位同志参与分类撰稿、摄影及统筹编辑出版事务；商务印书馆责任编辑陈万雄等先生的通力合作，也都发挥了各自的才智。全书从开始筹划编选到印成出版，总共只用了八个月的时间，其速度之快足以说明各位付出了超负荷的劳动。

但愿像《国宝》这样的好书能多出几册！

原载《故宫博物院院刊》1985年第3期

捃古缘

搜集文玩器物，不论来源为何，价值多少，总有一个经历。经历有的简单平常，有的复杂曲折，有的失之交臂，有的巧如天助。越是曲折，越是奇巧，越使人难忘。前人往往将它说成是"缘"，颇为神秘，仿佛一切皆由前定。其实天下事本来就多种多样，如将"缘"和英文的 chance 等同起来，我看也就无神秘可言了。下面记几次个人的经历，当然买的都是些小东小西，有的几乎是在"拣破烂儿"。敏求精舍本届主席向我索稿，竟拿此来塞责，岂不要笑掉各位收藏家的大牙，故不胜惶恐惭恧之至！

一、50 年代初，我在通州鼓楼北小巷内一个回民老太太家看到一对杌凳，无束腰，直枨，四足外圆内方，用材粗硕，十分简练朴质（见《明式家具珍赏》图 9），我非常喜欢。可惜藤编软屉已破裂，残存不多，露出两根弯带和将它们连在一起的木片。但至少未被改成铺席硬屉，没有伤筋动骨。老太太说："我儿子要卖二十元，打鼓的只给十五元，所以未卖成。"我掏出二十元递过去。老太太说："价给够了也得等我儿子回来办，不然他会埋怨我。"我等到快天黑还不见她

儿子进门，只好骑车回北京，准备过两三天再来。不料两天后在东四牌楼挂货铺门口看见打鼓的王四坐在那对杌凳上。我问他要多少钱，他说："四十元。"我说："我要了。"恰好那天忘记带钱包，未能付款，也没有交定钱。待我取钱马上返回，杌凳已被红桥经营硬木材料的梁家兄弟买走了。

自此以后，我每隔些天即去梁家一趟。兄弟二人，每人一具，就是不卖。我问是否等修理好了再卖。回答说："不，不修了，就这样拿它当脸盆架用了。"眼看搪瓷盆放在略具马鞍形的弯枨上。历时一年多，去了将近二十次，花了四百元才买到手，恰好是通州老太太要价的二十倍。

二、过去崇文门外有一个经营珠宝玉器的商场叫青山居。青山居的管理处在花市上四条胡同。一天我去串门，看见楼梯下放着一具铁力五足大香几，独木面，特别厚重，颇为稀有（见《珍赏》图 73）。几上摆着两三个保温瓶，茶壶茶碗更多，开水把几子都烫花了。我想他们不拿它当一回事，或许肯出让。问了几位负责人，都说不行。因一切均为集

体所有，谁也做不了主。我只好失望地离去。

两年后，忽然在地安门桥头古玩铺曹书田那里看到这件香几。因系铁力制，价钱不高。我将它抬上三轮车，两手把着牙子，两脚垫在托泥下面，运回家中。一时欢喜无状，脚面被托泥硌出两道沟都没有感觉疼痛。事后我问曹书田才知道原来管理处撤销了，所以家具交付处理变卖。

三、德胜门后海一带常有破烂摊摆在道侧，陈旧用品，衣服鞋帽，一应俱全。有一次经过那里，看到破条凳支着两块板子，上铺蓝色破床单，物品很零乱。风一吹，卷起了床单的一角，看到背面似乎有彩画。手撩一看，原来是两扇雕填漆柜门（见《中国古代漆器》图58、图59）。两龙生动夭矫，分别为黑身红鬣，红身黑鬣，时代当早于万历。我请摊主卖给我这两块板子。他说摊子靠它支架，我正嫌小了一点。你买一床大铺板，我换给你。我们立即成交，皆大欢喜。

两扇明雕填柜门不仅收入拙作，去冬应叶承耀先生之邀，在香港作题为《明清家具的髹饰工艺》报告，还放映了用柜门拍成的幻灯片。

四、1951年前后，听说东直门内住着一位笃信佛教的老居士，常去各处收集佛像，供在家中佛堂里。我很想登门拜访，看看他的收藏。一天冒昧晋谒，居然承蒙接待。北房三楹，正中一间贴后墙摆着大条案。案上大小佛龛里外供有佛像数十尊之多。其中有的颇古老，有的却很新；有的比较优美，有的又很庸俗。我心想这位老居士信佛确实虔诚，但审美水平恐怕不高。众像之中我最喜欢的是一尊铜鎏金雪山大士像，头特别大，形象夸张古拙，时代不能晚于明。老居士说数年前布施某寺院香火资若干而得以请回家中。谈话间我说起先慈也是佛教徒，弃养已逾十载，家中佛堂还保留原状（直到“文革”佛堂始遭摧毁）。老居士听得很高兴，频频点头。我进而请求如蒙俯允以加倍的香火之资把雪山大士请回舍间，为先慈佛堂增加一尊坐像，将感谢不尽。老居士欣然同意。当然他不会知道我求让铜像主要是为了欣赏雕刻美而不可能像他那样朝夕上香膜拜。

明雕填龙纹柜门

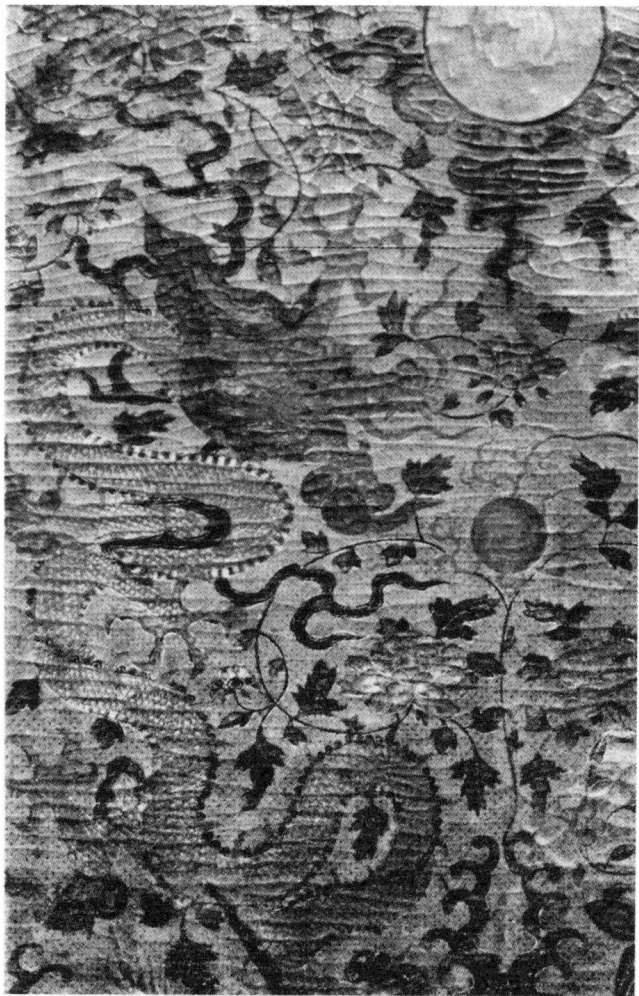

老居士恭恭敬敬地将铜像用纸包好，交我捧着，一直送到大门口我的自行车旁。我为了便于将铜像放进背着的布兜子，下意识地将他倒了过来。这时老居士突然色变，连忙双手把头朝下的铜像正了过来，说了声"怎能如此不恭敬！"我知道自己犯了错误，连说"罪过！""罪过！"赶紧骑上车跑了。我生怕再停留，老居士回过味来，发觉我并不像他原来所想象的那样虔诚，一定会要回雪山大士，不允许我请回家了。

五、在我的收藏中有一只十分名贵的蛐蛐葫芦。拙作《说葫芦》(图版151)为此器写的说明如下：

此乃麻花胡同纪家旧藏之"红雁"，清末民初，与"紫雁"为京师最驰名的蛐蛐葫芦。红、紫言其色，雁言其形，谓修长如雁脖也。

1934年秋，行经东四万聚兴古玩店，名葫芦贩孙猴(姓孙，因精明过人而得此绰号，是时年已七旬)先我而在，手持红雁与店东莴大议价。轻予年幼，未必识货，予价不谐，彳亍欲去。正待出门，予已如数付值。渠急转身，已不可及，大为懊丧，不禁失色。是时予虽知葫芦绝佳，但对其来历，茫然不晓。后承讷绍先先生见告，乃知即赫赫有名之红雁。倒栽底部不镶牙托而以同色之葫芦填补为红雁特征之一。据讷老称，"紫雁视此色泽浓艳而身矬，停匀秀丽则远逊。"

原载《好古敏求——敏求精舍三十五周年纪念展》图册

题魏龙骧医士问庐斋额

知而后有疑，疑而后有问，故疑发于知，而知复得于问。疑不独问于人，可问天下万物。虚怀以问，殚思以辨，则万物无不应焉。或懵愦而无问，或矜溢而无问，或问而不辨其是非，是皆不知问者也。人惟善问始恒为人问，且问无止期。龙老精岐黄，所学皆得诸问，求问之车，涂为之塞。乃年近古稀，复以"问庐"颜其居，其问岂有止耶？吾固知其为善问者也。

1977 年 12 月

题金禹民篆刻篇

禹民先生篆刻融会皖、浙两派，为当代佼佼者。尤善雕印纽，但不甚为人知。因多刊前代名家款识，或不著一字。刻本人姓名者，极罕见。无款螭纽寿山石章，予购之厂肆。初以为闽中高手所作，后始知出先生手。据闻20世纪30年代，有人向先生定制各式圆雕纽石章五十方，半刊杨玑（玉璇）款，半刊周彬（尚均）款，不得有作者姓名。迫于生计，先生只好忍辱接收。当年艺术家遭遇，可叹可悲。予曾见五十方中之一，双螭穿环，躯尾蟠卷，互相呼应，精妙生动。于此始知先生真本领。设为杨、周两家见，亦将为之敛手。更擅书法，端庄秀丽。精鉴别及传拓修复，身怀绝技。尝为补缀清初竹根雕刘海，尽泯痕迹，天衣无缝，可谓妙手独具。综上所述，先生允为博物院理想人才。50年代初，予任职故宫。为开展工作，上书文物局，详陈推荐先生缘由，遂经故宫聘用。此后服务长达三十年，大部分时间用在书写说明牌上。未能尽展其才，有负我推荐初衷。顷获观先生篆刻篇，曩年交谊历历如昨，不禁深有感焉。一叹今无才学如先生者，可向故宫举荐；二叹先生虽在故宫长期工作，竟无人传承其学识艺术。惜哉！

2000年5月畅安王世襄
时年八十有六

金禹民先生雕纽

金禹民先生刻印

奇石馆记

钟鼓楼北，中轴路西，与二环仅一河之隔，有园焉。园中叠石构亭，植松种竹，有城市山林之胜。而依山筑堂，面南五楹，窗明几净，更宜谈艺会文。

园之正中，石峰屹立，高达数丈，窍穴空灵，静而欲动，背镌"奇石园"三字。

奇石馆与峰相对，一美轮美奂之建筑也。上下三层，格局各异。或巧隔空间，回廊复室，接栋连楹；或广敞厅堂，地起台座，壁嵌龛窗。循室四周，位置几案，所供皆奇石。多不胜数，何止千百。

夫石，处处有之，品种甚繁，用途至广，价值亦大异，或贱如粪土，或贵逾珠玉，惟其奇者为贵。盖其贵在超越凡石而别具功能。更因聚天下之奇石于一馆，其功能乃愈显著。姑就一己之感受而试言之。

首次来馆，匆匆一过，有如走马看花，已觉与参观花展不同。名葩嘉卉，一览可见其绚丽，奇石则蓄厚涵深，非再至三至不能窥其内蕴。

再次来馆，尽情观赏，远瞻近瞩，每驻足移时。一笏壁立，仿佛米颠拜石

奇石馆厅堂

图所见；磐石坦卧，似曾写入米万钟勺园图中。前后两米，爱石成癖，其道德文章，书画双绝，殆均得益于奇石。馆中所藏，选自四方。皖北灵璧，粤中英德，松江昆山，南京雨花，合山彩陶，来宾水冲，兰州黄河，戈壁风砺，应有尽有，未能备举。古多爱石之士，国饶奇石之藏，人杰地灵，乃有灿烂辉煌之中华石文化。不禁欢喜赞叹，油然生爱国之情。

三次来馆，裹饼饵，携水浆，作竟日游。愆而默坐，忽悟前此所见皆石之形，今当识之于形之上。形之上者，淡泊高雅，坦荡纯真，坚贞不渝，始终如一，奇石之品德也。昔贤创"天人合一"之说，"造化生万物"乃其思想基础。"自然天真"，千古奉为鉴美之最高境界。奇石出天然而至美，故爱石者每生"天人合一"之思。顾思之易而行之难，必身体力行，以石之品德为我之品德，始得相契相合，交融无间。"悟石理而养性，守石德以修身"，旨哉斯言，吾将铭之座右。

奇石不能言，而予我启示，授我规箴。奉而行之，终身受益，其功能伟矣。抑有进者，秉赋不同，资质各异，见仁见智，自有等差。奇石之功能，又岂区区所能知其什一。爱石者曷不莅馆一游。归时定曰，不虚此行也。

辛巳二月畅安王世襄撰时年八十有六

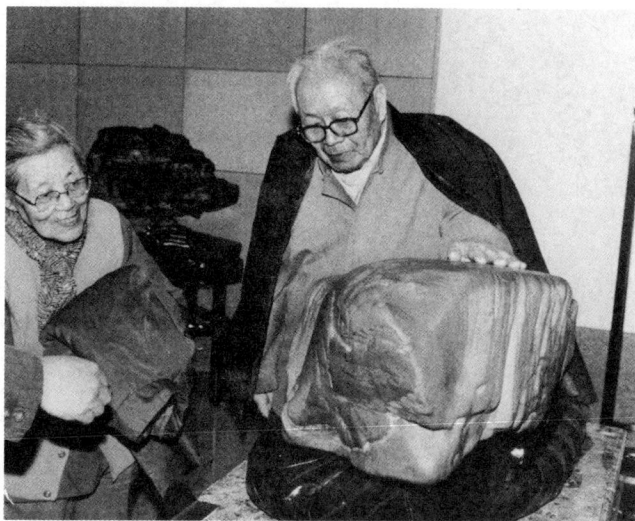

彩陶石色碧绿欲滴，为镇馆之宝

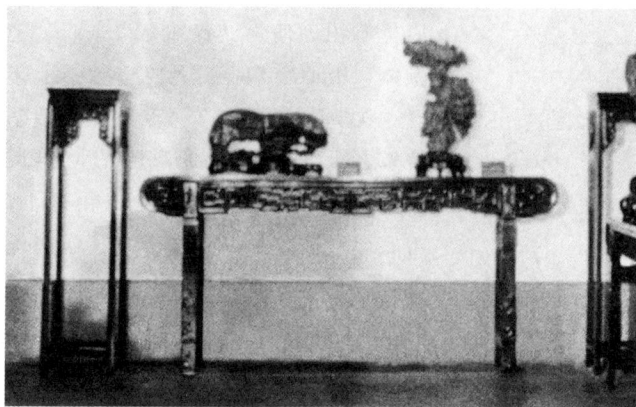

奇石馆内部陈列

奇文共赏析

——押诗条

1960年前后，于地安门文物商店架格上见线装书一函四大册，用高丽纸裁切订成。每页粘手书字条两纸。店员不识为何物，我知是诗条。笔迹颜体，极似宝瑞臣。及见少数条上印有"沈荨"字样，其为瑞臣先生粘贴诗条之册，已无可疑。瑞臣先生名熙，号沈庵，清宗室，光绪十八年进士，曾官翰林院侍读、山西学政、学部侍郎等。乃晚清名士，以善书名，工诗文，且富碑帖收藏。

押诗条为赌博方式之一，知者恐已不多。今草此文，可见其以文会友成分多于赌博成分，实为旧文人一种文字游戏。

"押诗条"，或称"诗谜"。《汉语大辞典》诗谜条称："以诗句为谜面的谜语"为诗谜。此外还有"'敲诗'，又称'打诗宝'。其法以长四五寸的纸条，摘录古人诗一句，而于句中隐去一字，注于纸尾，以封套笼之，不令外见。别配四字，与纸尾原字，书于句旁。猜者就五字中选择一字，选中为胜。"忆儿时在上海大世界，见人如上述，张诗于壁，任人下注猜字。中者一赔三（即下注一

元，出诗条者赔三元），不中则收其注金。此纯属赌博，竟有不识字者亦下注，不假思索，随意指定一字而已。

北京诗谜之会，不知始于何时，清末民初尚流行，但未闻有"敲诗"或"打诗宝"之名，而曰"押诗条"。对诗条之编写，原诗出处之标注等均有规定，远比大世界所见规范高雅而饶趣味。对参与者之文化知识要求亦高，虽赌彩下注，有胜有负，不过聊以助兴而已，故实为骚人墨客一种文字游戏。但看宝氏所作诗条贴满四大册，可知当年雅集颇为频繁。

20世纪中叶，张伯驹先生创词社，并有押诗条之会，多在家中举行。与会者有载润贝勒、余季豫、王冷斋、溥雪斋、启元白、郑天挺、唐立庵、于思泊诸先生。襄年最幼，敬陪末座。今略言当年会上设备，诗条编写及猜字下注等情况，或为读者所乐闻。

押诗条多在饭后进行。杯盘既撤，桌上铺大纸一张，纸上画一大圆圈内套一小圆圈。二者之间的空间，分成五格，格内写"一"至"五"。小圆圈内写"奇文共赏析"五字。式样如下：

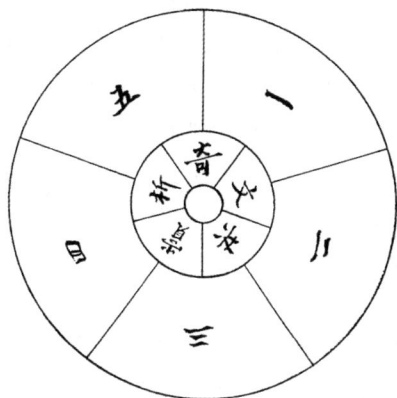

且押中与否全凭机会，成为单纯之赌博矣。从第二句开始允许隐藏全句，因不论编写者如何编配，其平仄、韵脚、诗意等均须与首句符合、连贯，否则便容易被人押中原句。

为草此文，翻寻抄家后发还之破旧纸捆，居然找到当年所作诗条七律一首。今试以此为例，回忆当年为何选此首编写诗条，为何隐藏各句之某字并编配某字，说出一些思想活动及文字推敲。

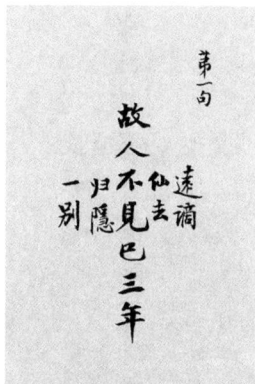

第一句原诗为"不见"，可理解为故人已经去世，但亦可能由于其他原因。故除配与去世相同之"仙去"外，增加"远谪"、"归隐"两个其他原因及不说明原因之"一别"。都是旧体诗中常用语

与会者围桌坐定，分发筹码（面值为一元、五角两种。但会后未必兑现，仅是一种象征。往往最大输家，下一聚会由他做东，备餐一席而已），然后轮流坐庄。庄家即出诗条者。诗条也是隐原文，配虚拟者四，平列一行，自左至右，编为一至五号。诗条放在大纸中央小圆圈内，供大家赏析研究，猜测下注。押者认为某一号为原诗，将筹码放在该号格内。中者也由庄家一赔三。

过去文人聚会押诗条，也有只出一句者。宝氏册中便有若干条，可以为证。但伯驹先生会上又有新的规定，即不得只出一句而必须出全首，且多数为五律或七律。古体多句长诗则尤为欢迎。因句越多就越难编写，前后节令、环境、情趣、风格等等必须统一。编写者倘有不慎，便会被押者看出破绽，大输特输。出全首使编写者须惨淡经营，猜押者也将细心捉摸，双方均可从中得到乐趣。此外还约定允许隐藏各句中之一字、数字乃至全句，但诗之首句不在此例，必须保留原句中的某一字。否则出条者可任意用四句前人之诗或自作之诗配原句，未免太轻率偷工，使押者感到乏味。

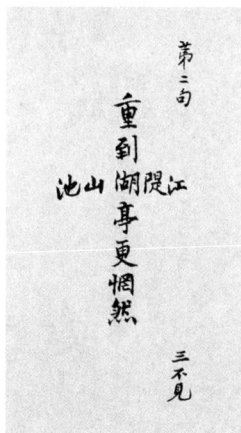

言,目的在使押者感到都有可能是原诗。

第二句"池亭"在诗中较罕见。倘原诗为回忆送别之作,则一般应在有车船停泊之山亭、江亭、堤亭或湖亭而不是池亭。因而"池"字适宜隐藏而配以"山"、"江"等字。记得当年出此条没有人在"池亭"上下注。

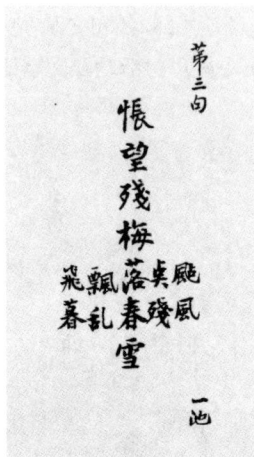

第三句

恨望残梅　飚残风
飞飘乱暮落春雪　一池

第三句原诗为"点残雪",平仄颠倒拗用。旧体诗虽有此格律,但毕竟少于平仄顺用。故配"落春雪"和"飚风雪",余二均为平仄仄。猜者有时会认为平仄

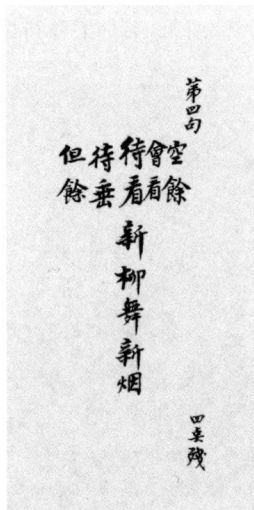

第四句

待曾空
但待垂　餘
余馀　新柳舞新烟
四更残

拗用乃故弄玄虚,每避而不押。

第四句原诗为"空余",似乎新柳与残梅同时存在,未免新柳来得太早,有违节令。选诗看到此句时,便觉得宜用此首编写诗条。配字尽量用"待看"、"会看"字样,说明新柳新烟乃是期望中之景色,尚未到来,如此方符合节令。与"空余"近似的只配了一个"但余",做诗条者或称"保一个险",以免单独一个"空余"太突出,万一被人识破,认为除非是原诗,无人敢如此配字,反倒被人猜中。可见押诗条也有一些心理上的交锋。

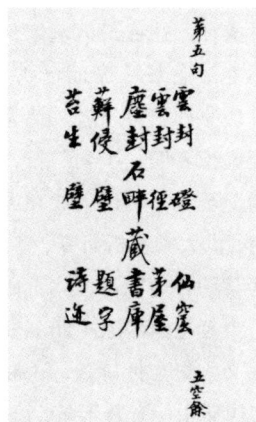

第五句

尘云云
苔藓封封
生侵石畔径磴
壁壁藏仙窦
诗书茅屋
迹题字库屋
五云斋

第五句原诗为"尘封石畔藏书库",此句亦奇。因"书库"极少在诗中出现,且仅石畔尘封恐亦难把偌大一个书库藏住。故配以"云封"、"藓侵"、"苔生"等字样,而所封者为"茅屋"、"题字"、"诗迹"等,比原诗较为合情合理。记得当年也无一人把注下在"尘封书库"上。

第六句原诗为"雨损",此"损"字亦用得异乎寻常,不及"阻"、"打"、"滞"等字合乎常情。因为舟船由雨受阻总比由雨被损为多。

第七句原诗为"何处",是问句,

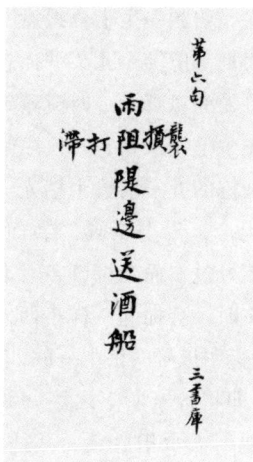

第六句
雨阻隄邊送酒船
撷
滯打
三書庫

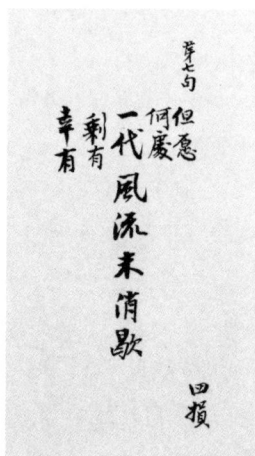

第八句
幽禽留客語清圓
送迤迎隨
四何憂

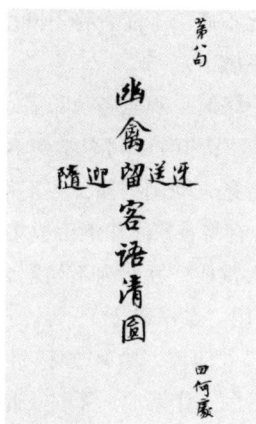

第七句
一代風流未消歇
但愿 何處
剩有 韋有
四顏

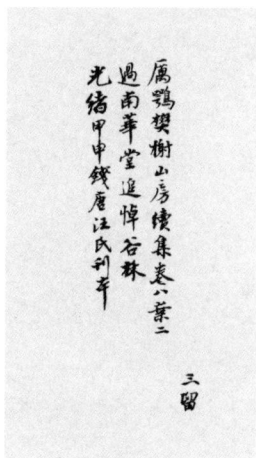

屬鸚鵡謝山房續集卷八葉二
過南華堂追悼谷林
光緒甲申錢唐汪氏刊本
三留

唤起下文作答。但配字不一定非问不可，故选择广阔，虚拟不难。

第八句原诗为"留"，隐此句此字，比较容易。当年出此条，记得注下得较均匀，即押一至五者都有，说明虚拟配搭是成功的。因为做诗条之最高要求是使押者觉得哪一个都可能是原诗，摸不清孰真孰假。由于押一赔三，出诗条者赢的机会比押者要多。

末一纸条公布第八句原诗并注明原诗作者及所据版本，见某卷某页。

如上所述，可见参加此种文字游戏者必须能分辨平仄并了解诗的格律。更为重要者为谙悉诗的语言。诗之时代不同，风格各异，语言亦殊。选诗并无年代限制，宝氏诗条册所用原诗，自唐至清，各朝咸备。不言而喻，编写诗条者在配字配句上，定力求符合原诗之风格、语言，至少不要有明显漏洞。押诗条者在看到已公布的两三条诗句原文后，也已能看出原诗大约属于某一时代，并避免在不符合该时代风格语言的配字配句上下注。能如此，可谓对旧体诗的学识、修养已达到一定的程度。能者自然认为编写诗条和猜押诗条颇饶雅趣,乐此不疲。不能者将不知所措而只有敬谢不敏了。

押诗条时,观看各位长者运用诗的语言,为原诗拟配,可以学到不少东西。惟公布诗条,顷刻更换,容不得仔细研究。故曾有将各家之作汇编成集的想法。会上有人赞成,并认为不妨题名《点金集》,反用"点铁成金",聊以自嘲。谓诗条把古人佳句,尽都改坏,何殊点金成铁?后因工作繁忙,无暇及此。

在猜押诗条过程中,可以看到与会者的性情,亦饶有意趣。如一次伯驹先生公布上句原文,旁有小字一行,写明某号某字,乃为雪斋而作。因他知道雪老喜欢在哪些字上下注,故特意虚配一个,让他误押上当。结果雪老果真在该字上下注。伯驹先生十分得意,笑得如此爽朗天真,仿佛小儿买糖抓彩又得奖似的。可爱的童真,一时流露无遗。又如雪斋先生早年豪赌,一夜之间将数百间雕梁画栋的九爷府输个精光。此时他已家无恒产,鬻书卖画,罕有人问津,日子并不好过。而当押诗条看准某字认为是原文时,会抓起一样东西,如烟缸之类,往标明该号的格中一放,名曰"竖旗杆",即将各家所下之注一并集中至此,由他一人承担胜负。其往日豪情,却又一次在此流露。雪老之为人,绝无城府,性格坦白率真,更是可爱之至。使我认识到只有不掩饰真情的人才是可交之人。

附録

一、行政院驻京办事处、故宫博物院
上报行政院接收杨宁史捐献铜器经过及目录

（以下附录底稿现均存故宫博物院档案室）

春秋（或六国器）	盘虺纹钟	一件	汉	扁温壶	一件
六国	蟠螭纹钟	一件	六国	长颈温壶	一件
商	饕餮纹镜	一件	唐以后	壶	一件
商	饕餮纹镜	一件	商	车方罍	一件
商	饕餮纹镜	一件	六国	错赤金罍	一件
商	祖辛父丁尊	一件	宋	仿云纹底绹纹罍	一件
商	作障彝尊	一件	唐以后	瓶	一件
商	季父乙尊	一件	唐以后	细颈瓶	一件
西周	丙尊	一件	商	宁罇	一件
商	莆贝鸟尊	一件	周	盘虺纹罇	一件
商周间	辇作妣癸卣	一件	六国	嵌赤金龙纹罇	一件
汉	弦纹提梁卣	一件	汉	铜缶	一件
商	父乙卣	一件	商	冒爵	一件
商	侁方卣	一件	商	夨爵	一件
商	回纹底饕餮方卣	一件	商	宁爵	一件
商	父戍方卣	一件	商	宁爵	一件
商	明史壶	一件	商	回纹底鸟纹爵	一件
商	回纹底饕餮纹壶	一件	商	回纹底鸟纹爵	一件
商	父癸壶	一件	商	回纹底饕餮大斝	一件
商	回纹底饕餮纹方壶	一件	商	异形回纹底饕餮纹斝	一件
东周后期	燕（宴）乐渔猎图壶	一件	商	子脊觚	一件
六国	狩猎图壶	一件	商	回纹底饕餮纹觚	一件
春秋	盘云纹壶	一件	商	駇癸觚	一件

行政院驻京办事处、故宫博物院上报行政院
接收杨宁史捐献铜器经过

商	**万父丁觯**	一件		周	**龙纹盘**	一件
商	**山妇觯**	一件		商周间	**父丁盘**	一件
唐以后	**鎏金有足杯**	一件		周初	**兽首匜**	一件
商	**戈盉**	一件		汉	**兽形匜**	一件
六国	**鸟形盉**	一件		六朝	**鎏金小盂**	一件
商	**束方盘**	一件		商	**秋簋**	一件
商周间	**龟鱼盘**	一件		商	**回纹底饕餮纹簋**	一件

商	周子斐簋	一件	六国	贴金马首形饰	一件
商	饕餮纹簋	一件	汉以后	鎏金鸟形饰	一件
周初	用乍宝彝簋	一件	辽（？）	铜假面	一件
周初	饕餮纹方座簋	一件	六朝	鎏金唾盂	一件
六国	鸟纹附耳簋	一件	六朝	鎏金唾盂	一件
六国	蟠螭纹簋	一件	周	伏兔	一件
西周	杜伯盨	一件	唐以后	鎏金狻猊	一件
周	蟠虺纹簠	一件	六国	铜马	一件
六国	错赤金回纹豆	一件	唐	鎏金马	一件
六国	回纹豆	一件	唐以后	水浇	一件
商	旅鼎	一件	汉	兽形水注	一件
商	戜鼎	一件	唐以后	钵盂	一件
商	史鼎	一件	唐	鎏金马镫	一件
商	宁方鼎	一件	汉	椎髻坐像	一件
商	囧鼎	一件	商庚	铜器	一件
商	囧鼎	一件	六国	回纹地山字形小鉴	一件
商	龙形扁足小鼎	一件	六国	四鸟小鉴	一件
商	龙纹鼎	一件	六国	凤形小鉴	一件
商周间	未父乙鼎	一件	六国	日月镜	一件
西周	鱼纹鼎	一件	六国	磬纹鉴	一件
西周	華季鼎	一件	汉	长宜子孙鉴	一件
六国	龙纹匜鼎	一件	汉	见日之光天下大明鉴	一件
六国	回纹附耳有环鼎	一件	汉	十二长鉴	一件
六国	盘龙纹鼎	一件	汉	吾王鉴	一件
西周末	虢季子组鬲	一件	汉	错金铁鉴	一件
	鐎斗	一件	汉	鸟兽鉴	一件
商周间	回纹地饕餮纹铜	一件	汉	袁氏镜	一件
商周间	回纹地饕餮纹铜	一件	汉以后	龙形小鉴	一件
商	蝉纹勺	一件	唐	鸟兽鉴	一件
商	曲柄小斗	一件	唐	葡萄鉴	一件
汉	凫炉	一件	唐	银背鸟兽小鉴	一件
六国	错金嵌松石回纹奁	一件	唐	神山方鉴	一件
晋	大康十年奁	一件	商	享戈	一件
周初	虎形饰	一件	商	饕餮纹戈	一件
周初	虎形饰	一件	商	饕餮纹戈	一件

商	饕餮纹玉援戈	一件	春秋	素戈	一件
商	饕餮纹曲内玉援戈	一件	春秋	鸟形戈	一件
商	嵌绿松石饕餮纹戈	一件	疑	螭形戈	一件
商	册史戈	一件	疑	回纹戈	一件
商	素戈	一件	六国	雄戟	一件
商	条纹戈	一件	六国	雄戟	一件
商	旋涡纹戈	一件	商	玉斧	一件
商	饕餮纹戈	一件	商	毕斧一	一件
商	嵌绿松石饕餮纹戈	一件	商	毕斧二	一件
商	饕餮纹戈	一件	六国	素凿	一件
商	亚寅戈	一件	商	玉钺	一件
商	夸戈	一件	商	丫钺	一件
商	耳纹戈	一件	商	饕餮纹钺	一件
商	嵌绿松石螭纹曲内戈	一件	商	饕餮纹钺	一件
商	螭纹曲内戈	一件	商	盘螭纹钺	一件
商	螭纹曲内戈	一件	商	盘螭纹钺	一件
商	螭形曲内戈	一件	商	饕餮纹钺	一件
商	耳戈	一件	商	龙纹钺	一件
商	饕餮纹戈	一件	商	饕餮纹钺	一件
商	子戈	一件	商	蝉纹钺	一件
商	棱纹戈	一件	商	大钺	一件
商	回纹戈	一件	商	素圆钺	一件
商	回纹戈	一件	商	有翼圆钺	一件
商	× 戈	一件	商	垂璧纹钺	一件
商	螭纹曲内有孔戈	一件	商	小钺	一件
商	螭纹曲内有孔戈	一件	商	羞钺	一件
商	耳戈	一件	商	条纹方钺	一件
商周间	亦戈	一件	商	弦纹小钺	一件
商周间	素戈	一件	商	小素钺	一件
商周间	耳形戈	一件	商	玉矛	一件
周初	绚形戈	一件	商	矛	一件
周初	填朱回纹戈	一件	商	蝉纹矛	一件
周初	螭形戈	一件	商	长矛	一件
周	错金回纹螭形戈	一件	商周间	鸡矛	一件
春秋	邗玉戈	一件	周	锐矛	一件

周	盘云纹锐矛	一件		六国	人首纹匕首	一件
周	有脊锐矛	一件		六国	匕首	一件
周	带刺锐矛	一件		汉	匕首	一件
商	龙首刀	一件		周或汉	带流大头箭镞	一件
商	亚刀	一件		周或汉	大头箭镞	一件
商	六虎饰环首刀	一件		周或汉	大头骨箭镞	一件
商	刀	一件		周或汉	三棱箭镞	一件
商	豕刀	一件		周或汉	三棱箭镞	一件
商	弯刀	一件		周或汉	三棱箭镞	一件
商周间	鸟首刀	一件		周或汉	三棱箭镞	一件
周	马首刀	一件		周或汉	三棱箭镞	一件
周	马首刀	一件		周或汉	三棱箭镞	一件
汉	羊首刀	一件		周或汉	三棱箭镞	一件
汉	环柄刀	一件		周或汉	三棱箭镞	一件
汉	环柄刀	一件		周或汉	大头箭镞	一件
汉（？）	羊首刀	一件		周或汉	大头箭镞三枚	一件
汉（？）	羊首刀	一件		商	垂干首	一件
汉（？）	羊首刀	一件		商	干	一件
春秋	虎纹剑	一件		汉	旂竿首	一件
春秋	富郑剑	一件		商	奔镈	一件
六国	韦纹剑	一件		商周间	镈	一件
六国	越王诸稽粤滑剑	一件		六国	错金回纹镈	一件
六国	嵌绿松石剑	一件		六国	虎形镈	一件
六国	饕餮纹璏剑	一件		商	俱头	一件
六国	玄镠剑	一件		周	胄	一件
六国	马璏剑	一件		商	自形兵器	一件
六国	嵌绿松石间金长剑	一件		疑	双援兵器	一件
汉	素剑	一件				
汉	素剑	一件				
汉	安官剑	一件				
汉	铁剑	一件				
疑	剑	一件				
周	匕首	一件				
周	匕首	一件				
六国	人首纹匕首	一件				

注：以上器物共计二百六十三件，其中古铜器一百二十七件，兵器一百三十六件。

二、行政院驻京办事处、故宫博物院
上报行政院收购郭葆昌觯斋藏瓷经过及目录

后周	柴窑雨过天青小瓶	一件	明	钧窑天蓝窑变玫瑰紫折边宫盘	一件
唐	昌南窑青白釉划花水芙蓉宫碗	一件	明	钧窑天蓝窑变胭脂红尊	一件
宋	景德镇窑青白釉凸雕双凤牡丹碗	一件	明	钧窑天蓝窑变胭脂红三足炉	一件
宋	景德镇宣和窑月白雕镶葫芦砚滴	一件	明	景德镇窑仿钧深紫乳足炉	一件
南宋	景德镇窑青白釉凸雕雷纹蟠螭洗	一件	南宋	广窑天蓝凫壶	一件
南宋	景德镇窑青白釉划花云纹碗	一件	南宋	广窑月白雕镶云雷纹兽环方壶	一件
南宋	景德镇窑青白釉划花番莲碟	二件	南宋	广窑天蓝委角方洗	一件
南宋	景德镇窑粉青划花双鱼盘	一件	南宋	广窑天青荷叶小洗	一件
南宋	景德镇窑粉青划花双鱼碗	一件	南宋	广窑梅子青葵花碟	一件
元	枢府窑月白印花垂云葵花碗	一件	宋	东窑淡碧青划花水藻碗	四件
元	枢府窑月白印花缠枝番莲碗	一件	宋	东窑淡碧青茶盏	一件
元	枢府窑月白印花缠枝番莲盘	一件	宋	东窑油青葵纹碗	一件
元	枢府窑月白印花缠枝番莲碟	二件	宋	东窑油青划花水芙蓉碟	一件
元	景德镇窑林捷隆制浅青白印花雷纹		宋	东窑油青蒲唇盂	一件
	方耳三足鼎	一件	宋	汝窑蔚蓝凸雕兽面小圆觚	一件
宋、元	钧窑天青釉火照片	一件	宋	汝窑粉青盘	二件
宋	钧窑天青折边宫盘	一件	宋	汝窑厚釉天青盘	一件
宋	钧窑天青宫碗	二件	宋	官窑天青笔筒	一件
宋	钧窑天蓝夔耳瓶	二件	宋	官窑天青笔抻	一件
宋	钧窑天青三足炉	一件	宋	官窑天青水中丞	一件
宋	钧窑茄花紫鼓式洗	一件	南宋	官窑翠青凸雕双鱼小洗	一件
宋	钧窑天蓝窑变月白鼓式坐墩	一件	南宋	官窑粉青贯耳壶	一件
宋	钧窑葱翠青宫碗	一件	南宋	官窑粉青酒杯	一件
元	钧窑天青窑变玫瑰紫八字形宫碗	一件	南宋	官窑月白葵瓣口碟	一件
元	钧窑天青窑变胭脂红草书知字茶盏	一件	宋	龙泉窑天青圆洗	一件

中華民國卅五年 三 月　　日

繕寫
校對
監印

奉令清點郭氏損贈韓齋藏瓷手續

(一)由行政院院長臨時駐平辦公處指派下列各機關代表會同清點

(二)教育部清理戰時文物損失委員會平津區辦公處

(三)國立北平故宮博物院

一鑑定人 繆綬衡

二地點 八面槽錫拉胡同十四號郭宅

三日期 三十五年三月二日上午十時開始

四方法

甲就原器對韓飛卿瓷冊來照吃

乙量原器尺寸與瓷冊來所註者核對

丙稱原器重量與瓷冊來所註者核對

五清點完畢後另定交接日期運國立北平故宮博物院保管

並於短期內闢專室陳列

六每一箱清點後仍裝原箱加貼封條暫存郭宅俟全部清點

完畢後一併移運

來文字第　　號

別 摺呈

事由 為呈報奉令會同點收郭世五次捐獻韓齋藏瓷經過情形由

機關辦公處主任譚

附件 文

中 三月一日時交辦
華 三月一日時聯稿
民 三月一日時核發
國 三月二日時核對
卅 三月　日時繕寫
五 三月　日時校對
年 三月二日時蓋印

去文字第　　號

檔索字第　　號

行政院驻京办事处、故宫博物院上报行政院收购郭葆昌觯斋藏瓷经过

朝代	名称	数量	朝代	名称	数量
宋	龙泉窑天青凸雕莲瓣碗	一件	唐	邢窑莹白折边印花玫瑰碟	一件
宋	龙泉窑天青雕镶虎尊	一件	宋	定窑莹白青口划花雷纹牡丹戏珠龙洗	
宋	龙泉窑翠青蕉叶弦纹凤尾尊	一件			一件
宋	龙泉窑翠青划花葵花尊	一件	宋	定窑莹白青口划花牡丹双鱼碗	一件
宋	龙泉窑翠青梅花式碟	二件	宋	定窑莹白青口划花牡丹双鱼兔毛花碗	
宋	龙泉窑翠青窑变缩釉碟	一件			一件
元	龙泉窑翠青划花柿花碟	一件	宋	定窑莹白划花牡丹双鱼碗	一件
元	龙泉窑翠青雕镶云龙盘	一件	宋	定窑莹白天盘青口划花缠枝番莲鹅颈瓶	
明	处州窑葱翠青双环瓶	一件			一件
明	景德镇窑龙泉釉葱翠青锥花番莲盘	一件	宋	定窑莹白兽面炉	一件
宋	哥窑米色碟	一件	宋	定窑莹白青口划花流云笔洗	一件
宋	哥窑粉青窑变紫斑撇口碗	一件	宋	定窑莹白青口青花垂云笔洗	一件
宋	哥窑灰青窑变紫斑撇口碗	一件	宋	定窑莹白琢红云雷纹印泥缸	一件
宋	哥窑灰青提包式壶	一件	宋	定窑紫色印花雷纹清虚堂鼎	一件
宋	哥窑粉青五峰砚山	一件	宋	定窑墨色海蟾子古仙像	一件
宋	哥窑灰青水中丞	一件	宋	景德镇窑莹白青口水中丞	一件
明	景德镇窑哥釉米色冲耳乳足炉	一件	宋	景德镇窑素白梅花式碗	一件
明	景德镇窑哥釉深米色夔耳三足炉	一件	南宋	吉州窑牙白划花百合盘	一件
明	景德镇窑哥釉粉青胆瓶	一件	南宋	吉州窑牙白划花双鱼盘	一件
明	景德镇窑哥釉翠青碟	一件	南宋	吉州窑牙白绣花游鱼洗	一件
明	景德镇窑哥釉翠青折边盂	一件	南宋	吉州窑牙白碗	一件
明	景德镇窑哥釉翠青荷叶式水中丞	一件	南宋	吉州窑牙白印花菊花方碟	一件
唐	邢窑莹白印泥盒	一件	南宋	吉州舒窑牙白葵花式碟	一件
唐	邢窑莹白折边印花莲花双鱼碟	一件	南宋	吉州窑米色碎器印花飞鹭莲花盘	一件

朝代	器物	数量	朝代	器物	数量
南宋	吉州窑米色碎器合碗	一件	明	宣德窑仿定霁青兽面炉	一件
南宋	吉州窑米色碎器笔筒	一件	明	宣德窑仿定青花山水大笔筒	一件
金	宿州窑莹白印花雷纹鼎	一件	明	宣德窑仿定青花云龙海水印泥盒	一件
金	宿州窑莹白划花莲花尊	一件	明	宣德窑青花缠枝莲花梅瓶	一件
金	宿州窑莹白印花雷纹夔耳炉	一件	明	宣德窑青花弦纹注水匜	一件
元	临川窑牙白凸雕竹芝温壶	一件	明	宣德窑青花鲜红山水葫芦瓶	一件
元	临川窑牙白划花垂云小瓶	一件	明	宣德窑青花鲜红海天出日云耳扁壶	一件
明	景德镇窑仿宿州莹白印花雷纹三元炉	一件	明	宣德窑鲜红僧帽壶	一件
宋	建安窑乌泥乌金釉兔毫盏	一件	明	宣德窑鲜红宿鹅形砚山	一件
宋	建安窑乌泥乌金釉兔毫盏	一件	明	宣德窑鲜红蝙蝠砚滴	一件
宋	建安窑乌泥乌金釉兔毫小盏	一件	明	宣德窑祭红锥花云龙碟	一件
宋	建阳窑紫金釉兔毫盏	一件	明	宣德窑祭红天球瓶	一件
宋	建阳窑紫金釉黄兔斑碗	三件	明	宣德窑祭红觯	一件
宋	建阳窑乌金釉黄兔斑盏	一件	明	宣德窑祭红圆炉	一件
宋	河南窑乌金釉黄兔斑盏	一件	明	宣德窑祭红笔洗	一件
宋	磁州窑乌金釉盏	一件	明	宣德窑宝石红小梅瓶	一件
明	德化成窑莹白兽面炉	一件	明	宣德窑钧红窑变蓝斑梅瓶	一件
明	德化窑莹白蒲唇乳足炉	一件	明	宣德窑汝釉天青象耳尊	一件
明	德化窑莹白雕镶蟠螭瓶	一件	明	宣德窑青花海水五彩戏珠龙天球瓶	一件
明	德化窑莹白象耳尊	一件	明	宣德窑青花五彩百古梅花牡丹尊	一件
明	德化窑莹白锥花玉兰尊	一件	明	宣德窑青花五彩竹林七贤尊	一件
明	洪武窑青口金青折边宫盘	二件	明	宣德窑青花五彩玉堂富贵尊	一件
明	永乐窑厚胎翠青锥拱八卦琮式瓶	一件	明	厂官窑宝石红梅瓶	一件
明	永乐窑翠青三系盖罐	一件	明	厂官窑宝石红宫盘	二件
明	永乐窑龙泉釉翠青九孔螺式洗	一件	明	厂官窑宝石红宫碗	二件
明	永乐窑甜白梅瓶	一件	明	厂官窑蛇皮绿窑变紫斑点碗	一件
明	永乐窑甜白宫盘	一件	明	厂官窑蛇皮绿窑变紫斑纹八方碗	一件
明	永乐窑半脱胎甜白锥拱番莲八宝宫盘	一件	明	厂官窑蛇皮绿花插	一件
明	永乐窑甜白锥拱双龙宫盘	一件	明	成化窑仿定青花云龙海水印泥盒	一件
明	永乐窑半脱胎甜白锥拱赶珠龙蒲唇茶杯	二件	明	成化窑锥拱四云龙青花斗彩缠枝棣花宫盘	二件
明	宣德窑甜白锥拱赶珠龙宫碗	二件	明	成化窑青花斗彩凤穿花盖碗	一件
明	宣德窑甜白莲瓣口锥拱三羊宫碗	一件	明	成化窑青花斗彩灵芝寿山海石榴盖罐	二件
明	宣德窑仿定莹白划花缠枝芙蓉碗	二件	明	成化窑斗彩鱼藻蒲唇宫碗	二件
明	宣德窑仿定莹白划花缠枝芙蓉盒	一件	明	成化窑半脱胎矾红海水游龙酒杯	二件
			明	成化窑半脱胎锥花海水矾红游龙碟	二件

明	成化窑五彩三叶酸浆果酒杯	二件	明	隆庆窑青花矾红游鱼杯	一件
明	成化窑五彩过枝枸杞碟	一件	明	万历窑矾红地娇黄云龙碗	一件
明	成化窑十二锦葵花式五彩折枝花果		明	万历窑青花云龙鱼缸	一件
	万寿盘成堂		明	景德镇窑蓝地珐花三彩双耳方瓶	二件
明	成化窑十二锦葵花式五彩折枝菊花万寿盘		清	康熙窑葱翠青莱菔瓶	二件
明	成化窑十二锦葵花式五彩折枝覆盆子		清	康熙窑翠青雕镶蟠螭瓶	二件
	万寿盘		清	康熙窑粉青海棠式小洗	一件
明	成化窑十二锦葵花式五彩折枝山樱桃		清	康熙窑月白锥拱夔龙凤太白尊	一件
	万寿盘		清	康熙窑鲜红锥花夔龙凤太白尊	二件
明	成化窑十二锦葵花式五彩折枝山樱桃		清	康熙窑鲜红笔洗	二件
	万寿盘		清	康熙窑鲜红窑变绿斑点莱菔瓶	一件
明	成化窑十二锦葵花式五彩折枝枸杞果		清	康熙窑鲜红抚周镎纹纸槌瓶	二件
	万寿盘		清	康熙郎窑宝石红盘	一件
明	成化窑十二锦葵花式五彩折枝樱桃万寿盘		清	康熙郎窑宝石红胆式小瓶	一件
明	成化窑十二锦葵花式五彩折枝山樱桃		清	康熙窑青花淡描寿山福海碗	一件
	万寿盘		清	康熙窑青花双龙梅瓶	一件
明	成化窑十二锦葵花式五彩折枝酸浆果		清	康熙窑青花圣主得贤臣颂大笔筒	二件
	万寿盘		清	康熙窑青花山水大笔筒	一件
明	成化窑十二锦葵花式五彩折枝葡萄万寿盘		清	康熙窑青花赤壁图大笔筒	一件
明	成化窑十二锦葵花式五彩折枝山樱桃		清	康熙窑青花牡丹印泥盒	一件
	万寿盘		清	康熙窑青花云龙海水印泥盒	一件
明	成化窑十二锦葵花式五彩折枝金枣万寿盘		清	康熙窑吴府特制青花鲜红牡丹尊	一件
明	成化窑十二锦葵花式五彩折枝酸浆果		清	康熙窑青花八骏凤尾尊	一件
	万寿盘		清	康熙窑青花人物尊	一件
明	成化窑青花三彩云雷水藻宫盘	一件	清	康熙窑青花梅花开光白泽神兽代盖罐	
明	弘治窑娇黄宫碗	二件			一件
明	正德窑回青宫盘	一件	清	康熙窑青花富贵长春橄榄式罐	一件
明	正德窑回青锥花云龙宫盘	一件	清	康熙窑娇黄锥拱菊瓣瓶	一件
明	正德窑回青宫碗	二件	清	康熙窑娇黄大绿雕镶蟠龙瓶	一件
明	正德窑回青碗	二件	清	康熙窑锥拱双云龙矾红金彩五岳真形	
明	正德窑回青锥花云龙碗	二件		百寿大盖碗	二件
明	正德窑锥花海水彩绿云龙宫盘	一件	清	康熙窑青花矾红云龙宫碗	一件
明	嘉靖窑娇黄宫盘	二件	清	康熙窑青花矾红三鱼盘	二件
明	嘉靖窑娇黄钟式杯	一件	清	康熙窑青花斗彩荷花鱼藻盘	二件
明	嘉靖窑娇黄僧帽壶	一件	清	康熙窑锥花云龙浆白釉三彩折枝	
明	嘉靖窑孔雀绿锥花蕉叶夔纹海水			花果宫盘	一件
	饕餮尊	一件	清	康熙窑绿地三彩海马图宫碗	一件

清	康熙窑五彩折枝桃加金万寿宫盘	一件
清	康熙窑东青地五彩酸浆果盖碗	二件
清	康熙窑仿明乌金釉五彩锦鸡富贵尊	一件
清	康熙窑乌金釉三彩梅竹双清尊	一件
清	康熙窑乌金五彩福寿尊	一件
清	康熙窑五彩加金雕镶百古尊	一件
清	康熙窑雕釉卍字锦开光五彩山水人物花鸟笔筒	一件
清	雍正窑仿钧天蓝锥拱八卦琮式瓶	一件
清	雍正窑仿钧天蓝扁方壶	一件
清	雍正窑钧红窑变绿斑葵花式洗	一件
清	雍正窑钧釉天青窑变新紫鱼缸	一件
清	雍正窑钧釉新紫葵花式花盆	一件
清	雍正窑钧釉天青窑变新紫葵花式花盆	一件
清	雍正窑青点釉圆花盆	一件
清	雍正窑炉钧釉鹦哥绿紫斑兽环温壶	一件
清	雍正窑炉钧釉翠绿紫斑莲瓣式菖蒲盆附盆托	
清	雍正窑炉钧釉翠绿紫斑葵花式花盆	一件
清	雍正窑炉钧釉鹦哥绿紫斑梅瓶、粉青灵芝杯	
清	雍正窑铜骨无纹汝釉天青胆瓶	一件
清	雍正窑铜骨无纹汝釉天青方壶	一件
清	雍正窑无纹汝釉天青弦纹洗	一件
清	雍正窑铜骨无纹汝釉粉青锥拱云螭宫盘	一件
清	雍正窑铁骨大观釉翠青锥拱云螭宫盘	一件
清	雍正窑铁骨大观釉天青四连瓶	一件
清	雍正窑铁骨大观釉天青贯耳穿带大方壶	一件
清	雍正窑铁骨大观釉月白弦纹壶	一件
清	雍正窑铁骨大观釉天青双耳炉	一件
清	雍正窑大观釉天青钵	一件
清	雍正窑铁骨大观釉天青折枝桃洗	一件
清	雍正窑铁骨大观釉粉青贯耳壶、修内司官釉浅粉青石榴式笔洗	一件
清	雍正窑哥釉米色花插	一件
清	雍正窑粉青箸瓶	一件
清	雍正窑粉青锥拱夔凤葵花式尊	一件
清	雍正窑粉青葵花式尊	一件
清	雍正窑粉青扁腹三足温壶	一件
清	雍正窑粉青灵芝洗	一件
清	雍正窑粉青葵花式盆托	二件
清	雍正窑天蓝弦纹兽耳尊	一件
清	雍正窑仿定莹白划花牡丹双鱼碗	一件
清	雍正窑甜白锥花夔凤寿字碟	一件
清	雍正窑甜白扁方炉	一件
清	雍正窑纯白双弦方盂	一件
清	雍正窑霁青盖钵	一件
清	雍正窑霁青荸荠式瓶	一件
清	雍正窑回青三孔葫芦瓶	一件
清	雍正窑青花团菊盖罐	一件
清	雍正窑仿定青花番莲八宝钞锣洗	二件
清	雍正窑仿明青花林檎弓耳扁壶	一件
清	雍正窑浆白釉鲜红海棠春晓大笔筒	一件
清	雍正窑鲜红三鱼碗	二件
清	雍正窑矾红小天球瓶	一件
清	雍正窑珊瑚红双耳炉	一件
清	雍正窑矾红缠枝甘藤瓶	一件
清	雍正窑锥花娇黄大绿婴戏图宫碗	四件
清	雍正窑青花斗彩春秋富贵宫盘	二件
清	雍正窑青花斗彩茶梅四喜大盖碗	一件
清	雍正窑青花斗彩折枝四果宫碗	二件
清	雍正窑青花斗彩缠枝棣花宫碗	二件
清	雍正窑粉彩花卉群仙祝寿床瓶	一座
清	雍正窑粉彩过枝九桃五福宫盘	一件
清	雍正窑粉彩六桃天球瓶	一件
清	雍正窑锥拱蟠桃云鹤粉黄地粉彩折枝桃金寿字宫碗	二件
清	雍正窑锥拱蟠桃云鹤粉黄地粉彩折枝桃宫碗	二件
清	雍正窑锥拱蟠桃云鹤粉黄宫碗	二件
清	雍正窑粉彩三果茶杯	四件

清	雍正窑半脱胎甜白锥拱赶珠龙粉彩采芝图蒲唇茶杯	二件	
清	乾隆窑纯白锥拱焦叶缠枝番莲温壶	一件	
清	乾隆窑纯白锥拱云纹尊	一件	
清	雍正窑锥拱双龙胭脂紫茶杯	一件	
清	乾隆窑娇黄锥拱云纹豆	二件	
清	雍正窑粉彩林处士梅鹤图墨山水扁方笔筒	一件	
清	乾隆窑娇黄锥拱蟠夔雷纹簋	一件	
清	雍正窑矾红木纹腰玉墨彩山水笔筒	一件	
清	乾隆窑霁青天球瓶	一件	
清	雍正窑矾红木纹腰玉粉彩水仙笔筒	一件	
清	乾隆窑霁青象耳尊	一件	
清	雍正窑粉彩海水云龙印泥方盒	一件	
清	乾隆窑茶叶末釉凤尾瓶	一件	
清	雍正窑青花斗彩蟠螭芝草双陆式瓶		
清	乾隆窑青花菊蝶折扇式挂瓶	一件	
清	乾隆窑粉青雕镶胭脂红双螭长方笔洗		
清	乾隆窑青花鲜红三狮图温壶	一件	
清	乾隆窑古铜彩云雷纹牺耳尊	一件	
清	乾隆窑青花鲜红云龙天球瓶	一件	
清	乾隆窑古铜彩锥拱蟠夔焦叶雷纹方觚式挂瓶	一件	
清	乾隆窑青花洪福齐天胆瓶	一件	
清	乾隆窑粉黄地青花夔纹胆瓶	一件	
清	乾隆窑古铜彩锥拱夔纹爵	一件	
清	乾隆窑粉彩九桃五福天球瓶	一件	
清	乾隆窑古铜彩锥拱夔纹海棠式夔耳瓶	一件	
清	乾隆窑五彩受天百禄尊	一件	
清	乾隆窑青花斗彩梧月五福尊	一件	
清	乾隆窑仿钧玫瑰紫窑变火焰青天球瓶	一件	
清	乾隆窑青花斗彩教子凌云夔耳扁壶	一件	
清	乾隆窑青花凤凰流云甜瓜式水中丞、斗彩雕镶蝠蟹螺瓶碟		
清	乾隆窑钧红窑变蓝斑椭圆莲瓣式花盆	一件	
清	乾隆窑钧紫窑变蓝斑梅瓶	一件	
清	乾隆窑御制小园闲咏砵书笔筒、粉青荷叶小洗		
清	乾隆窑雕削山石式钧红窑变蓝斑菖蒲盆	一件	
清	乾隆窑粉青荷叶小洗、御制小园闲咏砵书笔筒		
清	乾隆窑炉钧釉翠绿紫斑锥拱八卦琮式瓶	一件	
清	乾隆窑斑竹开光五彩花鸟墨床、锦地开光五彩山水花鸟方笔筒		
清	乾隆窑铜骨有纹汝釉天青弦纹温壶	一件	
清	乾隆窑五彩山水折边宫盘	一件	
清	乾隆窑有纹汝釉天青圆洗	二件	
清	乾隆窑粉彩过枝八桃五福宫盘	二件	
清	乾隆唐窑铁骨大观釉天青水中丞	一件	
清	乾隆窑紫凤尾锦上添花开光粉彩夏景花果宫碗、贡粉红凤尾锦上添花开光粉彩秋景花卉宫碗		
清	乾隆窑铁骨大观釉天青瓶	一件	
清	乾隆窑铁骨大观釉浅粉青兽环壶	一件	
清	乾隆窑黄地粉彩缠枝番莲宫碗	一件	
清	乾隆窑铁骨大观釉天青灵芝花插	一件	
清	乾隆窑仿明成化粉彩鸡缸杯	二件	
清	乾隆窑粉青海棠式夔耳瓶	一件	
清	乾隆窑粉彩百花如意	一件	
清	乾隆窑哥釉翠青弦纹瓶	一件	
清	乾隆窑霁青金花开光五彩山水挂瓶	一件	
清	乾隆窑甜白薄胎画青番莲把碗	二件	
清	乾隆窑大绿橄榄鼻烟壶	一件	
清	乾隆窑甜白薄胎锥花海水镂空云龙中碗	二件	
清	乾隆窑五彩果品五种	五件	
清	康熙窑矾红地珐琅彩异卉小碗	四件	
清	乾隆窑甜白薄胎镂空番莲中碗	二件	
清	康熙窑矾红地珐琅彩异卉果品中碗	四件	

清	雍正窑珐琅彩蓝地缠枝玫瑰万寿长春奶碗	二件
清	雍正窑珐琅彩梅花四喜温壶	一件
清	雍正窑珐琅彩楮墨画秋高听鹿鸣砚屏	一件
清	雍正窑珐琅彩黄地金黄赶珠龙撇口茶杯	二件
清	雍正窑珐琅彩鸡缸杯	二件
清	乾隆造办处制铜胎珐琅彩夔纹开光四季仕女图方笔筒	一件
清	乾隆造办处制玻璃质藕粉地珐琅彩三寿图双陆式瓶	一件

清	乾隆造办处制玻璃质车渠白珐琅彩三秋花鸟图筒式鼻烟壶	一件
清	乾隆造办处制玻璃质藕粉地珐琅彩茶花腊梅美人肩式鼻烟壶	一件
清	乾隆造办处制玻璃质鸽蛋青珐琅彩久安图美人肩式鼻烟壶	一件
清	乾隆造办处制玻璃质车渠白珐琅彩三秋寿带荷包扁式古月轩鼻烟壶	一件
清	乾隆造办处制玻璃质车渠白珐琅彩喜报平安熬糖扁式鼻烟壶	一件

总计四百二十二件。

寸方

三、为接收天津张园溥仪遗留文物，
沈兼士、马衡上报上级单位的文件及目录

一、甲稿四页

此为沈兼士先生以教育部特派员、清理战时文物损失委员会平津区代表名义上报教育部关于收回天津张园保险柜内溥仪遗留文物经过，后附故宫博物院人员在绛雪轩登记文物清单。此为底稿，誊清后才有沈的署名。原件存故宫档案室。

二、乙稿三页

此为故宫马衡院长上报国立故宫博物院理事会关于清损会代表沈兼士派员赴津会同平津区敌伪产业处理局收回天津张园保险柜内溥仪遗留文物经过，文字与甲稿相同，后也附故宫人员在绛雪轩登记的文物清单。因是草稿，故未署名，但后有"院长马〇"字样。原件也存故宫档案室。

上述接收工作，宋子文没有介入，故行政院驻京办事处无人参加，亦未上报，与杨铜、郭瓷两项不同。溥仪遗物系由借住张园的美军上校葛利直接找到清损会平津区代表沈兼士，请派人赴津办理接收事宜。故由沈代表直接向南京教育部清损会上报。马院长上报故宫理事会，采用了沈兼士上报的原稿。此为草稿，故未署名。

三、接收溥仪存放天津张园保险柜中文物目录

第一匣

金餐具　六件（包括杯、碟、匙、叉、箸）
以上六件原盛带囊木匣一个。

第二匣

各式玉件头　　　　　　　四十三件
以上四十三件原盛铁匣一个。

第三匣

各式玉件头　三十四件
以上三十四件原盛铁匣一个。

第四匣

金餐具　七件（计杯一，碟一，匙一，叉一，金柄刀一，箸二。箸链断，故作二件。）

旧玉	二件
松石手串	一件
各式玉件头	七件
镶嵌珠翠零件	一包（计十四块）
翠镯	一对
翠翎管	一件
翠烟嘴	二件
翠扳指	二件
翠镯	一对
翠手串	四件

謹呈者天津溥儀舊宅現由美國駐華海軍陸戰隊第一加強師駐紮該處存有溥儀留存之大批險柜兩具是軍查悉其中係溥儀出宮時攜出文物之一部但因係美軍駐紮地故未經任何機關查封該師少校柯立夫乃與教育部特派員辦公處及清理戰時文物損失委員會商洽委善保存辦法經清理戰時文物損失委員會派副代表王世襄赴津視察即於本月志日由美軍會同上述兩機關及平津區敵偽財產清查委員會各代表分赴河北敵偽財產清查委員會各代表前往啟

柜兩柜內與存小餓西十沈個州皮匣二個其中多為清宮舊有文物美軍為達視責任及策劃文物安全起見主張將柜存二十二匣悉數運平定本院保官經上述各機關同意乃逐匣加封於十八日正午由美軍少校柯立夫會同清理戰時文物損失委員會副代表王世襄敵偽產業處理局天津分處代表李南宸等押運到平益由議師駐平支隊司令萬利上校代表該師遂送本院保贊本院朱栻柜絕且恐延緩時且難免不別生枝節遂作是日半後三時許在本院絳雪軒點收在清理戰時文物損失委員會

代表沈惠士唐蘭王世襄及處理局代表李南宸等見詫之下返匣清點本院及美軍方面均分別詳細記錄近夜十二時點竣計有文物壹仟零捌拾伍件詳見所附目錄其中以玉器為最多書畫僅有五件有見於故宮已佚書畫目錄溥儀携出者（目錄）中有者其他小件什物亦多有黃紙號籤與今存院中者完全相同點畢後由本院逐匣加封由萬利上校親與各方代表送至珍妃宮房保存所有接收溥儀造目錄其文呈報至今後此項文物儀首自故宮携出文物國時之經過情形理合

與院存文物一併保存備供處教祈鑒核示遵謹言

教育部

附本院接收溥儀文物目錄一份

沈兼士及故宮博物院上報教育部取出天津张园溥仪遗留文物经过（甲稿四页）

马衡上报国立北平故宫博物院理事会取出天津张园溥仪遗留文物过程（乙稿三页）

手表	四件（分四纸盒）
怀表	四件（分四小盒）

以上三十九件原盛铁匣一个。

第五匣

翠朝珠	一件（配件缺）
碧玺手串	一件
碧玺手串	一件
白玉手串	一件
碧玺手串	一件
淡蓝晶手串	一件
黄晶手串	一件
伽南香手串	一件
碧玺手串	一件
碧玺手串	一件
淡蓝晶小手串	一件
黄晶手串	一件
白玉手串	一件
菜玉橄榄手串	一件
碧玺手串	一件
黄晶手串	一件
碧玺手串	一件
翠手串	一件
碧玺手串	一件
碧玺手串	一件

以上二十一件原盛铁匣一个。

第六匣

各式玉件头	四十五件

以上四十五件原盛铁匣一个。

第七匣

各式玉件头	三十七件

以上三十七件原盛铁匣一个。

第八匣

宋高宗书马和之画后赤壁赋图	一卷
赵孟頫书道德经	一卷
赵孟頫秋郊饮马图	一卷
钱选孤山图真迹	一卷
邓文原章草真迹	一卷
书画小折扇　二十三把（附小木盒　一件）	
御笔疏林远岫小轴	一件

御笔玉枕兰亭小卷	一件	宝石	三块（红二蓝一）
御笔董其昌书唐诗小卷	一件	翠戒指	十八件
周鲲山水小卷	一件	串珠珊瑚坠	一件
御制珣琪宇册页	一件	翠坠	一件
玉印 十六方（附珍罗芝检一册）		碧玺带扣	一件
各式玉料烟壶 九件（一缺盖）		翠圆坠	二件
天丰小金锭	九件	小翠坠	一件
金戒指	二件	小碧玺坠	一串（计六小挂）
小铜镜	一件	各色碧玺饰件	十块
小铜押	一件	小翠环	二件
洋金表链 一件（附嵌石 一件）		大小玛瑙环	二件
象牙小葫芦	一件	大小珠子	二颗
文竹嵌玉小空盒	一件	带碧玺翠坠	一件
玛瑙章一方石章二方	三件	带碧玺翠坠	一件
乾隆玉印 二方（附御题木盒一件，盒内有三囊位原缺一方今存二方。）		白玛瑙子	四块
		带碧玺翠坠	一件
镀金镶嵌番刀	二件	小翠环	一件
珊瑚嵌珠饰物	四件	带碧玺翠坠	一件
金漆小胡梳 二件（附小函 一件）		碧玺坠	一件
以上八十七件附五件原盛铁匣一个。		带珊瑚翠坠	一件
		带碧玺翠坠	一件
第九匣		翡翠荷藕坠	一件
玉管笔	四支	带穗翠翎管	一件
雕漆竹木管笔 三支（松木镶金箍）		珊瑚串残件	一件
小漆琴	一件	碧玺坠	一件
御笔书小轴	一件	小碧玺料	一块
玉器	三件	小碧玺	一块
以上十二件原盛铁匣一个。		翠耳环	三对
		碧玺子	一件
第十匣		碧玺	一块
珊瑚朝珠 九件（内有线断）		串珠小翠坠	一件
以上九件原盛铁匣一个。		碧玺小饰件	五件
		小翠坠	二件
第十一匣		碧玺子	六块
碧玺坠	一件	小红宝石二块小碧玺一块	三件
翠帽花	四个	珠宝串	一件
翠佩	二件	浅绿晶石	一件

巧做玛瑙坠 　　　　　　　一件

浅黄晶石 　　　　　　　二块

小翠环 　　　　　　　　一件

蓝宝石小坠 　　　　　　二件

翠烟嘴 　　　　　　　　一件

浅蓝晶石坠 　　　　　　一件

碧玺饰件 　　　　　　　一件

雕花翠坠 　　　　　　　一件

串珠小翠坠 　　　　　　一件

小翠坠 　　　　　　　　一件

翠翎管 　　　　　　　　一件

雕花翠坠 　　　　　　　一件

翡翠小坠 　　　　　　　二件

雕花翠坠 　　　　　　　一件

翠葫芦小坠 　　　　　　二件

翠饰件 　　　　　　　　二小块

翠饰件 　　　　　　　　一件

碧玺蝙蝠坠 　　　　　　一件

以上一百一十九件原盛铁匣一个。

第十二匣

小珠　一包（计一百三十八粒又料珠二破烟壶盖一）

发辫 　　　　　　　　　二条

信件 　　　　　　　　　　一包

以上四件原盛无梁铁匣一个。

第十三匣

珊瑚朝珠 　　　　　　　　七件

珊瑚手串 　　　　　　　　一件

以上八件原盛铁匣一个。

第十四匣

各式大小怀表 　　　　　　五十件

以上五十件原盛铁匣一个。

第十五匣

康熙铜珐琅小罐 　　　　一件

乾隆铜珐琅小勺 　　　　一件

康熙铜珐琅小炉 　　　　一件

景泰蓝水壶 　　　　　　一件

心经小玉册　一份（附嵌丝硬木盒。计四片。）

铜镀金烟壶四个玉烟壶一个　五件（附雕漆盒一。计铜镀金烟壶三，镀金口盖蓝料烟壶一，胆青玛瑙烟壶一。）

乾隆景泰蓝小瓠 　　　　一件

乾隆景泰蓝小盒 　　　　一件（附骨制小件七粒）

铜珐琅小盒 　　　　　　一件（系铜口铜底嵌螺钿小漆盒）

朱釉描金小瓷座 　　　　一件

嵌珠带扣 　　　　　　　一件

嵌珠玉带扣 　　　　　　一件

各式瓷料铜胎珐琅烟壶　二十五件（内有缺盖及微伤者）

以上四十一件附九件原盛铁匣一个。

第十六匣

古铜镜 　　　　　　　　一件（附木座一）

带匣手表 　　　　　　　五件

两用小表 　　　　　　　一件

烟嘴烟斗 　　　　　　　七件（烟嘴六烟斗一）

镀金表链 　　　　　　　二件

带盒像架 　　　　　　　一件

打火机 　　　　　　　　一件

珊瑚珠十二个小珠一个　一包

以上十九件附原盛铁匣一个。

第十七匣

旧玉件头 　　　　　　　五十件

以上五十件原盛铁匣一个。

第十八匣

旧玉件头　　　　　　　四十六件

御制琳琅笛　　　　　　一册

以上四十七件原盛铁匣一个。

第十九匣

玉件头　　　　　　　　一百五十五件

以上一百五十五件原盛铁匣一个。

第二十匣

旧玉件头　　　　　　　一百零一件

以上一百零一件原盛皮匣一个。

第二十一匣

无款五彩小盖罐　　　　　一件

宣德款青花小罐　　　　　一件

康熙铜珐琅小圆盒　　　　一件

乾隆款双螭小瓷水丞　　　一件

益字铜押　　　　　　　　一件

碧玺桃坠　　　　　　　　一件

宣德款青花灵芝小盖罐　　一件

无款青花印盒　　　　　　一件

乾隆铜珐琅小碟　　　　　一件

御笔临帖玉册　一份（附御题木盒。计四片。）

红色晶石　　　　　　　　一件

无款炉钧釉小瓷碟　　　　一件

镀金嵌珠葫芦式饰件　　　一件

无款粉彩婴戏瓷盒　　　　一件

无款粉彩婴戏瓷盒　　一件（盒底有"大清乾隆年制"六字款）

玉璧　一件（附雕漆盒一，御临册页一。）

嘉庆御制诗小水丞　　　　一件

乾隆紫地粉彩带盖小水壶　一件

嘉靖回青葫芦瓶　　　　　一件

乾隆胭脂水彩山水小瓶　　一件

翠扳指　　　　　　　　　一件

乾隆料彩开光人物葫芦瓶　一件

雍正款白瓷盅　　　　　　二件

无款墨绿带盖小方水壶　　一件

珐琅彩小圆盒　　　　　　一件

于啸轩刻象牙山水片　　　二件

乾隆铜珐琅小胆瓶　　　　一件

雕牙诗牌　　　　　　　一份（计八屉）

变色珊瑚花　　　　　　一件（附座）

玉璧　　　　　　　　　一件（附填漆盒一）

带盒小石方砚　　　　　　一件

带木套诗韵小册　　　　　一件

带漆匣心经长方墨　　　　一件

小册页　二件（一拓本一书画）

青花白地小瓷圆盒　　　　二件

文彭刻石章　一件（附嵌玉木盒一，释文一页。）

雍正青花八宝小把碗　　　一件

御笔小册　二件（附二层雕漆盒一）

玉连环　一件（附雕花檀木方盒一，御笔册页一。）

带铜座玉插屏　　　　　　一件

洋瓷小盒　　　　　　　　一件

乾隆铜珐琅开光人物小罐　一件

康熙铜珐琅菊瓣小圆盒　　一件

翠扳指　　　　　　　　　一件

残雕花木座　　　　　　　二件

乾隆胭脂水彩山水小瓶　　一件

玉印　四十五件（附描金漆盒）

带铜胆旧玉琮　一件（附玛瑙玩器二）

绿釉小胆瓶　　　　　　　一件

铜珐琅花鸟小长方盒　　　一件

串米珠坠　　　　　　　　一件

成化斗彩小碟　　　　　　二件

乾隆珐琅彩小长方盒　一件（附金釉瓷八宝八块）

乾隆铜珐琅荷叶碟　　　　一件

青花白地小圆盒　　　　　二件

带玛瑙盒小长圆砚　　　　一件

乾隆粉彩出戟带盖小尊　一件（伤、缺）

乾隆粉彩出戟带盖小尊　　　一件

钧釉蓝色小碗　　　　　　　一件

雕花玛瑙　　　　　　　　　一件

大小翠烟嘴　　　　　　　　三件

袖珍写本日知荟说　一套（计四小册）

御书盛京赋墨拓　一套（计四小册）

乾隆铜珐琅灵芝小盒　　　　一件

旧玉印　　　　　　　　　　一件

雕牙镂空小盒　一件（附牙舟二。有伤。）

唐岱小画轴　　　　　　　　二件

雕花翠葫芦饰件　　　　　　一件

铜珐琅小滚轴　　　　　　　一件

唐岱小画轴　　　　　　　　一件

镀金嵌珠饰件　一件（附珠二红宝石一）

镀金珐琅小圆盒　　　　　　一件

铜珐琅小方镇　　　　　　　一件

半两古钱　　一串（计十一个）

雍正蓝料彩山水碗　　　　　一件

剥釉雍正蓝料彩山水碗　　　一件

剥釉乾隆珐琅彩缠枝莲碗　　一件

破碎珐琅彩碗　　　　　　　一件

玉件头　　　　　　　　　　二十件

烟壶　五件（水晶一玛瑙三翠一）

以上一百五十八件附二十四件原盛皮匣一个。

注：此批文物共有二十一匣，十五类，一千零八十五件，附件三十九件。其中：

玉器	五百五十件	附七件
瓷器	三十五件	附八件
珠宝饰物	七十二件	附四件
翡翠	八十二件	
朝珠手串	三十九件	
金器	二十四件	
书画	五件	
景泰蓝珐琅	十八件	附七件
洋表	六十四件	
烟壶	四十四件	附一件
铜镜	二件	附一件
图章	七十件	附五件
旧笔	七件	
文玩什物	五十八件	附五件
杂项	十五件	附一件

图书在版编目（CIP）数据

王世襄集 / 王世襄著 . -- 北京 : 生活·读书·
新知三联书店 , 2013.7 （2024.4 重印）
ISBN 978-7-108-04560-7

Ⅰ . ①王… Ⅱ . ①王… Ⅲ . ①王世襄（1914～2009）
－文集 Ⅳ . ① C53

中国版本图书馆 CIP 数据核字 (2013) 第 142067 号